诚信为本
操守为重
坚持准则
不做假账

——与学习会计的同学共勉

對書面觀 不苟襲舊
發言立本 察安之重

——明清刀劍學會同好共著

"十三五"职业教育国家规划教材

高等职业教育"新财经"在线开放课程新形态一体化教材

高等职业教育财经类专业群财会类 **新专业教学标准** 配套教材

审计基础与实务

（第六版）

◆ 主　编　高翠莲
◆ 副主编　马琳英

高等教育出版社·北京

内容简介

本书是"十三五"职业教育国家规划教材，同时也是高等职业教育财经类专业群财会类新专业教学标准配套教材。

本书依据2016年12月财政部印发的《中国注册会计师审计准则第1504号——在审计报告中沟通关键审计事项》等12项审计准则，自2014年始财政部陆续新增或修订的八项企业会计准则、六项企业会计准则解释、四项会计处理规定及七项新增或修订的会计准则等最新财税法规编写而成。为实现教学内容的与时俱进和教师、学生知识技能的快速更新，我们对《基础审计》（第五版）进行了修订。

本书包括审计理论和审计实务两大部分。教材内容以民间审计为主线，兼顾政府审计与内部审计。审计理论部分主要介绍了审计准则、审计程序、审计标准、审计方法、审计证据、审计工作底稿、计划审计工作、风险评估与应对等问题；审计实务部分以销售与收款循环审计、采购与付款循环审计、生产与存货循环审计、人力资源与工薪循坏审计、筹资与投资循环审计、货币资金审计为例介绍了项目审计的程序、方法和技巧，最后详细介绍了审计报告的内容和撰写方法。

目前，我国财税体制改革已进入攻坚阶段，各项准则、制度、财税新政频出，为此，本书特别设计"扫我看变化"二维码，及时反映最新财税法规变化及教材勘误信息，方便教学使用。

本书可作为高等职业院校会计、审计专业和财经类其他专业的教材，也可以作为在职审计人员业务学习、岗位培训教材用书。

图书在版编目（ＣＩＰ）数据

审计基础与实务 / 高翠莲主编. -- 6版. -- 北京：
高等教育出版社，2018.9（2021.12重印）
ISBN 978-7-04-050176-6

Ⅰ. ①审… Ⅱ. ①高… Ⅲ. ①审计学－高等职业教育－教材 Ⅳ. ①F239.0

中国版本图书馆CIP数据核字(2018)第169525号

审计基础与实务
SHENJI JICHU YU SHIWU

策划编辑	武君红	责任编辑	武君红	封面设计	王 鹏	版式设计	马 云
插图绘制	于 博	责任校对	殷 然	责任印制	存 怡		

出版发行	高等教育出版社	网 址	http://www.hep.edu.cn	
社 址	北京市西城区德外大街4号		http://www.hep.com.cn	
邮政编码	100120	网上订购	http://www.hepmall.com.cn	
印 刷	唐山嘉德印刷有限公司		http://www.hepmall.com	
开 本	787mm×1092mm 1/16		http://www.hepmall.cn	
印 张	25.75			
插 页	1	版 次	2004年10月第1版	
字 数	600千字		2018年9月第6版	
购书热线	010-58581118	印 次	2021年12月第10次印刷	
咨询电话	400-810-0598	定 价	45.80元	

本书如有缺页、倒页、脱页等质量问题，请到所购图书销售部门联系调换
版权所有 侵权必究
物 料 号 50176-A0

出版说明

职业教育教学标准是国家职业教育标准体系的重要组成部分，是指导和管理职业院校教学工作的主要依据，是保证教育教学质量和人才培养规格的基本教学文件。没有规矩不成方圆，没有标准何谈质量。教学标准体系建设对于加快发展现代职业教育、加快实现职业教育现代化具有重要意义。

经过多年持续建设，具有中国特色、比较系统的职业教育国家教学标准体系框架基本形成。该标准体系体现了以下几点特色：贯彻教育方针，体现国家意志；服务国家战略，契合产业发展；体现产教融合，促进就业创业；强调系统培养，推进终身学习；确保基本要求，鼓励特色创新。

高等职业院校财务会计类专业教学标准由全国财政职业教育教学指导委员会组织制定，并组建了由全国多所院校财务会计类专业负责人、骨干教师和相关企业组成的专业教学标准制定工作组。工作组通过前期组织调研、召开研讨会、撰写调研报告和专业标准初稿、征求各高职院校意见并不断修正等过程，完成专业教学标准的制定任务。新的专业教学标准呈现出规范性、前瞻性、权威性、普适性、科学性和先进性等特点，适应了经济发展和会计转型对高端技能型财经人才的需求，考虑了财务大数据、智能化等新技术的应用，满足了财会转型发展、数智化时代对财经职业人才宽口径的新要求。

高等教育出版社作为国家教学资源库平台建设和资源运营机构，以及国家精品在线开放课程项目优质平台"智慧职教"（www.icve.com.cn）和"爱课程"（www.icourses.cn）的提供者，结合新的高等职业院校财务会计类专业教学标准，配套出版了"高等职业教育财经类专业群财会类新专业教学标准配套教材"。该套教材作者集合了专业教学标准制定专家和在线开放课程优秀建设者等，教材内容及时跟进国家现代财税金融体制改革步伐，全面反映最新专业教学标准、会计准则、财税法规等变化，教材形式不断创新，并实现了纸质教材与数字资源、在线开放课程一体化设计，利于教师开展"互联网+"式教学互动，将为新时代信息技术与教育教学深度融合，深化教学改革，提高教学质量，培养新时代财经人才提供强有力的支撑。

高等教育出版社

编写委员会

顾　　问：赵丽生　程淮中

主任委员：高翠莲

委　　员（按姓氏笔画排序）：

丁增稳　马玉珍　王　娜　牛秀粉　孔德兰
邓　青　左卫青　左桂云　伊　娜　向有才
庄燕娜　刘　飞　刘有宝　刘尚林　刘捷萍
江希和　孙莲香　杜学森　杜晓光　李　飞
李　华　李　勇　李文杰　李红梅　杨　勇
杨则文　杨智慧　肖冰姝　何万能　佘　浩
汪　刚　宋秋萍　张　敏　张玉英　张远录
张志和　张桂春　张瑞芳　陈　娟　陈　强
陈兴述　陈祥碧　郑楼英　钟爱军　侯小坤
侯乐鹃　贺旭红　倪成伟　高丽萍　高香林
郭　黎　黄启国　梅　研　梁文涛　葛　军
董文秀

主编简介

高翠莲，山西省财政税务专科学校会计学院院长、教授，太原理工大学硕士生导师。拥有会计师、注册会计师、注册税务师专业技术资格。从事会计教学及理论与实践研究32年。全国首批万人计划高层次人才教学名师、国家优秀教学团队负责人、全国高职会计专业技能大赛设计者、专家组组长、全国高职会计专业教学资源库建设骨干成员。中央组织部、教育部和山西省委组织部联系的高级专家。兼任山西省会计咨询专家、管理会计咨询专家、企事业单位内部控制咨询专家。山西省会计电算化研究会副会长、山西省会计学会常务理事兼学术委员会委员、山西省高职高专会计职业教育分会常务理事、山西省总会计师协会常务理事、山西省注册会计师协会常务理事、山西省注册会计师继续教育委员会委员、山西省注册会计师惩戒委员会委员。教育部高职高专经济类教学指导委员会财会专业委员会委员、全国高职高专经济管理专业教学资源库建设专家委员会委员、中国职业技术教育学会教学工作委员会计研究会委员、财政部全国财会教学指导委员会委员、教育部工商管理教学指导委员会精品课程评审专家；山西省高等院校工作委员会、山西省教育厅党组联系的高级专家；获教育部先进工作者奖、山西省"双师型教学名师""山西省青年科技奖"、山西省"教育专家奖"、山西省"知识女性专业技能奖"、山西省精神文明奖、山西省优秀教师、山西省模范教师、山西省巾帼建功标兵、山西省师德标兵、山西省先进会计工作者、太原市会计标兵。获国家教学成果一等奖一项、二等奖一项；山西省教学成果一等奖三项，荣立山西省劳动竞赛委员会一等功，山西省五一劳动奖章。主持完成《企业经济业务核算》国家精品课程和国家精品资源共享课程。出版30万字《企业内部控制方法论》个人专著1部，主编教材40余部，其中国家规划教材6部；主持或参与完成省级科研课题22项；公开发表学术论文40余篇。

前 言

教材是在培养人才过程中实现教育目标和教育思想、体现教学内容和教学方法的知识载体和教学的基本工具，也是深化教育教学改革、扩大教学成果应用的良好途径，更是培养人才的重要保证。审计课程是高职院校、应用型本科院校会计专业的核心课程，也是会计专业课程的进一步综合、延伸与拓展，职业分析判断能力是审计人才培养的首要目标和精髓。"夯实审计理论基础、规范审计实务工作过程、提升会计专业知识、培养审计职业能力"一直是审计界教学研究者的关注点。从审计教材入手，解决审计教材"重理论、重准则、重程序"的介绍和描述，构建清晰的审计理论逻辑框架，充分体现审计理论与实践相融合，与时俱进，密切联系行业准则与实务发展最新动向，是对本教材第六版教学内容完善和更新的出发点。本次教材修订力求突出以下特色：

一、教材内容密切关注行业发展新动向，紧跟准则变化

2016年12月，财政部印发《中国注册会计师审计准则第1504号——在审计报告中沟通关键审计事项》等12项审计准则；自2014年始财政部陆续新增或修订八项企业会计准则、六项企业会计准则解释、四项会计处理规定及七项新增或修订的会计准则；2018年5月1日起执行《财政部 税务总局关于调整增值税税率的通知》等。本书相关教学内容对此变革作了重新修订，确保教学内容与新的审计执业技术标准、审计标准的一致性。

二、教材内容选取依据审计学科理论体系，充分结合审计实践

本书以民间审计为主线，兼顾国家审计和内部审计，拓展了单一注册会计师审计的知识面，使学生对我国的审计监督体系有完整的认识，体现了层次性、实践性和通用性的特点。审计理论部分基于风险导向审计主流理念，以我国注册会计师审计执业准则框架作为逻辑顺序，实务部分以五大循环：销售与收款循环、采购与付款循环、生产与存货循环、人力资源与工薪循环、筹资与投资循环为排列顺序，着眼审计工作过程程序化，使审计教学更加符合实践的要求，有助于学生全面、系统掌握审计的基本概念、基本方法与知识及基本审计程序，理解现代审计理论及规则的发展演变过程。

三、教材内容整体架构编写突出两条主线，逻辑关系清晰

审计理论部分主线与审计项目流程主线，两条主线贯穿教学内容。审计理论部分主线：管理当局认定—审计目标—审计程序—审计证据；审计项目流程主线：初步业务活动、签约—评估重大错报风险—制定审计计划—实施控制测试、实质性程序—出具审计报告。面对一个完整的审计项目，审计知识点多，内容抽象，既要求单一知识点的掌握，更要求综合知识点的贯通运用，审计工作过程不断修正反复的特点，增加了学生对审计专业知识的理解难度。本教材语言通俗易懂、内容翔实、结构严谨，配以大量教学案例，便于学生思路清晰、有效地理解、掌握理论知识。

四、丰富的审计教学案例和真实的审计工作底稿实例，实现审计工作情景化，有力推动审计教学的互动性

本次修订编写的教学案例针对性强，教学内容情景化，能大大激发学生的学习兴趣，可帮助实现对审计理论与实务从形象的感知到抽象的领悟，进而训练学生的创造性思维和动手实践能力。

本书由山西省财政税务专科学校会计学院院长高翠莲教授组织具有丰富教学和实践经验的教师精心编写而成。高翠莲教授担任主编，马琳英副教授担任副主编，负责组织编写工作，并拟定编写提纲和对全书总纂。编写工作分工如下：第一、第十四章由高翠莲教授编写；第四、第五、第十三章由马琳英副教授编写；第三、第十五章由贾俊耀教授编写；第六、第九章由王建发教授编写；第二、第七、第十一章由刘红梅副教授编写；第十二章由郑红梅副教授编写；第十章由韩海景讲师编写；第八章由申宇冰讲师编写。

本书在编写过程中参考了大量的相关著作、网络资料、教材和文献，在此向有关作者同行表示衷心的感谢！在本书的编写过程中，得到了山西省注册会计师协会和山西长运会计师事务所领导和同仁的鼎力协助，值此出版之际，我们谨向对本书的编写和出版给予关心、支持和帮助的朋友们致以诚挚的谢意。

目前，我国财税体制改革已进入攻坚阶段，各项准则、制度、财税新政频出，为此，本书特别设计"扫我看变化"二维码，及时反映最新财税法规变化及教材勘误信息，方便以后教学使用。

扫我看变化

限于学识水平和实践经验，书中难免有不当之处，敬请从事审计学理论研究、审计实务、审计教学的各位同行专家批评指正。

编　者
2018年7月

目　录

第一章　审计概论 ……………… 1
　第一节　审计含义 ………………… 3
　第二节　审计对象与审计职能 …… 6
　第三节　审计目标 ………………… 8
　第四节　审计分类 ………………… 12
　第五节　审计标准 ………………… 16

**第二章　审计组织形式与审计
　　　　　准则** ……………………… 19
　第一节　审计组织形式 …………… 21
　第二节　审计人员职业道德
　　　　　规范 ………………………… 30
　第三节　审计准则 ………………… 39

第三章　审计程序 ……………… 46
　第一节　审计程序概述 …………… 48
　第二节　初步业务活动 …………… 56
　第三节　审计业务约定书 ………… 61
　第四节　初步业务活动审计工作
　　　　　底稿实例 ………………… 65

第四章　审计方法 ……………… 70
　第一节　审计基本方法 …………… 73

　第二节　审计抽样方法 …………… 87

**第五章　审计证据与审计工作
　　　　　底稿** …………………… 104
　第一节　审计证据 ………………… 106
　第二节　审计工作底稿 …………… 116

第六章　审计计划 ……………… 128
　第一节　审计重要性 ……………… 129
　第二节　审计风险 ………………… 135
　第三节　总体审计策略和具体
　　　　　审计计划 ………………… 137

第七章　风险评估 ……………… 145
　第一节　风险评估程序 …………… 147
　第二节　了解被审计单位及其
　　　　　环境 ……………………… 150
　第三节　了解被审计单位的内部
　　　　　控制 ……………………… 153
　第四节　评估重大错报风险 ……… 163
　第五节　风险评估审计工作底稿
　　　　　实例 ……………………… 166

第八章　风险应对 …………………… 172

第一节　针对财务报表层次重大错报风险的总体应对措施 …………… 174
第二节　针对认定层次重大错报风险的进一步审计程序 …………… 176
第三节　控制测试 …………… 180
第四节　实质性程序 …………… 184

第九章　销售与收款循环审计 …… 189

第一节　销售与收款循环的控制测试 …………… 191
第二节　营业收入审计 …………… 197
第三节　应收账款审计 …………… 202
第四节　销售与收款循环审计工作底稿实例 …………… 210

第十章　采购与付款循环审计 …… 224

第一节　采购与付款循环的控制测试 …………… 226
第二节　应付账款审计 …………… 236
第三节　固定资产审计 …………… 239
第四节　采购与付款循环审计工作底稿实例 …………… 247

第十一章　生产与存货循环审计 …… 259

第一节　生产与存货循环的控制测试 …………… 261
第二节　存货审计 …………… 266
第三节　生产与存货循环审计工作底稿实例 …………… 276

第十二章　人力资源与工薪循环审计 …………… 284

第一节　人力资源与工薪循环的控制测试 …………… 286
第二节　应付职工薪酬审计 …………… 288
第三节　人力资源与工薪循环审计工作底稿实例 …………… 292

第十三章　筹资与投资循环审计 …… 299

第一节　筹资与投资循环的控制测试 …………… 301
第二节　借款审计 …………… 308
第三节　实收资本（股本）审计 …………… 315
第四节　长期股权投资审计 …………… 318
第五节　筹资与投资循环审计工作底稿实例 …………… 321

第十四章　货币资金审计 …………… 329

第一节　货币资金的控制测试 …………… 331
第二节　库存现金审计 …………… 337
第三节　银行存款审计 …………… 339
第四节　货币资金审计工作底稿实例 …………… 344

第十五章　审计报告 …………… 351

第一节　审计报告编制前的工作 …………… 353
第二节　审计报告概述 …………… 366
第三节　审计报告的基本内容 …………… 369
第四节　在审计报告中沟通关键审计事项 …………… 377
第五节　非无保留意见审计报告 …………… 381
第六节　在审计报告中增加强调事项段和其他事项段 …………… 389
第七节　审计报告的编制 …………… 392

参考文献 …………… 394

第一章
审计概论

 本章学习目标

知识目标

- 了解审计的定义,明确审计的本质
- 明确审计的对象和审计的职能
- 了解被审计单位的认定,明确审计总体目标和具体目标
- 了解审计的分类,掌握各种审计的特点
- 了解审计标准的特征,掌握审计标准的内容

能力目标

- 能根据被审计单位的认定,确定审计具体目标
- 能根据各种审计的特点,开展不同种类的审计工作
- 能正确地选择和运用审计标准

第一章 审计概论

 本章知识结构

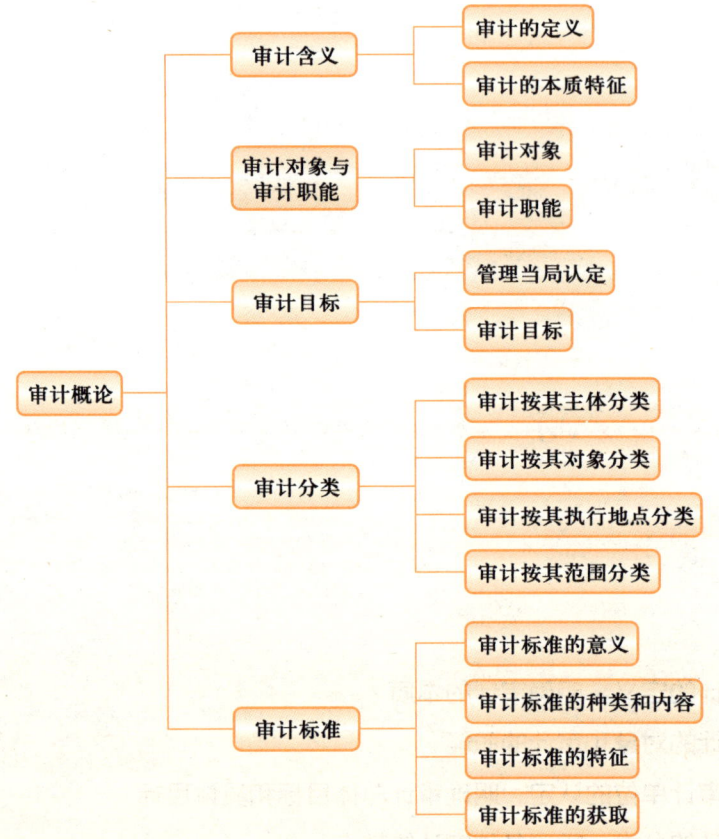

 引导案例

201×年×月×日,一封由××县电机厂85名职工联名书写的举报信摆在××县审计局局长的案头。信中反映该厂亏损严重,财务混乱,厂长等人有严重的经济问题,强烈要求政府派员审计,查清根源。县政府主要领导在信上作了指示,要求审计局迅速介入审计。

望着这封沉甸甸的人民来信,审计局的领导既感到了问题的严重性,更感到责任的重大。因为该厂职工已连续多次到县信访局、纪检等部门上访,并在积极准备越级上访。政府领导的重托,企业职工的期盼,社会各界的压力,激发了审计人员强烈的使命感。审计局领导决定,立即组织精干审计人员进驻该厂开展工作。

经过半年多的审计和艰苦细致的查证工作,在县领导的亲自过问、支持下,纪检、监察、检察等部门合力协作,终于挖出了涉案金额达200多万元的三条"蛀虫"(指犯罪嫌

疑人厂长、副厂长和财务科长）。目前，这三条"蛀虫"因涉嫌贪污、受贿、挪用公款等罪，已被检察机关提起公诉，等待他们的必将是法律的严惩。工人们说这些"蛀虫"就是附在电机上的"锈"，审计人员清除了"锈"，电机就肯运转了，电机厂的效益也就好了。

第一节　审计含义

一、审计的定义

从汉语"审计"一词的字面意义上讲，"审"有"查"之意，但比"查"字的含义更为丰富，有详细、周密、谨慎地审阅检查，分析研究，缜密推断，查证核实等意思；"计"有"算"之意，但比"算"字的含义更具体，有会计资料及核算、稽核之意。审计一词的词义，就是详细、周密、慎重地审查会计资料。在英文中，"审计"（audit）一词是指会计检查。古今中外"审计"一词意为会计检查或查账，是一种对经济监督行为的狭义表述。随着社会经济的发展和经济管理要求的提高，"审计"的内涵和外延都有了扩展，无论从查账的内容，还是从查账的方法和目的来看，其字面意义的表述已远远不能概括现代审计的丰富内容。

审计的定义是对审计本质特征或其内涵与外延作出科学的界定和高度的概括。尽管不同的审计活动各有其不同的工作重点、不同的审查对象和审计目标，审计职能和作用也有一定的差别，但就其共性，我们可以对"审计"作出如下定义：审计是由独立的第三者客观地收集和评价被审单位经济活动与既定标准符合程度的证据，并将审查结果用书面报告的形式传达给有关使用者的一个证实过程。

二、审计的本质特征

所有的审计都有其最本质的特征，这是衡量经济监督活动是否属于审计监督范畴的主要标志。一方面，应当肯定，审计监督作为一种经济监督，与其他专业经济监督有非常密切的联系，审计监督是专业经济监督的继续和发展，它们之间存在着相互协作的关系，最终目的是一致的；但从另一方面看，我们不能因此而把审计监督与其他专业经济监督混同起来，审计监督还有自己的特征，审计监督与其他专业经济监督还存在着监督与被监督的关系，它是各种专业经济监督自我强化的坚强后盾。可以说，审计监督的本质特征，就是高层次的经济监督。这种本质特征，主要表现在以下几个方面。

（一）审计主体的独立性

审计主体的独立性是指审计机构和人员依法独立行使审计监督权，不受其他行政机关、社会团体和个人的干涉。

审计主体的独立性主要表现在组织上的独立性、人员上的独立性、工作上的独立性和经济上的独立性。在组织上，审计机构必须是单独设置的独立的专职机构，它既不能与被审计单位有组织上的关系，也不能附属于其他部门；在人员上，审计人员必须依法审计、公正无私、不偏不倚，其任免应受到国家法律的保护；在工作上，审计人员依法独立行使审计监督权，独立进行审查，作出审计判断，并提出审计报告；在经济上，审计机构应有自己专门的经费来源，有足够的经费，能独立自主地从事审计工作。

审计主体的独立性主要是由审计人在审计关系中所处的超脱地位所决定的。我们知道，任何一种审计活动都必须有审计人、被审计人和审计委托人三个方面。审计人（即第三关系人）在接受审计委托人的委托或授权的情况下，对被审计人进行审查，向审计委托人证实被审计人的责任、状况与问题；被审计人（即第二关系人）对审计委托人负有经济责任，并由审计人对其受托经济责任进行审查；审计委托人（即第一关系人）将其财产授予被审计人去经营管理，要求被审计人对他们承担经济责任，并从审计人那里获取有关被审计人受托经济责任履行情况的书面报告。审计人、被审计人和审计委托人三者的关系，如图1-1所示。

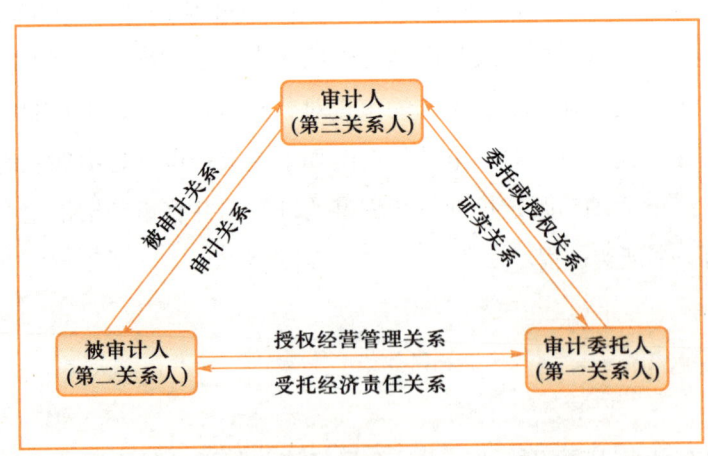

图1-1 审计关系图

从图1-1可见，审计人与审计委托人和被审计人之间不存在经济利害关系，审计人对审计授权人和被审计人都具有主动性和自由性，处于超脱地位，这就决定了审计主体的独立性。

（二）审计对象的广泛性

审计对象的广泛性是指审计实体和内容在范围上的广泛性。具体说，凡是负有财政、财务和经营管理责任的政府机关、社会团体和企事业单位，都具有一定的经济责任关系，因而都是审计授权人授权审计的对象，即审计对象。

审计对象的广泛性是由审计在经济监督体系中所处的较高层次的地位所决定的。在我国社会主义经济监督体系中，企事业单位内部的经济监督，属于单位内部的自我约束机制，它作为整个经济监督的基础，主要解决微观经济活动中出现的问题；财政、税务、金融、物价、工商行政等部门的专业经济监督，虽然是整个经济监督体系的中坚，但由于其受专业的局限和条块分割体制的制约，往往侧重本部门、本单位的经济利益，因而只能是在其专业范围内对企事业单位经济活动进行的专业监督；审计组织是专司经济监督的，它不参与被审计单位的经营管理，与审计授权人、被审计人之间均不存在经济利害关系，处于客观超脱地位，因而它可以按照授权人的授权，不仅可以对企事业单位等经济组织的微观经济活动进行监督，还可以对专业经济监督部门的经济活动进行再监督，审计监督处于较高层次的地位并受法律的保护，这决定了审计对象的广泛性。

（三）审计监督的权威性

审计监督的权威性是指审计组织的工作过程具有法律保障，且审计结果具有法律效力的特征。审计监督的权威性是审计独立性的明显体现，只有审计组织独立行使监督权，不受其他行政机关、社会团体和个人的干涉，才能确立审计组织的权威性。

在我国，审计的权威性主要表现在三个方面：一是审计组织是根据宪法规定建立，宪法对审计组织赋予了依照法律独立行使审计监督的权力；二是审计组织按照授权人的委托依法行使职权时，有权要求被审计人提供有关资料，政府审计组织还有权追究违法乱纪的原因和经济责任，有权纠正违反国家规定的收支，制止损失浪费；三是审计组织出具的审计报告具有法律效力，政府审计机关的审计决定，还可以依法定性、处理和处罚。

（四）审计监督的专职性

审计监督的专职性是指审计监督专司经济监督，不兼负其他经济管理工作的特征。

审计监督的专职性是审计监督区别其他专业经济监督的主要特征。财政、税务、金融、工商管理等专业经济监督是结合本身行政管理业务工作进行的专业监督，这些部门参与本专业的经济管理，以管理为主、监督为辅，监督只是强化管理的一种辅助手段；而审计组织则不参与具体经济管理，它不受其他专业的局限，依据法规标准和业务规范标准监督被审计人的行为，进而查明和评价被审计人经济责任的履行情况。

（五）审计手段的科学性

审计手段的科学性是审计工作程序和方法符合审计工作客观规律的特征。

为了完成审计任务，审计人采用了各种科学严密的审计程序和方法。这些程序和方法，不仅吸收了其他学科的程序和方法的优点，也形成了审计学特有的方法体系。在审计活动中，审计人利用各种审计手段，对被审计人的经济活动进行审查，确认其是否执行了审计标准，并对其执行、不执行或违背标准的行为进行取证，形成充分有效的审计证据。在此基础上，对比审计标准与审计证据，揭示出被审计人行为的差异，然后对其差异进行评价，形成审计意见，以审计报告形式提供给审计授权人。审计通过科学严密的审计手段，保证了审计任务的完成。

第二节 审计对象与审计职能

一、审计对象

审计对象是指被审计单位的财政财务收支及与其有关的经济活动，以及作为提供这些经济活动信息载体的会计资料及其他相关资料。具体地说，包括下列两方面的内容。

（一）被审计单位的财政财务收支及与其有关的经济活动

不论是传统审计还是现代审计，不论是政府审计、内部审计还是民间审计，都要求以被审计单位客观存在的财政财务收支及与其有关的经济活动为审计对象，对其是否合法、公允、合理进行审查和评价，以便对其所负受托经济责任是否认真履行进行确定、证明和监督。政府审计的对象，根据宪法规定，为国务院各部门和地方各级政府的财政收支、国家金融机构和企业、事业组织的财务收支；内部审计的对象为本部门、本单位的财务收支以及其他有关的经济活动；民间审计的对象为委托人指定的被审计单位的财务收支及与其有关的经济活动。

（二）被审计单位的会计资料及其相关资料

审计对象主要包括记载和反映被审计单位财政财务收支、提供会计信息载体的会计凭证、账簿、报表等会计资料，以及相关的计划、预算、经济合同等其他资料；经营目标、预测、决策方案、经济活动分析资料、技术资料等其他资料；电子计算机的磁带、磁盘等会计信息载体。以上都是审计的具体对象。

综上所述，会计资料和其他相关资料是审计对象的外在表现，其所反映的被审计单位的财政财务收支及与其有关的经济活动是审计对象的本质。

二、审计职能

审计职能是审计客观上所固有的、不受人们主观意志所支配的内在功能。审计职能是审计的本质属性。审计具有经济监督、经济评价和经济鉴证三项职能。

（一）经济监督

经济监督是审计的基本职能。它是指监察和督促被审计单位的经济活动，使其按照正常的经济规律和法规制度运行。审计监督是整个经济监督体系中的一个重要组成部分。通过审计监督，可以对被审计单位的财政财务收支及与其有关经济活动的真实性、合法性、效益性进行审查，促使其符合国家的方针、政策、法规、制度、计划和预算的要求，借以维护财经法纪。

纵观审计产生和发展的历史，审计无不表现为经济监督的活动，履行着经济监督的职能。我国的审计实践证明，越是搞活经济，越是对外开放，越是需要加强审计监督。通过审计监督，可以严肃财经纪律，维护国家和人民的利益，可以加强宏观调控和管理，促进企事业单位经济效益的提高。经济监督是社会主义审计的基本职能。

（二）经济评价

经济评价是指审计人员通过对被审计单位的财政财务收支和有关经济活动进行审核检查，就其经济决策、预算、计划和方案是否先进可行，执行情况如何，经济效益高低优劣，以及内部控制是否健全、严密、有效等内容作出评价，为有关方面提供决策信息。

审核检查被审计单位的财政财务收支及与其有关的经济活动，是进行经济评价的前提。只有查明被审计单位的客观事物真相，才能按照一定的标准，进行对比分析，形成各种经济评价意见。经济评价的过程，同时也是肯定成绩、发现问题的过程。经济评价职能是现代审计相对于传统审计在职能上的拓展。

（三）经济鉴证

经济鉴证又称审计公正，是指通过审核鉴定，确认被审计单位的财务报表和经济资料是否真实、正确、是否可以信赖，并作出书面证明，以供审计委托人或其他有关方面使用。

经济鉴证职能是随着现代审计的发展而出现的一项职能，它不断受到人们的重视而日益强化，并显示其重要作用。在我国，民间审计组织鉴证业务的范围越来越广，执业越来越规范，在经济生活中发挥的作用也越来越重要。

不同的审计组织形式在审计职能的体现上，侧重点有所不同：政府审计和内部审计侧重于经济监督和经济评价，民间审计则侧重于经济鉴证。

第三节 审计目标

一、管理当局认定

（一）管理当局认定的含义

被审计单位管理当局的认定，是指被审计单位管理层在财务报表中作出的明确或隐含的表达，注册会计师将其用于考虑可能发生的不同类型的潜在错报。认定与审计目标密切相关，注册会计师的基本职责就是确定被审计单位管理层对其财务报表的认定是否恰当。注册会计师了解了认定，就很容易确定每个项目的具体审计目标，通过考虑可能发生的潜在错报，注册会计师运用认定评估风险，并据此设计审计程序以应对评估的风险。

保证财务报表公允反映被审计单位的财务状况和经营成果等是管理层的责任。当管理层声明财务报表已按照适用的财务报告编制基础进行编制，在所有重大方面作出公允反映时，就意味着管理层对财务报表各组成要素的确认、计量、列报以及相关的披露作出了认定。被审计单位管理层在财务报表上的认定有些是明确表达的，有些则是隐含表达的。例如，管理层在资产负债表中列报存货及其金额，意味着作出了下列明确的认定：记录的存货是存在的；存货以恰当的金额包括在财务报表中，与之相关的计价或分摊调整已恰当记录。同时，管理层也作出下列隐含的认定：所有应当记录的存货均已记录；记录的存货都由被审计单位拥有。

（二）管理当局认定包括的内容

管理层在财务报表中的认定包括对与各类交易和事项相关的认定、与期末账户余额相关的认定及与列报和披露相关的认定。

1. 与各类交易和事项相关的认定

注册会计师对所审计期间的各类交易和事项运用的认定通常分为以下几类：

（1）发生：记录的交易和事项已发生，且与被审计单位有关。

（2）完整性：所有应当记录的交易和事项均已记录。

（3）准确性：与交易和事项有关的金额及其他数据已恰当记录。

（4）截止：交易和事项已记录于正确的会计期间。

（5）分类：交易和事项已记录于恰当的账户。

2. 与期末账户余额相关的认定

注册会计师对期末账户余额运用的认定通常分为以下几类：

（1）存在：记录的资产、负债和所有者权益是存在的。

（2）权利和义务：记录的资产由被审计单位拥有或控制，记录的负债是被审计单位应当履行的偿还义务。

（3）完整性：所有应当记录的资产、负债和所有者权益均已记录。

（4）计价和分摊：资产、负债和所有者权益以恰当的金额包括在财务报表中，与之相关的计价或分摊调整已恰当记录。

3. 与列报和披露相关的认定

注册会计师对列报和披露运用的认定通常分为以下几类：

（1）发生及权利和义务：披露的交易、事项和其他情况已发生，且与被审计单位有关。

（2）完整性：所有应当包括在财务报表中的披露均已包括。

（3）分类和可理解性：财务信息已被恰当地列报和描述，且披露内容表述清楚。

（4）准确性和计价：财务信息和其他信息已公允披露，且金额恰当。

二、审计目标

审计目标包括审计总体目标和审计具体目标两个层次。

（一）审计总体目标

审计的目的是提高财务报表预期使用者对财务报表的信赖程度。这一目的可以通过注册会计师对财务报表是否在所有重大方面按照适用的财务报告编制基础编制发表审计意见得以实现。就大多数通用目的的财务报告编制基础而言，注册会计师针对财务报表是否在所有重大方面按照财务报告编制基础编制并实现公允反映发表审计意见。注册会计师按照审计准则和相关职业道德要求执行审计工作，能够形成这样的意见。因此，执行财务报表审计工作时，注册会计师的总体目标是：

（1）对财务报表整体是否不存在由于舞弊或错误导致的重大错报获取合理保证，使得注册会计师能够对财务报表是否在所有重大方面按照适用的财务报告编制基础编制发表审计意见；

（2）按照审计准则的规定，根据审计结果对财务报表出具审计报告，并与管理层和治理层沟通。

（二）审计具体目标

审计具体目标是审计总体目标的具体化，它应当根据审计总体目标和被审计单位的认定来确定。注册会计师了解了被审计单位的认定，就很容易确定每个项目的具体审计目标，并以此作为评估重大错报风险以及设计和实施进一步审计程序的基础。

1. 与所审计期间各类交易和事项相关的审计目标

（1）发生。由发生认定推导的审计目标是确认已记录的交易是真实的。例如，如果没有发生销售交易，但在销售明细账中记录了一笔销售，则违反了该目标。

发生认定所要解决的问题是管理层是否把那些不曾发生的项目列入财务报表，它主要与财务报表组成要素的高估有关。

（2）完整性。由完整性认定推导的审计目标是确认已发生的交易确实已经记录。例如，如果发生了销售交易，但没有在销售明细账和总账中记录，则违反了该目标。

发生和完整性两者强调的是相反的关注点。发生目标针对潜在的高估，而完整性目标则针对漏记交易（低估）。

（3）准确性。由准确性认定推导出的审计目标是确认已记录的交易是按正确金额反映的。例如，如果在销售交易中，发出商品的数量与账单上的数量不符，或是开账单时使用了错误的销售价格，或是账单中的乘积或加总有误，或是在销售明细账中记录了错误的金额，则违反了该目标。

准确性与发生、完整性之间存在区别。例如，若已记录的销售交易是不应当记录的（如发出的商品是寄销商品），则即使发票金额是准确计算的，仍违反了发生目标。再如，若已入账的销售交易是对正确发出商品的记录，但金额计算错误，则违反了准确性目标，但没有违反发生目标。在完整性与准确性之间也存在同样的关系。

（4）截止。由截止认定推导出的审计目标是确认接近于资产负债表日的交易记录于恰当的期间。例如，如果本期交易推到下期，或下期交易提到本期，均违反了截止目标。

（5）分类。由分类认定推导出的审计目标是确认被审计单位记录的交易经过适当分类。例如，如果将现销记录为赊销，将出售经营性固定资产所得的收入记录为营业收入，导致交易分类的错误，则违反了分类的目标。

2. 与期末账户余额相关的审计目标

（1）存在。由存在认定推导的审计目标是确认记录的金额确实存在。例如，如果不存在对某顾客的应收账款，在应收账款明细账中却列入了对该顾客的应收账款，则违反了存在性目标。

（2）权利和义务。由权利和义务认定推导的审计目标是确认资产归属于被审计单位，负债属于被审计单位的义务。例如，将他人寄售商品列入被审计单位的存货中，违反了权利目标；将不属于被审计单位的债务记入账内，违反了义务目标。

（3）完整性。由完整性认定推导的审计目标是确认已存在的金额均已记录。例如，如果存在某顾客的应收账款，在应收账款明细账中却没有列入对该顾客的应收账款，则违反了完整性目标。

（4）计价和分摊。资产、负债和所有者权益以恰当的金额包括在财务报表中，与之相关的计价或分摊调整已恰当记录。

3. 与列报和披露相关的审计目标

（1）发生及权利和义务。将没有发生的交易、事项，或与被审计单位无关的交易和事项包括在财务报表中，则违反该目标。例如，复核董事会会议记录中是否记载了固定资产抵押等事项，询问管理层固定资产是否被抵押，即是对列报的权利认定的运用。如果抵押固定资产则需要在财务报表中列报，并说明其权利受到限制。

（2）完整性。如果应当披露的事项没有包括在财务报表中，则违反该目标。例如，检查关联方和关联交易，以验证其在财务报表中是否得到充分披露，即是对列报的完整性认定的运用。

（3）分类和可理解性。财务信息已被恰当地列报和描述，且披露内容表述清楚。例如，检查存货的主要类别是否已披露，是否将一年内到期的长期负债列为流动负债，即是对列报的分类和可理解性认定的运用。

（4）准确性和计价。财务信息和其他信息已公允披露，且金额恰当。例如，检查财务报表附注是否分别对原材料、在产品和产成品等存货成本核算方法作了恰当说明，即是对列报的准确性和计价认定的运用。

【案例1-1】至真会计师事务所的注册会计师王辉和刘艳接受委派，对盛大有限责任公司2018年度财务报表进行审计。在审计过程中发现该公司财务报表、期末账户余额及各类交易和事项可能存在下列导致重大错报的情况：

（1）在销售交易中，发出商品的数量与账单的数量不符；

（2）期末存货的盘点可能存在较大的差错；

（3）可能存在未入账的应付账款；

（4）长期借款中可能有一部分年内将会到期；

（5）在销售交易中，将现销记录为赊销。

要求：请按下列要求将正确答案填入表格中：

（1）针对上述可能存在的问题，分析能影响管理层的认定有哪些？

（2）为了证实上述问题，注册会计师应当分别执行的最主要的实质性程序是什么？

（3）注册会计师执行的实质性程序能实现哪些审计目标？

【分析】

序号	管理当局的认定	审计程序	审计目标
1	与交易和事项相关的准确性	重新计算	准确性
2	与期末账户余额相关的存在	检查存货	存在
3	与期末账户余额及报表列报相关的完整性	查找未入账的应付账款	完整性
4	与报表列报相关的分类和可理解性	检查是否存在1年内到期的长期借款	分类和可理解性
5	与交易和事项相关的分类	检查销售合同及销售记录	分类

第四节　审计分类

一、审计按其主体分类

审计主体是指具有并行使审计权的组织机构和专职人员。审计主体在审计活动中处于主导地位，是审计行为的执行者。

审计按其主体分类，可以根据主体性质和主体目的进行分类。

（一）按审计主体性质分类

审计按其主体的性质划分，可以分为政府审计、内部审计和民间审计三类。

1. 政府审计

政府审计是指政府审计部门对政府部门和国有企事业单位的财政财务收支及其有关经济活动的真实性、合规性和效益性所进行的审查。我国政府审计是在政府领导下的政府审计机关代表政府进行的审计。例如，我国审计署对民政事业费的审计，省审计厅对本省各市财政预算收支执行的审计均属政府审计。

2. 内部审计

内部审计是指由部门、单位内部专职审计机构的专职审计人员所进行的审计。内部审计的内容是本部门、本单位财政财务收支的审计、财经法纪的审计以及经济效益的审计。内部审计的职能是在本部门、本单位相对独立地行使审计监督权，是实现经济管理的一种必要手段，其内容并不限于各部门、各单位会计核算的工作监督，还涉及经济活动的各个领域，是增强内部控制的一个重要环节。

3. 民间审计

民间审计是指经有关部门批准注册的民间会计师事务所、审计事务所进行的审计。这种审计是审计人接受审计委托人的委托，对被审计单位的审计事项所进行的审查。民间审计组织也可接受政府审计组织的委托，对企事业单位进行审计，其主要特点是受托审计。民间审计的内容十分广泛，不仅包括传统的财务审计、财经法纪审计，还包括经营审计、管理审计、单位经济效益审计。民间审计组织的每一项审计事项的内容取决于审计委托人具体委托事项的目的和要求。例如，审计事务所、会计师事务所所进行的审计、验资、查账、清算等，都属于民间审计。

政府审计与民间审计都是由被审计单位以外的审计组织所进行的审计，统称外部审计。

（二）按审计主体目的分类

审计按其主体的目的分类，可以分为财政财务收支审计、财经法纪审计和经济效益审计三类。

1. 财政财务收支审计

财政财务收支审计，也称常规审计或传统审计。它是指审计组织通过对凭证、账簿、报表以及有关经济资料的审查，查明被审计单位的财政财务收支活动是否真实、合规的一种审计。

2. 财经法纪审计

财经法纪审计，也称法纪审计。它是对被审计单位或被审计人员是否贯彻执行和严格遵守财经政策、法令、制度的一种审计。从严格意义上讲，财经法纪审计是财政财务收支审计的一个特殊类别，其内容包括在财政财务收支审计的内容之中，但财经法纪审计的内容突出以下两点：一是突出对违反财经法纪行为的审查，诸如乱挤成本、乱摊费用、偷税漏税、化公为私等行为；二是突出对违法犯罪案件的审查，诸如贪污盗窃、投机倒把、行贿受贿等情况。审计的目的在于通过监督、检查，促使被审计单位和有关人员遵守财经法纪，防止经济违法犯罪案件的发生。

3. 经济效益审计

经济效益审计，是指对被审计单位经济活动的效益性所进行的审计，其目的是加强经营管理，提高经济效益，审计重点是审查和评价被审计单位经营管理活动的经济性、效率性和效果性。其中经济性是对投入的要求，效率性是对速度的要求，效果性是对产出的要求。对这三个方面的审计，实质是审查经济活动是否有效地进行。经济效益审计的具体内容包括：一是对经营方针、决策、各项计划目标和投资方案的经济性、合理性和可行性的审计；二是对被审计单位管理素质和管理水平的审计；三是对经营活动中人力、物力、财力等资源利用的节约或浪费的专项审计；四是对生产经营成果和财务成果等效益实现程度及其影响因素的审计。通过对被审计单位有关项目的审查、取证、分析、评价，提出建议，借以查清被审计单位存在的问题，促使其改善经营管理，提高经济效益。

二、审计按其对象分类

按审计对象分类，可以根据审计对象的性质、接受程度和记录载体等为标志进行分类。

（一）按审计对象性质分类

审计按其对象性质不同，可以分为公共审计和企事业审计。

1. 公共审计

公共审计，是指政府审计组织对政府各机关的财政收支及其效果所进行的审计。公共审计属于宏观经济审计，其目的是监督国家财政预算资金合理有效地使用，揭露财政上的不法行为，提出改善财政管理的建议和意见。公共审计的内容主要包括：预算和决算的可行性和真实性的审计，财政收支的合法性和合理性的审计，国家资金利用的经济性、效率性和效果性的审计等。

2. 企事业审计

企事业审计，是指由审计组织对企事业单位的财务收支及其经济效益所进行的审计。企事业审计属于微观经济审计，其目的是审查企事业单位经济活动的真实性、合法性和效益性，审计的内容包括财务收支审计、财经法纪审计和经济效益审计。企事业审计，按其行业性质不同，又可分为工业企业审计、商业企业审计、交通运输企业审计、文教事业单位审计和基建单位审计等。

（二）按审计对象的接受程度分类

审计按其对象的接受程度不同，可以分为强制审计和任意审计。

1. 强制审计

强制审计，是指根据国家法令规定，不考虑被审计人的意愿而强制执行的审计。我国政府审计组织和部门内部审计组织对企事业单位的财务收支实行的审计监督，就属于这一审计类别。实行强制审计时，被审计单位必须依法接受审计，不得拒绝。

2. 任意审计

任意审计，是指根据被审计单位的意愿而进行的审计。在任意审计中，被审计单位不仅可以自主地决定是否接受审计，还可以按照自己的意愿去选择审计范围和审计方法。企业委托民间审计组织对其内部控制所进行的审计以及单位内部审计组织的经济效益审计就属于这类审计。

（三）按审计对象记录载体分类

审计按其对象的记录载体不同，可以分为簿籍审计和电算化审计。

1. 簿籍审计

簿籍审计，是指运用常规审计方法，对会计簿籍所进行的审计。这类审计属于传统审计方式，其目的在于审查会计资料的真实性和合法性。审计的内容包括会计基础工作审计、会计凭证的审计、会计账簿的审计和会计报表的审计。

2. 电算化审计

电算化审计，是指对被审计单位电子数据处理系统的会计资料和业务记录所进行的审计。电算化审计是一种现代审计，它通过对电算化软件程序以及信息的输入和输出的审查，查明资料的正确性和可靠性，借以查出并纠正电算化过程中出现的错误，揭露和打击不法分子利用计算机作案的违法行为。

三、审计按其执行地点分类

审计按其执行地点不同，可以分为就地审计和报送审计。

（一）就地审计

就地审计，是指审计组织委派审计人员到被审计单位所在地所进行的审计。这种审计可以深入实际、调查研究，易于全面了解和掌握被审计单位的实际情况，是较为广泛运用的一种审计形式。

（二）报送审计

报送审计，是指被审计单位按照审计组织的要求，将审计资料送至审计组织所进行的审计。报送审计一般适用于业务量不多的行政事业单位的经费收支审计。

四、审计按其范围分类

审计按其范围不同，可以分为全部审计、部分审计和专项审计。

（一）全部审计

全部审计，是指审计组织对被审计单位在审计期内的全部经营活动及其经济资料所进行的审计。全部审计的结果比较准确可靠，但审计业务量过于繁重。它一般适用于内部控制不健全、会计基础工作较为薄弱的单位或经济业务简单、凭证账册等经济资料较少的小型企业。

（二）部分审计

部分审计，是指审计组织对被审计单位在审计期内的部分经营活动及其经济资料所进行的审计，如现金审计、销售业务审计等。部分审计所需时间短，费用少，便于帮助被审计单位及时发现问题，解决问题，但在审计过程中，可能会漏掉那些存在严重问题的事件和存在违法或非法行为的经济业务。

（三）专项审计

专项审计，是指对被审计单位特定项目进行的审计，如对被审计单位应付职工薪酬的审计等。

综上所述，依据不同的标准对审计所进行的各种分类，既有其各自的特点，又相辅相成，密切相关。审计人员在执行审计任务时，应根据不同的审计目标和要求，结合被审计单位的实际情况，恰当地选用一种审计类型，也可以选用几种审计类型，结合使用，使其相互补充，扬长避短。只有这样，才能合理组织审计工作，充分发挥各类审计作用，从而既能简化审计工作，减轻审计工作量，又能保证审计质量，提高审计工作的效率和效果。

第五节 审计标准

一、审计标准的意义

标准是指用于评价或计量鉴证对象的基准，当涉及列报时，还包括列报的基准。标准可以是正式的规定，如编制财务报表所使用的会计准则和相关会计制度；也可以是某些非正式的规定，如单位内部制定的行为准则或确定的绩效水平。

审计标准是审计业务中不可或缺的一项要素。运用职业判断对审计对象作出评价或计量，离不开适当的标准。如果没有适当的标准提供指引，任何个人的解释甚至误解都可能对结论产生影响，这样一来，结论必然缺乏可信性。也就是说，审计标准是对所要发表意见的审计对象进行度量的一把尺子，责任方和注册会计师可以根据这把尺子对审计对象进行度量。

审计标准是审计人员在审计过程中用来判断是非、评价优劣的依据。审计标准就其本质来说，首先是对被审计单位的要求，是被审计单位在进行经济活动时必须遵守的规则。审计组织的职责是要恰当、准确地运用审计标准，对被审计单位遵守规则的情况加以审查和评价。所以审计标准也是审计人员对被审计事项进行判断和评价，作出审计结论，表示审计意见的基础。建立一套科学的审计标准，对审计人员作出正确的结论和决定，保证审计工作的质量和效率以及免除审计人员的责任等方面有重要的意义。

二、审计标准的种类和内容

由于审计的目标不同，加之不同种类的审计标准又有不同的用途，因而各种审计所遵循的审计标准也各不相同。从性质上看，审计标准包括法规类标准、政策类标准、规章制度类标准以及计划、预算和经济合同类标准。

（一）法规类标准

法规是指由国家立法机关制定并由国家政权保证执行的宪法、法律以及由国家政权机关制定和颁布的法令、条例和规则等法律性文件的总称。法规对其管辖区域内的所有部门、组织和个人均有约束力，自然构成审计标准。例如宪法、刑法、民法、经济合同法、外商投资企业法、民事诉讼法、审计法、会计法、统计法以及财政部颁发的《企业财务通则》《企业会计准则》等，都构成审计标准。法规类审计标准的特点是层次高，覆盖面广，约束力强，而且相对稳定。

（二）政策类标准

政策是党和国家为实现一定历史时期的目标，完成某种特定的任务而制定的行动准则，它常常表现为国家下达的政策性文件。这些方针政策在全国范围都具有效力，因此也构成审计标准，如计划生育政策，西部开发人才流动政策。相对于法规类标准来说，方针政策虽然作用范围也很广，但其严肃性和约束力不及法律，而且会随着时间的推移发生变化。

（三）规章制度类标准

规章制度是国家机关、社会团体、企事业单位制定的各种规则、章程、程序和办法的总称。有关部门颁布或单位内部自己制定的产品质量标准、人员定额、能源消耗定额、物资消耗定额、工时消耗定额等等，由于都在一定范围内具有约束力，因而均可作为审计标准。规章制度的特点是在一定范围内有较强的约束力，同时有严肃性和强制性，要求必须遵守。

（四）计划、预算和经济合同类标准

计划、预算和经济合同是被审计单位编制的计划和预算以及被审计单位与其他单位签订的经济合同和承包经营合同等。由于这类标准或者对被审计单位内部具有一定的约束力，或者用于调整被审计单位与其他有关单位之间形成的具有关联关系的经济行为，因而都是判断和评价被审计单位经济管理活动效益性的重要依据。计划、预算标准的特点是在一定范围内有约束力，也有一定的严肃性，但不如法规制度强。

三、审计标准的特征

适当的审计标准应当具备下列所有特征。

（一）相关性

审计人员选用的审计标准，一定要与作出的审计结论和提出的审计意见密切相关，如违反了增值税条例便不能用消费税条例去衡量。如果存在几种可供选择使用的标准，要选用最能揭示被审计事项本质的一种作为审计标准。相关的标准有助于得出结论，便于预期使用者作出决策。

（二）完整性

完整的标准不应忽略业务环境中可能影响得出结论的相关因素，当涉及列报时，还包括列报的基准。

（三）可靠性

可靠的标准能够使能力相近的注册会计师在相似的业务环境中，对鉴证对象作出合理一致的评价或计量。

（四）中立性

中立的标准有助于得出无偏向的结论。

（五）可理解性

可理解的标准有助于得出清晰、易于理解、不会产生重大歧义的结论。

注册会计师基于自身的预期、判断和个人经验对鉴证对象进行的评价和计量，不构成适当的标准。

审计标准可以是由法律法规规定的，如宪法、会计法、税法、公司法、证券法等，或由政府主管部门或国家认可的专业团体依照公开、适当的程序发布的，也可以是专门制定的，如企业财务会计报告条例、企业会计准则、企业会计制度、企业债券管理条例等。采用标准的类型不同，注册会计师为评价该标准对于具体鉴证业务的适用性所需执行的工作也不同。

四、审计标准的获取

审计标准应当能够为预期使用者获取，以使预期使用者了解鉴证对象的评价或计量过程。审计标准可以通过下列方式供预期使用者获取：

（1）公开发布；

（2）在陈述鉴证对象信息时以明确的方式表述；

（3）在鉴证报告中以明确的方式表述；

（4）常识理解，如计量时间的标准是小时或分钟。

第二章
审计组织形式与审计准则

 本章学习目标

知识目标
- 了解我国的审计组织形式
- 了解注册会计师的业务范围
- 了解我国的审计准则体系
- 明确注册会计师职业道德规范和注册会计师法律责任
- 掌握注册会计师执业准则体系
- 掌握中国注册会计师鉴证业务的定义和要素

能力目标
- 能遵守审计准则
- 能遵守注册会计师职业道德规范

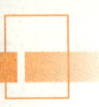

本章知识结构

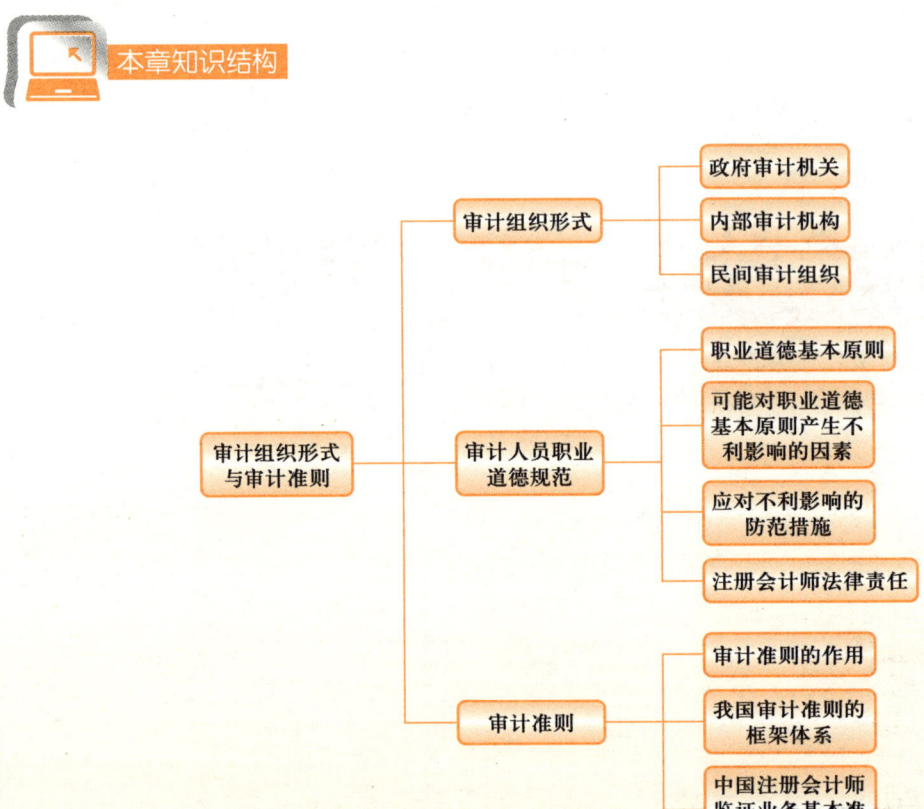

天健华证中洲（北京）会计师事务所有限公司（以下简称天健所）为夏新电子2006年年度报告出具了无保留意见审计报告。由于天健所在对夏新电子年报审计过程中，未按照中国注册会计师审计准则的要求实施必要的审计程序，收集充分的审计证据，导致出具了含有虚假内容的审计报告，被证监会处罚。

天健所未按照中国注册会计师审计准则的规定，对夏新电子"应收票据"科目未区分"银行承兑汇票""商业承兑汇票"保持应有的关注。夏新电子2006年年报将2.8亿元商业承兑汇票披露为银行承兑汇票，占全部应收票据余额的40%，且在到期日均未变现，全部转为公司应收账款。天健所在对应收票据实施监盘的过程中，已抽查到3张金额分别为5 000万元、4 000万元、2 000万元商业承兑汇票但未给予合理关注，错误得出"盘点未见异常"和"期末应收票据均为银行承兑汇票，无商业承兑汇票"的盘点结论。因此，可以认定天健所未保持应有的职业谨慎态度，导致未发现夏新电子商业承兑汇票披露存在误导性陈述。

天健所未按照中国注册会计师审计准则的规定,对夏新电子资产负债表日后销售退回事项予以关注。在对资产负债表日后销售退回进行审计时,未对期后退回事项进行充分的测试,在其他相关审计工作底稿中,也未见天健所针对期后销售退回所实施的相应审计程序,导致天健所未发现夏新电子未在2006年财务报表中对资产负债表日后销售退回进行恰当的会计处理。

天健所未按照中国注册会计师审计准则的规定,对夏新电子2006年度预提的返利价保的完整性获取充分、适当的审计证据,并实施充分的审计程序。在对2006年度返利价保预提事项审计时,天健所函证的是2006年12月31日已录入夏新电子SAP系统已计提的返利价保。对于资产负债表日后维护进入SAP系统,应归属于2006年度的返利价保,天健所未采取其他替代审计程序,关注期后进入维护核算系统的相关记录,导致其未能发现返利价保事项存在的重大错报。

这个案件提醒注册会计师,在审计过程中一定要严格遵循审计准则,实施必要的审计程序,按照职业道德要求开展工作,保持应有的职业谨慎,尽职尽责完成审计工作,才能保证审计工作的质量。

第一节 审计组织形式

尽管当今世界各国的审计制度千差万别,但其审计组织大体相同,大多数国家都是由政府审计机关、内部审计机构和民间审计组织三大部分组成的。

一、政府审计机关

(一)我国政府审计机关的设置

我国政府审计机关是审计法律关系的主体,是行使审计监督权的组织,是能够承担审计法律责任的组织,并且以行政法人资格从事审计行为。我国政府审计机关包括:

1. 中央审计机关

根据《中华人民共和国审计法》(以下简称《审计法》)的规定:"国务院设立审计署,在国务院总理领导下,主管全国的审计工作。审计长是审计署的行政首长。"

中华人民共和国审计署是国务院所属部委级的国家机关，是我国最高审计机关，它作为国务院的组成部门，要接受国务院的领导和指示，执行国务院的行政法规、决定和命令。它有自己的职责范围，对自己所管辖的事项，以独立的行政主体从事活动，并承担由此而产生的责任。审计署按照统一领导、分级负责的原则组织和领导全国的审计工作。

2. 地方审计机关

根据《审计法》的规定："省、自治区、直辖市、设区的市、自治州、县、自治县、不设区的市、市辖区的人民政府的审计机关，分别在省长、自治区主席、市长、州长、县长、区长和上一级审计机关的领导下，负责本行政区域内的审计工作。地方各级审计机关对本级人民政府和上一级审计机关负责并报告工作，审计业务以上级审计机关领导为主。"

省、自治区审计机关称审计厅，其他各级审计机关统称审计局。地方审计机关也是根据宪法、审计法有关条文规定设立的，同样也具有法律地位。一方面它既是各级政府的一个职能部门，直接对本级政府的行政首长负责；另一方面它又以独立的行政主体资格对自己管辖范围内的审计事项进行审计。

3. 审计特派员办事处

根据《审计法》的规定："审计机关根据工作需要，经本级人民政府批准，可以在其审计管辖范围内设立派出机构。派出机构根据审计机关的授权，依法进行审计工作。"审计署根据工作需要派出审计特派员，设立审计派出机构，须经国务院批准。审计终结后，出具审计意见书，做出审计决定。地方审计机关也可以在其审计管辖范围内派出审计特派员，但应由本级政府决定，并报上级审计机关备案。

（二）我国政府审计机关的职责

审计机关职责，是指国家法律、行政法规规定的审计机关应当完成的任务和承担的责任。根据《审计法》的规定，我国政府审计机关的具体职责主要表现在以下几个方面。

1. 财政收支审计职责

对财政收支进行审计监督，是审计机关的主要职责。审计署可以对国务院财政部门具体组织的中央预算执行的情况进行审计；地方各级审计机关可以对本级人民政府财政部门具体组织的本级预算执行情况和其他财政收支情况进行审计监督。

2. 财务收支审计职责

对财务收支进行审计，也是审计机关的重要职责。审计署对中央银行的财务收支进行审计监督；审计机关对国有金融机构的资产、负债、损益，进行审计监督；审计机关对国家的事业组织和使用财政资金的其他事业组织的财务收支，进行审计监督；审计机关对国有企业的资产、负债、损益，进行审计监督，对国有资本占控股地位或者主导地位的企业、金融机构的审计监督，由国务院规定；审计机关对政府投资和以政府投资为主的建设项目的预算执行情况和决算，进行审计监督；审计机关对政府部门管理的和其他单位受政府委托管理的社会保障基金、社会捐赠资金以及其他有关基金、资金的财务收支，进行审计监督；审计机关对国际组织和外国政府援助、贷款项目的财务收支，进行审计监督；审计机关按照国家有关规定，对国家机关和依法属于审计机关审计监督对象的其他单位的主要负责人，在任职期间对本地区、本部门或者本单位的财政收支、财务收支以及有关经济活动应负经济责任的履行情况，进行审计监督。

3. 其他法律、法规规定的审计事项

审计机关对其他法律、行政法规规定应当由审计机关进行审计的事项，依照《审计法》和有关法律、行政法规的规定进行审计监督。如在《宪法》《预算法》《会计法》等法律中的规定。

4. 专项审计调查职责

审计机关有权对与国家财政收支有关的特定事项，向有关地方、部门、单位进行专项审计调查，并向本级人民政府和上一级审计机关报告审计调查结果。

5. 审计管辖范围确定的职责

审计机关根据被审计单位的财政、财务隶属关系或者国有资产监督管理关系，确定审计管辖范围。审计机关之间对审计管辖范围有争议的，由其共同的上级审计机关确定。上级审计机关可以将其审计管辖范围内的有关审计事项，授权下级审计机关进行审计。上级审计机关对下级审计机关审计管辖范围内的重大审计事项，可以直接进行审计，但是应当防止不必要的重复审计。

6. 管理审计工作的职责

审计署在国务院总理领导下，对中央预算执行情况和其他财政收支情况进行审计监督，向国务院总理提出审计结果报告。地方各级审计机关分别在本级政府最高行政首长和上一级审计机关的领导下，对本级预算执行情况和其他财政收支情况进行审计监督，向本级人民政府和上一级审计机关提出审计结果报告。

7. 指导和监督内部审计的职责

审计机关对国务院各部门和地方人民政府各部门等依法属于审计监督对象的单位，有权对其内部审计进行业务指导和监督。

8. 指导、监督和管理社会审计的职责

社会审计机构审计的单位依法属于审计机关审计监督对象的，审计机关按照国务院的规定，有权对该社会审计机构出具的相关审计报告进行核查，如发现其出具的审计报告内容不实，有权予以纠正。

（三）我国政府审计机关的权限

审计机关的权限，是指国家通过法律赋予审计机关在审计监督过程中所享有的资格和权能。根据《审计法》的规定，我国政府审计机关的权限主要表现在以下几个方面。

1. 监督检查权

监督检查权包括要求报送资料权、检查权和调查取证权。

要求报送资料权指审计机关有权要求被审计单位按照审计机关的规定提供预算或者财务收支计划、预算执行情况、决算、财务会计报告，运用电子计算机储存、处理的财政收支、财务收支电子数据和必要的电子计算机技术文档，在金融机构开立账户的情况，社会审计机构出具的审计报告，以及其他与财政收支或者财务收支有关的资料，被审计单位不得拒绝、拖延、谎报。

检查权是指审计机关实施审计时，有对被审计单位的有关资料和资产进行检查的权力。这是审计机关履行职责最基本的权力。审计机关进行审计时，被审计单位应当接受检查，不得拒绝。

调查取证权指审计机关进行审计时，有权就审计事项的有关问题向有关单位和个人进行调查，并取得有关证明材料。有关单位和个人应当支持、协助审计机关工作，如实向审计机关反映情况，提供有关证明材料。

2. 采取临时强制措施权

临时强制措施权指审计机关在进行审计时，为了及时制止正在进行的违反国家规定的财政收支、财务收支行为，或者为了保证审计工作正常进行，有对被审计单位的账册、资产采取一定的暂时性的强制措施的权力。

3. 通报或公布审计结果权

通报或公布审计结果权指审计结束后，审计机关有向政府有关部门通报或向社会公布审计结果的权力。审计机关通报或者公布审计结果，应当依法保守国家秘密和被审计单位的商业秘密，遵守国务院的有关规定。

4. 处理、处罚权

处理、处罚权指审计机关对被审计单位的相关违法、违规行为进行处理处罚的权力。处理、处罚权包括：对被审计单位拒绝、阻碍审计工作的处理、处罚权；对被审计单位违反预算或者其他违反国家规定的财政收支行为的处理、处罚权；对被审计单位违反国家规定的财务收支行为的处理、处罚权。

5. 建议纠正处理权

建议纠正处理权指审计机关发现被审计单位的一些违法行为，有权建议有关主管部门纠正处理。审计实践中，一些被审计单位的违法行为，是由于执行上级主管部门制定的与法律、行政法规相抵触的规定造成的，在这种情况下，应当建议有关主管部门纠正。如有关主管部门不予纠正，审计机关应当提请有权处理的机关依法处理。建议纠正处理权还包括对有关责任人提出给予行政处分的建议权。构成犯罪的，提请司法机关依法追究刑事责任。

二、内部审计机构

根据《审计法》的规定："依法属于审计机关审计监督对象的单位，应当按照国家有关规定建立健全内部审计制度。"2018年1月12日，审计署发布了中华人民共和国审计署令第11号《审计署关于内部审计工作的规定》，于2018年3月1日起施行。本规定所称内部审计，是指对本单位及所属单位财政财务收支、经济活动、内部控制、风险管理实施独立、客观的监督、评价和建议，以促进单位完善治理、实现目标的活动。本规定对内部审计机构设置和人员管理、内部审计机构职责权限和程序、审计结果运用和责任追究以及审计机关对内部审计工作的指导和监督等方面提出了要求。

（一）内部审计机构的设置

根据《审计法》和《审计署关于内部审计工作的规定》，依法属于审计机关审计监督对象的单位（以下统称单位）应建立健全内部审计制度，并接受审计机关对单位内部审计工作的业务指导和监督。

国家机关、事业单位、社会团体等单位的内部审计机构或者履行内部审计职责的内设机构，应当在本单位党组织、主要负责人的直接领导下开展内部审计工作，向其负责并报告工作。

国有企业内部审计机构或者履行内部审计职责的内设机构应当在企业党组织、董事会（或者主要负责人）直接领导下开展内部审计工作，向其负责并报告工作。国有企业应当按照有关规定建立总审计师制度。总审计师协助党组织、董事会（或者主要负责人）管理内部审计工作。

（二）内部审计机构的职责

近年来，内部审计的领域不断拓宽。《审计署关于内部审计工作的规定》将领导人员任期经济责任审计、固定资产投资项目审计、风险管理评审、经济管理审计明确规定为内部审计机构的职责。具体来说，内部审计机构按照本单位主要负责人或者权力机构的要求，履行下列职责：

（1）对本单位及所属单位贯彻落实国家重大政策措施情况进行审计。

（2）对本单位及所属单位发展规划、战略决策、重大措施以及年度业务计划执行情况进行审计。

（3）对本单位及所属单位财政财务收支进行审计。

（4）对本单位及所属单位固定资产投资项目进行审计。

（5）对本单位及所属单位的自然资源资产管理和生态环境保护责任的履行情况进行审计。

（6）对本单位及所属单位的境外机构、境外资产和境外经济活动进行审计。

（7）对本单位及所属单位经济管理和效益情况进行审计。

（8）对本单位及所属单位内部控制及风险管理情况进行审计。

（9）对本单位内部管理的领导人员履行经济责任情况进行审计。

（10）协助本单位主要负责人督促落实审计发现问题的整改工作。

（11）对本单位所属单位的内部审计工作进行指导、监督和管理。

（12）国家有关规定和本单位要求办理的其他事项。

（三）内部审计机构的权限

对内部审计机构的权限设定是否合理，直接关系到内部审计监督能否顺利开展，也关系到内部审计监督在单位的经营管理过程中发挥作用的程度。《审计署关于内部审计工作的规定》中列示的内部审计机构的权限主要表现在以下方面：

（1）要求被审计单位按时报送发展规划、战略决策、重大措施、内部控制、风险管理、财政财务收支等有关资料（含相关电子数据，下同），以及必要的计算机技术文档。

（2）参加单位有关会议，召开与审计事项有关的会议。

（3）参与研究制定有关的规章制度，提出制定内部审计规章制度的建议。

（4）检查有关财政财务收支、经济活动、内部控制、风险管理的资料、文件和现场勘察实物。

（5）检查有关计算机系统及其电子数据和资料。

（6）就审计事项中的有关问题，向有关单位和个人开展调查和询问，取得相关证明材料。

（7）对正在进行的严重违法违规、严重损失浪费行为及时向单位主要负责人报告，经同意作出临时制止决定。

（8）对可能转移、隐匿、篡改、毁弃会计凭证、会计账簿、会计报表以及与经济活动有关的资料，经批准，有权予以暂时封存。

（9）提出纠正、处理违法违规行为的意见和改进管理、提高绩效的建议。

（10）对违法违规和造成损失浪费的被审计单位和人员，给予通报批评或者提出追究责任的建议。

（11）对严格遵守财经法规、经济效益显著、贡献突出的被审计单位和个人，可以向单位党组织、董事会（或者主要负责人）提出表彰建议。

三、民间审计组织

不同国家民间审计组织的名称各不相同，除叫会计公司、会计师事务所外，德国称经济审计公司，日本称审计法人，泰国称审计会计事务所。我国民间审计组织是指会计师事务所。

会计师事务所是国家批准成立的依法独立承接注册会计师业务的单位，实行自收自支、独立核算、依法纳税，它是注册会计师的工作机构。

（一）会计师事务所的组织形式

1. 独资会计师事务所

独资会计师事务所是指由具有注册会计师执业资格的个人独立开业，承担无限责任的组织。它的优点是，对执业人员的数量需求不多，容易设立，执业灵活，能够在代理记账、代理纳税等方面很好地满足小型企业对注册会计师服务业务的需求，虽承担无限责任，但实际发生风险的程度相对较低。缺点是无力承担大型业务，缺乏发展后劲。

2. 普通合伙会计师事务所

普通合伙会计师事务所是由两位或两位以上合伙人组成的合伙组织。合伙人以各自的财产对事务所的债务承担无限连带责任。它的优点是，在风险牵制和共同利益的驱动下，促使事务所提高执业质量，扩大业务规模，提高控制风险能力。缺点是建立一个跨地区、跨国界的大型会计师事务所要经历一个漫长的过程。同时，任何一个合伙人执业中的失误或舞弊行为，都可能给整个会计师事务所带来灭顶之灾。

3. 有限责任会计师事务所

有限责任会计师事务所是指由注册会计师认购会计师事务所股份，并以其所认购股份对事务所承担有限责任的公司制组织。会计师事务所以其全部资产对其债务承担有限责任。它的优点是，可以通过公司制形式迅速聚集一批注册会计师，建立规模型大所，承办大型业务。缺点是降低了风险责任对执业行为的高度制约，弱化了注册会计师的个人责任。

4. 有限责任合伙会计师事务所

有限责任合伙会计师事务所是指事务所以全部资产对其债务承担责任，各合伙人只对个人执业行为承担无限责任的合伙组织。无过失的合伙人对于其他合伙人的过失或不当执业行为以自己在事务所的财产为限承担责任，不承担无限责任，除非该合伙人参与了过失或不当执业行为。它的最大特点在于既融入了普通合伙和有限责任会计师事务所的优点，又摒弃了它们的不足。这种组织形式是为顺应经济发展对注册会计师行业的要求，于20世纪90年代初期兴起的。到1995年年底，原"六大"国际会计公司在美国的执业机构已完成了向有限责任合伙的转型，在其他国家和地区的执业机构的转型也在进行之中。同时，许多国家和地区的大中型会计师事务所也陆续开始转型。有限责任合伙会计师事务所已成为当今注册会计师职业界组织形式发展的一大趋势。

(二) 我国会计师事务所设立的条件

按照国际惯例，会计师事务所的执业登记都由注册会计师行业主管机构统一负责。会计师事务所必须经过行业主管机关或注册会计师协会的批准登记并由注册会计师协会予以公告。独资会计师事务所和普通合伙会计师事务所经过这个程序即可开业，申请成立有限责任会计师事务所一般还应当进行公司登记。根据《中华人民共和国注册会计师法》的规定，我国注册会计师允许设立有限责任会计师事务所和合伙会计师事务所两种形式。

1. 设立有限责任会计师事务所的条件

申请设立有限责任会计师事务所，应当具备以下条件：

① 有5名以上的股东；② 有一定数量的专职从业人员；③ 有不少于人民币30万元的注册资本；④ 有股东共同制定的章程；⑤ 有会计师事务所的名称；⑥ 有固定的办公场所。

2. 成为会计师事务所合伙人或者股东的条件

会计师事务所合伙人或者股东，应当具备下列条件：

① 持有注册会计师证书；② 在会计师事务所执业；③ 成为合伙人或者股东前3年内没有因为执业行为受到行政处罚；④ 有取得注册会计师证书后最近连续5年在会计师事务所从事法定审计业务的经历，其中在境内会计师事务所的经历不少于3年；⑤ 成为股东或合伙人1年内没有因采取隐瞒或提供虚假材料、欺骗、贿赂等不正当手段申请设立会计师事务所而被省级财政部门作出不予受理、不予批准或者撤销会计师事务所的规定。

(三) 注册会计师的业务范围

根据财政部于2006年2月15日发布、2010年11月1日修订的《中国注册会计师执业准则》的规定，注册会计师的业务范围包括鉴证业务和相关服务。

1. 鉴证业务

鉴证业务按照提供的保证程度和鉴证对象的不同分为审计业务、审阅业务和其他鉴证业务。

（1）审计业务。审计业务是指注册会计师执行历史财务信息的审计业务，如财务报表审计、特殊目的审计。

财务报表审计业务是指注册会计师依法接受委托，通过执行审计工作对财务报表发表审计意见。

特殊目的审计业务是指注册会计师接受委托，对下列财务信息进行审计并出具审计报告的业务：

① 按照企业会计准则和相关会计制度以外的其他基础（简称特殊基础）编制的财务报表。特殊基础通常包括计税基础、收付实现制基础。

② 财务报表的组成部分。包括财务报表特定项目、特定账户或特定账户的特定内容。

③ 合同的遵守情况。如对贷款合同遵守情况发表审计意见。

④ 简要财务报表。

（2）审阅业务。审阅业务是指注册会计师执行历史财务信息审阅业务，如财务报表审阅等。财务报表审阅是指注册会计师在实施审阅程序的基础上，说明是否注意到某些事项，使其相信财务报表没有按照适用的会计准则和相关会计制度的规定编制，未能在所有重大方面公允反映被审阅单位的财务状况、经营成果和现金流量。

（3）其他鉴证业务。其他鉴证业务是指除历史财务信息审计和审阅业务之外的鉴证业务。由于其他鉴证业务的鉴证对象不是历史财务信息，所以注册会计师实施的其他鉴证业务和历史财务信息审计和审阅业务相比是特殊的鉴证业务。其他鉴证业务通常包括系统鉴证、预测性财务信息审核等。

2. 相关服务

相关服务是指注册会计师执行除鉴证业务外的其他相关服务业务，包括对财务信息执行商定程序、代编财务信息、税务服务、管理咨询以及会计服务等。

（1）对财务信息执行商定程序是指注册会计师对特定财务数据、单一财务报表或整套财务报表等财务信息执行与特定主体商定的具有审计性质的程序，并就执行的商定程序及其结果出具报告的服务。

（2）代编财务信息是指注册会计师运用会计而非审计的专业知识和技能，代客户编制一套完整或非完整的财务报表，或代为收集、分类和汇总其他财务信息的服务。

（3）税务服务包括税务代理和税务筹划。税务代理是注册会计师接受企业或个人委托，为其填制纳税申报表，办理纳税事项。税务筹划是由于纳税义务发生的范围和时间不同，注册会计师从客户利益出发，代纳税义务人设计可替代的或不同结果的纳税方案。

（4）管理咨询是注册会计师与非注册会计师激烈竞争的一个领域。服务范围包括：对公司的治理结构、信息系统、预算管理、人力资源管理、财务会计、经营效率、效果和效益等提供诊断及专业意见与建议。

注册会计师提供的会计咨询和会计服务业务，除了代编财务信息外，还包括对会计政策的选择和运用提供建议、担任常年会计顾问等。注册会计师执行的会计咨询、会计服务业务属于服务性质，是所有具备条件的中介机构甚至个人都能够从事的非法定业务。

第二节 审计人员职业道德规范

我国政府审计、内部审计和民间审计的规范对审计人员的职业道德行为都作了相应的规定，审计人员应按照职业道德规范的要求开展审计工作，这里只介绍民间审计职业道德规范。

《中国注册会计师协会会员职业道德守则》是用来规范中国注册会计师协会会员职业道德行为，提高职业道德水准，维护社会公众利益的准则。中国注册会计师协会会员包括注册会计师和非执业会员。注册会计师，是指取得注册会计师证书并在会计师事务所执业的人员，有时也指其所在的会计师事务所。非执业会员是指加入中国注册会计师协会但未取得中国注册会计师证书的人员，通常在工业、商业、服务业、公共部门、非营利组织、教育部门、监管机构或职业团体从事专业工作。

《中国注册会计师协会会员职业道德守则》规定了职业道德基本原则和职业道德概念框架。职业道德基本原则包括诚信、独立性、客观和公正、专业胜任能力和应有的关注、保密以及良好的职业行为。职业道德概念框架是指解决职业道德问题的思路和方法，用以指导注册会计师识别对职业道德基本原则的不利影响，评价不利影响的严重程度，必要时采取防范措施消除不利影响或将其降至可接受水平。这里主要介绍协会会员中注册会计师的职业道德规范。注册会计师在执业过程中，应当遵守职业道德基本原则，并能运用职业道德概念框架解决职业道德问题，更好地为社会公众服务。

一、职业道德基本原则

（一）诚信

诚信，是指诚实、守信。也就是说，一个人的言行与内心思想一致，不虚假；能够履行与别人的约定而取得对方的信任。诚信原则要求注册会计师应当在所有的职业关系和商业关系中保持正直和诚实，秉公处事、实事求是。

（二）独立性

独立性，是指不受外来力量控制、支配，按照一定之规行事。独立性原则通常是对注册会计师而非非执业会员提出的要求。在执行鉴证业务时，注册会计师必须保持独立性。在市场经济条件下，投资者主要依赖财务报表判断投资风险，在投资机会中做出选择。如果注册会计师与客户存在经济利益、关联关系，或屈从于外界压力，就很难取信于社会公众。

注册会计师执行鉴证业务时，应当从实质上和形式上保持独立性，不得因任何利害关系影响其客观性。实质上的独立性是一种内心状态，使得注册会计师在提出结论时不受损害职业判断的因素影响，诚信行事，遵循客观和公正原则，保持职业怀疑态度。形式上的独立性是一种外在表现，使得一个理性且掌握充分信息的第三方在权衡所有相关事实和情况后，认为会计师事务所或审计项目组成员没有损害诚信原则、客观和公正原则或职业怀疑态度。

会计师事务所在承办鉴证业务时，应当从整体层面和具体业务层面采取措施，以保持会计师事务所和项目组的独立性。

（三）客观和公正

客观，是指按照事物的本来面目去考察，不添加个人的偏见。公正，是指公平、正直、不偏袒。客观和公正原则要求注册会计师应当公正处事、实事求是，不得由于偏见、利益冲突或他人的不当影响而损害自己的职业判断。

如果某一情形或关系导致偏见或者对职业判断产生不当影响，注册会计师不应提供相关专业服务。

（四）专业胜任能力和应有的关注

1. 专业胜任能力

专业胜任能力是指注册会计师具有专业知识、技能和经验，能够经济、有效地完成客户委托的业务。如果注册会计师在缺乏足够的知识、技能和经验的情况下提供专业服务，就构成了一种欺诈。一个合格的注册会计师，不仅要充分认识自己的能力，对自己充满信心，更重要的是，必须清醒地认识到自己在专业胜任能力方面存在的不足，如果承接了难以胜任的业务，就可能给客户乃至社会公众带来危害。

专业胜任能力可分为两个独立的阶段：专业胜任能力的获取和专业胜任能力的保持。注册会计师应当持续了解和掌握相关的专业技术和业务的发展，以保持专业胜任能力，使其能够胜任特定业务环境中的工作。

2. 应有的关注

应有的关注，要求注册会计师遵守执业准则和职业道德规范要求，勤勉尽责，认真、全面、及时地完成工作任务。在审计过程中，注册会计师应当保持职业怀疑态度，运用专业知识、技能和经验，获取和评价审计证据。同时，注册会计师应当采取措施以确保在其授权下工作的人员得到适当的培训和督导。

（五）保密

保密原则要求注册会计师应当对在职业活动中获知的涉密信息予以保密，不得出现下列行为：

（1）未经客户授权或法律法规允许，向会计师事务所以外的第三方披露其所获知的涉密信息。

（2）利用所获知的涉密信息为自己或第三方谋取利益。

注册会计师在社会交往中应当履行保密义务。注册会计师应当警惕无意泄密的可能性，特别是警惕无意向近亲属或关系密切的人员泄密的可能性。

注册会计师在下列情况下可以披露涉密信息：

（1）法律法规允许披露，并且取得客户或工作单位的授权。

（2）根据法律法规的要求，为法律诉讼、仲裁准备文件或提供证据，以及向有关监管机构报告发现的违法行为。

（3）法律法规允许的情况下，在法律诉讼、仲裁中维护自己的合法权益。

（4）接受注册会计师协会或监管机构的执业质量检查，答复其询问和调查。

（5）法律法规、执业准则和职业道德规范规定的其他情形。

（六）良好的职业行为

良好的职业行为要求注册会计师应当遵守相关法律法规，避免发生任何损害职业声誉的行为。

在向公众传递信息以及推介自己和工作时，注册会计师应当客观、真实、得体，不应存在下列行为：

（1）对其能够提供的服务、拥有的资质以及积累的经验进行夸大宣传。

（2）对其他注册会计师的工作进行贬低或无根据的比较。

二、可能对职业道德基本原则产生不利影响的因素

注册会计师对职业道德基本原则的遵循可能受到多种因素的不利影响。不利影响的性质和严重程度因注册会计师提供服务类型的不同而不同。可能对职业道德基本原则产生不利影响的因素包括：自身利益、自我评价、过度推介、密切关系和外在压力。

（一）自身利益

如果经济利益或其他利益对注册会计师的职业判断或行为产生不当影响，将产生自身利益导致的不利影响。

自身利益导致不利影响的情形主要包括：

（1）鉴证业务项目组成员在鉴证客户中拥有直接经济利益；

（2）会计师事务所的收入过分依赖某一客户；

（3）鉴证业务项目组成员与鉴证客户存在重要且密切的商业关系；

（4）会计师事务所担心可能失去某一重要客户；

（5）鉴证业务项目组成员正在与鉴证客户协商受雇于该客户；

（6）会计师事务所与客户就鉴证业务达成或有收费的协议；

（7）注册会计师在评价所在会计师事务所以往提供的专业服务时，发现了重大错误。

（二）自我评价

如果注册会计师对其以前的判断或服务结果做出不恰当的评价，并且将据此形成的判断作为当前服务的组成部分，将产生自我评价导致的不利影响。

自我评价导致不利影响的情形主要包括：

（1）会计师事务所在对客户提供财务系统的设计或操作服务后，又对系统的运行有效性出具鉴证报告；

（2）会计师事务所为客户编制原始数据，这些数据构成鉴证业务的对象；

（3）鉴证业务项目组成员担任或最近曾经担任客户的董事或高级管理人员；

（4）鉴证业务项目组成员目前或最近曾受雇于客户，且所处职位能够对鉴证对象施加重大影响；

（5）会计师事务所为鉴证客户提供直接影响鉴证对象信息的其他服务。

（三）过度推介

如果注册会计师过度推介客户或工作单位的某种立场或意见，使其客观性受到损害，将产生过度推介导致的不利影响。

过度推介导致不利影响的情形主要包括：

（1）会计师事务所推介审计客户的股份；

（2）在审计客户与第三方发生诉讼或纠纷时，注册会计师担任该客户的辩护人。

（四）密切关系

如果注册会计师与客户或工作单位存在长期或亲密的关系，而过于倾向他们的利益，或认可他们的工作，将产生密切关系导致的不利影响。

密切关系导致不利影响的情形主要包括：

（1）项目组成员的近亲属担任客户的董事或高级管理人员；

（2）项目组成员的近亲属是客户的员工，其所处的职位能够对业务对象施加重大影响；

（3）客户的董事、高级管理人员或所处职位能够对业务对象施加重大影响的员工，最近曾担任会计师事务所的项目合伙人；

（4）注册会计师接受客户的礼品或款待；

（5）会计师事务所的合伙人或高级员工与鉴证客户存在长期业务关系。

（五）外在压力

如果注册会计师受到实际的压力或感受到压力而无法客观行事，将产生外在压力导致的不利影响。

外在压力导致不利影响的情形主要包括：

（1）会计师事务所受到客户解除业务关系的威胁；

（2）审计客户表示，如果会计师事务所不同意其对某项交易的会计处理，则不再委托其承办协议中的非鉴证业务；

（3）客户威胁将起诉会计师事务所；

（4）会计师事务所受到降低收费的影响而不恰当地缩小工作范围；

（5）由于客户员工对所讨论的事项更具有专长，注册会计师面临服从其判断的压力；

（6）会计师事务所合伙人告知注册会计师，除非同意审计客户不恰当的会计处理，否则将影响晋升。

三、应对不利影响的防范措施

防范措施是指可以消除不利影响或将其降低至可接受水平的行为或终止业务约定、拒绝接受业务委托等其他措施。应对不利影响的防范措施包括法律法规和职业规范规定的防范措施以及在具体工作中采取的防范措施。

在具体工作中，应对不利影响的防范措施包括会计师事务所层面和具体业务层面的防范措施。

（一）会计师事务所层面的防范措施

（1）领导层强调遵循职业道德基本原则的重要性；

（2）领导层强调鉴证业务项目组成员应当维护公众利益；

（3）制定有关政策和程序，实施项目质量控制，监督业务质量；

（4）制定有关政策和程序，识别对职业道德基本原则的不利影响，评价不利影响的严重程度，采取防范措施消除不利影响或将其降低至可接受的水平；

（5）制定有关政策和程序，保证遵循职业道德基本原则；

（6）制定有关政策和程序，识别会计师事务所或项目组成员与客户之间的利益或关系；

（7）制定有关政策和程序，监控对某一客户收费的依赖程度；

（8）向鉴证客户提供非鉴证服务时，指派鉴证业务项目组以外的其他合伙人和项目组，并确保鉴证业务项目组和非鉴证业务项目组分别向各自的业务主管报告工作；

（9）制定有关政策和程序，防止项目组以外的人员对业务结果施加不当影响；

（10）及时向所有合伙人和专业人员传达会计师事务所的政策和程序及其变化情况，并就这些政策和程序进行适当的培训；

（11）指定高级管理人员负责监督会计师事务所质量控制系统是否有效运行；

（12）向合伙人和专业人员提供鉴证客户及其关联实体的名单，并要求合伙人和专业人员

与之保持独立;

(13) 制定有关政策和程序,鼓励员工就遵循职业道德基本原则方面的问题与领导层沟通。

(14) 建立惩戒机制,保障相关政策和程序得到遵守。

(二) 具体业务层面的防范措施

(1) 由未涉及非鉴证业务的注册会计师复核已执行的非鉴证业务,或在必要时提供建议;

(2) 由鉴证业务项目以外的注册会计师复核已执行的鉴证业务,或在必要时提供建议;

(3) 向客户审计委员会、监管机构或注册会计师协会咨询;

(4) 与客户治理层讨论有关职业道德问题;

(5) 向客户治理层说明提供服务的性质和收费的范围;

(6) 请其他会计师事务所执行或重新执行部分业务;

(7) 轮换鉴证业务项目组合伙人和高级员工。

【案例2-1】盛大有限责任公司是至真会计师事务所2018年发展的审计客户。在承接业务、签订业务约定书等过程中,存在以下涉及职业道德的具体情况:

(1) 在承接业务前,至真会计师事务所在向盛大有限公司介绍本所专业人员情况时,顺便提供了张宁注册会计师的父亲是本市税务局分管盛大有限公司所属行业的副局长这一信息。

(2) 王辉注册会计师于2018年11月接受指派,按计划对盛大有限公司进行了预审,但该事务所认为该情况不构成自我评价,允许王辉注册会计师继续留在审计项目组。

(3) 完成审计工作后,项目组成员李萍向盛大有限公司财务负责人表达了希望将其妹妹调入盛大有限公司的愿望,并说明无论结果如何,都将遵循注册会计师职业道德规范。

要求:请逐项单独针对上述(1)~(3)项,不考虑其他情况,分别指出注册会计师是否违反相关的职业道德规范,并简要说明理由。

【分析】

(1) 违反职业道德规范。有关张宁注册会计师之父的信息与审计业务无关,容易引起客户的误解,因此有误导客户的嫌疑。

(2) 不违反职业道德规范。预审工作属于整个审计业务的一个组成部分,它与后面实施的审计工作之间并不重复,不产生自我评价。

(3) 违反职业道德规范。注册会计师不得利用职务之便,谋取其他不正当利益。

四、注册会计师法律责任

随着我国市场经济体制的建立和完善,注册会计师在社会经济生活中的地位越来越重要,发挥的作用也越来越大。如果注册会计师工作失误或存在欺诈行为，将会给客户或依赖经审计的财务报表的第三者造成重大损失，严重的甚至导致经济秩序的紊乱。因此，注册会计师应强化法律责任，保证职业道德和执业质量。

（一）对注册会计师法律责任的认定

1. 违约

违约，是指合同的一方或多方未能履行合同条款规定的义务。当注册会计师违约给他人造成损失时，应负违约责任。比如，会计师事务所在商定的期间内未能提交纳税申报表，或违反了与客户订立的保密协议等。

2. 过失

过失，是指在一定条件下，没有保持应有的职业谨慎。评价注册会计师的过失，是以其他合格注册会计师在相同条件下可做到的谨慎为标准的。当注册会计师过失给他人造成损失时，应负过失责任。过失可按程度不同区分为普通过失和重大过失。

普通过失，通常是指没有保持职业上应有的职业谨慎；对注册会计师而言，则是指没有完全遵循专业准则的要求。

重大过失，是指连起码的职业谨慎都没有保持；对注册会计师而言，则是指根本没有遵循专业准则或没有按照专业准则的基本要求执行审计。

3. 欺诈

欺诈又称舞弊，是以欺骗或坑害他人为目的的一种故意的错误行为。对于注册会计师而言，欺诈就是为了达到欺骗他人的目的，明知委托单位的财务报表有重大错报，却加以虚伪的陈述，出具无保留意见的审计报告。

（二）注册会计师承担法律责任的种类

注册会计师因违约、过失或欺诈给被审计单位或其他利害关系人造成损失的，按照有关法律规定，可能被判承担行政责任、民事责任或刑事责任。

1. 行政责任

行政责任对注册会计师个人来说，包括警告、暂停执业、罚款、吊销注册会计师证书等；对会计师事务所而言，包括警告、没收违法所得、罚款、暂停执业、撤销等。《中华人民共和国注册会计师法》（以下简称《注册会计师法》）第三十九条第一款规定："会计师事务所违反本法第二十条、第二十一条规定的，由省级以上人民政府财政部门给予警告，没收违法所得，可以并处违法所得一倍以上五倍以下的罚款；情节严重的，并可以由省级以上人民政府财政部门暂停其经营业务或者予以撤销。"《注册会计师法》第三十九条第二款规定："注册会计师违反本法第二十条、第二十一条规定的，由省级以上人民政府财政部门给予警告，情节严重的，可以由省级以上人民政府财政部门暂停其执行业务或者吊销注册会计师证书。"《中华人民共和国证券法》第二百零一条规定:"为股票的发行、上市、交易出具审计报告、资产评估报告或者法律意见书等文件的证券服务机构和人员,违反本法第四十五条的规定买卖股票的,责令依法处理非法持有的股票,没收违法所得,并处以买卖股票等值以下的罚款。"

2. 民事责任

民事责任主要是指赔偿受害人损失。《中华人民共和国公司法》(以下简称《公司法》)第二百零七条第三款规定:"承担资产评估、验资或者验证的机构因出具的评估结果、验资或者验证证明不实,给公司债权人造成损失的,除能够证明自己没有过错的外,在其评估或者证明不实的金额范围内承担赔偿责任。"

3. 刑事责任

刑事责任是指触犯刑法所必须承担的法律后果,其种类包括罚金、有期徒刑以及其他限制人身自由的刑罚等。《公司法》第二百一十五条规定:"违反本法规定,构成犯罪的,依法追究刑事责任。"《刑法》第二百二十九条第一款规定:"承担资产评估、验资、验证、会计、审计、法律服务等职责的中介组织的人员故意提供虚假证明文件,情况严重的,处五年以下有期徒刑或者拘役,并处罚金。"

这三种责任可单处,也可并处。一般来说,违约和过失可能使注册会计师承担行政责任和民事责任,欺诈可能使注册会计师承担民事责任和刑事责任。

(三)注册会计师避免法律诉讼的具体措施

注册会计师避免法律诉讼的具体措施,可以概括为以下几点。

1. 严格遵循职业道德守则和执业准则的要求

注册会计师是否应承担法律责任,关键在于注册会计师是否有过失或故意行为。而判断注册会计师是否具有过失的关键在于注册会计师是否按照执业准则的要求执业。因此,保持良好的职业道德行为,严格遵循执业准则的要求执行工作、出具报告,对于避免法律诉讼或在提起的诉讼中保护注册会计师具有非常重要的作用。

2. 建立健全会计师事务所质量控制制度

质量控制是会计师事务所各项管理工作的核心和关键。如果一个会计师事务所质量控制不严,很有可能因某一个人或一个部门的原因导致整个会计师事务所遭受灭顶之灾。因此,会计师事务所必须建立健全一套严密的、科学的质量控制制度,并把这套制度落实到整个审计过程和各个审计环节,促使注册会计师按照执业准则的要求执业,保证审计业务质量。

3. 与委托人签订业务约定书

业务约定书具有法律效力,它是确定注册会计师和委托人责任的一个重要文件。会计师事务所不论承办何种业务,都要按照业务约定书准则的要求与委托人签订约定书,这样才能在法律诉讼时将一切口舌争辩降低到最低限度。

4. 审慎选择客户

中外很多注册会计师法律案件告诉我们,注册会计师要避免法律诉讼,必须慎重选择客户。一是要选择正直的客户。在接受委托前,一定要对客户的情况有所了解,评价管理层和关键股东的至真和品质,弄清委托的真正目的,如果客户对其顾客、员工、政府部门或其他方面没有正直的品格,也必然会欺骗注册会计师,使注册会计师落入设定的圈套。如北京中诚会计师事务所就是在长城公司非法集资出现危机之时轻信长城公司而被卷入纠纷的。二是对陷入财务和法律困境的客户要尤为注意。中外绝大部分涉及注册会计师的诉讼案,都集中在宣告破产的被审计单位。那些周转不灵或面临破产的公司,其股东或债权人总想为他们的损失寻找替罪羊,因此,对那些已经陷入困境的单位要特别注意,避免被卷入其中。

5. 深入了解被审计单位的业务

在很多案件中,注册会计师之所以未能发现错误,一个重要的原因是他们不了解被审计单位所在行业的情况及被审计单位的业务。由于会计是经济活动的综合反映,不熟悉被审计单位的经济业务和生产经营实务,仅局限于有关的会计资料,就可能发现不了某些错误,所以,注册会计师要深入了解被审计单位的业务,以尽量避免法律诉讼。

6. 提取风险基金或购买责任保险

在西方国家,购买充分的责任保险是会计师事务所一项极为重要的保护措施。尽管保险不能免除可能受到的法律诉讼,但能防止或减少诉讼失败时会计师事务所发生的财务损失。我国《注册会计师法》规定会计师事务所应当按照规定建立职业风险基金,办理职业保险。

7. 聘请熟悉注册会计师法律责任的律师

会计师事务所应尽可能聘请熟悉相关法规及注册会计师法律责任的律师。在执业过程中如遇重大法律问题,注册会计师应同律师详细讨论所有潜在的风险,并仔细考虑律师的建议。一旦发生法律诉讼,也应请有经验的律师参与诉讼。

8. 按规定妥善保管审计工作底稿

根据现行法律及相关司法解释的规定,会计师事务所侵权赔偿责任的归责原则为过错推定原则。如果会计师事务所向法院提交的审计工作底稿上所记录的工作程序和反映的职业判断能证明事务所的执业行为遵循了职业准则和规则,不存在主观上的过错,就可以不承担赔偿责任。所以,按规定妥善保管好审计工作底稿,对于会计师事务所有效应对法律诉讼、规避法律责任风险具有重要意义。

【案例2-2】张天是盛大有限责任公司的承包经营负责人，在承包经营期内，张天勾结财务经理与出纳，暗自收受回扣，侵吞国家财产。承包经营期结束时，聘请了至真会计师事务所对其经营期内的财务报表进行审计。至真会计师事务所出具了无保留意见的审计报告。不久，检察机关接到群众举报立案调查此事，张天到检察机关后，手持会计师事务所的审计报告，振振有词地说："会计师事务所已出具了审计报告，证明我没有经济问题。如果不信，你们可以去问问注册会计师"。

要求：请指出张天说的话是否正确？并简要说明理由。

【分析】张天说的话不正确，主要有两个方面的问题：

（1）张天没有认识到注册会计师审计只是一种合理保证，而不是绝对保证。注册会计师在按照审计准则的规定执行了必要的审计程序后，对那些精心伪造的虚假财务报表，仍然可能没有发现。

（2）张天没有分清会计责任与审计责任。编制与出具财务报表是企业管理当局的会计责任。只要这些报表中有错误或舞弊，不论审计与否，企业管理当局均要承担法律责任。如果财务报表没有任何问题，但注册会计师在审计过程中没有按照审计准则执行审计工作，也要承担相应的审计责任。

第三节 审计准则

一、审计准则的作用

审计准则是由国家有关部门或审计职业团体制定颁布的，用以规范审计组织和审计人员资格条件和执业行为，衡量和评价审计工作质量的尺度或标准。

审计准则的制定和实施，使审计人员在执行审计业务时有了规范和指南，便于考核审计工作的质量，推动审计的发展。审计准则的作用主要包括以下几方面：

（1）实施审计准则，可以赢得社会公众的信任。

（2）实施审计准则，可以提高审计工作质量。

（3）实施审计准则，可以维护审计组织和人员的合法权益。

（4）实施审计准则，可以促进国际审计经验的交流。

二、我国审计准则的框架体系

我国自恢复审计工作以来，相继颁布了一系列审计职业规则，初步形成了包括国家审计准则、内部审计准则和注册会计师执业准则在内的审计准则体系。

（一）国家审计准则

2010年公布、2011年1月1日起施行的《中华人民共和国国家审计准则》包括总则、审计机关和审计人员、审计计划、审计实施、审计报告、审计质量控制和责任、附则，共七章。新准则生效后，审计署以前发布的28项审计准则和相关规定同时废止。国家审计准则对执行审计业务基本程序作了系统规范，是审计机关和审计人员履行法定审计职责的行为规范，是执行审计业务的职业标准，是评价审计质量的基本尺度，适用于审计机关开展的各项审计业务。

（二）内部审计准则

内部审计准则是有关规范内部审计工作、提高内部审计工作的质量和效率、促进内部审计发展的准则。《中国内部审计准则》是中国内部审计工作规范体系的重要组成部分，由内部审计基本准则、内部审计具体准则、内部审计实务指南三个层次组成。

1. 内部审计基本准则

内部审计基本准则是内部审计准则的总纲，是内部审计机构和人员进行内部审计时应当遵循的基本规范，是制定内部审计具体准则、内部审计实务指南的基本依据。其内容包括总则、一般准则、作业准则、报告准则、内部管理准则和附则，共33条。

2. 内部审计具体准则

内部审计具体准则是依据内部审计基本准则制定的，是内部审计机构和人员在进行内部审计时应当遵循的具体规范。我国现已颁布了内部审计的《审计计划》《审计通知书》《内部控制审计》等22个具体审计准则。

3. 内部审计实务指南

内部审计实务指南是依据内部审计基本准则、内部审计具体准则制定的，为内部审计机构和人员进行内部审计提供的具有可操作性的指导意见。

这三个层次的关系，如图2-1所示。

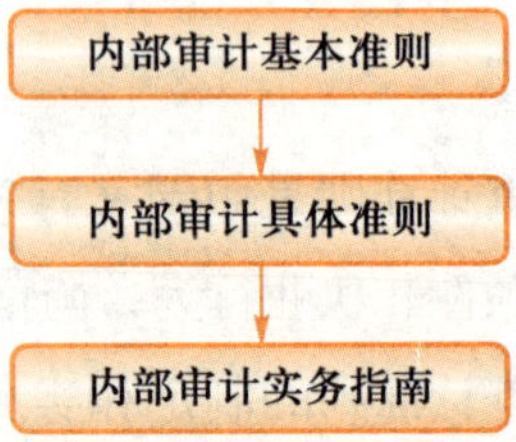

图2-1 内部审计准则框架结构图

（三）注册会计师执业准则体系

注册会计师执业准则，是用来规范注册会计师执行业务，获取审计证据，形成审计结论，出具审计报告的专业标准。为了适应审计准则的国际趋同，更好地发挥注册会计师行业提高财务信息质量、维护市场稳定的作用，财政部发布并实施了《中国注册会计师执业准则》。注册会计师执业准则体系受注册会计师职业道德守则统御，包括注册会计师业务准则和会计师事务所质量控制准则，如图2-2所示。注册会计师业务准则包括鉴证业务准则和相关服务准则，如图2-3所示。相关内容在教材后面的章节中讲述。

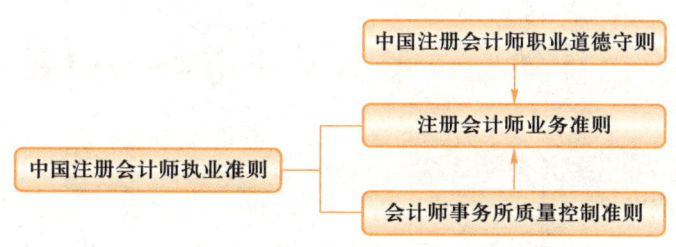

图2-2　注册会计师执业准则体系

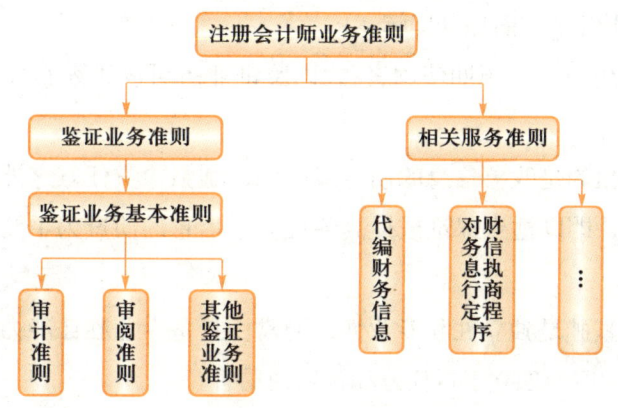

图2-3　注册会计师业务准则体系

1. 注册会计师业务准则

（1）鉴证业务准则。鉴证业务准则由鉴证业务基本准则统领，按照鉴证业务提供的保证程度和鉴证对象的不同，分为审计准则、审阅准则和其他鉴证业务准则。其中，审计准则是整个执业准则体系的核心。

审计准则用以规范注册会计师执行历史财务信息的审计业务。在提供审计服务时，注册会计师对所审计信息是否不存在重大错报提供合理保证，并以积极方式提出结论。

审阅准则用以规范注册会计师执行历史财务信息的审阅业务。在提供审阅服务时，注册会计师对所审阅信息是否不存在重大错报提供有限保证，并以消极方式提出结论。

其他鉴证业务准则用以规范注册会计师执行历史财务信息审计或审阅以外的其他鉴证业务，根据鉴证业务的性质和业务约定的要求，提供有限保证或合理保证。

（2）相关服务准则。相关服务准则用以规范注册会计师代编财务信息、执行商定程序，提供管理咨询等其他服务。在提供相关服务时，注册会计师不提供任何程度的保证。

2. 会计师事务所质量控制准则

会计师事务所质量控制准则用以规范注册会计师在执行各类业务时应当遵守的质量控制政策和程序，是对会计师事务所质量控制提出的制度要求。

三、中国注册会计师鉴证业务基本准则的内容

（一）鉴证业务的定义和分类

1. 鉴证业务的定义

《中国注册会计师鉴证业务基本准则》中的鉴证业务是指注册会计师对鉴证对象信息提出结论，以增强除责任方之外的预期使用者对鉴证对象信息信任程度的业务。

上述定义可从以下几个方面加以理解：

（1）鉴证业务的用户是"预期使用者"，即鉴证业务可以用来有效地满足预期使用者的需求。

（2）鉴证业务的目的是改善信息的质量或内涵，增强除责任方之外的预期使用者对鉴证对象信息的信任程度，即以适当保证或提高鉴证对象信息的质量为主要目的，而不涉及为如何利用信息提供建议。

（3）鉴证业务的基础是独立性和专业性，通常由具备专业胜任能力和独立性的注册会计师来执行，注册会计师应当独立于责任方和预期使用者。

（4）鉴证业务的"产品"是鉴证结论，注册会计师应当对鉴证对象信息提出结论，该结论应当以书面报告形式予以传达。

2. 鉴证业务的分类

（1）鉴证业务按照保证程度不同分为合理保证的鉴证业务与有限保证的鉴证业务。

合理保证的鉴证业务是指注册会计师将鉴证业务风险降至该业务环境下可接受的低水平，以此作为以积极方式提出结论的基础。如在历史财务信息审计中，要求注册会计师将审计风险降至可接受的低水平，对审计后的历史财务信息提供高水平保证（合理保证），在审计报告中对历史财务信息采用积极方式提出结论。

有限保证的鉴证业务是指注册会计师将鉴证业务风险降至该业务环境下可接受的水平，以此作为以消极方式提出结论的基础。如在历史财务信息审阅中，要求注册会计师将审阅风险降至该业务环境下可接受的水平（高于历史财务信息审计中可接受的低水平），对审阅后的历史财务信息提供低于高水平的保证（有限保证），在审阅报告中对历史财务信息采用消极方式提出结论。

（2）鉴证业务按照预期使用者获取鉴证对象信息的方式不同，分为基于责任方认定的业

务和直接报告业务。

基于责任方认定的业务是指责任方对鉴证对象进行评价或计量，鉴证对象信息以责任方认定的形式为预期使用者获取。如在财务报表审计中，被审计单位管理层（责任方）对财务状况、经营成果和现金流量（鉴证对象）进行确认、计量和列报（评价或计量）而形成的财务报表（鉴证对象信息）即为责任方的认定，该财务报表可为预期报表使用者获取，注册会计师针对财务报表出具审计报告。这种业务属于基于责任方认定的业务。

直接报告业务是指注册会计师直接对鉴证对象进行评价或计量，或者从责任方获取对鉴证对象评价或计量的认定，而该认定无法为预期使用者获取，预期使用者只能通过阅读鉴证报告获取鉴证对象信息。如在内部控制鉴证业务中，注册会计师可能无法从管理层（责任方）获取其对内部控制有效性的评价报告（责任方认定），或虽然注册会计师能够获取该报告，但预期使用者无法获取该报告，注册会计师直接对内部控制的有效性（鉴证对象）进行评价并出具鉴证报告，预期使用者只能通过阅读该鉴证报告获得内部控制有效性的信息（鉴证对象信息）。这种业务属于直接报告业务。

（二）鉴证业务要素

《中国注册会计师鉴证业务基本准则》规定，鉴证业务要素包括鉴证业务的三方关系、鉴证对象、标准、证据和鉴证报告五个方面。关于标准、证据和鉴证报告在本教材的其他专门章节讲解，这里主要介绍鉴证业务的三方关系、鉴证对象。

1. 鉴证业务的三方关系

鉴证业务涉及的三方关系人包括注册会计师、责任方和预期使用者。

三方之间的关系是，注册会计师对由责任方负责的鉴证对象或鉴证对象信息提出结论，以增强除责任方之外的预期使用者对鉴证对象信息的信任程度。

（1）注册会计师。注册会计师，是指取得注册会计师证书并在会计师事务所执业的人员，有时也指其所在的会计师事务所。

注册会计师就是执行鉴证业务的主体。如果鉴证业务涉及的特殊知识和技能超出了注册会计师的能力，注册会计师可以利用专家协助执行鉴证业务。在这种情况下，注册会计师应当确信包括专家在内的项目组整体已具备执行该项鉴证业务所需的知识和技能，并充分参与该项鉴证业务和了解专家所承担的工作。

（2）责任方。责任方的界定与所执行鉴证业务的类型有关：

① 在直接报告业务中，责任方是指对鉴证对象负责的组织或人员。

② 在基于责任方认定的业务中，责任方是指对鉴证对象信息负责并可能同时对鉴证对象负责的组织或人员。

（3）预期使用者。预期使用者是指预期使用鉴证报告的组织或人员。责任方可能是预期使用者，但不是唯一的预期使用者。

如果鉴证业务服务于特定的使用者或具有特殊目的，注册会计师可以很容易地识别预期使用者。例如，企业向银行贷款，银行要求企业提供一份与贷款项目相关的预测性财务信息审核报告，这时，银行就是该鉴证报告的预期使用者。

注册会计师可能无法识别使用鉴证报告的所有组织和人员，尤其在各种可能的预期使用者对鉴证对象存在不同的利益需求时。此时，预期使用者主要是指那些与鉴证对象有重要和共同利益的主要利益相关者。例如，在上市公司财务报表审计中，预期使用者主要是指上市公司的股东。注册会计师应当根据法律法规的规定或与委托人签订的协议识别预期使用者。

2. 鉴证对象

在注册会计师提供的鉴证业务中，存在着不同类型的鉴证对象，相应地，鉴证对象信息也具有多种不同的形式。

鉴证对象信息是按照标准对鉴证对象进行评价和计量的结果。如责任方按照会计准则和相关会计制度（标准）对其财务状况、经营成果和现金流量（鉴证对象）进行确认、计量和列报（包括披露，下同）而形成的财务报表（鉴证对象信息）。鉴证对象信息应当恰当反映既定标准运用于鉴证对象的情况。如果没有按照既定标准恰当反映鉴证对象的情况，鉴证对象信息可能存在错报，而且可能存在重大错报。

（1）鉴证对象与鉴证对象信息的形式，主要包括：

① 当鉴证对象为财务业绩或状况时（如历史或预测的财务状况、经营成果和现金流量），鉴证对象信息是财务报表。

② 当鉴证对象为非财务业绩或状况时（如企业的运营情况），鉴证对象信息可能是反映效率或效果的关键指标。

③ 当鉴证对象为某种系统和过程时（如企业的内部控制或信息技术系统），鉴证对象信息可能是关于其有效性的认定。

④ 当鉴证对象为一种行为时（如遵守法律法规的情况），鉴证对象信息可能是对法律法规遵守情况或执行效果的声明。

⑤ 当鉴证对象为物理特征时（如设备的生产能力），鉴证对象信息可能是有关鉴证对象物理特征的说明文件。

（2）鉴证对象特征。鉴证对象具有不同特征，可能表现为定性或定量、客观或主观、历史或预测、时点或期间。这些特征将对下列方面产生影响：

① 按照标准对鉴证对象进行评价或计量的准确性；

② 证据的说服力。

例如，当鉴证对象为遵守法规情况时，它的特征是定性的；当鉴证对象为企业的财务业绩或状况时，它的特征就是定量的。当鉴证对象为企业未来的盈利能力时，它的特征是主观的、预测的；当鉴证对象为企业的历史财务状况时，它的特征就是客观的、历史的。当鉴证对象为企业注册资本的实收情况时，它的特征是时点的；当鉴证对象为企业内部控制过程时，它的特征就是期间的。

3. 标准

标准是指用于评价或计量鉴证对象的基准，当涉及列报时，还包括列报的基准（列报包括披露）。

注册会计师在运用职业判断对鉴证对象作出合理一致的评价或计量时，需要有适当的标准。如果没有适当的标准提供指引，任何个人的解释甚至误解都可能对结论的正确性产生影响。也就是说，标准是对所要发表意见的鉴证对象进行"度量"的一把"尺子"，责任方和注册会计师可以根据这把"尺子"对鉴证对象进行"度量"。

需要指出的是，对同一鉴证对象进行评价或计量并不一定要选择同一个标准。例如，要评价消费者满意度这一鉴证对象，某些责任方或注册会计师可能会以消费者投诉的次数作为衡量标准；而另外一些责任方或注册会计师可能会选择消费者在初始购买后的三个月内重复购买的数量作为衡量的标准。

4. 证据

注册会计师应当以职业怀疑态度来计划和执行鉴证业务，获取有关鉴证对象信息是否不存在重大错报的充分、适当的证据。注册会计师应当及时对制定的计划、实施的程序、获取的相关证据以及得出的结论做出记录。在计划和执行鉴证业务，尤其在确定证据收集程序的性质、时间安排和范围时，应当考虑重要性、鉴证业务风险以及可获取证据的数量和质量。

5. 鉴证报告

注册会计师应当出具含有鉴证结论的书面报告，该鉴证结论应当说明注册会计师就鉴证对象信息获取的保证。

第三章 审计程序

 本章学习目标

知识目标
- 了解政府审计和民间审计的程序
- 明确民间审计程序各阶段的主要工作
- 明确初步业务活动的含义
- 理解初步业务活动的目的和内容
- 理解审计的前提条件
- 理解审计业务约定书的含义和内容

能力目标
- 能按照民间审计程序的要求，完成民间审计工作
- 会在签订业务约定书前开展初步业务活动
- 能掌握审计业务约定书的编制方法

第三章 审计程序

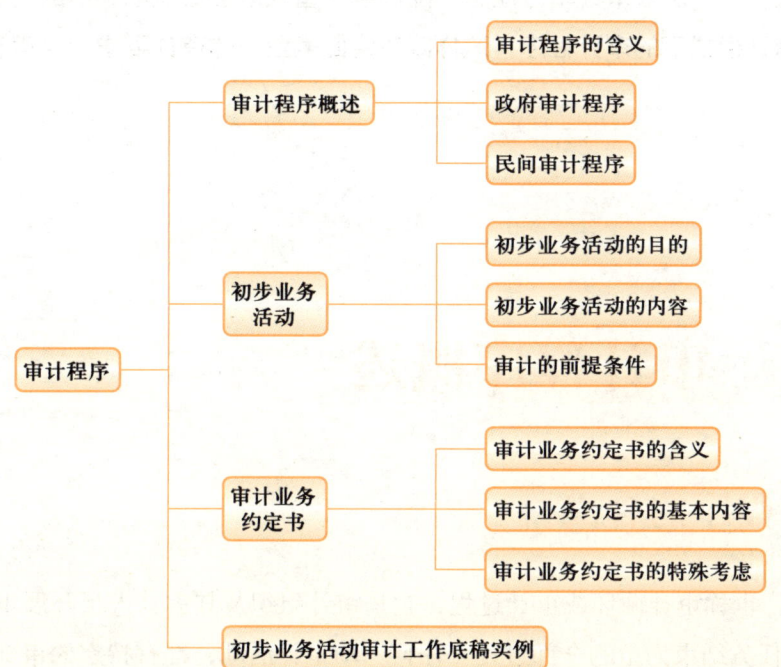

注册会计师王胜和李明接受某公司董事会的委托，对高科公司实施会计报表审计。高科公司是一家拥有5 000名员工的大中型企业，该公司内部控制较为健全、有效。公司效益逐年递增，经营业绩较为显著，是当地的纳税大户，曾连续几年受到当地政府的表彰。在上述背景情况下，王胜和李明从年初资料开始，对所有部门的所有业务采取以会计凭证、会计账簿、会计报表为主线的审查方法。尽管两个人付出了辛勤的劳动，但在审计业务约定书规定的十天时间内只审查了三个月的业务，于是，高科公司董事会与王胜和李明的会计师事务所解除了合同。

分析王胜和李明本次审计程序采用的适当性：

通过本案例的案情可以看出，该审计项目为会计报表审计。根据该种审计类型的特点，以及被审计单位业务情况、内部控制状况等，注册会计师王胜和李明选择在账项基础审计模式下直接对账簿进行详查这种审计程序显然是错误的，这也是造成审计失败的主要原因。一般来说，会计报表审计，在企业规模大、经济业务多、内部控制较健全的情况下，应在风险导向审计模式下，通过风险评估程序，识别和评估重大错报风险，然后根据风险评估情况实施进一步审计程序，以发现重大差错和问题，提高审计工作质量和效率。这就要通过了解被审计单位及其环境，实施审计分析，评价内部控制，进行审计抽样等程序和方法来进行。何况被审计单位还是内部控制、管理以及效益都不错的企业，更应该采用风险基础审计模式下的审计程序，这样既符合此类业务的审计要求，又遵循了现代审计的一般规律。

第一节　审计程序概述

一、审计程序的含义

审计程序，也称审计循环或审计过程，它是审计组织及其审计人员开展审计工作，从准备工作到审计任务结束为止的全部过程。任何一项审计活动，都有特定的审计目标，为了达到目标，必须采用一定的程序，运用有效的审计方法收集证据，以支持审计结论和意见。科学、合理地设计审计程序并正确地组织这个过程，能使审计工作有条不紊地进行，提高审计工作的质量和效率，顺利完成审计任务。因此，科学规划审计程序具有重要的意义。

对于政府审计、内部审计和民间审计来讲，由于其审计对象、审计方式等方面存在差异，其工作程序亦不完全相同。政府审计、内部审计一般采用广义的审计程序，即从确定审计工作任务开始，一直到提出检查和整改情况报告为止的全部过程。民间审计一般采用狭义的审计程序，即指审计人员从受托开始，到提出审计报告为止的全部过程。由于审计方法的演变，现代审计一般采用的是风险导向审计模式，其审计程序具体过程也按此要求运行。本节主要说明政府审计和民间审计在就地审计方式下进行财务审计的审计程序。

二、政府审计程序

（一）准备阶段

准备阶段是指从确定审计任务开始到编制出审计实施方案为止的工作过程。为了使审计工作顺利地进行，以达到预期的目的，审计机关在实施审计之前，必须做好各项准备工作。审计准备工作包括以下几个方面。

1. 确定审计任务

政府审计机关的审计任务主要是各级审计机关根据国家和地区财政收支、财务收支以及有关经济活动情况，根据政府工作中心、本级政府行政首长和相关领导机关对审计工作的要求，根据群众举报、公众关注的事项等方面调查审计需求，进行初选，并对初选审计项目进行可行性研究，确定备选审计项目及其优先顺序，在此基础上，评估审计机关可用的审计资源，确定审计项目，编制年度审计项目计划。年度审计项目计划应当按照审计机关规定的程序审定。

2. 组织审计力量

任何一项审计任务都是由审计人员来完成的。审计机构一般根据所审计项目业务量的大小、复杂程度、所需时间的长短及审计人员的素质等组建审计组。审计组由审计组组长和其他成员组成，实行审计组组长负责制。审计组组长由审计机关确定。审计组组长可以根据需要在审计组成员中确定主审，主审应当履行其规定职责和审计组组长委托履行的其他职责。审计组组长应根据工作需要进行合理分工，以便明确职责，相互配合，相互协调，从而有条不紊、高效率地完成审计任务。

3. 下达审计通知

审计机关应当依照法律法规的规定，提前向被审计单位送达审计通知书。审计通知书的内容主要包括被审计单位名称、审计依据、审计范围、审计起始时间、审计组组长及其他成员名单和被审计单位配合审计工作的要求。同时，还应当向被审计单位告知审计组的审计纪律要求。

4. 调查了解被审计单位及其相关情况

为便于审计工作有计划地进行和顺利开展，审计组应当调查了解被审计单位及其相关情况，为编制审计实施方案提供基础。审计人员可以从单位性质，组织结构，职责范围或者经营范围，业务活动及其目标，相关法律法规、政策及其执行情况，财政财务管理体制和业务管理体制，适用的业绩指标体系以及业绩评价情况，相关内部控制及其执行情况等方面调查了解被审计单位及其相关情况。

5. 熟悉有关政策、法规和制度

审计人员在从事审计业务、取得审计证据、作出审计结论和决定时，必须以相应的政策、法规和制度为依据。所以，必须通过学习，熟悉与被审计单位有关的国家政策、法规和制度，特别应注意新颁布的法规、制度。

6. 编制审计实施方案

审计小组人员在掌握了被审计单位及其相关情况并熟悉了有关法规政策后，应评估被审计单位存在重要问题的可能性，确定审计应对措施，制定出一套符合实际情况、安排周密的审计实施方案，经相关领导审定后予以实施。审计实施方案的内容主要包括：审计目标；审计范围；审计内容、重点及审计措施，包括审计事项和审计应对措施；审计工作要求，包括项目审计进度安排、审计组内部重要管理事项及职责分工等。

（二）实施阶段

实施阶段也称审计阶段，亦即实施审计监督检查阶段。这一阶段是整个审计监督工作的核心。实施阶段的主要工作内容包括：

1. 评价被审计单位的内部控制

内部控制的审查与评价是审计实施的基础，是决定审计范围、方法和时间的一个重要依据。因此，审计人员在执行审计业务时，必须先对被审计单位内部控制的建立和执行情况进行调查、测试和评价，并采用一定的形式予以描述，记入审计工作底稿，以便为下一步的实质性程序打下基础。

2. 调整审计实施方案

由于审计环境、审计情况不断发生变化以及通过对内部控制的测试、评价掌握了更多的情况，审计实施方案难免会存在与实际情况不一致的情形。因此，应对原审计实施方案进行针对性地修改、调整，使审计人员在切合实际的方案指导下高效率、高质量地完成审计工作。

3. 收集审计证据

收集审计证据是审计实施阶段的主要工作，也是整个审计工作的核心。在这一环节上，要选择恰当的审计方法审查会计报表、账簿、凭证等会计资料和计划、预算、合同等其他书面资料，盘点货币和固定资产，查询往来账项。收集充分、适当的审计证据，形成审计工作底稿。

（三）报告阶段

审计组对被审计单位的审计事项审查完毕，即进入报告阶段。报告阶段的工作内容主要包括审核审计工作底稿，撰写审计报告，提交出具审计报告，征求被审计单位的意见和出具专题报告与综合报告。

1. 审核审计工作底稿

这一阶段的工作，主要是将审计人员记录的分散、不系统的审计工作底稿收集整理，按审计目标和范围分类，并按问题性质、重要程度和金额大小排列，由审计组组长对审计工作底稿的具体审计目标是否实现、审计措施是否有效执行、事实是否清楚、审计证据是否适当和充分、得出的审计结论及其相关标准是否适当等事项进行审核，提出认可、责成采取进一步审计措施或纠正不恰当结论等意见。

2. 撰写审计报告

在审核审计工作底稿后，审计组组长应组织审计人员讨论确定审计目标的实现情况、审计实施方案所确定的审计事项的完成情况、审计证据的适当性和充分性等，并起草审计报告。在审计报告中应当就审计依据、实施审计的基本情况、被审计单位基本情况、审计评价意见、以往审计决定执行情况和审计建议采纳情况等方面作出表述。

3. 提交出具审计报告

审计组实施审计或者专项审计调查并撰写审计报告后，应当向派出审计组的审计机关提交审计报告。审计机关审定审计组的审计报告后，应当出具审计机关的审计报告。对审计或者专项审计调查中发现被审计单位违反国家规定的财政收支、财务收支行为，依法应当由审计机关在法定职权范围内作出处理处罚决定的，审计机关应当出具审计决定书。审计或者专项审计调查发现的依法需要移送其他有关主管机关或者单位纠正、处理处罚或者追究有关人员责任的事项，审计机关应当出具审计移送处理书。审计报告的具体提交出具程序为：一是审计组将审计报告、审计决定书等材料报送审计机关业务部门复核。二是业务部门复核后，将复核修改后的审计报告、审计决定书等审计项目材料连同书面复核意见，报送审理机构审理。审理机构审理后，出具审理意见书，将审理后的审计报告、审计决定书连同审理意见书报送审计机关负责人。三是审计报告、审计决定书原则上应当由审计机关审计业务会议审定，特殊情况下，经审计机关主要负责人授权，可以由审计机关其他负责人审定。四是审计报告、审计决定书经审计机关负责人签发后，送达被审计单位、被调查单位等相关单位。

4. 征求被审计单位意见

审计组提出审计报告，按照审计机关规定的程序复核、审理、审批后，应以审计机关的名义征求被审计单位、被调查单位和拟处罚的有关责任人员的意见。被审计单位、被调查单位、被审计人员或者有关责任人员对征求意见的审计报告有异议的，审计组应当进一步核实，并根据核实情况对审计报告作出必要的修改。审计组应当对采纳被审计单位、被调查单位、被审计人员、有关责任人员意见的情况和原因，或者上述单位或人员未在法定时间内提出书面意见的情况作出书面说明。

5. 出具专题报告与综合报告

审计机关在审计中如发现被审计单位涉嫌重大违法犯罪的问题，与国家财政收支、财务收支有关政策及其执行过程中存在的重大问题，关系国家经济安全的重大问题，关系国家信息安全的重大问题，影响人民群众经济利益的重大问题等事项，可以采用专题报告等方式向本级政府、上一级审计机关报告。审计机关统一组织审计项目的，可以根据需要汇总审计情况和结果，编制审计综合报告。审计综合报告按照审计机关规定的程序审定后，向本级政府和上一级审计机关报送，或者向有关部门通报。

（四）整改检查阶段

整改检查阶段是指审计机关检查或者了解被审计单位和其他有关单位整改情况并提出检

查报告的阶段。

1. 检查或者了解整改情况

审计机关在出具审计报告、作出审计决定后，应当在规定的时间内检查或者了解被审计单位和其他有关单位的整改情况。可采取实地检查或者了解，取得并审阅相关书面材料等方式进行。对于定期审计项目的整改情况，审计机关可以在下一次审计中进行了解。检查或者了解被审计单位和其他有关单位的整改情况应当取得相关证明材料。

2. 提出检查和整改情况报告阶段

审计机关指定的部门在检查或者了解被审计单位和其他有关单位整改情况后，应向审计机关提出检查报告。对被审计单位没有整改或者没有完全进行整改的事项，要依法采取必要措施。审计机关应汇总审计整改情况，向本级政府报送关于审计报告中所指出问题的整改情况的报告。

三、民间审计程序

以上介绍的政府审计的程序，是一种广义的程序。由于民间审计是一种受托审计，不能事先确定审计任务、制定年度审计计划，也没有处理处罚方面的权力。因此，它一般采用的是狭义的审计程序。民间审计包括以下三个步骤。

（一）计划阶段

计划阶段是指从接受委托到编制出审计计划为止的过程，主要完成审计开始阶段的各项规划与准备工作，包括接受业务委托、实施风险评估程序和计划审计工作三项。

1. 接受业务委托

会计师事务所应当按照执业准则的规定，谨慎决定是否接受或保持某客户关系和具体审计业务。在接受新客户的业务前，或决定是否保持现有业务及考虑接受现有客户的新业务时，会计师事务所应当执行客户接受与保持的程序，如获取客户是否诚信，审计的前提条件是否存在，事务所有无执行审计业务所必需的素质、专业胜任能力、时间等影响受托实现的各种因素，然后决定是否接受委托。

一旦决定接受业务委托或保持客户关系后，注册会计师应当在审计业务开始前，与客户就审计业务约定条款达成一致意见，签订或修改审计业务约定书，并按约定书规定的条款履行业务。

2. 实施风险评估程序

审计准则规定，注册会计师必须实施风险评估程序，以此作为评估财务报表层次和认定层次重大错报风险的基础。风险评估程序是指注册会计师为了解被审计单位及其环境，以识别和评估财务报表层次和认定层次的重大错报风险（无论该错报是由于舞弊还是错误导致）而实施的审计程序。风险评估程序是必要程序，为注册会计师在许多关键环节作出职业判断提供了重要基础。了解被审计单位及其环境实际上是一个连续、动态地收集、更新与分析信息的过程，贯穿于整个审计过程的始终。一般来说，实施风险评估程序的主要工作包括：了解被审计单位及其环境；识别和评估财务报表层次以及各类交易、账户余额和披露认定层次的重大错报风险，包括确定需要特别考虑的重大错报风险（即特别风险）以及仅通过实施实质性程序无法应对的重大错报风险等。

风险评估程序的详细内容，将在本教材第七章介绍。

3. 计划审计工作

计划审计工作十分重要。如果没有恰当的审计计划，不仅无法获取充分、适当的审计证据，影响审计目标的实现，还会浪费有限的审计资源，影响审计工作的效率。因此，对于任何一项审计业务，注册会计师在执行具体审计程序之前，都必须根据具体情况制定科学、合理的计划，使审计业务以有效的方式得到执行。鉴于计划审计工作的重要性，项目负责人和项目组其他关键成员应当参与计划审计工作，并应该重视和认真做好该项工作，以使审计工作有的放矢地执行，提高审计工作的质量和效率。一般来说，计划审计工作主要包括：在本期审计业务开始时开展的初步业务活动；制定总体审计策略；制定具体审计计划等。

计划审计工作的详细内容，将在本教材第六章介绍。

（二）实施阶段

实施阶段是收集审计证据，借以形成审计结论的关键阶段。注册会计师实施风险评估程序本身并不足以为发表审计意见提供充分、适当的审计证据，还应当进一步实施审计程序，包括实施控制测试（必要时或决定测试时）和实质性程序。因此，注册会计师在评估财务报表重大错报风险后，应当运用职业判断，针对评估的财务报表层次重大错报风险确定总体应对措施，并针对评估的认定层次重大错报风险设计和实施进一步审计程序，以将审计风险降至可接受的低水平。

具体来说，实施阶段要做好以下四项工作。

1. 进行内部控制测试

内部控制是决定审计范围、方法和时间的一个重要依据。因此，审计人员在前期对重大错报风险进行评估和对内部控制有所了解的基础上，应对内部控制执行的有效性进行测试。测试的目的主要是看内部控制是否得到一贯有效的执行，以便为审计计划的修订和下一步实施实质性程序打下基础。

2. 修订审计计划

计划审计工作并不是审计业务的一个孤立阶段，而是一个持续的、不断修正的过程，贯穿于整个审计业务的始终。通过对内部控制执行的有效性测试，审计人员会掌握更详尽的情况，据此对原审计计划进行针对性地修改，调整，能使审计工作在更切合实际的审计计划指导下，更高效率、高质量地完成审计工作。

3. 实施实质性程序

完成对内部控制的评审，修订审计计划以后，就可以转入对经济业务的具体审查，也就是进行实质性程序。在这一环节上，要选择恰当的审计方法审查记录资料，盘点实物存量，收集充分、适当的审计证据，形成审计工作底稿。

4. 检查和复核审计工作底稿

审计人员按照计划完成审计证据的收集，形成审计工作底稿之后，还要对审计工作底稿进行逐级检查和复核。检查和复核的内容主要有：所采用的审计程序是否恰当，是否符合审计计划的要求，所有审计程序是否完成并且在审计工作底稿中予以记录；所获取的审计证据是否充分、适当，已取得的审计证据能否支持审计人员发表审计意见，所有审计证据是否都已形成记录并编入审计工作底稿，所形成的审计工作底稿是否完整；审计过程是否存在重大遗漏，是否存在导致进一步查询和追加审计程序的事项，是否存在审计步骤不完善或存在未解决问题等。通过逐级检查和复核，可以有效地防止审计工作出现疏忽和遗漏，控制和提高审计工作质量。

有关控制测试和实质性程序的内容，将在本教材第八章介绍。同时，本教材的业务循环审计内容将介绍对各业务循环的控制测试和实质性程序。

（三）终结阶段

终结阶段是审计人员结束实质性程序工作，形成审计意见，出具审计报告的阶段。注册会计师在完成财务报表进一步审计程序后，还应当按照有关审计准则的规定做好审计完成阶段的工作，并根据所获取的各种证据，合理运用专业判断，形成适当的审计意见。具体来说，本阶段主要有以下六项工作。

（1）评价审计中的重大发现和复核审计工作底稿。重大发现涉及会计政策的选择、运用和一贯性的重大事项等。在审计完成阶段，项目合伙人和审计项目组应考虑评价重大发现对审计方法、重要性的影响，以便调整策略，妥善处理。审计工作底稿是在审计过程中形成的记录，是审计证据的载体。在这一阶段，注册会计师应对审计工作底稿进行复核，对重要性和审计风险做最终评价，以便对被审计单位已审计财务报表形成的审计意见提供充分依据。

（2）审查期初余额和比较数据。期初余额是指报告期初已存在的账户余额。比较数据是指作为本期财务报表组成部分的上期对应数和相关披露。对于期初余额，如果注册会计师是首次接受委托，应对期初余额进行审计。审计时从以下几方面进行：① 确定期初余额不存在对本期财务报表产生重大影响的错报。② 确定上期期末余额已正确转至本期，或在适当的情况下已作出重新表述。③ 确定被审计单位一贯运用恰当的会计政策或对会计政策的变更作出正确的会计处理和恰当的列报。如果注册会计师是连续审计，只需关注被审计单位经审计的上期期末余额是否已正确结转至本期，或在适当的时期已作出重新表述。对于比较数据，如果是连续审计，注册会计师应当评价比较数据采用的会计政策与本期采用的会计政策是否一致，以及比较数据与上期财务报表反映的金额和相关披露是否一致。如不一致，是否已经做出适当调整和充分披露。对于首次接受委托，注册会计师除实施以上程序外，还应当将比较数据视作期初余额，按照首次接受委托时对期初余额的审计准则规定，实施恰当的审计程序，获取充分、适当的审计证据。

（3）审计期后事项和或有事项。期后事项是指资产负债表日至审计报告日之间发生的事项以及审计报告日后发生的事实。它包括两类事项：一是调整事项，是指对资产负债表日已存在的情况提供了新的或进一步证据的事项。如资产负债表日后取得确凿证据，表明某项资产在资产负债表日发生了减值或者需要调整该项资产原先确认的减值金额等。二是非调整事项，是指表明资产负债表日后发生的情况的事项。这类事项虽不影响会计报表金额，但可能影响对会计报表的正确理解。如资产负债表日后发生重大诉讼、仲裁、承诺；资产负债表日后发生资本公积转增资本等。这些事项如不调整或进行披露，会影响到报表使用者的正确决策和判断。因此，在这一阶段要对期后事项予以审查，取得补充证据，使它们得到正确反映。或有事项是指过去的交易或事项形成的，其结果须在某些未来事项发生或不发生时才能决定的不确定事项，如未决诉讼或仲裁、债务担保等。或有事项对企业的财务状况和经营成果有较大的影响。为了使财务报表使用者能够获得真实、充分、详细的信息，帮助其正确地分析、判断，需要对或有事项进行审计。审计时，可通过向被审计单位管理当局询问、索取资料、向律师函证等程序进行，取得证据。

（4）考虑持续经营问题，获取管理层书面声明。持续经营假设是指被审计单位在编制财务报表时，假定其经营活动在可预见的将来会继续下去。如果这一假设不再成立，对财务报表的编制和审计关系重大。因此，在审计终结阶段应了解被审计单位是否存在可能导致对持续经营能力产生重大疑虑的事项，如财务方面的债务违约，无法继续履行重大借款合同中的有关条款，以及经营方面关键管理人员离职且无人替代等事项。如存在此类事项，在发表审计意见时应增加强调事项段，对此问题予以强调说明。管理层声明书是把管理层对注册会计师的询问所做的答复以书面方式进行的记录，是一种书面证据。它对明确管理层对财务报表的责任以及降低注册会计师的审计责任有重要的意义。因此，在形成审计意见前应获取管理层声明书。

（5）汇总审计差异，协商调整事项。在对各方面都取得审计证据后，下一步是要复核审计工作底稿，汇总审计差异。这些差异有核算错误和重分类错误，应根据重要性标准衡量，哪些需要调整，哪些不需要调整，并提出调整账项或报表的意见，同客户沟通协商调整，并根据客户调整或不调整情况确定审计意见的类型。

（6）编写审计报告，建立审计档案。在形成审计意见后，编写审计报告并将报告送交委托人，同时将有关资料归档，资料完整保管。

第二节 初步业务活动

注册会计师审计是一种受托审计，为了促使注册会计师同被审计单位双方责任的履行，需要签订或修改审计业务约定书。而要完成审计业务约定书的签订或修改，就必须开展一些工作，如在接受客户委托时应考虑被审计单位是否诚信及其对保证审计质量的影响，审计的前提条件是否存在、能否接受委托，注册会计师执行业务所需要的独立性和专业胜任能力是否具备及其对审计质量的影响，以及连续审计时前期审计发现的重大问题对保持同客户的关系有无影响等，这些工作就是在本期审计业务开始时注册会计师应进行的初步业务活动。

一、初步业务活动的目的

注册会计师开展初步业务活动，主要是为了确保审计计划工作的完成，使审计有较高的工作质量。为此，应实现以下四个目的：

（1）确保注册会计师已具备执行业务所需要的独立性和专业胜任能力；
（2）不存在因管理层诚信问题而影响注册会计师保持该项业务意愿的情况；
（3）审计的前提条件存在；
（4）与被审计单位不存在对业务约定条款的误解。

二、初步业务活动的内容

初步业务活动包括以下三项内容：

（一）针对保持客户关系和具体审计业务实施相应的质量控制程序

针对保持客户关系和具体审计业务实施质量控制程序，并且根据实施相应程序的结果作出适当的决策是注册会计师控制审计风险的重要环节。在首次接受审计委托时，注册会计师需要执行针对建立有关客户关系和承接具体审计业务的质量控制程序；在连续审计时，注册会计师通常执行针对保持客户关系和具体审计业务的质量控制程序。总体来说，无论是首次接受审计委托还是连续审计，注册会计师都应当考虑下列主要事项，以确定保持客户关系和具体审计业务的结论是恰当的：

（1）被审计单位的主要股东、关键管理人员和治理层是否诚信；

（2）项目组是否具备执行审计业务的专业胜任能力以及必要的时间和资源；

（3）注册会计师接受客户委托的前提条件是否存在；

（4）会计师事务所和项目组能否遵守职业道德规范。

会计师事务所执行客户接受与保持程序的目的，旨在识别和评价会计师事务所面临的风险。例如，如果注册会计师发现潜在客户正面临财务困难，或者发现现有客户在之前的业务中作出虚假陈述，那么可以认为接受或保持该客户的风险非常高，甚至是不可接受的。会计师事务所除考虑客户施加的风险外，还需要复核执行业务的能力，如当工作需要时能否获得合适的具有相应资格的员工；能否获得专业化协助；是否存在任何利益冲突；能否对客户保持独立性等。

注册会计师需要作出的最重要的决策之一就是是否接受和保持客户。一项低质量的决策会导致不能准确确定计酬的时间或未被支付的费用，增加项目合伙人和员工的额外压力，使会计师事务所声誉遭受损失，或者涉及潜在的诉讼。

由于在连续审计的情况下，注册会计师已经积累了一定的审计经验，因此在决定是否保持与某一客户的关系时，项目负责人通常重点考虑本期或前期审计中发现的重大事项，及其对保持该客户关系的影响。在实务中，会计师事务所可以区别首次接受审计委托和连续审计的情况制定不同的质量控制程序，以提高审计工作的效率及效果。

（二）评价遵守职业道德规范的情况

职业道德规范要求注册会计师项目组成员恪守独立、客观、公正的原则，保持专业胜任能力和应有的关注，并对审计过程中获知的信息保密。只有确保注册会计师已具备执行业务所需要的独立性和专业胜任能力，才不会影响注册会计师对该项业务正确意愿的表达。因此，应评价注册会计师遵守职业道德规范的情况。

（三）及时签订或修改审计业务约定书

在作出接受或保持客户关系及具体审计业务的决策后，注册会计师应当在审计业务开始前，与被审计单位就审计业务约定条款达成一致意见，签订或修改审计业务约定书，以避免双方对审计业务的理解产生分歧。审计业务约定书一经签订，双方就要按约定书的规定条款履行业务，否则，要负法律责任。

承接业务时业务保持评价审计工作底稿见工作底稿实例3-1，索引号AA。

【案例3-1】盛大有限责任公司主营百货文化用品、五金交电、油墨及印刷器材、家具、食品、针织纺织品、烟酒等，自2012年上市以来，业务迅速扩展，股价也不断攀升。2017年和2018年的财务报表及其前任注册会计师的审计报告显示，公司2017年和2018年分别实现主营业务收入34.82亿元和70.46亿元，同比增长152.69%和102.35%，同时，总资产也分别增长了178.25%和60.43%，但利润率从2017年开始出现了明显的下降，由2017年的2%下降到2018年的0.69%，远远低于商贸类上市公司的平均水平3.77%。

2018年公司利润总额中40%为投资收益，这些投资收益系盛大有限责任公司利用银行承兑汇票（承兑期长达3~6个月）进行账款结算，利用从回笼贷款到支付贷款之间三个月的时间差，把这笔巨额资金委托华南证券进行短期套利所得。自2012年以来，盛大有限责任公司已经两次更换了会计师事务所。

请问：

（1）在承接盛大有限责任公司业务委托前，注册会计师需要了解和评估哪些因素？

（2）在承接客户业务委托时，需要关注哪些履约风险？为什么？

【分析】

（1）注册会计师在接受盛大有限责任公司委托前，需要了解和评估的因素有：

① 注册会计师方面的情况。事务所的员工是否具备或能够获取必要的专业知识，进行审计的各种人员是否齐备，是否能够按照职业准则及时完成审计任务。事务所是否独立于客户，是否能够提供无偏见的结论。

② 公司方面的情况。会计准则运用：公司在编制财务报表时是否采用了可接受的财务报告编制基础；诚信：公司管理当局的诚信是否足以让事务所有理由相信管理当局不会有意进行重大欺诈或作出违法行为。声誉和形象：公司的声誉是否良好，事务所接受其作为客户是否会给事务所带来损失和麻烦。会计实务：公司是否积极遵守会计准则，其财务报表是否能全面、公允地反映公司的财务状况和经营业绩。财务状况：公司是否存在极糟的业绩或其他负面因素导致其近期面临停业的危险。盈利情况：接受并完成这项业务约定是否能够给事务所带来合理的利润。

（2）在承接客户业务委托时，需要关注的履约风险有：

① 被起诉。如果事务所因为客户破产、存在舞弊或者违法行为而被起诉，那么即便它打赢了这场官司也极有可能造成损失。因为很多情况下，事务所虽然胜诉了，但它因诉讼而花费的成本会比承接该审计业务所取得的收入要多。

② 职业名誉的损失。如果事务所与一家声名狼藉的客户合作，事务所可能失去一些潜在的声誉较好的客户，因为这些客户通常会认为与声名败坏的公司有联系的事务所可能有不诚信的嫌疑。

③ 缺乏盈利性。在审计业务完成时，事务所可能会发现它所获得的收入尚不足以弥补服务成本，而客户也不愿意再多掏钱。事实上，除非存在一个很好的继续业务合作的理由，否则，事务所是不会承接没有盈利的业务的。

三、审计的前提条件

审计的前提条件，是指管理层在编制财务报表时采用可接受的财务报告编制基础，以及管理层对注册会计师执行审计工作的前提的认同。可接受的财务报告编制基础是指管理层编制财务报表有恰当的基础，也就是注册会计师对财务报表进行审计有适当的标准。管理层对注册会计师执行审计工作的前提认同是指管理层认可并理解其应承担的责任。审计的前提条件对审计人员作出正确的审计结论以及分清注册会计师与管理层的责任具有重要意义。

（一）财务报告编制基础

承接鉴证业务的条件之一是《中国注册会计师鉴证业务基本准则》中提及的标准适当，且能够为预期使用者获取。标准是指用于评价或计量鉴证对象的基准，当涉及列报时，还包括列报与披露的基准。适当的标准使注册会计师能够运用职业判断对鉴证对象作出合理一致的评价或计量。就审计准则而言，适用的财务报告编制基础为注册会计师提供了用以审计财务报表的标准。如果不存在可接受的财务报告编制基础，管理层就不具有编制财务报表的恰当基础，注册会计师也不具有对财务报表进行审计的适当标准。

（1）确定财务报告编制基础的可接受性。在确定编制财务报表所采用的财务报告编制基础的可接受性时，注册会计师需要考虑下列相关因素：① 被审计单位的性质（例如，被审计单位是商业企业、公共部门实体，还是非营利组织）；② 财务报表的目的（例如，编制财务报表是用于满足广大财务报表使用者共同的财务信息需求，还是用于满足财务报表特定使用者的财务信息需求）；③ 财务报表的性质（例如，财务报表是整套财务报表，还是单一财务报表）；④ 法律法规是否规定了适用的财务报告编制基础。

（2）通用目的的编制基础。如果财务报告准则由经授权或获得认可的准则制定机构制定和发布，供某类实体使用，只要这些机构遵循一套既定和透明的程序，则认为财务报告准则对于这类实体编制通用目的的财务报表是可接受的。

（3）法律法规规定的财务报告编制基础。法律法规可能为某类实体规定了在编制通用目的财务报表时采用的财务报告编制基础。通常情况下，注册会计师认为这种财务报告编制基础对这类实体编制通用目的财务报表是可接受的，除非有迹象表明不可接受。

（二）就管理层的责任达成一致意见

按照审计准则的规定执行审计工作的前提是管理层已认可并理解其承担的责任。审计准则并不超越法律法规对这些责任的规定。然而，独立审计的理念要求注册会计师不对财务报表的编制或被审计单位的相关内部控制承担责任，并要求注册会计师合理预期能够获取审计所需要的信息。因此，管理层认可并理解其责任，这一前提对执行独立审计工作是至关重要的。

按照《中国注册会计师审计准则第1341号——书面声明》的规定，注册会计师应当要求对财务报表承担相应责任并了解相关事项的管理层提供书面声明。如针对财务报表的编制，针对提供的信息和交易的完整性，注册会计师应当要求管理层就相关责任的履行提供书面声明。因此，注册会计师需要获取针对管理层责任的书面声明、其他审计准则要求的书面声明，以及在必要时需要获取用于支持其他审计证据的书面声明。注册会计师需要使管理层意识到这一点。

如果管理层不提供要求的一项或多项书面声明，或提供的书面声明不可靠等，注册会计师应当采取适当措施，按照《中国注册会计师审计准则第1502号——在审计报告中发表非无保留意见》的规定，确定该事项对审计意见可能产生的影响，对财务报表发表相应的非无保留意见。如果法律法规有其他规定，注册会计师需要在考虑后作出相应决策并向管理层解释这种情况的重要性及其对审计报告的影响。

管理层设计、执行和维护必要的内部控制，以使编制的财务报表不存在由于舞弊或错误导致的重大错报。由于内部控制的固有限制，无论其如何有效，也只能合理保证被审计单位实现其财务报告目标。注册会计师按照审计准则的规定执行的独立审计工作，不能替代管理层维护编制财务报表所需要的内部控制。因此，注册会计师需要就管理层认可并理解其与内部控制有关的责任与管理层达成共识。

如果审计的前提条件不存在，注册会计师应当就此与管理层沟通。除非满足管理层同意在财务报表中作出额外披露，或在审计报告中增加强调事项段加以说明，或注册会计师能与管理层就其应承当的责任与管理层达成一致意见等。否则，注册会计师不应承接拟议的审计业务。

【案例3-2】盛大有限责任公司准备委托至真会计师事务所对其2018年度财务报表进行审计。至真会计师事务所在接受委托前，了解到盛大有限责任公司在编制财务报表时采用的会计准则是小企业会计准则，而按照规定该公司应采用企业会计准则，对此情况，注册会计师同盛大有限责任公司的管理层进行了沟通。经过沟通，注册会计师与管理层就其应承担的确保财务报表编制正确和提供信息完整性的责任达成了一致意见，同时管理层也同意对采用的会计准则不恰当在财务报表中作出额外披露。至真会计师事务所认为，管理层对其编制财务报表的责任认可，并同意在财务报表中作出额外披露，对审计证据的充分性和适当性以及审计意见的准确性是有一定保证的。因此，接受了盛大有限责任公司的委托。

要求：请问至真会计师事务所是否应该接受盛大有限责任公司的委托？请说明理由。

【分析】

至真会计师事务所可以接受盛大有限责任公司的委托。理由是：

按照《中国注册会计师审计准则第1111号——就审计业务约定条款达成一致意见》规定，如果审计的前提条件不存在，注册会计师应当就此与管理层沟通。如果经过沟通，管理层同意在财务报表中作出额外披露，或在审计报告中增加强调事项段加以说明，或注册会计师能与管理层就其应承当的责任与管理层达成一致意见。注册会计师是可以承接该项审计业务的。因此，至真会计师事务所可以接受盛大有限责任公司的委托。

第三节　审计业务约定书

注册会计师在接受被审计单位委托开展初步业务活动前的各项工作完成后，应签订或修改审计业务委托书。签订审计业务委托书不论对注册会计师还是对被审计单位来说都有重要的意义：一是能增进注册会计师与委托人之间的相互了解，使审计工作顺利地开展；二是能明确双方的责任，促使双方各自责任的履行；三是能通过约定业务的履行或不履行实施相应的处罚，保护双方的合法权益。

一、审计业务约定书的含义

在明确审计业务的范围和性质，初步了解被审计单位的基本情况，评价专业胜任能力并做出接受或保持客户关系的决策后，注册会计师应当在审计业务开始前，与被审计单位就审计业务约定条款达成一致意见，签订或修改审计业务约定书，以避免双方对审计业务的理解产生分歧。

审计业务约定书是会计师事务所与被审计单位签订的，用以记录和确认审计业务的委托与受托关系、审计目标和范围、双方的责任以及报告的格式等事项的书面协议。对业务约定书可从以下几方面理解：

（1）约定书一般是由被审计单位与审计组织共同签订，但也存在委托人与被审计人不是同一方的情况。在这种情况下，签订审计业务约定书前，注册会计师应当与委托人、被审计单位就审计业务约定条款进行充分沟通，并达成一致意见。

（2）确认了双方的委托与受托关系。民间审计不同于强制性的政府审计、内部审计，会计师事务所是受托审计，所以要确认委托受托关系。

（3）明确委托目的等事项。这是业务约定书的主要内容。

（4）必须采用书面形式，而不能采用口头形式。

（5）业务约定书是一份经济合同文书，具有法定约束力，双方都要遵守。任何一方违约，都需要追究其责任。

会计师事务所承接任何审计业务，都应与被审计单位签订审计业务约定书。在实务中，审计业务约定书可以采用合同式或信函式两种形式。尽管形式不同，但二者实质内容是相同的。本节主要说明合同式审计业务约定书的内容和格式。

二、审计业务约定书的基本内容

审计业务约定书的具体内容和格式可能因被审计单位的不同而不同，但应当包括以下主要内容。

（1）财务报表审计的目标与范围。财务报表审计的目标是注册会计师通过执行审计工作，对财务报表是否在所有重大方面按照适用的会计准则编制，是否公允反映被审计单位的财务状况、经营成果和现金流量发表审计意见。财务报表的审计范围是指为实现财务报表审计目标，注册会计师根据审计准则和职业判断实施的恰当的审计程序的总和。

（2）注册会计师的责任。按照《中国注册会计师审计准则》的规定对财务报表发表审计意见是注册会计师的责任。

（3）管理层的责任。在被审计单位治理层的监督下，按照适用的会计准则编制财务报表是被审计单位管理层的责任。管理层的责任包括：

① 按照适用的财务报告编制基础编制财务报表，并使其实现公允反映。

② 设计、执行和维护必要的内部控制，以使财务报表不存在由于舞弊或错误导致的重大错报。

③ 向注册会计师提供必要的工作条件。这些必要的工作条件包括允许注册会计师接触与编制财务报表相关的所有信息（如记录、文件和其他事项），向注册会计师提供审计所需的其

他信息，允许注册会计师在获取审计证据时不受限制地接触其认为必要的内部人员。财务报表审计不能减轻被审计单位管理层和治理层的责任。

（4）指出用于编制财务报表所适用的财务报告编制基础。

（5）审计报告的预期形式和内容。提及注册会计师拟出具的审计报告的预期形式和内容，以及在特定情况下对出具的审计报告可能不同于预期形式和内容的说明。

三、审计业务约定书的特殊考虑

（一）考虑特定需要

如果情况需要，注册会计师还应当考虑在审计业务约定书中列明下列内容：

（1）详细说明审计工作的范围，包括提及适用的法律法规、审计准则，以及注册会计师协会发布的职业道德守则和其他公告。

（2）对审计业务结果的其他沟通形式。

（3）说明由于审计和内部控制的固有限制，即使审计工作按照审计准则的规定得到恰当的计划和执行，仍不可避免地存在某些重大错报未被发现的风险。

（4）计划和执行审计工作的安排，包括审计项目组的构成。

（5）管理层确认将提供书面声明。注册会计师应当要求管理层就其已履行的某些责任提供书面声明。

（6）管理层同意向注册会计师及时提供财务报表草稿和其他所有附带信息，以使注册会计师能够按照预定的时间表完成审计工作。

（7）管理层同意告知注册会计师在审计报告日至财务报表报出日之间注意到的可能影响财务报表的事实。

（8）收费的计算基础和收费安排。

（9）管理层确认收到审计业务约定书并同意其中的条款。

（10）在某些方面对利用其他注册会计师和专家工作的安排。

（11）对审计涉及的内部审计人员和被审计单位其他员工工作的安排。

（12）在首次审计的情况下，与前任注册会计师（如存在）沟通的安排。

（13）说明对注册会计师责任可能存在的限制。

（14）注册会计师与被审计单位之间需要达成进一步协议的事项。

（15）向其他机构或人员提供审计工作底稿的义务。

（二）组成部分的审计

如果母公司的注册会计师同时也是组成部分的注册会计师，需要考虑下列因素，决定是否向组成部分单独致送审计业务约定书。

（1）组成部分注册会计师的委托人；

（2）是否对组成部分单独出具审计报告；

（3）与审计委托相关的法律法规的规定；

（4）母公司占组成部分的所有权份额；

（5）组成部分管理层相对于母公司的独立程度。

（三）连续审计

对于连续审计，注册会计师应当根据具体情况评估是否需要对审计业务约定条款作出修改，以及是否需要提醒被审计单位注意现有的条款。

注册会计师可以决定不在每期都致送新的审计业务约定书或其他书面协议。然而，下列因素可能导致注册会计师修改审计业务约定条款或提醒被审计单位注意现有的业务约定条款。

（1）有迹象表明被审计单位误解审计目标和范围；

（2）需要修改约定条款或增加特别条款；

（3）被审计单位高级管理人员近期发生变动；

（4）被审计单位所有权发生重大变动；

（5）被审计单位业务的性质或规模发生重大变化；

（6）法律法规的规定发生变化；

（7）编制财务报表采用的财务报告编制基础发生变更；

（8）其他报告要求发生变化。

（四）审计业务约定条款的变更

（1）在缺乏合理理由的情况下，注册会计师不应同意变更审计业务约定条款。

（2）在完成审计业务前，如果被审计单位或委托人要求将审计业务变更为保证程度较低的业务，注册会计师应当确定是否存在合理理由予以变更。

（3）如果审计业务约定条款发生变更，注册会计师应当确定是否存在合理理由予以变更。

（4）如果注册会计师不同意变更审计业务约定条款，而管理层又不允许继续执行原审计业务，注册会计师应当在适用的法律法规允许的情况下，解除审计业务约定，并根据是否有约定确定是否向治理层、所有者或监管机构等作出报告。

业务约定书审计工作底稿见工作底稿实例3-2，索引号AB。

第四节 初步业务活动审计工作底稿实例

【工作底稿实例3-1】

业务保持评价表	
被审计单位：沃诺克有限责任公司	索引号：AA
项目：业务保持评价	财务报表截止日/期间：2018年12月31日
编制：张宁	复核：田园
日期：2018年11月1日	日期：2019年1月5日

一、客户情况评估

1. 审计范围和执行审计工作的时间安排

> 2018年度审计工作范围较2017年度相比无变化，审计工作时间安排为2018年11月进行预审，2019年1月6日正式进行年度审计，具体情况详见总体审计策略（BE）。

2. 客户的诚信

> 该公司是本所常年客户，历年审计都由本所进行。历年审计均未发现该客户存在不诚信的现象，本年客户的所有者及关键管理人员未发生重大变动，也没有迹象表明管理层不够诚信；无外部证据表明客户存在舞弊或违法行为；本次审计范围未受到任何限制。我们认为，该客户是诚信的。

3. 经营风险

> 该客户本期业务性质无重大变化，具有持续经营能力。关于经营风险的分析详见了解被审计单位及其环境（BA）。

4. 财务状况

> 根据我们对该客户经营状况的了解以及内部控制的了解与测试，我们认为该客户的经营状况未发生重大变化；不存在未披露的重大关联交易；未发现内部控制的重大缺陷；未发现不可靠的会计记录；客户采用的会计政策和税收政策符合国家相关法律法规的规定，较为稳妥；无未解决的重大会计分歧。具体的财务状况了解与分析见风险评估工作底稿——了解被审计单位及其环境（BA）。

根据以前年度审计情况和对客户及其环境所发生变化的了解，重点考虑了上述情况后，我们将该客户的风险级别评为（中）。

二、本所情况评估

1. 项目组的时间和资源

> 该客户的审计一直由业务三部负责，该部门现有专业人员16名，其中高级经理2名、项目经理7名、审计助理7名，完全有能力组建项目组。从时间安排来看，中期的预审结合年度审计，该项目组能够在合同约定的期限内完成业务提交报告。项目组人员安排与时间预算详见总体审计策略（BE）。

2. 项目组的专业胜任能力

> 项目组的关键人员——Li（高级经理）对该客户的审计持续了6年，熟悉该客户的业务并对行业状况有着深入的了解，完全有经验、有能力完成审计工作。本所具备符合标准和资格要求的项目质量控制复核人员。

3. 独立性

> 本所与该客户之间不存在专业服务收费以外的直接经济利益或重大的间接经济利益，与客户不存在密切的经营关系或雇佣关系、不存在与该项审计业务有关的或有收费，本所及项目组成员不存在经济利益对独立性的损害。
>
> 项目组成员中无曾是客户的董事、经理、其他关键管理人员或能够对本业务产生直接重大影响的员工，本所未向该客户提供直接影响财务报表的其他服务、也未代客户编制用于生成财务报表的原始资料或其他记录，本所及项目组成员不存在自我评价对独立性的损害。
>
> 与项目组成员关系密切的家庭成员中无客户的董事、经理、其他关键管理人员或能够对本业务产生直接重大影响的员工。
>
> 客户的董事、经理、其他关键管理人员或能够对本业务产生直接重大影响的员工中无本所的前高级管理人员。
>
> 本所的高级管理人员及签字注册会计师与客户的交往仅限于业务往来、未接受过客户或其他董事、经理、其他关键管理人员或能够对本业务产生直接重大影响的员工的贵重礼品或超出社会礼仪的款待，本所及项目组成员不存在关联关系对独立性的损害。
>
> 本所与该客户在重大会计、审计等问题上不存在意见分歧、审计业务未受到有关单位或个人的不恰当干预、工作氛围较以前年度没有缩减，本所及项目组成员不存在外界压力对独立性的损害。

根据本所目前的情况，综合考虑上述事项，我们认为本所及项目组成员具有独立性和审计该客户的必要素质、专业胜任能力及时间和资源。

4. 预计收取的费用及可回收比率

> 预计审计收费：15万元人民币
>
> 预计成本：12万元人民币
>
> 可回收比率：根据以前年度审计情况，客户不存在拖欠审计费用的情况，本年度能够足额收回审计费用。

三、其他方面的意见

项目负责合伙人：　　　　　　　　风险管理负责人（必要时）：

【工作底稿实例3-2】

审计业务约定书

索引号AB

甲方：沃诺克有限责任公司
乙方：明瑞会计师事务所
兹由甲方委托乙方对2018年度财务报表进行审计，经双方协商，达成以下约定：
一、审计的目标和范围
1. 乙方接受甲方委托，对甲方按照企业会计准则编制的2018年12月31日的资产负债表，2018年度的利润表、现金流量表、所有者权益（或股东权益）变动表以及相关财务报表附注（以下统称财务报表）进行审计。
2. 乙方审计工作的目标是对财务报表整体是否不存在由于舞弊或错误导致的重大错报获取合理保证，并出具包含审计意见的审计报告。合理保证是高水平的保证，但并不能保证按照审计准则执行的审计在某一重大错报存在时总能发现。错报可能由于舞弊或错误导致，如果合理预期错报单独或汇总起来可能影响财务报表使用者依据财务报表作出的经济决策，则通常认为错报是重大的。
3. 乙方通过执行审计工作，对财务报表的下列方面发表审计意见：（1）财务报表是否在所有重大方面按照企业会计准则的规定编制；（2）财务报表是否在所有重大方面公允反映了甲方2018年12月31日的财务状况以及2018年度的经营成果和现金流量。
二、甲方的责任
1. 根据《中华人民共和国会计法》及《企业财务会计报告条例》，甲方及甲方负责人有责任保证会计资料的真实性和完整性。因此，甲方管理层有责任妥善保存和提供会计记录（包括但不限于会计凭证、会计账簿及其他会计资料），这些记录必须真实、完整地反映甲方的财务状况、经营成果和现金流量。
2. 按照企业会计准则的规定编制和公允列报财务报表是甲方管理层的责任，这种责任包括：（1）按照企业会计准则的规定编制财务报表，并使其实现公允反映；（2）设计、执行和维护必要的内部控制，以使财务报表不存在由于舞弊或错误导致的重大错报。
3. 在编制财务报表时，甲方管理层负责评估甲方的持续经营能力，必要时披露与持续经营相关的事项，并运用持续经营假设，除非管理层计划清算、终止运营或别无其他现实的选择。甲方治理层负责监督甲方的财务报告过程。
4. 及时为乙方的审计工作提供与审计有关的所有记录、文件和所需的其他信息（在2019年×月×日之前提供审计所需的全部资料，如果在审计过程中需要补充资料，亦应及时提供），并保证所提供资料的真实性和完整性。
5. 确保乙方不受限制地接触其认为必要的甲方内部人员和其他相关人员。
［下段适用于集团财务报表审计业务，使用时需根据客户约定项目的特定情况修改，如果加入此段，应相应修改本约定书第一项关于业务范围的表述，并调整下面其他条款的编号。］
［6. 为满足乙方对甲方合并财务报表发表审计意见的需要，甲方须确保：乙方和对组成部分财务信息执行相关工作的组成部分注册会计师之间的沟通不受任何限制。乙方及时获悉组成部分注册会计师与组成部分治理层和管理层之间的重要沟通（包括就值得关注的内部控制缺陷进行的沟通）。乙方及时获悉组成部分治理层和管理层与监管机构就与财务信息有关的事项进行的重要沟通。在乙方认为必要时，允许乙方接触组成部分的信息、组成部分管理层或组成部分注册会计师（包括组成部分注册会计师的工作底稿），并允许乙方对组成部分的财务信息执行相关工作。］
6. 甲方管理层对其作出的与审计有关的声明予以书面确认。
7. 为乙方派出的有关工作人员提供必要的工作条件及协助，乙方将于外勤工作开始前提供主要事项清单。

8. 按照本约定书的约定及时足额支付审计费用以及乙方人员在审计期间的交通、食宿和其他相关费用。

9. 乙方的审计不能减轻甲方及甲管理层的责任。

三、乙方的责任

1. 乙方按照中国注册会计师审计准则（以下简称审计准则）的规定执行审计工作。审计准则要求注册会计师遵守中国注册会计师职业道德守则。在执行审计的过程中，乙方需要运用职业判断，保持职业怀疑。

2. 乙方识别和评估由于舞弊或错误导致的财务报表重大错报风险，设计和实施审计程序以应对这些风险，并获取充分、适当的审计证据，作为发表审计意见的基础。由于舞弊可能涉及串通、伪造、故意遗漏、虚假陈述或凌驾于内部控制之上，未能发现由于舞弊导致的重大错报的风险高于未能发现由于错误导致的重大错报的风险。

3. 乙方了解与审计相关的内部控制，以设计恰当的审计程序，但目的并非对内部控制的有效性发表意见。（如果注册会计师结合财务报表审计对内部控制的有效性发表意见，应当删除"但目的并非对内部控制的有效性发表意见"的措辞。）

4. 乙方评价管理层选用会计政策的恰当性和作出会计估计及相关披露的合理性。

5. 乙方对甲方管理层使用持续经营假设的恰当性得出结论。同时，根据获取的审计证据，就可能导致对甲方持续经营能力产生重大疑虑的事项或情况是否存在重大不确定性得出结论。如果乙方得出结论认为存在重大不确定性，应当在审计报告中提请报表使用者注意财务报表中的相关披露；如果披露不充分，乙方应当发表非无保留意见。乙方的结论基于截至审计报告日可获得的信息。然而，未来的事项或情况可能导致甲方不能持续经营。

6. 乙方评价财务报表的总体列报、结构和内容（包括披露），并评价财务报表是否公允反映相关交易和事项。

［下段适用于集团财务报表审计业务，使用时需根据客户/约定项目的特定情况修改，如果加入此段，应相应修改本约定书第一项关于业务范围的表述，并调整下面其他条款的编号。］

［7. 对不由乙方执行相关工作的组成部分财务信息，乙方不单独出具报告；有关的责任由对该组成部分执行相关工作的组成部分注册会计师及其所在的会计师事务所承担。］

7. 乙方从与甲方治理层沟通过的事项中，确定对本期财务报表审计最为重要的事项（关键审计事项），并在审计报告中描述这些事项（如适用）。这些事项的应对以对财务报表整体进行审计并形成审计意见为背景，乙方不对这些事项单独发表意见。

8. 在审计过程中，乙方若发现甲方存在乙方认为值得关注的内部控制缺陷，应以书面形式向甲方治理层或管理层通报。但乙方通报的各种事项，并不代表已全面说明所有可能存在的缺陷或已提出所有可行的改进建议。甲方在实施乙方提出的改进建议前应全面评估其影响。未经乙方书面许可，甲方不得向任何第三方提供乙方出具的沟通文件，除非法律法规另有要求。

9. 由于审计和内部控制的固有限制，即使按照审计准则的规定适当地计划和执行审计工作，仍无法避免财务报表的某些重大错报可能未被乙方发现的风险。

10. 按照约定时间完成审计工作，出具审计报告。乙方应于2019年×月×日前出具审计报告。

11. 除下列情况外，乙方应当对执行业务过程中知悉的甲方信息予以保密：（1）法律法规允许披露，并取得甲方的授权；（2）根据法律法规的要求，为法律诉讼、仲裁准备文件或提供证据，以及向监管机构报告发现的违法行为；（3）在法律法规允许的情况下，在法律诉讼、仲裁中维护自己的合法权益；（4）接受注册会计师协会或监管机构的执业质量检查，答复其询问和调查；（5）法律法规、执业准则和职业道德规范规定的其他情形。

四、审计收费

1. 本次审计服务的收费是以乙方各级别工作人员在本次工作中所耗费的时间为基础计算的。乙方预计本次审计服务的费用总额为人民币××万元。

2. 甲方应于本约定书签署之日起××日内支付x%的审计费用，其余款项于（审计报告草稿完成日）结清。

3. 如果由于无法预见的原因，致使乙方从事本约定书所涉及的审计服务实际时间较本约定书签订时预计的时间有明显的增加或减少时，甲乙双方应通过协商，相应调整本部分第1段所述的审计费用。

4. 如果由于无法预见的原因，致使乙方人员抵达甲方的工作现场后，本约定书所涉及的审计服务中止，甲方不得要求退还预付的审计费用；如上述情况发生于乙方人员完成现场审计工作，并离开甲方的工作现场之后，甲方应另行向乙方支付人民币××元的补偿费，该补偿费应于甲方收到乙方的收款通知之日起××日内支付。

5. 与本次审计有关的其他费用（包括交通费、食宿费等）由甲方承担。

五、审计报告和审计报告的使用

1. 乙方按照中国注册会计师审计准则规定的格式和类型出具审计报告。

2. 乙方向甲方致送审计报告一式×份。

3. 甲方在提交或对外公布乙方出具的审计报告及其后附的已审计财务报表时，不得对其进行修改。当甲方认为有必要修改会计数据、报表附注和所作的说明时，应当事先通知乙方，乙方将考虑有关的修改对审计报告的影响，必要时，将重新出具审计报告。

六、本约定书的有效期间

本约定书自签署之日起生效，并在双方履行完毕本约定书约定的所有义务后终止。但其中第三项第11段、第四、五、七、八、九、十项并不因本约定书终止而失效。

七、约定事项的变更

如果出现不可预见的情况，影响审计工作如期完成，或需要提前出具审计报告，甲、乙双方均可要求变更约定事项，但应及时通知对方，并由双方协商解决。

八、终止条款

1. 如果根据乙方的职业道德及其他专业职责、适用的法律法规或其他任何法定的要求，乙方认为已不适宜继续为甲方提供本约定书约定的审计服务，乙方可以采取向甲方提出合理通知的方式终止履行本约定书。

2. 在本约定书终止的情况下，乙方有权就其于终止之日前对约定的审计服务项目所做的工作收取合理的费用。

九、违约责任

甲、乙双方按照《中华人民共和国合同法》的规定承担违约责任。

十、适用法律和争议解决

本约定书的所有方面均应适用中华人民共和国法律进行解释并受其约束。本约定书履行地为乙方出具审计报告所在地，因本约定书所引起的或与本约定书有关的任何纠纷或争议（包括关于本约定书条款的存在、效力或终止，或无效之后果），双方协商确定采取以下第____种方式予以解决：

（1）向有管辖权的人民法院提起诉讼；

（2）提交××仲裁委员会仲裁。

十一、双方对其他有关事项的约定

本约定书一式两份，甲、乙双方各执一份，具有同等法律效力。

甲方：沃诺克有限责任公司（盖章）	乙方：明瑞会计师事务所（盖章）
授权代表（签名并盖章）	授权代表（签名并盖章）
二〇一九年×月×日	二〇一九年×月×日

第四章 审计方法

 本章学习目标

知识目标
- 理解八种审计基本方法的基本概念
- 掌握八种审计基本方法运用的具体内容
- 理解审计抽样法的基本概念、种类
- 掌握审计抽样法运用的一般程序
- 熟悉控制测试中审计抽样法的运用
- 熟悉细节测试中审计抽样法的运用

能力目标
- 能在获取审计证据中正确选择和恰当运用八种基本审计方法
- 能在控制测试和细节测试中正确运用审计抽样法

第四章 审计方法

本章知识结构

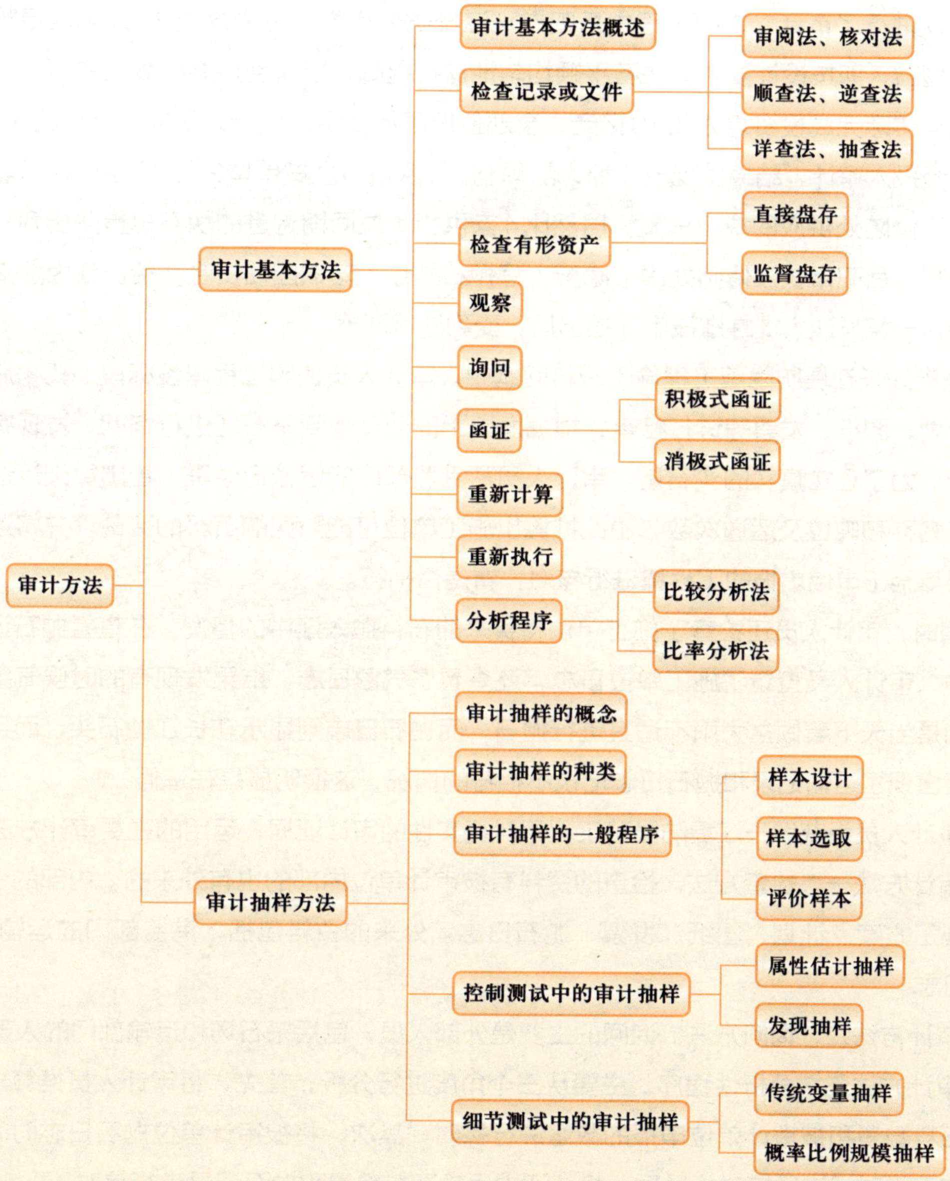

- 审计方法
  - 审计基本方法
    - 审计基本方法概述
    - 检查记录或文件
      - 审阅法、核对法
      - 顺查法、逆查法
      - 详查法、抽查法
    - 检查有形资产
      - 直接盘存
      - 监督盘存
    - 观察
    - 询问
    - 函证
      - 积极式函证
      - 消极式函证
    - 重新计算
    - 重新执行
    - 分析程序
      - 比较分析法
      - 比率分析法
  - 审计抽样方法
    - 审计抽样的概念
    - 审计抽样的种类
    - 审计抽样的一般程序
      - 样本设计
      - 样本选取
      - 评价样本
    - 控制测试中的审计抽样
      - 属性估计抽样
      - 发现抽样
    - 细节测试中的审计抽样
      - 传统变量抽样
      - 概率比例规模抽样

引导案例

2004年9月,国家审计署驻深圳特派办对长江干堤湖南段进行审计。长江流经湖南省165公里的河段均在岳阳市境内,这里也是长江最危险的河段——荆江的南岸。著名的城陵矶水位时时牵动着全国亿万老百姓的心。1998年长江特大洪水后,党中央决定投巨资加固修整长江大堤，以保护沿岸百姓生命财产安全。长江干堤湖南段堤防建设获国债资金13.47亿元，这是国债资金的重点项目，关系上千万人民群众的生命财产安全。2004年深圳特派办审计组对长江干堤湖南段2000年至2003年建设资金进行审计时，重点对隐蔽工程进行了审计。这项工程由岳阳市长江修防处负责，主要是对22公里江堤险段实施水下抛石，即按设计要求把块石平顺均匀地铺在堤脚，以起到护岸固基的重要作用。工程概算与实际完成投资均为3.46亿元，全部使用国债资金。审计人员抱着高度的责任感，全力以赴投入审计，结果发现一个惊人的黑洞：4家块石供货单位2000年至2003年向岳阳市长江修防处供应的块石总量，居然比4家供货单位同期购进的块石总量多出60万方。审计发现：岳阳市长江修防处虚报隐蔽工程抛石方量，套取国债资金，给长江大堤安全带来隐患。一窝长江大堤蛀虫被审计挖出后，受到法律严惩。

在查处长江堤防隐蔽工程偷工减料问题中，审计人员按照工程建设标段，找来施工方案、计划、图纸、发票等进行检查，根据发票上的公章找到采石场进行询问，发现有的是假发票。为了证实真实的买石量，审计人员从港监部门的运输记录里，查出每天运送石料的船只名称和吨位及运送次数，由此推算出施工单位可能购买的石料的数量，并将这个推算结果与施工单位虚报的工程量进行核对，看是否相符。

同时，审计人员还检查了施工单位将买来的石料抛入江中的情况。在查看抛石记录的过程中，审计人员查看了施工单位日志，还查看了气象日志。结果发现有的时候气象日志显示的是当天下着倾盆大雨不适宜进行抛石，而抛石日志则显示在长江抛石头，而且经询问甚至出现了运输记录和抛石日志记录不相符的情况，这很明显是在造假。

审计人员为获取长江堤防隐蔽工程用料真实性的审计证据，运用的主要审计方法有：

审计方法一：检查方法。检查的资料有被审计单位内部的也有外来的。内部的资料包括：施工方案、计划、图纸、发票、抛石日志。外来的资料包括：港监部门的运输记录、气象日志。

审计方法二：询问方法。询问的主要是外部人员，包括采石场和运输部门的人员。

审计方法三：分析性程序。主要从三个角度进行分析，首先，将审计人员推算出来的采购石料数量和被审计单位申报的数量进行核对；其次，将被审计单位抛石日志时间和气象日志下雨时间进行核对；最后，将往江中运输石料数量和抛石记录进行核对。

审计人员在审计过程中目标明确，围绕查验工程用料的真实性设计了相关的审计程序，获取的审计证据的相关性很高；此外，在检查中审计人员发现被审计单位内部的资料有作假的情况时，较多地利用了外部信息，提高了审计证据的可靠性；最后，审计人员从不同的审计程序中获取了足够证明被审计单位在用料方面造假的审计证据。

第一节 审计基本方法

一、审计基本方法概述

审计方法是指注册会计师为了达到特定的审计目的，对审计对象进行检查、分析，收集证据，形成审计结论和意见的技术手段。审计方法随着审计理论和实践的发展日趋多样化和现代化。现代审计方法已经超越了传统的事后查账技术，发展到广泛运用审计调查、审计分析、内部控制审计、风险导向审计及抽样审计等技术方法，并已形成一个完整的审计方法体系。

基本审计方法包括：检查记录或文件、检查有形资产、观察、询问、函证、重新计算、重新执行和分析程序。在审计过程中，注册会计师可根据需要单独或综合运用各种审计方法，以获取充分、适当的审计证据。在审计实务中，注册会计师根据管理当局的认定确定具体审计目标，在此基础上选择适当的审计方法收集审计证据，来证明管理当局的认定，发表审计意见。正确运用审计方法，对提高审计工作质量和效益、顺利完成审计任务具有重要意义。

二、检查记录或文件

检查记录或文件是指注册会计师对被审计单位内部或外部生成的，以纸质、电子或其他介质形式存在的记录或文件进行审查。

（一）按审查书面资料的技术分类

1. 审阅法

审阅法是指审计人员对被审计单位的会计资料和其他资料进行详细的阅读和审查的一种审查方法。审阅法侧重于审查书面资料的真实性、合法性，主要是审阅会计凭证、会计账簿和会计报表及其他相关资料。

（1）原始凭证的审阅。

① 原始凭证上反映的经济业务是否符合规定。

② 原始凭证上记载的抬头、日期、数量、单价、金额等方面的字迹是否清晰、数字是否相符，有无涂改情况。

③ 审阅填发原始凭证的单位名称、地址和公章，审查凭证的各项手续是否完备。如有不符合规定的情况，就可能存在问题。

（2）记账凭证审阅。

① 合规性审阅。审阅记账凭证是否附有合法的原始凭证。

② 完整性审阅。记账凭证的审批传递手续是否符合规定程序，有无制单、复核、记账和主管人员的签章。

③ 正确性审阅。记账凭证上载明的所附原始凭证张数是否与原始凭证的张数一致，记账凭证的记录是否符合会计制度的规定，会计分录编制及金额是否正确，是否正确记入总账、明细分类账，业务摘要是否与原始凭证记载经济活动内容相一致。

（3）会计账簿的审阅。账簿审阅主要是审阅明细分类账和日记账。审阅内容如下：

① 审阅账簿启用手续、使用记录和交接记录是否齐全完整；期初和期末余额的结转、承前页、转下页、月结和年结是否符合规定。

② 账簿各项记录是否规范和完备，如业务摘要、对应科目是否齐全，有无涂改痕迹，是否按规定的方法更正记账错误。

③ 账簿记录的内容是否真实、正确。特别是注意审阅应收应付账款、材料成本差异、长期待摊费用、管理费用、制造费用等容易掩盖错弊和经常反映会计转账事项的账簿。

（4）会计报表的审阅。

① 审阅会计报表的编制是否符合《企业会计准则》及国家有关财务会计制度规定。

② 审阅会计报表项目是否完整，各项目的对应关系和钩稽关系是否正确，相关数据是否一致。

③ 审阅会计报表附注是否对应予以揭示的重大问题做了充分的披露。

（5）其他相关资料的审阅。审阅计划、预算和定额时，可结合上期拟订的计划、预算和定额与实际的执行结果和完成情况，审阅计划、预算和定额的制定偏高还是偏低，是否适度，有无冒进或保守的情况，还要根据本期的计划、预算和定额的执行情况，查看各项指标是否完成。

审阅合同时，主要审阅合同的签订是否合法，是否有效；审阅合同内容是否符合合同法的规定，合同条款是否齐全，合同签订手续是否完备，实际执行结果是否与合同一致。

审阅规章制度时，主要审阅单位内部制定的规章制度是否符合企业的实际情况；审阅内部控制制度是否健全等。

2. 核对法

核对法是指对被审计单位的凭证、账簿和报表等书面资料之间的有关数据，按照其内在联系进行相互对照检查，以获取审计证据的方法。核对法侧重审查相关资料的一致性。其主要内容有：

（1）原始凭证上记载的数量、单价、金额及其合计数是否与相关原始凭证及记账凭证一致；

（2）日记账或明细分类账的记录是否与相应的原始凭证或记账凭证的记录一致；

（3）总分类账的账户记录是否与所属明细分类账的账户记录合计数相符；

（4）总分类账各账户的借方发生额和余额合计与贷方发生额和余额合计是否相等；

（5）总分类账各账户的发生额和余额合计是否与会计报表上相应项目的金额相等；

（6）会计报表上各有关项目的数字计算是否正确，各报表之间的有关数字是否一致，如果涉及前期的数字，则要核对是否与前期会计报表上的有关数字相符；

（7）实物盘存记录与本期有关账目的记录是否相符。

审计人员在核对过程中应认真细致、有条不紊地进行，这样才能不至于遗漏和重复。为了使核对工作井然有序，就需要使用一些符号，符号是多种多样的，既可以使用书本上提供的，也可以自己创造。一般使用的符号有以下几种：

？——表示所核对的资料可能有问题，待查。

√——表示已经核对。

\——表示有待详查。

×——表示所核对的资料有错误。

！——表示所核对的数据有待调整。

4/3——表示已核对至4月3日。

（二）按审查书面资料的顺序分类

1. 顺查法

顺查法是指按照会计核算的处理顺序，依次对证、账、表各个环节进行审查的方法。具体操作是：首先审查原始凭证是否真实正确、合理合法，并核对记账凭证；然后以记账凭证核对账簿，审查账证是否一致，总分类账余额同所属明细分类账余额的合计是否一致；最后以账簿核对会计报表，审查调整结账事项同所编制的报表是否一致。

顺查法的优点是审查全面，不易发生遗漏，方法简单，易于核对，结果精确。其缺点是面面俱到，容易忽视重大问题，费时费力，工作量大。因此，顺查法主要适用于规模较小、业务量少、内部控制制度不健全的被审计单位，以及重要的审计事项和贪污舞弊的专案审计。

2. 逆查法

逆查法是指按照与会计核算相反的处理顺序，依次对表、账、证各个环节进行审查的方法。具体做法是：根据审计人员所掌握的线索，先从审阅、分析会计报表入手，然后根据分析中发现的问题，有重点地和有关总账、明细账核对，进而审查记账凭证，直至审查原始凭证。

逆查法的优点是便于抓住问题的实质，又可以节省人力和时间，提高工作效率。其缺点是不能全面地审查问题，易有遗漏。由此，逆查法主要适用于规模大、业务量多、内部控制制度健全有效、会计核算质量高的单位。

（三）按审查书面资料的数量分类

1. 详查法

详查法是对被审计单位审计期内被审事项的所有凭证、账簿、报表进行详细审查的一种审计方法。详查法的特点是：对被审期间的全部会计资料和其反映的经济活动进行全面、详细的审查，以查找其中的错弊为重要目标。

详查法的优点是能全面查清被审计单位所存在的问题，特别是对弄虚作假、营私舞弊等违反财经法纪行为，一般不易疏漏，以保证审计质量。其缺点是工作量太大，费时费力，审计成本高，故难以普遍采用。一般适用于规模较小的单位或有重大错弊或违法行为的单位。

2. 抽查法

抽查法是指对被审计单位被审查期内特定审计事项的全部会计资料中选取部分资料进行审查，根据审查结果推断全部资料有无错弊的一种审计方法。抽查法特点是：根据被审查期的审计对象总体的具体情况、审计目的和要求选取具有代表性的样本，然后根据抽取样本的审查结果来推断总体的正确性，或推断其余未抽查部分有无错弊。

抽查法的优点是高效率、低费用，节约时间和人力，能够收到事半功倍的效果。其缺点是如果样本抽查不当，不能代表总体特征，就可得出错误结论。这种方法仅适用于内部控制制度健全、会计基础较好的单位。

【案例4-1】审计人员审查同源通用机械厂2018年财务报表时，该年9月16日第18号记账凭证及所附原始凭证引起审计人员注意。原始凭证有：发票1张，入库验收单1张和转账支票存根1张。其中发票、入库验收单格式见表4-1、表4-2所示。

表4-1　红河供销社门市部普通发票　　　No.004037

购货单位：同源通用机械厂　　　2018年9月15日　　　金额单位：元

品名	单位	数量	单价	金额	备注
无水乙二氧	千克	654	27.14	17 749.56	
二丁酯	千克	1 700	4.34	7 378.00	
丙酮	千克	1 888.2	8.65	16 332.93	
合计				41 460.49	
大写（人民币）	肆万壹仟肆佰陆拾元零肆角玖分				

表4-2　同源通用机械厂入库验收单

购货单位：同源通用机械厂　　　　2018年9月10日

品名	单位	数量	单价	金额	备注
无水乙二氧	千克	654	27.14	17 749.56	
二丁酯	千克	1 700	4.34	7 378.00	
丙酮	千克	1 888.2	8.65	16 332.93	

验收人：韩××　　　　　　　　　　　　采购员：王××

转账支票上的付款金额及收货单位与上述发票相符。

【分析】

根据上述会计凭证及审计人员所掌握的被查单位的基本情况，审计人员归纳出以下几个疑点：

（1）该厂生产的产品主要是消耗钢材和耐火材料，对于上述三种化工原料的年需要量最多不超过百余千克，而上述会计凭证所反映的购进数量表现为异常数量。

（2）这三种化工原料是机电化工公司独家经营的易耗品，红河供销社门市部不可能经营这三种化工原料。

（3）入库验收单上的日期与发票上的日期不相符。根据在本地购货与以发票进行货款结算的情况，入库验收单上的验收日期一般应迟于发票上的日期。

根据上述疑点，审计人员进行了追踪查证。通过查阅原材料明细账，到仓库查对保管账，盘查实物，并到红河供销社门市部查证等手段，终于查清了真相：该厂购进小型面包车一辆，价款及运杂费（运杂费由某汽车销售公司代垫）共计41 460.49元，为了在账上不直接反映该汽车的购进情况，决定将购车款挤入生产成本。于是该厂财务科利用与红河供销社门市部的购销关系，向其索要一张发票，由材料会计填写了虚假内容，并交仓库"入库"，另一会计人员对转账支票的转账联与存根联填写不同的内容，即支款联（转账联）填写真实的收款单位——某汽车销售公司及其开户银行和账号，存根联则填写红河供销社门市部。

查明真相后，审计人员提出审计意见：建议该厂将购面包车款项从原材料调入固定资产，并补提当年折旧。

三、检查有形资产

检查有形资产是指注册会计师对资产实物进行审查。检查有形资产程序主要适用于存货和现金，也适用于有价证券、应收票据和固定资产等。

（一）检查有形资产的两种形式

检查有形资产按照方式不同分为直接盘存和监督盘存两种形式。

直接盘存是指审计人员亲自到现场盘点实物，并要求被审计单位有关人员协同执行，以证实书面资料同有关的财产物资是否相符的方法。这种方法在实际中应用较少，常用于数量较小但容易出现舞弊行为的贵重财产物资，如贵重文物、珠宝、贵重材料的盘点。

监督盘存是指审计人员现场监督被审计单位各种实物资产及现金、有价证券等的盘点，并进行适当的抽查。一般而言，实物资产的盘点是被审计单位管理当局的责任，应由被审计单位进行计划、组织和实施，审计人员只进行现场监督并适当抽查复点。审计人员抽点部分如发现差异，除应督促被审计单位更正外，还应扩大抽查范围，如发现差错过大，则应要求被审计单位重新盘点。

检查有形资产只能对实物资产是否确实存在提供有力的审计证据，但无法验证实物资产的所有权和计价情况。因此，审计人员在盘点之外，还应采取其他方法验证实物资产的所有权和计价情况。

（二）检查有形资产时调节法的运用

在检查有形资产时，有时还需要运用调节法。调节法是指在审查某个项目时，由于被审计单位结账日数据和审计日数据不一致，通过对有关数据进行增减调节，用来证实结账日数据账实是否一致的审计方法。这也是一种取得实物证据的方法。调节法常用于以下两方面：

1. 对未达账项的调节

通过编制银行存款余额调节表，对被审计单位与开户银行双方发生的未达账项进行增减调节，以验证结账日银行存款账户的余额是否正确。

2. 对财产物资的调节

当财产物资的盘存日同书面资料结账日不同时，结合实物盘存、盘存日期与结账日期之间新发生的出入库数量，对盘存日有关财产物资的盘存数进行增减调节，以验证或推算结账日有关财产物资的应结存数。其计算公式为：

结账日数量＝盘存日盘点数量＋结账日至盘存日发出数量－结账日至盘存日收入数量

【案例4-2】盛大有限责任公司2018年12月31日账面结存甲种材料2 100千克，经审阅和核对无差错。审计人员于2019年2月1日对甲种材料进行了监盘。2019年1月1日至2月1日期间，甲种材料收入2 050千克，发出1 800千克。1月1日甲种材料的期初余额及收发数额均经审阅、核对和验算无误。2月1日，甲种材料监督盘存数为2 350千克。

要求：请问甲种材料结账日实存数与结账日账面结存数是否一致？

【分析】

调节过程如下：甲种材料结账日结存数＝2 350＋1 800－2 050＝2 100（千克）

经过调节计算，证实了甲种材料结账日实存数与结账日账面结存数是一致的。

四、观察

观察是指注册会计师查看相关人员正在从事的活动或实施的程序。例如，对客户执行的存货盘点或控制活动进行观察。

观察提供的审计证据仅限于观察发生的时点，并且在相关人员已知被观察时，相关人员从事活动或实施程序可能与日常的做法不同，从而会影响注册会计师对真实情况的了解，因此，注册会计师有必要获取其他类型的佐证证据。

五、询问

询问是指注册会计师以书面或口头方式，向被审计单位内部或外部的知情人员获取财务信息和非财务信息，并对答复进行评价的过程。

采用这种方法时，审计人员需要注意以下事项：① 明确查询内容，事先拟出询问提纲。② 确定查询对象，要向知情人询问。③ 在查询过程中，应采用恰当的查询方式，查询内容应做好记录。④ 如果作为重要证据使用，应当请被查询人签字。⑤ 查询法获得的证据只能作为辅助证据，为进一步审计指明方向。

六、函证

函证是指注册会计师直接从第三方（被询证者）获取书面答复以作为审计证据的过程。书面答复可以采用纸质、电子或其他介质等形式。函证有以下两种方式。

（一）积极式函证

积极式函证要求被询证者对询问的事项无论与事实是否相符都必须给予回函答复。积极式函证适用于内部控制差、会计核算质量差、金额大、疑点多等情况。

（二）消极式函证

消极式函证要求被询证者对询问的事项有异议时，才在限定的时间内给予复函。消极式函证一般适用于内部控制好、会计核算质量高、金额小、疑点少等情况。消极式函证不如积极式函证可靠性高。

询证函收发均应由审计人员控制，不能委托被审计单位代办，以保证审计证据的可靠性。询证函内容应简明扼要，便于对方答复。对无法取得函证的事项应采用替代程序，以取得必要的审计证据。

【案例4-3】盛大有限责任公司2018年年末部分应收账款余额明细表如表4-3所示。

表4-3 盛大有限责任公司部分应收账款余额明细表

债务人名称	摘要	期初数	期末数	账龄			
				1年以内	1~2年	2~3年	3年以上
大华公司	销货款	650 000	50 000	√			
梅园公司	销货款	4 000 000	3 500 000		√		
亚东公司	销货款	90 000	90 000		√		
百业公司	销货款	150 000	1 050 000	√			
力发公司	销货款	589 430	589 430				√
润元公司	销货款	0	30 000	√			

要求：请问审计人员王辉在运用函证方法证实盛大有限责任公司应收账款金额真实性时，如何针对不同客户选择不同的函证方式？

【分析】

审计人员分析后认为：大华公司是值得信赖的客户，润元公司欠款额较小，且欠款期短，决定对大华公司和润元公司采取消极式函证方式。梅园公司欠款额最大，亚东公司可能存在有争议的项目，百业公司可能存在异常交易，力发公司欠款期长，决定对梅园公司、亚东公司、百业公司和力发公司采取积极式函证方式。

七、重新计算

重新计算是指注册会计师以人工方式或使用计算机辅助审计技术，对记录或文件中的数据计算的准确性进行核对。重新计算通常包括计算销售发票和存货的总金额，加总日记账和明细账，检查折旧费用和预付费用的计算，检查应纳税额的计算等。

【案例4-4】盛大有限责任公司的材料采用计划成本核算。审计人员在审查"生产成本""原材料"和"材料成本差异"明细账时，发现甲材料10月初材料成本差异为借差5 400元，库存材料计划成本为150 000元。10月份购入甲材料计划成本为1 200 000元，其实际成本为1 178 400元。10月份基本生产车间耗用甲材料的计划成本为240 000元，结转耗用材料的实际成本为244 800元。

要求：请问该公司材料成本结转是否正确？

【分析】

审计人员抽查有关耗用材料汇总表和材料成本差异计算表,验算其材料实际成本如下:

材料成本差异率=[5 400+(1 178 400-1 200 000)]/(150 000+1 200 000)=-1.2%

发出料实际成本=240 000+240 000×(-1.2%)=237 120(元)

多转材料成本=244 800-237 120=7 680(元)

重新计算结果表明,该公司10月份多转材料成本7 680元。

八、重新执行

重新执行是指注册会计师重新独立执行原本作为被审计单位内部控制组成部分的程序或控制。例如,注册会计师利用被审计单位的银行存款日记账和银行对账单,重新编制银行存款余额调节表,并与被审计单位编制的银行存款余额调节表进行比较。

九、分析程序

分析程序是指注册会计师通过分析不同财务数据之间以及财务数据与非财务数据之间的内在关系,对财务信息做出评价。分析程序还包括必要时调查识别出的、与其他相关信息不一致或与预期数据严重偏离的波动和关系。

(一)注册会计师实施分析程序的目的

1. 用作风险评估程序,以了解被审计单位及其环境

注册会计师实施风险评估程序的目的在于了解被审计单位及其环境并评估财务报表层次和认定层次的重大错报风险。在风险评估过程中使用分析程序也出于这个目的。分析程序可以帮注册会计师发现财务报表中的异常变化,或者预期发生而未发生的变化,识别存在潜在重大错报风险的领域。分析程序还可以帮助注册会计师发现财务状况或盈利能力发生变化的信息和征兆,识别那些表明被审计单位持续经营能力问题的事项。

2. 当使用分析程序比细节测试能更有效地将认定层次的检查风险降至可接受的水平时,分析程序可以用作实质性程序

在针对评估的重大错报风险实施进一步审计程序时,注册会计师可以将分析程序作为实质性程序的一种,单独或结合其他细节测试,收集充分、适当的审计证据。此时运用分析程序可以减少细节测试的工作量,节约审计成本,降低审计风险,使审计工作更有效率和效果。

3. 在审计结束或临近结束时对财务报表进行总体复核

这时注册会计师应当运用分析程序,在已收集的审计证据的基础上,对财务报表整体的

合理性做最终把握，评价报表仍然存在重大错报风险而未被发现的可能性，考虑是否需要追加审计程序，以便为发表审计意见提供合理基础。

（二）分析程序用作实质性程序

相对于细节测试而言，实质性分析程序能够达到的精确度可能受到种种限制，所提供的证据在很大程度上是间接证据，证明力相对较弱。从审计过程整体来看，注册会计师不能仅依赖实质性分析程序，而忽略细节测试的运用。

实质性分析程序运用包括以下几个步骤：① 识别需要运用分析程序的账户余额或交易；② 确定期望值；③ 确定可接受的差异额；④ 识别需要进一步调查的差异；⑤ 调查异常数据关系；⑥ 评估分析程序的结果。

【案例4-5】注册会计师张宁是盛大有限责任公司2018年度财务报表审计业务的项目负责人，在整个审计过程中，需要合理运用分析程序获取充分、适当的审计证据。相关情况如下：

（1）在计划审计工作时，张宁需要针对风险评估阶段如何运用分析程序进行具体规划并编制具体审计计划。

（2）张宁不仅需要决定是否有必要将分析程序用作实质性程序，还需要考虑如何在控制测试中运用分析程序。

（3）在评估重大错报风险时，张宁拟计算财务费用占固定资产的百分比，并与上年对应比例比较。

（4）盛大有限责任公司采用计时工资制，工时与应付职工薪酬之间存在稳定的可预期关系，张宁据此决定对应付职工薪酬余额仅实施实质性分析程序，不实施细节测试。

（5）由于项目组已在风险应对阶段获取了充分、适当的审计证据，张宁认为没有必要在完成阶段运用分析性程序。

试问：逐一考虑上述每种情况，指出注册会计师张宁的决策或观点是否存在不当之处；若有不当之处，请说明理由。

【分析】

事项（1）：存在不当之处。分析性程序属于必要的风险评估程序，具体审计计划是根据风险评估结果编制的，因此具体审计计划中无法对已实施的程序进行规划。

事项（2）：存在不当之处。控制测试的对象是内部控制，分析程序的对象是财务信息。注册会计师一般不会在控制测试中运用分析程序。

事项（3）：存在不当之处。财务费用与固定资产之间不存在可预期的稳定关系，依据二者的关系评估重大错报风险不适当。

事项（4）：存在不当之处。单独实施实质性程序的前提是重大错报风险较低且数据之间具有稳定的预期关系。仅凭后一个条件不足以作出省略细节测试的决策。

事项（5）：存在不当之处。在完成审计阶段，运用分析程序对已审财务报表进行总体复核是审计准则规定的必要程序。

分析程序常用的具体方法有：

1. 比较分析法

比较分析法是通过对被审计单位某一具体项目与既定标准进行比较，寻找差异，发现问题，以获取审计证据的一种技术方法。相关标准有：该项目的计划数、预算数、上期实际数或同行业标准等。比较分析法可比较绝对数，也可比较相对数。

绝对数比较分析法是将有关资料的数量、金额与相关标准直接进行比较，看其差额的程度是否在正常范围内，是否合乎情理。例如，以不同时期的会计报表项目相对比，资产负债表中的存货比上期增加很多；以本期的报表项目相对比，利润表中利润总额与主营业务收入相比，没有同步增长。

相对数比较分析法是对有关同类指标的相对数进行比较，分析增减变化程度是否正常合理，从中找出问题或反常情况的一种比较分析法。它分为下列两种：

其一，结构比较分析法，是指首先计算出有关指标的结构比例，然后对不同时期的结构比例进行比较，分析其变化趋势及其原因，从中揭示其反常差异和问题的一种比较分析法。

其二，动态比较分析法，是指首先将同类指标的数值在不同时期进行比较，求出百分比（比率），然后分析其变化趋势，从中评价生产经营状况和业绩，发现问题，为逆查账目提供线索的一种比较分析法。

2. 比率分析法

比率分析法是指通过对两个性质不同但又相关的指标所构成的比率进行分析，从中发现疑点，进一步查明原因的一种技术方法。如利用资产负债率、流动比率、速动比率可以分析企业负债水平和偿债能力。又如，以某企业本年实际销售利润率18%，与计划销售利润率15%、本行业平均销售利润率20%相对比，就可以评价该企业较好地完成了销售利润计划，但还低于本行业平均水平，说明该企业还存在一定差异（低2%），有待深入查明其原因何在。

【案例4-6】审计人员田园在审计盛大有限责任公司过程中获取了该公司流动资产的相关数据，见表4-4。

表4-4 盛大有限责任公司流动资产简表

金额单位：万元

年份 项目	2017年	2018年
货币资金	80	78
应收账款	320	500

续表

项目 年份	2017年	2018年
存货	1 100	900
流动资产合计	1 500	1 478

已知盛大有限责任公司2018年经营稳定，业绩没有明显的增长。

【分析】

审计人员田园运用分析程序（结构百分比法）查找盛大有限责任公司流动资产中可能存在的风险，见表4-5。

表4-5　盛大有限责任公司流动资产分析表

金额单位：万元

项目 年份	2017年		2018年		增长	
	金额	百分比（%）	金额	百分比（%）	金额	百分比（%）
货币资金	80	5.33	78	5.28	-2	-0.05
应收账款	320	21.33	500	33.83	180	12.5
存货	1 100	73.34	900	60.89	-200	-12.45
流动资产合计	1 500	100	1 478	100	-22	—

审计人员田园作出如下分析：盛大有限责任公司2018年流动资产总额与2016年相比没有明显的变化。但是应收账款占流动资产的比重提高了12.5%，存货占流动资产总额的比重降低了12.45%。应收账款的大幅度增加说明企业可能放宽了信用政策，可能伴随更高的坏账风险。存货减少说明被审计单位可能存在跨期记账的问题，存在存货低估风险。

【案例4-7】审计人员刘艳对盛大有限责任公司2018年度财务报表进行审计，经初步了解，盛大有限责任公司2018年度与2017年产销形式相当，2018年度的经营形式、管理和经营机构与2017年度比较也未发生重大变化，且未发生重大重组行为。审计人员获取盛大有限责任公司营业收入与营业成本的数据如表4-6、表4-7：

表4-6　盛大有限责任公司的营业收入与营业成本

金额单位：万元

产品	营业收入		营业成本	
	2017年	2018年	2017年	2018年
甲产品	5 000	6 000	4 000	3 500

续表

产品	营业收入		营业成本	
	2017年	2018年	2017年	2018年
乙产品	2 400	2 500	1 800	1 850
合计	7 400	8 500	5 800	5 350

表4-7 盛大有限责任公司2018年度四个季度营业收入

金额单位：万元

项目	1季度	2季度	3季度	4季度
甲产品营业收入	1 250	1 200	1 200	2 350
乙产品营业收入	600	550	580	770

要求：请针对以上资料，运用分析程序（比较分析法、比率分析法），判断盛大有限责任公司营业收入、营业成本可能存在的重大错报风险。

【分析】

审计人员刘艳经过分析认为：

（1）盛大有限责任公司2018年营业收入8 500万元，比2017年增加1 100万元，增幅14.86%。经营形式、管理和经营机构均未发生重大变化情况下，营业收入可能存在虚增重大错报风险。

（2）盛大有限责任公司甲产品2018年毛利率（6 000－3 500）÷6 000＝41.67%，相比2017年的毛利率（5 000－4 000）÷5 000＝20%，上升了21.67%。2018年度与2017年产销形式相当，不应出现销售毛利变化幅度巨大的情况。乙产品2018年销售毛利为26%，比2017年的25%略有上升，较合理。综合考虑：营业收入存在虚增、营业成本存在低估重大错报风险。

（3）盛大有限责任公司第四季度甲、乙产品营业收入均大幅度上升。可能是季节性销售影响，可能存在虚构交易行为，营业收入存在提前确认重大错报风险。

【案例4-8】审计人员王辉对盛大有限责任公司2018年度财务报表审计时，在了解盛大有限责任公司的过程中获取了以下信息：盛大有限责任公司生产某种大型设备、按订单生产，公司成立以来经营一直比较稳定。根据2018年度财务报表，账面利润大幅增加。公司目前正在拟建厂房，扩大规模，并为引进战略投资者作准备。所获取的2016—2018年报表有关数据见表4-8。

第四章 审计方法

表4-8 相关资料表

金额单位：万元

年份 项目	2016年	2017年	2018年
总资产	9 338	9 403	9 689
存货	3 218	3 527	4 012
负债	9 571	9 858	9 424
股东权益	−233	−455	265
销售收入	8 132	9 985	9 978
销售成本	6 712	8 210	6 512
营业外收支净额	50	40	45
净利润	−68	−16	650

要求：针对上述资料，审计人员王辉应如何运用分析性程序（比率分析法），选择销售毛利率和存货周转率两个指标进行分析？进一步应采取哪些审计程序？

【分析】

审计人员王辉对所获取的报表资料运用分析性程序中的比率分析法进行分析。盛大有限责任公司2018年度净利润大幅度增长，在销售收入没有明显增长的情况下扭亏为盈，考虑公司营业外收支对公司利润的影响有限，王辉决定对其销售毛利率进行分析；又因盛大有限责任公司2017年资产中流动资产变动幅度较大，决定对其存货周转率进行对比分析，见表4-9。

表4-9 毛利率与存货周转率

年份 项目	2016年	2017年	2018年
毛利率（%）	17.46	17.78	34.74
存货周转率	2.53	2.83	2.49

从表4-9的分析可以看出：2018年公司存货周转率不升反降，可以排除资产周转速度加快对公司净利润上升带来的正面影响；因此公司2017年利润大幅度增长主要是毛利率上升所致。在销售收入没有明显变化的情况下，销售毛利率的上升主要源于销售成本的大幅度下降。

追踪程序一：实施询问程序。王辉首先询问了公司管理层。管理层回答公司2018年引进了一条新生产线，有效降低了人工成本；此外公司以前在成本控制上比较欠缺，2018年新领导上任后严抓管理，加强成本控制，也降低了成本。据此，王辉对在公司经营稳定的情况下，盛大有限责任公司管理层置换原因、新生产线在降低人工成本以及生产成本方面的有效性提出质疑。

追踪程序二：实施观察和检查程序，结合公司目前正在拟建厂房，扩大规模，并为引进战略投资者作准备的情况，检查公司相关文件和会议记录，考虑公司可能存在为引进投资的舞弊。王辉还通过实地察看存货等了解被审计单位存货的周转情况和保管情况，通过检查销售合同和执行穿行测试对销售的真实性和记账期间的正确性进行核实。

第二节 审计抽样方法

一、审计抽样的概念

审计抽样是指注册会计师对具有审计相关性的总体中低于百分之百的项目实施审计程序，使所有抽样单元都有被选取的机会，为注册会计师针对整个总体得出结论提供合理基础。审计抽样的基本目标是在有限的审计资源条件下，收集充分适当的审计证据，以形成和支持审计结论。审计抽样的应用，极大地提高了审计工作的效率，降低了审计费用。

审计抽样不同于详细审计。详细审计是指对审计对象总体中的全部项目进行审计，并根据审计结果形成审计意见。那种从审计对象总体中选取部分项目进行审计，并对所选项目本身发表审计意见的方法也不属于审计抽样。

审计抽样应当具备三个基本特征：① 对某类交易或账户余额中低于百分之百的项目实施审计程序；② 所有抽样单元都有被选取的机会；③ 审计测试的目的是评价该账户余额或交易类型的某一特征。

审计人员拟实施的审计程序对是否运用审计抽样有重要影响。有些审计程序可以使用审计抽样，有些审计程序则不宜使用审计抽样。

（一）风险评估程序

审计人员应当实施下列风险评估程序以了解被审计单位及其环境：① 询问被审计单位管理层和内部其他相关人员；② 分析程序；③ 观察和检查。审计人员在实施上述风险评估程序时通常不涉及审计抽样。原因是：一方面，审计人员实施风险评估程序的目的是了解被审计单位及其环境，识别和评估重大错报风险，而不需要对总体取得结论性证据；另一方面，风险评估程序实施的范围较为广泛，且需要根据所获取的信息进行判断，具有较强的主观色彩，因此通常不涉及使用审计抽样方法。

但是，如果审计人员在了解控制的设计和确定其是否得到执行时，一并计划和实施控制测试，则会涉及审计抽样方法，但此时审计抽样仅适用于控制测试。

（二）控制测试

如果显示控制有效运行的特征留下了书面证据，即控制的运行留下了轨迹，审计人员通常可以在控制测试中运用审计抽样方法。如信用部门经理在销售合同上签名批准赊销，或者操作人员在向某计算机数据处理系统输入数据前必须得到有关主管人员的签字授权。对这些留下了运行轨迹的控制，审计人员应当考虑检查这些文件记录以获取控制运行有效性的审计证据，这时可以使用审计抽样方法。某些控制可能不存在文件记录，或文件记录与证实控制运行有效性不相关。对这些未留下运行轨迹的控制实施测试时，审计人员应当考虑实施询问、观察等审计程序，以获取有关控制运行有效性的审计证据，此时不涉及使用审计抽样方法。如在对被审计单位的存货盘点过程实施控制测试时，审计人员主要通过对存货移动控制、盘点程序及被审计单位用以控制存货盘点的其他活动的观察来进行。审计人员用来观察盘点的这些程序不需要使用审计抽样方法。

（三）实质性程序

实质性程序包括对各类交易、账户余额、列报的细节测试，以及实施实质性分析性程序。在实施细节测试时，审计人员可以使用审计抽样方法。在实施实质性分析性程序时，审计人员不宜使用审计抽样方法。

二、审计抽样的种类

（一）按照审计抽样决策的依据不同划分为统计抽样和非统计抽样

1. 统计抽样

统计抽样是指审计人员运用数理统计方法确定样本及样本量，进而随机选择样本，并根据样本的审查结果来推断总体特征的一种审计抽样方法。

统计抽样能够科学地确定抽样规模，并且审计对象总体中各项目被抽取的机会均等，可以防止人为的偏见，保证审计结论在规定的可靠程度之上和一定的精确度之内作出。统计抽样还能使审计人员量化控制抽样风险。但统计抽样的技术性较强，可能需要花费较高成本来训练审计人员掌握这种技术。

2. 非统计抽样

非统计抽样是指审计人员运用专业经验和主观判断来确定样本规模和选取样本的一种审计抽样方法。

非统计抽样的优势在于两个方面：一是简单易行；二是能充分利用审计人员的实践经验和判断能力。缺点是审计人员全凭主观标准和个人经验来确定样本规模，往往导致要么样本量过大，浪费了人力和时间；要么样本量过小，易得出错误的审计结论。但是，非统计抽样只要设计得当，也可达到同统计抽样一样的效果。

究竟应选用哪种抽样技术，主要取决于审计人员对成本效果方面的考虑。非统计抽样可能比统计抽样花费的成本要小，但是统计抽样的效果则可能比非统计抽样要好得多。

值得注意的是，非统计抽样和统计抽样的选用，主要涉及的是审计程序实施的范围，并不影响运用于样本的审计程序的选择，也不影响获取单个样本项目证据的适当性，以及审计人员对发现的样本错误所作的适当反应。因为这些事项都需要审计人员运用其职业经验和判断。

（二）按照审计抽样目的不同划分为属性抽样和变量抽样

1. 属性抽样

属性抽样是一种用来对总体中某一事件发生率得出结论的统计抽样方法。属性抽样在审计中最常见的用途是测试某一设定控制的偏差率，以支持注册会计师对控制有效性的评估。审计人员在进行控制测试时，通常采用属性估计抽样和发现抽样两种方法。

2. 变量抽样

变量抽样是一种用来对总体金额得出结论的统计抽样方法。变量抽样通常回答下列问题：金额是多少？账户是否存在错报？变量抽样在审计中的主要用途是进行细节测试，以确定记录金额是否合理。审计人员在进行实质性程序中的细节测试时，通常采用传统变量抽样和概率比例规模抽样（简称PPS抽样）。

三、审计抽样的一般程序

（一）样本设计

在设计审计样本时，注册会计师应当考虑审计程序的目的和抽样总体的特征。即：注册会计师首先应考虑拟实现的具体目标，并根据目标和总体的特点确定能够最好地实现该目标的审计程序组合，以及如何在实施审计程序时运用审计抽样。审计人员设计样本时，应当考虑以下基本因素。

1. 确定测试目标

确定测试目标是样本设计阶段的第一项工作。一般而言，控制测试是为了获取关于某项控制运行是否有效的证据，而细节测试的目的是确定某类交易或账户余额是否正确，获取与存在的错报有关的证据。

2. 定义总体和抽样单元

审计对象总体是审计人员为形成审计结论，拟采用抽样方法审计的经济业务及有关会计或其他资料的全部项目。审计人员在确定审计对象总体时，应保证其适当性和完整性。适当性是指审计对象总体必须符合特定的审计目标，包括适合于测试的方向；完整性是指审计对象总体必须包括被审计经济活动的全部项目。

抽样单元是构成审计对象总体的个别项目。审计人员应当根据审计目的及被审计单位实际情况，确定抽样单元。审计人员依据不同的要求和方法，从审计对象总体中选择若干抽样单元，称之为样本，样本的数量称为样本规模。

3. 抽样风险与非抽样风险

抽样风险是指注册会计师根据样本得出的结论，可能不同于对整个总体实施与样本相同的审计程序得出的结论的风险。抽样风险与样本规模成反比，样本规模越大，抽样风险越低。

审计人员在进行控制测试时，应关注以下抽样风险：

（1）信赖不足风险。它是指推断的控制有效性低于其实际有效性的风险，也可以说，尽管样本结果不支持注册会计师计划信赖内部控制的程度，但实际偏差率支持该信赖程度的风险。

（2）信赖过度风险。它是指推断的控制有效性高于其实际有效性的风险，也可以说，尽管样本结果支持注册会计师计划信赖内部控制的程度，但实际偏差率不支持该信赖程度的风险。

审计人员在进行细节测试时，应关注以下抽样风险：

（1）误拒风险。它是指注册会计师推断某一重大错报存在而实际上不存在的风险。

（2）误受风险。它是指注册会计师推断某一重大错报不存在而实际上存在的风险。

上述风险，都将严重影响审计的效率和效果。但是，信赖过度风险和误受风险对审计人员来说是最危险的风险，因为它使审计工作无法达到预期的效果；信赖不足风险和误拒风险属于保守型风险，一般会导致审计人员执行额外的审计程序，降低审计效率。

非抽样风险是指注册会计师由于与抽样风险无关的原因而得出错误结论的风险。注册会计师即使对某类交易或账户余额的所有项目实施审计程序，也可能仍未能发现重大错报或控制失效。这种风险并非抽样所致，而是因其他因素引起的。其因素主要有：① 注册会计师选择的总体不适合测试目标；② 注册会计师未能适当地定义误差（包括控制偏差或错报）；③ 注册会计师选择了不适于实现特定目标的审计程序；④ 注册会计师未能适当地评价审计发现的情况；⑤ 其他原因。

非抽样风险对审计效率和效果都有一定的影响。非抽样风险无法量化，但审计人员可通过对审计工作适当地计划、指导和监督，坚持质量控制标准，以有效降低非抽样风险。

【案例4-9】审计人员抽样审查了如表4-10所列的情况。

表4-10 抽样审查情况表

审查内容	样本及其容量	可容忍误差	推断误差	总体实际误差
未批准的赊销	销货发票副本200本	2%	1.5%	10%
假造应收账款	向150户顾客发函	10 000元	20 000元	14 000元
虚列现金支出	200笔支出及凭证	1%	25%	0.5%
漏记应付账款	材料验收单100张	5 000元	8 670元	3 000元

要求：

（1）上表所列情况中，关于未批准赊销的情况属于哪种抽样风险？

（2）哪种情况可能使注册会计师给予相关内部控制的信赖低于应当给予的信赖？

（3）哪种情况的抽样结果未引起抽样风险？

（4）哪种情况直接影响实质性测试的效率，但不影响实质性测试的效果？

【分析】

（1）未批准赊销的情况属于信赖过度抽样风险。

（2）虚列现金支出情况可能使注册会计师给予相关内部控制的信赖低于应当给予的信赖。

（3）假造应收账款情况的抽样结果未引起抽样风险。

（4）漏记应付账款情况直接影响实质性测试的效率，但不影响实质性测试的效果。

4. 样本规模

样本规模是指从总体中选取样本项目的数量。审计人员应当确定足够的样本规模，以将抽样风险降至可接受的低水平。影响样本规模的因素主要包括：

（1）可接受的抽样风险。样本规模受审计人员可接受的抽样风险水平的影响。可接受的抽样风险与样本规模成反比。审计人员愿意接受的抽样风险越低，样本规模通常越大。反之，审计人员愿意接受的抽样风险越高，样本规模越小。

（2）可容忍误差。可容忍误差是指注册会计师在认为测试目标已实现的情况下准备接受的总体最大误差。在其他因素既定的条件下，可容忍误差越大，所需的样本规模越小。

（3）预计总体误差。预计总体误差即注册会计师根据以前对被审计单位的经验或实施风险评估程序的结果而估计总体中可能存在的误差。预计总体误差越大，可容忍误差也应当越大。但预计总体误差不应超过可容忍误差。在既定的可容忍误差下，当预计总体误差增加时，所需的样本规模越大。

（4）总体变异性。总体变异性是指总体的某一特征（如金额）在各项目之间的差异程度。

在控制测试中，审计人员在确定样本规模时一般不考虑总体变异性。在细节测试中，审计人员确定适当的样本规模时要考虑特征的变异性。总体项目的变异性越低，通常样本规模越小。审计人员可以通过分层，将总体分为相对同质的组，以尽可能降低每一组中变异性的影响，从而减少样本规模。

（5）总体规模。注册会计师通常将抽样单元超过5 000个的总体视为大规模总体。对大规模总体而言，总体的实际容量对样本规模几乎没有影响。对小规模总体而言，审计抽样比其他选择测试项目的方法的效率低。

5. 分层

分层是指将某一审计对象总体划分为若干具有相似特征的次级总体的过程。审计人员可以利用分层，着重审计可能存在较大错误的项目，并减少样本量。

对总体进行分层时，必须注意以下几点：① 总体中的每一个抽样单位必须属于某一个层次，并且只属于这一层次；② 必须有事先确定的、有形的、具体的差别或标准来明确区分不同的层次；③ 必须能够事先确定每一层次中抽样单元的准确数字。

分层不但能够提高审计效率，而且可以使审计人员按项目的重要性、变化频率或其他特征选取不同的样本量，并且针对不同的层次，实施不同的审计程序。

【案例4-10】对应收账款进行函证时，将涉及的往来明细账户按余额的大小分为若干层次，再对每个层次采用不同的审计方法。见表4-11所示。

表4-11 应收账款分层示例

层次	分层标准	抽样方法	函证方式
1	余额在10 000元以上	100%函证	肯定式
2	余额在5 000～10 000元之间	随机选样	肯定式
3	余额在5 000元以下	系统选样	否定式

（二）样本的选取

1. 随机选样

随机选样是指对审计对象总体或次级总体的所有项目，按随机规则选取样本。随机选样通常用随机数表和计算机产生的随机数来进行。所谓随机数表，就是随机产生的由0～9这10个数字组成的多个几位数字，并将这些数字随机纵横排列而成的一种表。表4-12列示了部分随机数表。

表4-12 随机数表（部分列示）

序号	1	2	3	4	5	6
1	69 358	26 533	94 923	56 241	38 942	57 255
2	85 385	39 380	15 570	39 289	74 903	81 072
3	43 510	69 105	07 145	94 724	45 873	73 829
4	63 378	21 991	05 588	26 649	10 368	47 458
5	22 571	98 025	14 588	72 537	33 875	88 622
6	83 199	52 608	51 696	98 143	17 524	99 434
7	17 178	85 263	63 285	21 300	82 412	33 452
8	65 199	34 810	24 622	50 472	06 464	82 499
9	17 282	69 064	84 088	49 739	04 197	87 668
10	57 885	72 453	18 185	38 640	19 336	63 992

审计人员运用此法时，首先应确定随机数表中的数字与审计对象总体中项目的一一对应关系。如果总体中的项目已连续编号，则这种一一对应关系就很容易建立，但有时需要重新编号才能建立这种一一对应关系。审计人员使用随机数表时，应选择一个起点和一个选号路线，起点和选号路线可任意选择，但一经选定，就不得改变，必须从起点开始，按照选号路线依次选取。

随机选样不仅使总体中每个抽样单元被选取的概率相等，而且使相同数量的抽样单元组成的每种组合被选取的概率相等。这种方法在统计抽样和非统计抽样中均适用。

【案例4-11】审计人员对某公司连续编号为500~5 000的现金支票进行随机选样，拟选取一组样本规模为20的样本。首先，审计人员确定随机数表中的数字与审计对象总体中项目的一一对应关系。确定只用随机数表所列数字的前四位数来与现金支票号码一一对应。其次，选择选样路径。确定从左到右，从上到下，则选出的20个号码为：2 653、3 894、3 938、1 557、3 928、4 351、714、4 587、2 199、558、2 664、1 036、4 745、2 257、1 458、3 387、1 752、1 717、2 130、3 345。选出这20个号码后，便可找出与其对应的20张支票作为选定样本进行审查。

2. 系统选样

系统选样也称等距选样，是指首先计算选样间隔，确定随机起点，然后按照间隔，顺序选取样本的方法。选样间隔计算公式为：

$$选样间隔 = \frac{总体规模}{样本规模}$$

系统选样方法使用方便，并可用于无限总体。但使用系统选样方法要求总体必须是随机排列的，如果测试的特征在总体内分布具有某种规律性，则选取的样本的代表性就可能较差。例如，应收账款明细表每页的记录均以账龄的长短按先后次序排列，则选中的200个样本可能多数是账龄相同的记录。

例如，审计人员拟采用系统抽样从2 000张销货发票中选取200张作为样本，则选样间隔为10。假定审计人员把第101号发票作为随机起点，每隔10张凭证选取一个样本。则所选取的样本号码依次为：101、111、121、131、141、151……

克服系统选样方法的这一缺点，可采用两种方法，一是增加随机起点的个数；二是在确定选样方法之前对总体特征的分布进行观察，如发现总体特征的分布呈随机分布，则采用系统选样方法，否则，考虑使用其他选样方法。

3. 随意选样

随意选样是指审计人员不带任何偏见地选取样本，即不考虑样本项目的性质、金额大小、位置、外观或其他特征而选取总体项目。随意选样的缺点在于很难完全无偏见地选取样本项目，即这种方法难以彻底排除审计人员的个人偏好对样本的影响，因而其结果有时缺乏合理性与可靠性。例如，从发票柜中取发票时，某些审计人员可能倾向于抽取柜子中间位置的发票，这样就会使柜子上面部分和下面部分的发票缺乏相等的选取机会。因此，在运用随意选样方法时，审计人员要避免由于项目的性质、金额大小、位置、外观等的不同所引起的偏见，尽量使所选用的样本具有代表性。

（三）评价样本结果

审计人员必须运用恰当的审计技术对所选取的样本进行审查，并按照下列步骤评价样本结果。

1. 分析样本误差

审计人员在分析样本误差时，一般应从以下方面入手：

（1）根据预先确定的构成误差的条件，确定某一有问题的项目是否为一项误差。

（2）审计人员按照既定的审计程序，无法对样本取得审计证据时，应当实施替代审计程序以获取相应的审计证据。如果没有或无法实施替代审计程序，应将有关样本视为误差。

（3）如果某些样本误差项目具有共同的特征，如相同的经济业务类型、场所、时间，则应将这些具有共同特征的项目作为一个整体，实施相应的审计程序，并根据审计结果，进行单独评价。

（4）在分析抽样中所发现的误差时，还应考虑误差的质的方面，包括误差的性质、原因及其他相关审计工作的影响，以进一步考虑某个误差是否构成一项舞弊。

2. 推断总体误差

在实施控制测试中，审计人员将样本中发现的偏差数量除以样本规模，就计算出样本偏差率。无论使用统计抽样或非统计抽样方法，样本偏差率都是审计人员对总体偏差率的最佳估计，但审计人员必须考虑抽样风险。

当实施细节测试时，审计人员应当根据样本中发现的误差金额推断总体误差金额，并考虑推断误差对特定审计目标及审计的其他方面的影响。

3. 形成审计结论

审计人员应当评价样本结果，以确定对总体相关特征的评估是否得到证实或需要修正。

（1）控制测试中的样本结果评价。在控制测试中，审计人员应当将总体偏差率与可容忍偏差率比较，但必须考虑抽样风险。

在统计抽样中，如果估计的总体偏差率上限低于可容忍偏差率，则总体可以接受。审计人员可以对总体做出结论，样本结果支持计划评估的控制有效性，从而支持计划的重大错报风险评估水平。

如果估计的总体偏差率上限大于或等于可容忍偏差率，则总体不可以接受。审计人员可以对总体做出结论，样本结果不支持计划评估的控制有效性，从而不支持计划的重大错报风险评估水平。这时，审计人员应当修正重大错报风险评估水平，并增加实质性程序的数量。审计人员也可以对影响重大错报风险评估水平的其他控制进行测试，以支持计划的重大错报风险评估水平。

如果估计的总体偏差率上限低于但接近可容忍偏差率，审计人员应当结合其他审计程序的结果，考虑是否接受总体，并考虑是否需要扩大测试范围，以进一步证实计划评估的控制有效性和重大错报风险水平。

（2）细节测试中的样本结果评价。在细节测试中，审计人员首先必须根据样本中发现的实际错报要求被审计单位调整账面记录金额。将被审计单位已更正的错报从推断的总体错报金额中减掉后，审计人员应当将调整后的推断总体错报与该类交易或账户余额的可容忍错报相比较，但必须考虑抽样风险。

在统计抽样中，如果计算的总体错报上限低于可容忍错报，则总体可以接受。这时，审计人员对总体做出结论，所测试的交易或账户余额不存在重大错报。

如果计算的总体错报上限大于或等于可容忍错报，则总体不可以接受。这时，审计人员对总体做出结论，所测试的交易或账户余额存在重大错报。通常，审计人员会建议被审计单位对错报进行调查，且在必要时调整账面记录。

四、控制测试中的审计抽样

控制测试中的审计抽样，通常被称作属性抽样。属性抽样用于检查内部控制制度情况。

它是通过对样本检查的结果，推断总体中某些特征或属性发生的频率或次数，借以评价客户的内部控制是否值得信赖并为实质性程序提供依据。

所谓属性，是指审计对象总体的质量特征，即被审业务或内部控制是否遵循了既定的标准以及存在差错水平。由于在控制测试中，若不是性质问题，审计人员一般只关心错误出现的次数或频率，而不关心错误程度的大小。所以在进行属性抽样审计中，对样本项目检查或评估是以正确（合规）和不正确（差错）来衡量的。属性抽样的目的在于对样本进行合规性（遵循性）检查，来获取总体可靠性的合理水平。总体可靠性的合理水平可以表述为总体差错率没有超过某个水平。

属性抽样主要有以下两种方法：

一种是发现抽样。发现抽样是在既定的可信赖程度下，在假定误差以既定的误差率存在于总体之中的情况下，至少查出一个误差的抽样方法。发现抽样主要用于搜查重大非法事件，它能够以极高的可信赖程度（如99.5%以上）确保查出误差率仅在0.5%～1%之间的误差。使用发现抽样时，当发现重大的误差，如欺诈的凭据时，无论发生次数多少，审计人员都可能放弃一切抽样程序，而对总体进行全面彻底的检查。若发现抽样未发现任何例外，审计人员可得出下列结论：在既定的误差率范围内没有发现重大误差。

使用发现抽样时，审计人员需确定可信赖度及可容忍误差。然后，在预期总体误差为0的假设下，参阅适当的属性抽样表，即可得出所需的样本量。例如，审计人员怀疑企业的职员伪造请购单、验收单及进货发票，以虚构进货交易而达到支付现金的目的。为确定此种舞弊是否存在，审计人员必须在企业的已付凭单中找出一组不实的单据。假设审计人员设定：如果总体中包含2%或2%以上的欺诈性项目，那么在95%的可信赖度下，样本将显示出不实的凭单。在预期总体误差为0及可容忍误差为2%时，所需样本量为149个。经审计人员选取并检查149个凭证后，未发现有不实情况，则审计人员有95%的把握确信总体中的不实凭单不超过2%。

发现抽样适用于总体容量较大，但差错率较低的情况，在怀疑存在舞弊欺诈行为的审计情况下，采用这种方法最为有效。

另一种是属性估计抽样。属性估计抽样用以估计被测试控制的偏差发生率，或控制未有效运行的频率。以下内容以属性估计抽样法为主。

在控制测试中使用审计抽样可以分为样本设计、选取样本和评价样本结果三个阶段。

（一）样本设计

1. 确定测试目标

注册会计师实施控制测试的目标是提供关于控制运行有效性的审计证据，以支持计划的重大错报风险评估水平。如果对控制运行有效性的定性评价分为最高、高、中等和低四个层次，注册会计师只有在初步评估控制运行有效性在中等或中等以上水平时,才会实施控制测试。

2. 定义总体和抽样单元

(1)定义总体。在控制测试中,注册会计师必须考虑总体的同质性,即总体中的所有项目应该具有同样的特征。在界定总体时,应当确保总体适合于特定的审计目标,同时确保总体的完整性。例如,要测试现金支付授权控制是否有效运行,注册会计师应当将该段时期的所有已支付现金的单据作为总体,而不是只从已得到授权的单据中抽取样本,因为这样不能发现控制偏差。

(2)定义抽样单元。抽样单元应与审计测试目标相适应,通常是提供控制运行证据的一份文件资料、一个记录或其中一行。例如,如果测试目标是确定付款是否得到授权,且设定的控制要求付款之前授权人在付款单据上签字,抽样单元可能被定义为每一张付款单据。如果一张付款单据包含了对几张发票的付款,且设定的控制要求每张发票分别得到授权,那么付款单据上与发票对应的一行就可能被定义为抽样单元。

3. 定义偏差

注册会计师应定义所要测试的控制及可能出现偏差的情况。例如,设定的控制要求每笔支付都应附有发票、收据、验收报告和订购单等证明文件,且均盖上"已付"戳记。注册会计师认为盖上"已付"戳记的发票和验收报告足以显示控制的适当运行。在这种情况下,误差可能被定义为没有盖有"已付"戳记发票和验收报告等证明文件的款项支付。

4. 定义测试期间

注册会计师通常在期中实施控制测试。由于期中测试获取的证据只与控制开始至期中测试时的运行有关,注册会计师需要确定如何获取关于剩余期间的证据。注册会计师应当获取与控制在剩余期间发生的所有重大变化的性质和程度有关的证据,包括其人员的变化。如果发生了重大变化,注册会计师应修正其对内部控制的了解,并考虑对变化后的控制进行测试。或者,也可以考虑对剩余期间实施实质性分析程序或细节测试。

(二)选取样本

(1)确定样本规模。在控制测试中影响样本规模的因素如下:

第一,可接受的信赖过度风险。由于控制测试是控制是否有效运行的主要证据来源,因此,可接受的信赖过度风险应确定在相对较低的水平上。通常,相对较低的水平是指5%~10%的信赖过度风险。注册会计师一般将信赖过度风险确定为10%,特别重要的测试可以将信赖过度风险确定为5%。

第二,可容忍偏差率。一个很高的可容忍偏差率通常意味着,控制的运行不会大大降低相关实质性程序的程度。在这种情况下,由于注册会计师预期控制运行的有效性很低,特定的控制测试可能不需进行;反之,如果注册会计师在评估认定层次重大错报风险时预期控制的运行是有效的，必须实施控制测试。换言之，注册会计师在风险评估时越依赖控制运行的有效性，确定的可容忍偏差率则越低，进行控制测试的范围越大，因而样本规模增加。实务中，注册会计师通常认为，当偏差率为3%~7%时，控制有效性的估计水平较高；可容忍偏差率最高为20%，超过20%时，由于估计控制运行无效，注册会计师无须进行控制测试。

第三，预计总体偏差率。注册会计师可以根据上年测试结果和控制环境等因素对预计总体偏差率进行评估。在考虑上年测试结果时，应考虑被审计单位内部控制和人员的变化。在实务中，如果以前年度的审计结果无法取得或认为不可靠，可以在抽样总体中选取一个较小的初始样本，以初始样本的偏差率作为预计总体偏差率的估计值。如果预计总体偏差率高得无法接受，意味着控制有效性很低，注册会计师通常决定不实施控制测试，而实施更多的实质性程序。

第四，总体规模。使用统计公式计算样本规模，在基于泊松分布的统计模型中，样本量的计算公式如下：

$$样本量（n）=可接受的信赖过度风险系数（R）\div 可容忍偏差率（TR）$$

其中的分子"可接受的信赖过度风险系数"取决于特定的信赖过度风险水平和预期将出现的偏差的个数。表4-13列示了在控制测试中常用的风险系数。

表4-13　控制测试中常用的风险系数表

信赖过度风险水平风险系数预期发生偏差的数量	5%	10%
0	3.0	2.3
1	4.8	3.9
2	6.3	5.3
3	7.8	6.7
4	9.2	8.0
5	10.5	9.3
6	11.9	10.6
7	13.2	11.8
8	14.5	13.0
9	15.7	14.2
10	17.0	15.4

例如，审计人员确定的可容忍信赖过度风险水平为10%，可容忍偏差率为7%，并预期至多发现一例偏差。应用公式可计算出所需的样本量为56，即：

$$n = R \div TR = 3.9 \div 0.07 = 56$$

其中，风险系数3.9是根据预期的偏差为1、信赖过度风险水平为10%来确定的，从表4-13中可查出。

（2）确定样本规模后，使用上节介绍的选取样本的方法选取样本，并对选取的样本项目实施审计程序。

（三）评价样本结果

1. 分析偏差的性质和原因

除了评价偏差发生的频率外，注册会计师还要对偏差进行定性分析，即分析偏差的性质和原因。注册会计师对偏差的性质和原因的分析包括：是有意还是无意？是误解了规定还是粗心大意？是经常发生还是偶然发生？是系统的还是随机的？如果对偏差的分析表明是故意违背了既定的内部控制政策或程序，注册会计师应考虑存在重大舞弊的可能性。

2. 计算总体偏差率

将样本中发现的偏差数量除以样本规模，就可以计算出样本偏差率。样本偏差率是审计人员对总体偏差率的最佳估计，因而在控制测试中无须另外推断总体偏差率。但审计人员还必须考虑抽样风险。

3. 得出总体结论

在实务中，审计人员使用统计抽样方法时通常使用公式、表格直接计算在确定的信赖过度风险水平下可能发生的偏差率上限，即估计的总体偏差率与抽样风险允许限度之和。

假定在上例中，审计人员对56个项目实施了既定的审计程序，且未发现偏差，则在既定的可接受信赖过度风险下，根据样本结果计算总体最大偏差率如下：

$$总体偏差率上限（MDR）= R \div n = 2.3 \div 56 = 4.1\%$$

其中的风险系数根据可接受的信赖过度风险水平为10%，且偏差数量为0，在表4-13中可查出为2.3。

这意味着，如果样本量为56且无一例偏差，总体实际偏差率不超过4.1%的风险为10%，即有90%的把握保证总体实际偏差率不超过4.1%。若审计人员确定的可容忍偏差率为7%，则可以得出结论，总体的实际偏差率超过可容忍偏差率的风险很小，总体可以接受。也就是说，样本结果证实审计人员对控制运行有效性的估计和评估的重大错报风险水平是适当的。

如果在56个样本中有两个偏差，则在既定的可接受信赖过度风险水平下，按照公式计算的总体偏差率上限如下：

$$总体偏差率上限（MDR）= R \div n = 5.3 \div 56 = 9.5\%$$

这意味着，如果样本量为56且有两个偏差，总体实际偏差率超过9.5%的风险为10%。在可容忍偏差率为7%的情况下，审计人员可以得出结论，总体的实际偏差率超过可容忍偏差率的风险很大，因而不能接受总体。也就是说，样本结果不支持审计人员对控制运行有效性的估计和评估的重大错报风险水平。审计人员应当扩大控制测试范围，以证实初步评估结果，或提高重大错报风险评估水平，并增加实质性程序的数量。

【案例4-12】注册会计师张宁负责审计盛大有限责任公司2018年度财务报表。在了解盛大有限责任公司内部控制后，张宁决定采用审计抽样的方法对拟信赖的内部控制进行测试，部分做法摘录如下：

（1）为测试2018年度信用审核控制是否有效运行，将2018年1月1日至11月30日期间的所有销售单界定为测试总体。

（2）为测试2018年度采购付款凭证审核控制是否有效运行，将采购凭证缺乏审批人员签字或虽有签字但未按制度审批的界定为控制偏差。

（3）在使用随机数表选取样本项目时，由于所选中的1张凭证已经丢失，无法测试，直接用随机数表另选1张凭证代替。

（4）在对存货验收控制进行测试时，确定样本规模为60，测试后发现3例偏差。在此情况下，推断2018年度该项控制偏差率的最佳估计为5%。

（5）在上述第（4）项的基础上，张宁注册会计师确定的信赖过度风险为5%，可容忍偏差率为7%。由于存货验收控制的偏差率的最佳估计不超过可容忍偏差率，认定该项控制运行有效（信赖过度风险为5%时，样本中发现偏差数"3"对应的控制测试风险系数为7.8）。

要求：针对上述第（1）至第（5）项，逐项指出注册会计师张宁的做法是否正确，简要说明理由。

【分析】

（1）确定的信用审核控制测试总体未包括2018年12月份开具的销售单，该总体不完整。应将2018年1月1日至12月31日开具的所有销售单作为测试的总体。

（2）关于偏差的定义正确。"审核控制"包括审批和控制这两个要素，具体可分为未经审批的付款和未按制度审批办理的付款。

（3）随机抽取1张凭证代替丢失凭证的做法不正确。对于发现的凭证丢失情况，应视为控制未能有效运行，作为控制测试中发现偏差来处理。

（4）总体偏差率的估计正确。在属性抽样中，样本偏差率就是总体偏差率的最佳点估计。样本偏差率为3÷60＝5%，故总体偏差率的最佳点估计为5%。

（5）推断总体的方法和结论均不正确。不应将推断的总体偏差率直接与可容忍误差比较，而应将估计的总体偏差率上限7.8÷60＝13%与可容忍偏差率7%比较，并得出运行无效的推断结论。

五、细节测试中的审计抽样

在细节测试中的审计抽样,通常被称作变量抽样。它是通过对样本检查的结果,推断总体货币金额的统计抽样方法。在进行实质性程序中的细节测试时,通常采用传统变量抽样和概率比例规模抽样(简称PPS抽样)。

(一)传统变量抽样

1. 均值估计抽样法

均值估计抽样是通过抽样审查确定样本的平均值,再根据样本平均值推断总体的平均值和总值的方法。这种方法适用范围十分广泛,无论被审计单位提供的数据是否完整、可靠,甚至在被审计单位缺乏基本的经济业务或事项的账面记录情况下,均可使用此法。

使用这种方法时,审计人员先计算样本中所有项目审定金额的平均值,然后用这个样本平均值乘以总体规模,得出总体金额的估计值。总体估计金额和总体账面金额之间的差额就是推断的总体错报。例如,审计人员从总体规模为1 000、账面金额为1 000 000元的存货项目中选择了200个项目(其账面总金额为208 000元)作为样本。在确定了正确的采购价格并重新计算了价格与数量的乘积之后,审计人员将200个样本项目的审定金额加总后除以200,确定样本项目的平均审定金额为980元。然后计算估计的存货余额为980 000元(980×1 000)。推断的总体错报就是20 000元(1 000 000 – 980 000)。

2. 比率估计抽样法

比率估计抽样法是指以样本的实际金额与账面金额之间的比率关系来估计总体实际金额与账面金额之间的比率关系,然后再以此比率乘以总体的账面金额,从而求出估计的总体实际金额的一种抽样方法。比率估计抽样法确定样本量的方法同单位均值估计抽样法相同,而在进行抽样结果评价时的计算公式如下:

$$比率 = \frac{样本审定金额}{样本账面金额} \times 100\%$$

估计的总体实际金额 = 总体账面金额 × 比率

推断的总体错报 = 估计的总体实际金额 – 总体账面金额

如果上例中审计人员使用比率估计抽样法,样本审定金额合计与样本账面金额的比率则为0.94(196 000÷208 000)。审计人员用总体账面金额乘以该比率0.94,得到估计的存货余额为940 000元(1 000 000×0.94)。推断的总体错报则为60 000元(1 000 000 – 940 000)。

比率估计抽样法主要用于对审查项目正确值与账面值随项目变化并大致成比例变化的总体审查。

3. 差额估计抽样法

差额估计抽样法是指以样本实际金额与账面金额的平均差额来估计总体实际金额与账面金额的平均差额，然后再以这个平均差额乘以总体规模，从而求出总体的实际金额与账面金额的差额（总体错报）的一种抽样方法。计算公式如下：

$$平均错报 = \frac{样本实际金额与账面金额的差额}{样本规模}$$

$$推断的总体错报 = 平均错报 \times 总体规模$$

如果上例中审计人员使用差额估计抽样法，样本实际金额和账面金额的差异为12 000元（208 000 - 196 000）。12 000元的差额除以样本项目个数200，得到样本平均错报60元。然后审计人员用这个平均错报乘以总体规模，计算出总体错报为60 000元（60×1 000）。

差额估计抽样法主要用于对审查项目正确值与账面值随项目变化但不成比例变化的总体审查。

（二）概率比例规模抽样（简称PPS抽样）

PPS抽样是一种运用属性抽样原理对货币金额而不是对发生率得出结论的统计抽样方法。PPS抽样以货币单元作为抽样单元，在该方法下总体中的每个货币单元被选中的机会相同，所以总体中某一项目被选中的概率等于该项目的金额与总体金额的比率。项目金额越大，被选中的概率就越大。但实际上，注册会计师并不是对总体中的货币单元实施检查，而是对包含被选取货币单元的余额或交易实施检查。PPS抽样有助于注册会计师将审计重点放在较大的余额或交易。此抽样方法之所以得名，是因为总体中每一余额或交易被选取的概率与其账面金额（规模）成比例。

【案例4-13】注册会计师田园审计盛大有限责任公司2018年度财务报表，在针对存货实施细节测试时，田园决定采用传统变量抽样方法实施审计抽样。盛大有限责任公司2018年12月31日存货账面余额合计15 000万元，田园确定总体规模为3 000，样本规模为200，样本账面余额合计1 200万元，样本审定合计为800万元。

要求：请代注册会计师田园分别采用均值估计抽样、差额估计抽样和比率估计抽样法三种方法推断总体的错报金额。

【分析】

（1）均值估计抽样：

样本平均审定额 = 样本审定额÷样本规模 = 800÷200 = 4（万元）

估计的总体金额 = 样本平均审定额×总体规模 = 4×3 000 = 12 000（万元）

推断的总体错报额 = 总体账面金额 - 估计的总体金额 = 15 000 - 12 000 = 3 000（万元）（高估）

（2）差额估计抽样：

平均错报 = （样本账面金额 - 样本审定额）÷样本规模 = （1 200 - 800）÷200 = 2（万元）

估计的总体金额＝样本平均错报×总体规模＝2×3 000＝6 000（万元）（高估）

（3）比率估计抽样：

样本比率＝样本审定金额÷样本账面金额＝800÷1 200＝2/3

估计的总体实际金额＝总体账面金额×样本比率＝15 000×2/3＝10 000（万元）

推断的总体错报额＝估计的总体实际金额－总体账面金额＝10 000－15 000＝－5 000（万元）（高估）

第五章
审计证据与审计工作底稿

 本章学习目标

知识目标

- 理解审计证据的概念、种类
- 理解审计证据的特征
- 理解审计工作底稿的概念、格式与内容
- 掌握审计工作底稿的编制方法
- 掌握审计工作底稿的复核内容
- 理解审计工作底稿归档的具体内容

能力目标

- 能在审计过程中获取到充分、适当的审计证据,并对其整理与分析
- 能在审计过程中编制出规范的审计工作底稿

第五章 审计证据与审计工作底稿

本章知识结构

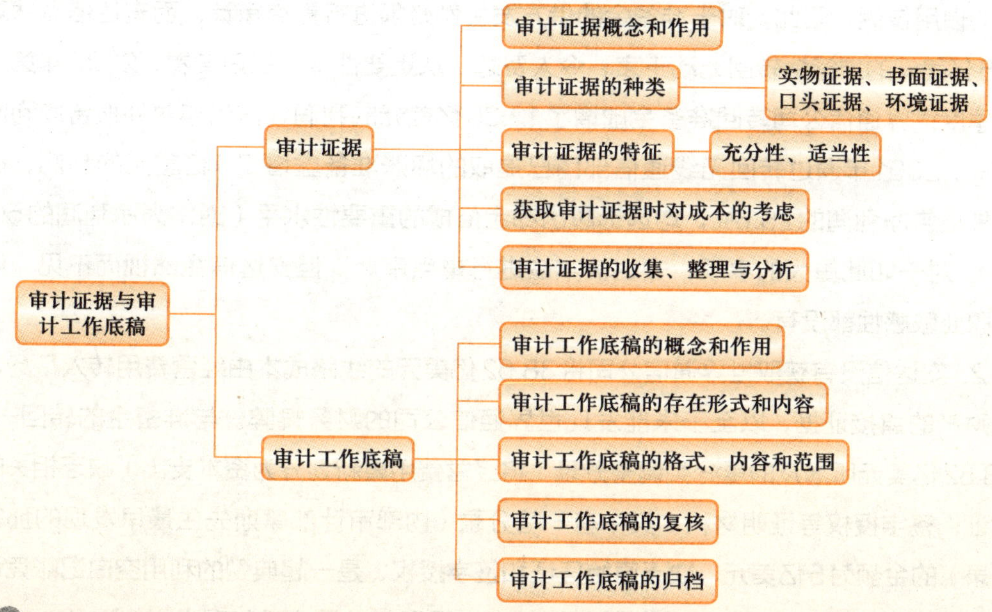

- 审计证据与审计工作底稿
  - 审计证据
    - 审计证据概念和作用
    - 审计证据的种类 —— 实物证据、书面证据、口头证据、环境证据
    - 审计证据的特征 —— 充分性、适当性
    - 获取审计证据时对成本的考虑
    - 审计证据的收集、整理与分析
  - 审计工作底稿
    - 审计工作底稿的概念和作用
    - 审计工作底稿的存在形式和内容
    - 审计工作底稿的格式、内容和范围
    - 审计工作底稿的复核
    - 审计工作底稿的归档

引导案例

根据美国公认审计准则（GAAS）的规定，应有的职业审慎要求注册会计师保持合理的职业怀疑，坚持诚实和正直的立场，勤勉地收集和客观地评价审计证据。尽管GAAS在这一方面的要求是人所共知，但安达信会计师事务所（以下简称安达信）对世界通信公司的线路成本、准备金计提和转回、收入确认和商誉减值等重大事项进行审计时，几乎完全依赖于世界通信公司高层的管理声明书，而不是建立在获取充分适当审计证据的基础上，以至于世界通信公司审计委员会在2002年6月向安达信通报世界通信公司利用冲销线路成本虚构利润时，安达信向新闻媒体的解释是世界通信公司高层并没有在管理当局声明书中就此事告知安达信。安达信的做法严重违反了GAAS关于应有的职业审慎和职业怀疑的相关规定，负有重大过失责任。

安达信没有获取足以支持其审计意见的直接审计证据具体表现在：

1. 安达信没有获取世界通信公司通过转回准备金以冲销线路成本的直接证据，而是过分依赖管理当局的声明，以至于未能发现世界通信公司在2000年第三和第四季度以及2001年第三季度至少将过去计提的16.35亿美元的准备金用于冲销线路成本的舞弊行为。现已查明，这些转回分录均属于"空白记账凭证"，缺少相关的原始凭证或其他证明材料。尽管世界通信公司为了掩饰其舞弊行为，采用化整为零的方式，将12亿美元的转回冲销分录拆成几百笔分录,以逃避安达信的审计,但如果安达信检查了总账记录或者要求审阅结账后的调整分录,完全可以发现这些没有原始凭证作支撑的会计分录的可疑之处。此外,稍有一点审计常识的注册会计师都知道,转回已计提的准备金是上市公司调节利润的惯用伎俩,因此,对于准备金的借方发生额必须进行重点审计。而安达信竟然对这16.35亿美元的准备金转回无动于衷,令人费解。从重要性水平的角度看,2000年第三和第四季度世界通信公司转回准备金虚增了12.35亿美元的利润,占当年对外报告净利润的29.7%。2001年通过转回无线通信部门已提取的坏账准备虚增了4亿美元的利润,占当年对外报告净利润的26.6%,均远远超出约定俗成的重要性水平(通常为净利润的5%至10%)。对于如此重大的事项,安达信本应进行重点审计,但安达信竟然视而不见,连起码的职业敏感性都没有。

2. 安达信没有获取世界通信公司将38.52亿美元的线路成本由经营费用转入厂场、设备和财产的直接证据,以至于未能发现世界通信公司的财务舞弊。与准备金的转回一样,这38.52亿美元所涉及的重分类调整分录(将经营费用重新划分为资本支出)缺乏相关的原始凭证、签字授权等证明材料。其中有一笔分录(内部审计部摩斯先生最早发现的那笔怪异分录)的金额为5亿美元,缺乏原始凭证和签字授权,是一起典型的利用空白记账凭证伪造利润的案例。仅这笔分录所虚构的利润就占世界通信公司2001年利润的33.3%。此外,这38.52亿美元的所谓资本支出,均没有纳入世界通信公司的资本预算之内。安达信如果将这些由线路成本转入的资本支出与世界通信公司内部的资本预算进行对比分析,世界通信公司高管人员会计造假的破绽将暴露无遗。世界通信公司内部审计部负责人辛西亚就是因为发现这些资本支出没有纳入资本预算,也没有经过董事会或股东大会的批准授权,而对世界通信会计处理的真实性产生怀疑的,并以此作为突破口,揭开了世界通信公司的造假。

第一节 审计证据

一、审计证据的概念和作用

(一) 审计证据的概念

审计证据是指注册会计师为了得出审计结论、形成审计意见而使用的所有信息。审计证据包括构成财务报表基础的会计记录所含有的信息和其他信息。注册会计师必须在每项审计工作中获取充分、适当的审计证据,以满足发表审计意见的要求。

(1) 会计记录所含有的信息。依据会计记录编制财务报表是被审计单位管理层的责任,注册会计师应当测试会计记录以获取审计证据。会计记录主要包括原始凭证、记账凭证、总分类账、明细分类账、未在记账凭证中反映的对财务报表的其他调整,以及支持成本分配、计算、调节和披露的手工计算表和电子数据表。上述会计记录是编制财务报表的基础,构成注册会计师执行财务报表审计业务所需获取的审计证据的重要部分。这些会计记录通常是电子数据,因而要求注册会计师对内部控制予以充分关注,以获取这些记录的真实性、准确性和完整性。

会计记录取决于相关交易的性质,它既包括被审计单位内部生成的手工或电子形式的凭证,也包括从被审计单位进行交易的其他企业收到的凭证。包括:①支票存根、电子转移支付记录、银行存款单和银行对账单;②销售发运单和发票、顾客对账单以及顾客的汇款通知单;③附有验货单的订购单、购货发票和对账单;④合同记录;⑤考勤卡和其他工时记录、工薪单、个别支付记录和人事档案;⑥记账凭证;⑦分类账账户调节表。将这些会计记录作为审计证据时,其来源和被审计单位内部控制的相关强度会影响注册会计师对这些原始凭证的信赖度。

(2) 其他信息。会计记录中含有的信息本身并不足以提供充分的审计证据作为对财务报表发表审计意见的基础,注册会计师还应当获取用作审计证据的其他信息。可用作审计证据的其他信息包括注册会计师从被审计单位外部或内部获取的会计记录以外的信息,如被审计单位会议记录、内部控制手册、询证函回函等;通过询问、观察和检查等审计程序获取的信息,如通过检查存货获取存货存在的证据等;以及注册会计师自己编制或获取的可以通过合理推断得出结论的信息,如注册会计师编制的各种计算表、分析表等。

财务报表依据的会计记录中含有的信息和其他信息共同构成审计证据,两者缺一不可。如果没有前者,审计工作将无法进行;如果没有后者,可能无法识别重大错报风险。只有将两者都结合在一起,才能将审计风险降至可接受的低水平,为注册会计师发表审计意见提供合理基础。

(二) 审计证据的作用

(1) 审计证据是确认被审事项事实真相,形成审计意见的客观基础;
(2) 审计证据是考核和评价审计工作质量的基本依据;
(3) 审计证据是确定和解除被审计人员经济责任和法律责任的客观依据;
(4) 审计证据有利于避免或免除审计人员的法律责任。

从一定意义上讲,收集、评价和综合审计证据是整个审计工作的核心,直接关系到审计工作的成败。

二、审计证据的种类

审计证据按其外形特征可分为实物证据、书面证据、口头证据和环境证据四大类。

（一）实物证据

实物证据是指在审计对象作为实物形态而存在的情况下，审计人员通过实际观察或清查盘点所获取的、用以确定某些实物资产是否确实存在的证据。例如，库存现金、各种存货和固定资产等可以通过监盘或实地观察来证明其是否确实存在。在审计实务中，最典型的实物证据就是各类盘点表。

通常实物证据被认为是最可靠的证据，具有很强的证明力。但实物资产的存在并不完全能证实被审计单位对其拥有所有权。例如，年终盘点的存货可能包括其他企业寄售或委托加工的部分，或者已经销售而等待发运的商品。再者，某些实物资产的清点，虽然可以确定其实物数量，但质量好坏有时难以通过实物清点来进行判断。因此，对于取得实物证据的账面资产，还应就其所有权归属及其价值情况另行审计，收集另外的审计证据。

（二）书面证据

书面证据是审计人员在审计过程中所获取的各种以书面文件为存在形式的证据。它包括与审计有关的各种原始凭证、会计记录（记账凭证、会计账簿和各种明细表）、各种会议记录和文件、各种合同、通知书、报告书及函件等。在审计过程中，审计人员往往需要大量地获取和利用这些书面证据。书面证据是审计证据的主要组成部分，也可以称之为基本证据。

书面证据的可靠性取决于两个因素：一是证据本身是否容易被涂改或伪造。对于容易被涂改或伪造的书面证据，其可靠性差。二是书面证据的来源。通常来源于企业外部的书面证据比来自企业内部的书面证据的可靠程度高。

书面证据按其来源可以分为外部证据和内部证据两类。

1. 外部证据

外部证据是由被审计单位以外的机构或人士所编制的书面证据，一般具有较强的证明力。

外部证据包括两类：一类是由被审计单位以外的机构或人士编制并由其直接递交审计人员的书面证据，如应收账款函证回函、保险公司和证券经纪人的证明等。此类证据因未经被审计单位有关职员之手，排除了伪造、更改凭证的可能性，因而证明力是最强的。另一类是由被审计单位以外的机构或人士所编制但由被审计单位持有并提交给审计人员的书面证据，如顾客订单、购货发票、银行对账单等。由于此类证据已经经过被审计单位职员之手，在评价其可靠性时，审计人员应考虑其被涂改、伪造的可能性。虽然这类外部证据的可靠性不如

第一类外部证据，但相对于内部证据而言，它仍具有较高的可靠性。

此外，外部证据还包括审计人员为证明某个事项而自己动手编制的各种计算表、分析表，如审计人员审查成本的真实性时重新计算产品成本取得的审计证据，审计人员亲自参加财产物资盘点而取得的审计证据。这种证据可信程度高，具有很强的证明力。

2. 内部证据

内部证据是由被审计单位的内部机构或人员编制和提供的书面证据，包括：被审计单位的会计记录、被审计单位管理当局的声明书和其他各种由被审计单位编制和提供的有关书面文件。

一般而言，内部证据不如外部证据可靠。审计人员在确认内部证据的可靠性时，应考虑两方面因素的影响：① 内部证据是否经过外部流转，并获得其他单位或个人的承认，如销售发票、付款支票等，都具有较高的可靠性。② 被审计单位内部控制的好坏。若被审计单位内部控制健全有效，则内部证据具有较强的可靠性；反之则弱。如收料单与领料单经过了被审计单位不同部门的审核、签章，并且所有凭据预先连续编号并按序号依次做了处理，则这些内部证据具有较高的可靠性。

（三）口头证据

口头证据是由被审计单位职员或其他人员对审计人员的提问做口头答复所形成的审计证据。如在审计过程中，审计人员通常会向被审计单位的有关人员询问会计记录、文件的存放地点，采用特别会计政策和方法的理由，收回逾期应收账款的可能性等。对于这些问题的口头答复，就构成了口头证据。

一般而言，口头证据本身并不足以证明事情的真相，但审计人员往往可以通过口头证据发掘出一些重要的线索，从而有利于对某些需要审核的情况做进一步的调查，以收集到更为可靠的证据。

在审计过程中，审计人员应把各种重要的口头证据尽快做成记录，并要求被询问者签名确认，同时应尽可能地从不同渠道取得其他相应证据的支持。相对而言，不同人员对同一问题所做的口头陈述相同时，口头证据具有较高的可靠性。

（四）环境证据

环境证据也称状况证据，是指对被审计单位产生影响的各种环境事实。具体而言，环境证据包括以下几种。

1. 有关企业内部控制情况

如果被审计单位有着良好的内部控制，就可增加其会计资料的可信赖度。相应地，审计人员需要收集的其他审计证据就可以适当减少。

2. 被审计单位管理人员的素质

被审计单位管理人员的素质越高，则其所提供的证据发生差错的可能性就越小。

3. 各种管理条件和管理水平

被审计单位各种管理条件越好、管理水平越高，其所提供的证据可靠程度也越高。

必须指出，环境证据一般不属于基本证据，但它可以帮助审计人员了解被审计单位及其经济活动所处的环境，是审计人员进行判断时所必须掌握的资料。

【案例5-1】 注册会计师刘艳在对盛大有限责任公司存货项目的相关内部控制进行研究评价之后，发现盛大有限责任公司存在以下六种可能导致错误的情况：

（1）所有存货都未经认真盘点；

（2）接近资产负债表日前入库的库存商品可能已记入存货项目，但可能未进行相关会计记录；

（3）由同源公司代管的A材料可能并不存在；

（4）同源公司存放于盛大有限责任公司仓库内的B材料可能已记入盛大有限责任公司公司存货项目；

（5）存货计价方法已作变更；

（6）盛大有限责任公司以前年度未曾接受过审计。

要求：

（1）为证实上述情况是否真正导致错误，注册会计师刘艳应当分别执行的最主要的实质性程序是什么？

（2）注册会计师刘艳执行的实质性程序能够实现哪些审计目标？

（3）注册会计师刘艳执行各项实质性程序所获取的审计证据，如按其形式特征可分为哪些种类？

【分析】

根据以上资料，汇总如表5-1所示。

表5-1 实质性程序、审计目标、审计证据种类列表

情况序号	审计程序	审计目标	审计证据的种类
（1）	对期末存货进行监盘	存在、完整性	实物证据、口头证据
（2）	对期末存货进行截止测试	存在、完整性	书面证据
（3）	向同源公司进行函证	存在、完整性、所有权	书面证据
（4）	询问管理当局，审阅相关合同与信函，并向同源公司进行函证	所有权、总体合理性	口头证据、书面证据
（5）	进行计价测试，并与有关财务会计法规要求比较	计价和分摊、总体合理性	书面证据
（6）	对上一年度存货记录进行适当审阅	总体合理性	书面证据

三、审计证据的特征

注册会计师应当保持职业怀疑态度，运用职业判断，评价审计证据的充分性和适当性。

（一）审计证据的充分性

充分性是关于审计证据的数量特征。注册会计师需要获取的审计证据的数量受其对重大错报风险评估的影响，并受审计证据质量的影响。它是指审计证据的数量能足以使审计人员形成审计意见，主要与注册会计师确定的样本量有关。例如，对某个审计项目实施某一选定的审计程序，从200个样本中获取的证据要比从100个样本中获取的证据更充分。客观公正的审计意见必须建立在足够数量的审计证据的基础上，但这并不是说，审计证据的数量可以无限制地增多。

审计人员判断审计证据是否充分，应当考虑下列主要因素：

1. 审计风险

错报风险越大，审计人员需要的审计证据越多。具体来说，在可接受的审计风险一定的情况下，重大错报风险越大，注册会计师就应实施越多的测试工作，将检查风险降至可接受水平，以将审计风险控制在可接受的低水平范围内。

2. 具体审计项目的重要性

审计项目越重要，审计人员就越需要获取充分的审计证据以支持其审计结论或意见。而对于不太重要的审计项目，即使审计人员出现判断上的偏差，也不至于引发整体判断失误，因而可减少审计证据的数量。

3. 审计人员的经验

经验丰富的审计人员，往往可从较少的审计证据中判断出被审事项是否存在错误或舞弊行为，从而可减少对审计证据数量的依赖程度。

4. 审计过程中是否发现错误或舞弊

一旦审计过程中发现被审事项存在错误或舞弊行为，则被审单位整体会计报表存在问题的可能性就增大，因此需要增加审计证据的数量，以确保能作出合理的审计结论，形成恰当的审计意见。

5. 审计证据的类型与获取途径

如果审计人员获取的大多数是外部证据，则审计证据的质量较高，故可适当减少证据的数量；反之，审计证据的数量就应相应增加。

（二）审计证据的适当性

适当性是关于审计证据的质量特征，它是指审计证据在支持审计意见所依据的结论方面具有的相关性和可靠性。

1. 相关性

审计证据的相关性是指用作审计证据的信息与审计程序的目的和所考虑的相关认定之间的逻辑关系。用作审计证据的信息的相关性可能受到测试方向的影响。如：测试应付账款的多计错报，则测试已记录的应付账款是相关的审计程序。测试应付账款的漏记错报，则测试已记录的应付账款就不是相关的审计程序，相关的审计程序可能是测试期后指出未支付发票、供应商结算单等。

特定的审计程序可能只为某些认定提供相关的审计证据，而与其他认定无关。例如：检查期后应收账款收回的记录和文件可以提供存在和计价的审计证据，但不能提供与截止测试相关的审计证据。不同来源获取的审计证据或获取不同性质的审计证据可以与同一项认定相关。与特定认定相关的审计证据并不能替代与其他认定相关的审计证据，如：存货存在认定的审计证据不能替代存货计价认定的审计证据。

2. 可靠性

审计证据的可靠性是指证据的可信程度。审计证据的可靠性受其来源和性质的影响，并取决于获取审计证据的具体环境。注册会计师通常按照下列原则考虑审计证据的可靠性：

（1）从外部独立来源获取的审计证据比从其他来源获取的审计证据更可靠。

（2）内部控制有效时内部生成的审计证据比内部控制薄弱时内部生成的审计证据更可靠。

（3）直接获取的审计证据比间接获取或推论得出的审计证据更可靠。

（4）以文件记录形式（无论是纸质、电子或其他介质）存在的审计证据比口头形式的审计证据更可靠。

（5）从原件获取的审计证据比从传真或复印件获取的审计证据更可靠。

充分性和适当性是审计证据的两个重要特征，两者缺一不可，只有充分且适当的审计证据才是有证明力的。审计人员需要获取的审计证据的数量受审计证据质量的影响。审计证据质量越高，需要的审计证据数量就越少。例如，被审计单位内部控制健全时生成的审计证据更可靠，审计人员只需要获取适量的审计证据，就可以为发表审计意见提供合理的基础。尽管审计证据的充分性和适当性相关，但如果审计证据的质量存在缺陷，注册会计师仅靠获取更多的审计证据也无法弥补其质量上的缺陷。

【案例5-2】不同类型审计证据的可靠性存在一定的差异。比较下列几组证据，说明每一组证据中哪个类型的证据更可靠。

（1）银行询证函回函与银行对账单。

（2）注册会计师通过自行计算折旧额所取得的证据与被审计单位的累计折旧明细账的数据。

（3）销售发票副本与产品出库单。

（4）律师询证函回函以及注册会计师与律师交谈取得的证据。

（5）内部控制良好时形成的领料单与内部控制较差时形成的领料单。
（6）存货盘点表与存货监盘记录。

【分析】

经过分析比较，以下审计证据更为可靠：① 银行询证函回函；② 注册会计师通过自行计算折旧额所取得的证据；③ 销售发票副本；④ 律师询证函回函；⑤ 内部控制良好时形成的领料单；⑥ 存货监盘记录。

四、获取审计证据时对成本的考虑

在保证获取充分、适当的审计证据的前提下，控制审计成本也是审计单位需要考虑的。但为了保证得出的审计结论、形成的审计意见是恰当的，审计人员不应将获取审计证据的成本高低和难易程度作为减少不可替代的审计程序的理由。例如，对存货进行监盘是证实存货是否存在的不可替代的审计程序，审计人员在审计中不得以检查成本高和难以实施为由而不执行该程序。

五、审计证据的收集、整理与分析

根据审计准则的要求，审计证据的收集是审计人员在审计过程中运用检查、观察、询问及函证、重新计算、重新执行和分析程序等审计方法获取审计证据的过程。

审计证据的整理分析是指对收集到的个别的、分散的初始审计证据进行归纳、分析和综合，使之更加条理化、系统化，形成综合证明力，并在此基础上形成恰当的整体审计意见。必须指出的是，审计证据的收集与整理分析往往是交叉进行的，并非互不相关的独立环节。在收集审计证据的过程中就需要对证据资料进行初步整理分析，在整理分析过程中一方面能形成有价值的新的审计证据，另一方面还可以发现证据不足之处，便于及时进行补充收集。可以说，审计工作就是在不断地收集证据，整理分析证据，评价判断证据，再收集证据的反复过程中向纵深开展的。

（一）审计证据整理与分析的方法

一般来说，审计证据的整理与分析没有固定模式，其方式随审计目的和审计证据的种类不同而不同。审计证据整理与分析的基本方法有以下几种：

1. 分类

分类是指将各种审计证据按其证明力的强弱，或按与审计目标的关系是否直接等分门别类排成序。通过归类，使初始证据条理化、有序化。

2. 计算

计算是指按照一定的方法对数据方面的审计证据进行加工运算，从而得出所需的新的审计证据。

3. 比较

比较包括两方面的内容：一方面是将各种审计证据进行反复比较，从中分析出被审计单位经济业务的变动趋势及其特征；另一方面是将审计证据与审计目标进行比较，判断审计证据是否符合要求。如认为其不符合要求，则需要补充收集有关的审计证据。

4. 小结

小结是指审计人员在对审计证据进行上述分类、计算和比较的基础上，还应对审计证据进行归纳、总结，得出具有说服力的局部的审计结论。

5. 综合

综合是指审计人员对各类审计证据及其所形成的局部审计结论进行综合分析，最终形成整体的审计意见。

（二）审计证据整理与分析应注意的几个问题

1. 审计证据的取舍

审计人员不必也不可能把审计证据所反映的内容全部都包括到审计报告之中。在编写审计报告之前，审计人员必须对反映不同内容的审计证据进行适当的取舍，舍弃那些无关紧要的、不支持审计意见的次要证据，只选择那些具有代表性的、典型的审计证据在审计报告中加以反映。审计证据的取舍标准应考虑两方面：

（1）金额大小。对于金额较大，足以对被审计单位的财务状况或经营成果的反映产生重大影响的证据，应当作为重要证据予以保留。

（2）问题性质的严重程度。严重性是判断取舍的又一重要标准。在涉及金额不大但问题引发的后果甚为严重的情况下，如影响合同履行、影响被审计单位收益趋势的情况，同样应将其作为重要的审计证据。

2. 分清事实的现象和本质

有些审计证据所反映的情况可能只是一种现象，审计人员不能被这些表面现象所迷惑，而应该能够透过现象挖掘出事物的本质。

3. 排除伪证

伪证是审计证据的提供者出于某种动机而伪造的证据，或是有关方面基于某些主观或客观原因而提供的虚假证据。这些伪证以假乱真，如不认真排除，往往会干扰审计人员形成正确、恰当的审计结论和意见。

【案例5-3】注册会计师王辉在执行盛大有限责任公司2018年度财务报表审计业务的过

程中，需要根据审计目标设计和实施进一步审计程序，以获取充分、适当的审计证据。相关情况如下：

（1）为证实应付账款的完整性，采用传统变量抽样方法确定样本规模，并采用系统随机数表法从应付账款明细表中选择供应商进行函证。

（2）在确认赊销审批自动化信息系统一般控制有效的基础上，基于所测试的少量几笔赊销业务不存在控制偏差，直接得出赊销审批控制运行有效的结论。

（3）为弥补领料单的可靠性，王辉决定扩大审计程序的范围，增加审计证据的数量。

（4）为证实销售发票复核的效果，从总计38 900张发票存根中选取了一定数量的样本，检查有无复核人员签字。

（5）某银行的函证回函与盛大有限责任公司的记录严重不符。王辉基于外部独立来源信息的可靠性更高这一原则，认为"货币资金"项目存在重大错报。

（6）虽然怀疑一张大额买方发票可能被篡改，但因审计工作通常不涉及鉴定文件记录的真伪，王辉在复印发票后，没有采取其他措施。

要求：分别针对上述每种情况，逐一指出所获取的审计证据在充分性或适当性方面是否符合要求，并简要说明理由。如认为不符合要求，具体指出是充分性、相关性，还是可靠性不符合要求。

【分析】

事项（1）：相关性不符合要求。应付账款明细表是根据应付账款明细账编制的，表中列示的都是已入账的应付账款，从其中抽取样本难以发现完整性认定的错报。

事项（2）：符合要求。在高度自动化控制的情况下，如果信息系统的一般控制有效，而且能证实该控制正在执行，则无须扩大控制测试范围。

事项（3）：可靠性不符合要求。当审计证据的质量存在缺陷时，仅靠获取更多的审计证据可能无法弥补其质量上的缺陷。

事项（4）：相关性不符合要求。销售发票上有无复核人员签字只能证实复核人员是否对发票进行了复核，但不能证实复核的效果。

事项（5）：可靠性不符合要求。如果从不同来源获取的审计证据不一致，表明某种审计证据可能不可靠，应追加必要的审计程序，证实或排除疑点。

事项（6）：可靠性不符合要求。如果在审计过程中识别出的情况使其认为文件记录可能是伪造的，审计人员应当作出进一步调查，复印不属于调查，不能排除疑点。

第二节 审计工作底稿

一、审计工作底稿的概念和作用

审计工作底稿是审计证据的载体,是指注册会计师对制订的审计计划、实施的审计程序、获取的相关审计证据,以及得出的审计结论作出的记录。它形成于审计过程,也反映整个审计过程。

审计工作底稿的内容包括:

(1)审计人员在制订审计计划、实施审计程序、形成审计结论时直接编制的、用以反映其审计思路和审计过程的工作记录;

(2)审计人员从被审计单位或其他有关部门取得的、用作审计证据的各种原始记录,以及审计人员接受并审阅别人代为编制的审计记录。

审计工作底稿是审计业务中普遍使用的专业工具。编制或取得审计工作底稿是审计人员最主要的审计工作。审计工作底稿可以实现以下目的:

① 有助于项目组计划和执行审计工作。

② 有助于负责督导的项目组成员按照《中国注册会计师审计准则第1121号——对财务报表审计实施的质量控制》的规定,履行指导、监督与复核审计工作的责任。

③ 便于项目组说明其执行审计工作的情况。

④ 保留对未来审计工作持续产生重大影响的事项的记录。

⑤ 便于会计师事务所按照《质量控制准则第5101号——会计师事务所对执行财务报表审计和审阅、其他鉴证和相关服务业务实施的质量控制》的规定,实施质量控制复核与检查。

⑥ 便于监管机构和注册会计师协会根据相关法律法规或其他相关要求,对会计师事务所实施执业质量检查。

二、审计工作底稿的存在形式和内容

(一)审计工作底稿的存在形式

审计工作底稿可以以纸质、电子或其他介质形式存在。实务中,为便于审计单位内部进行质量控制和外部执业质量检查或调查,以电子或其他介质形式存在的审计工作底稿通过打印方式,转换成纸质形式的审计工作底稿,并与其他纸质形式的审计工作底稿一并归档。

无论审计工作底稿以何种形式存在，审计单位都应当针对审计工作底稿设计和实施适当控制，以实现下列目的：

（1）使审计工作底稿清晰地显示其生成、修改及复核的时间和人员；

（2）在审计业务的所有阶段，尤其在项目组成员共享信息或通过互联网将信息传递给其他人员时，保护信息的完整性和安全性；

（3）防止未经授权改动审计工作底稿；

（4）允许项目组和其他经授权的人员为适当履行职责而接触审计工作底稿。

（二）审计工作底稿的内容

审计工作底稿通常包括总体审计策略、具体审计计划、分析表、问题备忘录、重大事项概要、询证函回函和声明、核对表、有关重大事项的往来函件（包括电子邮件）以及对被审计单位文件记录的摘要或复印件。此外，审计工作底稿通常还包括业务约定书、管理建议书、项目组内部或项目组与被审计单位举行的会议记录、与其他人士（如其他注册会计师、律师、专家等）的沟通文件及错报汇总表等。

审计工作底稿通常不包括已被取代的审计工作底稿的草稿或财务报表的草稿、反映不全面或初步思考的记录、存在印刷错误或其他错误而作废的文本，以及重复的文件记录。因为这些草稿、错误的文本或重复的文件记录等不直接构成审计结论、审计意见的支持性证据，审计人员对这些记录无须保留。

三、审计工作底稿的格式、内容和范围

（一）编制审计工作底稿的总体要求

注册会计师编制的审计工作底稿，应当使得未曾接触该项审计工作的有经验的专业人士清楚地了解：按照审计准则的规定实施的审计程序的性质、时间和范围；实施审计程序的结果和获取的审计证据；就重大事项得出的审计结论。

这里所说的有经验的专业人士，是指对审计过程、相关法律法规和审计准则的规定、被审计单位所处经营环境、与被审计单位所处行业相关的会计和审计问题有一定了解的人士。

具体而言，审计人员编制的审计工作底稿，应当内容完整、格式规范、标识一致、记录清晰、结论明确，以便其他审计人员在复核、检查或使用审计工作底稿时，能够理解和接受审计工作底稿的内容。对于由被审计单位、其他第三方提供或代为编制的审计工作底稿，审计人员必须做到：① 注明资料来源；② 实施必要的审计程序，如对有关法律性文件的复印件同原件核对一致。

（二）确定审计工作底稿的格式、内容和范围时应考虑的因素

（1）被审计单位的规模和复杂程度。通常来说，对大型被审计单位进行审计形成的审计工作底稿，通常比对小型被审计单位进行审计形成的审计工作底稿要多；对业务复杂被审计单位进行审计形成的审计工作底稿，通常比对业务简单被审计单位进行审计形成的审计工作底稿要多。

（2）拟实施审计程序的性质。不同的审计程序会使得注册会计师获取不同性质的审计证据，由此注册会计师可能会编制不同格式、内容和范围的审计工作底稿。如注册会计师编制的应收账款函证程序的审计工作底稿——询证函及回函，与编制存货监盘程序的审计工作底稿——盘点表，在格式、内容和范围方面是不同的。

（3）识别的重大错报风险。识别和评估的重大错报风险水平的不同可能导致注册会计师执行的程序和获取的审计证据不尽相同。如当注册会计师识别出应收账款余额存在较高的重大错报风险，而其他应收账款重大错报风险较低时，其会对应收账款执行较多的审计程序并获取较多的审计证据，因而对测试应收账款的记录会比针对测试其他应收账款的记录内容要多且范围广。

（4）已获取审计证据的重要程度。注册会计师在执行多项审计程序时可能会获取不同的审计证据，有些审计证据的相关性和可靠性较高，有些则较差，注册会计师可区分不同的审计证据进行有选择性的记录。

（5）已识别的例外事项的性质和范围。如在应收账款函证程序中，注册会计师发现某个函证的回函表明存在不符事项，即例外事项。如果在实施恰当的追查后发现该例外事项并未构成错报，注册会计师只在审计工作底稿中解释发生该例外事项的原因及影响；如果该例外事项构成错报，则注册会计师需要执行额外的审计程序并获取更多的审计证据，由此编制的审计工作底稿在内容和范围方面是不同的。

（6）当从已执行审计工作或获取审计证据的记录中不易确定结论或结论的基础时，记录结论或结论基础的必要性。在有些情况中，涉及复杂的事项时，注册会计师单纯将已执行的审计工作或获取的审计证据记录下来，并不会使其他有经验的注册会计师经过合理分析，得出审计结论或结论的基础。这时，注册会计师应当考虑是否需要进一步说明并记录得出结论的过程及该事项的结论。

（7）使用的审计方法和工具。如在对应收账款账龄进行重新计算时，应用计算机辅助技术可以针对总体进行测试，而采用人工方式时，则会针对样本进行测试，因此形成的审计工作底稿在格式、内容和范围方面是不同的。

（三）审计工作底稿的要素

审计人员所编制的审计工作底稿一般应包括以下全部或部分要素：

1. 被审计单位名称

它是指财务报表的编报单位。

2. 审计项目名称

它是指某一财务报表项目名称或某一审计程序及实施对象的名称，如现金盘点表、原材料抽查盘点表等。

3. 审计项目时点或期间

它是指某一资产负债表项目的报告时点或某一利润表项目的报告期间。

4. 审计过程记录

在审计工作底稿中要求详细记录审计程序实施的全过程，包括两方面内容：一是被审计单位的未审情况，包括被审计单位的内部控制情况、有关会计账项的未审计发生额及期末余额；二是审计过程的记录，包括审计人员实施的审计测试性质、测试项目、抽取的样本及检查的重要凭证、审计调整及重分类事项等。

需要注意的是，注册会计师在记录实施审计程序的性质、时间安排和范围时，应当记录测试的具体项目或事项的识别特征。识别特征是指被测试的项目或事项表现出的征象或标志。记录识别特征的目的主要是便于对例外事项或不符事项进行检查，以及对测试的项目或事项进行复核。比如在对被审计单位生成的订购单进行细节测试时，注册会计师可以以订购单的日期或编号作为测试订购单的识别特征。若被审计单位按年对订购单依次编号，则识别特征是××××年××号；若被审计单位按序列号进行编号，则可以直接将该号码作为识别特征。再比如，对于一项需要询问被审计单位中特定人员的审计程序，注册会计师可以记录询问的时间、被询问人的姓名、职位作为识别特征。观察这一审计程序中，注册会计师可以以观察的对象或观察过程、相关被观察人员及其各自的责任、观察的地点和时间作为识别特征。

此外，注册会计师还应当根据具体情况判断某一事项是否属于重大事项，同时考虑编制重大事项概要。将散落在审计工作底稿中的有关重大事项的记录汇总在重大事项概要中，不仅可以帮助注册会计师集中考虑重大事项对审计的影响，还便于审计工作的复核人员全面、快速地了解重大事项，从而提高复核工作的效率。所谓重大事项通常包括：① 引起特别风险的事项；② 实施审计程序的结果，该结果表明财务信息可能存在重大错报，或需要修正以前对重大错报风险的评估和针对这些风险拟采取的应对措施；③ 导致注册会计师难以实施必要审计程序的情形；④ 导致出具非标准审计报告的事项。重大事项概要包括审计过程中识别的重大事项及其如何得到的解决，或对其他支持性审计工作底稿的交叉索引。

5. 审计标志及说明

审计标志是审计人员为便于表达审计含义而采用的符号。为了便于他人理解，审计人员应在审计工作底稿中说明各种审计标志所代表的含义，或者采用审计标志说明表的形式统一说明。审计标志应前后一致。以下是注册会计师在审计工作底稿中列明的标志举例：

∧：纵加核对

<：横加核对

B：与上年结转数核对一致

T：与原始凭证核对一致

G：与总分类账核对一致

S：与明细账核对一致

T/B：与试算平衡表核对一致

C：已发询证函

C\：已收回询证函

6. 审计结论

审计工作的每一部分都应包含与已实施审计程序的结果及其是否实现既定审计目标相关的结论，还应包括审计程序识别出的例外情况和重大事项如何得到解决的结论。审计结论帮助注册会计师总结执行相关审计程序后所得出的结论，并进一步作为形成审计意见的基础。注册会计师记录审计结论时需要注意，在审计工作底稿中记录的审计程序和审计证据是否足以支持所得出并记录的审计结论。

7. 索引号及编号

通常，审计工作底稿需要注明索引号及顺序编号，以使相关审计工作底稿之间保持清晰的勾稽关系。相互引用时，需要在审计工作底稿中交叉注明索引编号。

8. 编制人员姓名及编制日期

每一张审计工作底稿上应当注明执行审计工作的人员姓名及其完成该项审计工作的日期。

9. 复核人员姓名及编制日期

审计工作的复核人员也应当在审计工作底稿上签名，并注明复核的日期和范围。在需要项目质量控制复核的情况下，还需要注明项目质量控制复核人员及复核的日期。

审计工作底稿范例见表5-2。

表5-2 存货审定表

被审计单位：		索引号：	
项目：		财务报表截止日/期间：	
编制：		复核：	
日期：		日期：	

项目类别	本期未审数	账项调整 借方	账项调整 贷方	本期审定数	上期审定数	年度间变动率
一、存货账面余额						
原材料						
在途物资						
库存商品						
自制半成品						
合计						
二、存货跌价准备						
原材料						
在途物资						
库存商品						
自制半成品						
合计						
三、存货账面价值						
原材料						
在途物资						
库存商品						
自制半成品						
合计						

审计说明：

审计结论：

【**案例5-4**】审计项目负责人张宁带领四名审计人员对盛大有限责任公司2018年度财务报表进行审计，在审计过程中，张宁和四名审计人员需要编制、复核、利用审计工作底稿。有关情况如下：

（1）审计项目负责人张宁要求每位审计人员编制的审计工作底稿只需使本项目组成员在复核时能清楚地了解所实施的程序、获取的证据和形成的结论等信息。涉及复杂判断事项时，审计人员要明确记录审计工作过程和审计结论，是否需进一步说明并记录作出结论的判断依据可视情况而定。

（2）项目组成员王辉在编制了解盛大有限责任公司情况及其环境审计工作底稿时，只简单记录了盛大有限责任公司的性质、财务业绩的衡量和评价、对会计政策的选择和运用三方面内容。

（3）项目组成员刘艳在借阅盛大有限责任公司2017年度审计工作底稿时，私下更正了上年由自己编制的部分工作底稿中存在的错误结论。

（4）项目组成员田园在编制采购业务审计工作底稿时，根据盛大有限责任公司与其客户往来频繁的特点，仅以客户的公司名称作为工作底稿的识别特征。

（5）项目组成员李萍为展现审计工作的思路和进程，在编制审计工作底稿中记录了对相关问题的初步思考和最终结论。

（6）审计项目负责人张宁不仅要求项目组成员及时记录与管理层、治理层和其他人员对重大事项的讨论内容和参加讨论的人员，而且要记录讨论的时间、地点。

要求：假定不存在其他情况，请分别针对上述每种情况，指出项目负责人及项目组成员的做法是否存在不当之处，并简要说明理由。

【**分析**】

事项（1）：存在不当之处。审计工作底稿的编制，应使未曾接触该项审计工作的有经验的专业人士清楚地了解所实施的程序、获取的证据和形成的结论等信息。遇到复杂判断事项时，必须说明并记录作出结论的判断依据。

事项（2）：存在不当之处。了解被审计单位及其环境工作底稿还应包括下列三方面内容：行业状况、法律环境与监管环境以及其他外部因素；被审计单位的目标、战略以及相关经营风险；被审计单位的内部控制。

事项（3）：存在不当之处。注册会计师未经授权修改工作底稿，违反了相关法规对保管工作底稿的规定。

事项（4）：存在不当之处。仅以客户名称作为审计工作底稿的识别特征，不满足唯一性要求。

事项（5）：存在不当之处。审计工作底稿通常不包括反映初步思考的记录。

事项（6）：不存在不当之处。注册会计师应当及时记录与管理层、治理层和其他人员对重大事项的讨论，包括讨论的内容、时间、地点和参加讨论的人员。

四、审计工作底稿的复核

（一）审计工作底稿复核的作用

一份审计工作底稿往往由一名专业人员独立完成，编制人员对有关资料的引用、对有关事项的判断、对会计数据的加计验算等都可能出现误差。因此，在审计工作底稿编制完成后，审计工作底稿复核工作就显得很有必要。审计组织应结合单位实际情况，制订出实用有效的复核制度。

审计工作底稿复核制度，就是审计组织对有关复核人的级别、复核程序与要点、复核人的职责等所作出的明文规定。审计工作底稿复核的作用主要表现在以下三个方面：减少或者消除人为的审计误差，以降低审计风险，提高审计质量；及时发现和解决问题，保证审计计划顺利执行，并不断地协调审计进度，节约审计时间、提高审计效率；便于上级管理人员对审计人员进行审计质量监控和工作业绩考评。

（二）审计工作底稿复核的要求

复核是审计组织进行质量监控的一项重要程序，必须有严格和明确的规则。一般来说，复核应做好以下四项工作。

（1）做好复核记录。在复核工作中，复核人如发现已执行的审计程序和做出的审计记录存在问题，应指示有关人员予以答复、处理，并形成相应的审计记录。

（2）书面表示复核意见。复核人复核审计工作底稿后应以书面形式表示复核意见。

（3）复核人签名和签署日期，便于划清审计责任，也有利于上级复核人对下级复核人的监督。

（4）督促编制人员及时修改和完善审计工作底稿。

（三）审计工作底稿的复核制度

1. 项目组内部成员实施的复核

项目组内部成员实施的复核并非全部由项目负责人执行，项目负责人可以委派项目组内经验较丰富的人员复核经验较少的人员所执行的工作。但是，项目负责人应对复核负责。

复核人员在复核已实施的审计工作时，复核的内容包括：

（1）审计工作是否已按照法律法规、职业道德规范和审计准则的规定执行；

（2）重大事项是否已提请进一步考虑；

（3）相关事项是否已进行适当咨询，由此形成的结论是否得到记录和执行；

（4）是否需要修改已执行审计工作的性质、时间和范围；

（5）已执行的审计工作是否支持形成的结论，并已得到适当记录；

（6）获取的审计证据是否充分、适当，足以支持审计结论；

（7）审计程序的目标是否已经实现。

项目负责人也应当在审计过程的适当阶段及时实施复核，以使重大事项在出具审计报告前能够得到满意解决。项目负责人复核的内容包括对关键领域所作的判断，尤其是执行业务过程中识别出的疑难问题或争议事项、特别风险以及项目负责人认为重要的领域。检查这些内容的目的是通过对过程的控制，最终确保审计报告的恰当性。

2. 项目质量控制复核

会计师事务所应当对特定业务实施项目质量控制复核。例如对上市公司财务报表审计，就必须进行项目质量控制复核，原因在于上市公司财务报表涉及社会公众利益的范围广泛，审计一旦出现问题，社会经济影响比较重大。

项目质量控制复核，是指会计师事务所挑选未参与该业务的人员，在出具审计报告前，对项目组作出的重大判断和在准备报告时形成的结论作出客观评价的过程。对应当实施项目质量控制复核的特定业务，如果没有完成项目质量控制复核，就不得出具审计报告。

需要注意的是，项目质量控制复核并不减轻项目负责人的责任，更不能替代项目负责人的责任。项目质量控制复核的范围，取决于审计业务的复杂程度和审计风险，具体包括客观评价下列事项：① 项目组作出的重大判断；② 项目组在准备审计报告时得出的结论。

项目质量控制复核与项目组内部成员实施的复核在内容和目的等方面具有一定的相似性，但存在以下主要区别：

（1）复核主体不同。项目组复核是项目组内部进行的复核，包括项目负责人实施的复核，项目质量控制复核则是会计师事务所挑选未参与该业务的人员独立地对特定业务实施的复核。后者的独立性和客观性高于前者。

（2）复核对象不同。对每项审计业务都应当实施项目组内部复核；而会计师事务所只对特定业务才实施独立的项目质量控制复核。

（3）复核要求不同。对每项审计业务实施项目组内部复核的内容比较广泛；会计师事务所对特定业务实施项目质量控制复核的重点，是客观评价项目组作出的重大判断和在准备审计报告时形成的结论。

五、审计工作底稿的归档

（一）审计档案的分类

审计工作底稿经过分类整理、汇集归档后，就形成了审计档案。审计档案是会计师事务所审计工作的重要历史资料，应妥善保管。审计档案按照使用期限的长短和作用的大小可分为永久性档案和当期档案两类。

1. 永久性档案

永久性档案是指那些记录内容相对稳定，具有长期使用价值，并对以后审计工作具有重要影响和直接作用的审计档案。通常可分为三类：审计项目管理、被审计单位背景资料、法律事项资料。具体而言有：审计业务约定书原件、各期审计档案清单、被审计单位的组织结构以及有关设立、经营的文件的复印件等。

2. 当期档案

当期档案是指那些记录内容经常变化，只供当期审计使用和下期审计参考的审计档案。通常可分为五类：沟通和报告相关工作底稿、审计完成阶段工作底稿、审计计划阶段工作底稿、特定项目审计程序表、进一步审计程序工作底稿。具体而言有：审计报告和经审计的财务报表、重大事项概要、总体审计策略和具体审计计划、关联方、有关控制测试工作底稿、有关实质性测试工作底稿等。

（二）审计档案的所有权

从一般意义上讲，审计档案的所有权应属于执行该项业务的审计人员。但在我国，注册会计师不能独立于会计师事务所之外承揽审计业务，必须以会计师事务所的名义统一承揽业务。因此，审计工作底稿的所有权属于承接该项业务的会计师事务所。

会计师事务所对审计工作底稿应当实施适当的质量控制，具体包括：安全保管审计工作底稿并对审计工作底稿保密，保证审计工作底稿的完整性，便于对审计工作底稿的使用和检索，按照规定的期限保存审计工作底稿。

（三）审计工作底稿的归档期限和保存年限

1. 审计工作底稿的归档期限

审计工作底稿的归档期限为审计报告日后的60天内。如果注册会计师未能完成审计业务，审计工作底稿的归档期限为审计业务中止后的60天内。

2. 审计工作底稿的保存年限

会计师事务所应当自审计报告日起，对审计工作底稿至少保存10年。如果注册会计师未能完成审计业务，会计师事务所应当自审计业务中止日起，对审计工作底稿至少保存10年。

对于保管期限届满的审计档案，会计师事务所可以决定将其销毁。销毁时，应当按照规定履行必要的手续。对将要销毁的审计档案作最后一次检查，然后报主任会计师批准。销毁时，有关人员应进行现场监督和检查，以保证被销毁的审计档案彻底销毁干净。

3. 审计工作底稿归档期的变动

在审计报告日后将审计工作底稿归整为最终审计档案是一项事务性的工作，并不涉及实施新的审计程序或得出新的结论。在归档期内，注册会计师可以对审计工作底稿作出变动，但只是针对以下事务性的工作，包括：

（1）删除或废弃被取代的审计工作底稿：删除，主要是指将删除整张原审计工作底稿，或以涂改、覆盖等方式删减原审计工作底稿中的全部或部分记录内容；废弃，主要是指将原审计工作底稿从审计档案中抽取出来，使审计档案中不再包含原来的底稿。

（2）对审计工作底稿进行分类、整理和交叉索引。

（3）对审计档案归整工作的完成核对表签字认可。

（4）记录在审计报告日前获取的、与审计项目组相关成员进行讨论并取得一致意见的审计证据。

4. 审计工作底稿归档后的变动

一般情况下，在审计工作底稿归档后不需要对审计工作底稿进行修改或增加。如果发现有必要修改现有审计工作底稿或增加新的审计工作底稿，无论修改或增加的性质如何，注册会计师应当记录：修改或增加审计工作底稿的时间和人员，以及复核的时间和人员；修改或增加审计工作底稿的具体理由；修改或增加审计工作底稿对审计结论产生的影响。

（四）审计档案的保密与调阅

会计师事务所应当建立审计工作底稿保密制度，对工作底稿中涉及的商业秘密保密。但由于下列情况需要查阅工作底稿的，不属于泄密：

（1）法院、检察院及其他部门依法查阅，并按规定办理了必要手续。

（2）注册会计师协会对执业情况进行检查。

（3）因工作需要，并经委托人同意，在下列情况下，不同会计师事务所的注册会计师可以要求查阅工作底稿：① 被审计单位更换会计师事务所；② 审计合并报表；③ 联合审计；④ 会计师事务所认为合理的其他情况。

拥有审计工作底稿的会计师事务所应当对要求查阅者提供适当的协助，并根据审计工作底稿的内容及性质，决定是否允许要求查阅者阅览其审计工作底稿及复印或摘录有关内容。查阅者因误用审计工作底稿而造成的后果，与拥有审计工作底稿的会计师事务所无关。

【案例5-5】至真会计师事务所为保证审计工作质量，结合该所的实际情况对审计工作底稿进行了规范，结合近期执行的审计业务对审计工作进行检查。具体情况如下：

（1）在编制控制测试工作底稿时，应当格式统一、语言精练，至少能使执行项目组内部复核的人员清楚地了解所执行的控制测试程序的性质、时间和范围。

（2）对实施项目质量控制复核的审计业务，不仅编制人、复核人要在每张审计工作底稿上签字，还要求项目质量控制复核人员在每张审计工作底稿上签字。

（3）项目质量控制复核人员对审计工作底稿复核的主要内容是实施的审计程序是否适当，

获取的审计证据是否足以支持审计结论。

（4）归整工作底稿时，某审计人员将取得的被审计单位财务报表的草稿纳入审计工作底稿的归档范围。

（5）在完成审计档案归整工作后，某审计人员收到一份应收账款询证函回函原件，其结果显示无差异，便将其归入审计档案，并销毁被替换下来的传真件。

要求：请针对上述每种情况，逐一指出至真会计师事务所的规定和各项目组的做法是否符合审计准则对审计工作底稿的相关规定，并简要说明理由。

【分析】

事项（1）：不符合。按规定，审计工作底稿编制应使未曾接触该项审计工作的有经验的专业人士清楚地了解所实施的审计程序的性质、时间和范围。

事项（2）：不符合。项目质量控制复核人对审计工作底稿的复核不是逐张复核，故只需在所复核的审计工作底稿上签字，无须逐张签字。

事项（3）：不符合。项目质量控制复核的重点内容是项目组作出的重大判断和在准备审计报告时得出的结论。

事项（4）：不符合。审计工作底稿通常不包括已被取代的审计工作底稿的草稿或财务报表的草稿。

事项（5）：不符合。在完成审计档案归整工作后，审计人员不应在规定的保存期限届满前删除或废弃任何性质的审计工作底稿。

第六章 审计计划

 本章学习目标

知识目标
- 了解重要性的含义,掌握重要性水平的确定方法
- 了解审计风险的含义,掌握审计风险模型的使用方法
- 了解总体审计策略和具体审计计划的内容,掌握其编制的方法

能力目标
- 会确定重要性水平
- 会使用审计风险模型
- 会制定总体审计策略和具体审计计划

第一节 审计重要性

本章知识结构

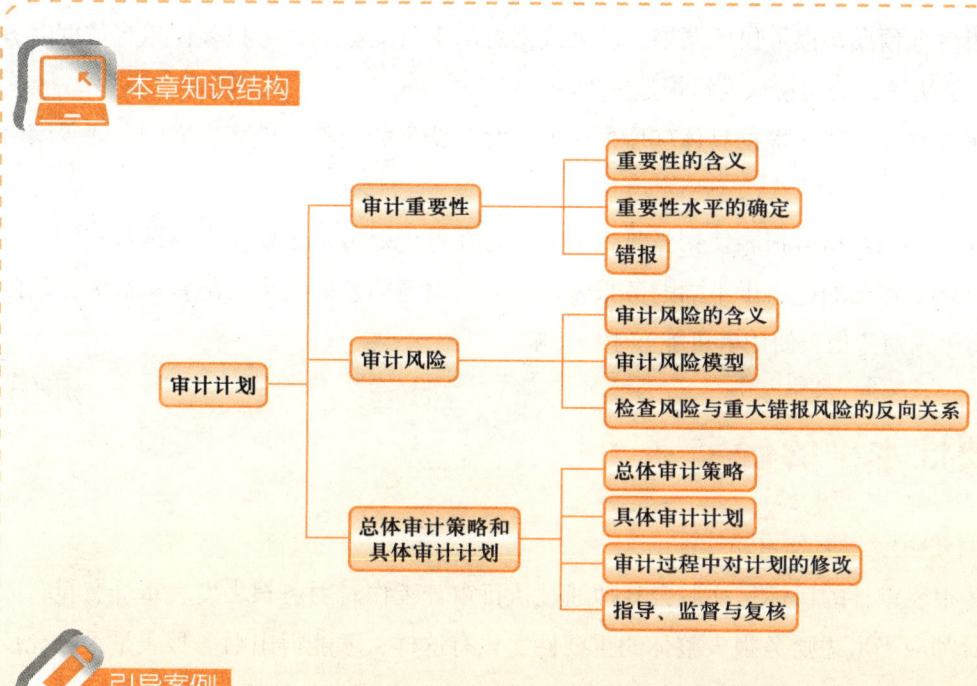

引导案例

A公司是一家从事金融服务的企业，2016年年底其先前采用的进攻型市场战略的弊端逐渐显露出来，债务拖欠日渐升高。企业采用了多种非法手段来掩饰其财务状况，其中之一就是没有对应收账款计提充足的坏账准备金。证券交易委员会对担任A公司2016年度财务报表审计的会计师事务所的表现极为不满，指责该年度的审计"没有进行充分的计划和监督"，认为会计师事务所在编制A公司的审计计划时，没有充分考虑存在于该公司的大量审计风险因素，2016年度的审计计划"大部分是以前年度审计计划的延续"。最后，证券交易委员会决定对该事务所进行惩罚，要其承担公司出具虚假财务报表所带来的损失。

第一节 审计重要性

一、重要性的含义

通常而言，重要性概念可从下列方面进行理解：

（1）如果合理预期错报（包括漏报）单独或汇总起来可能影响财务报表使用者依据财务报表作出的经济决策，则通常认为错报是重大的。

（2）对重要性的判断是根据具体环境作出的，并受错报的金额或性质的影响，或受两者共同作用的影响。

（3）判断某事项对财务报表使用者是否重大，是在考虑财务报表使用者整体共同的财务信息需求的基础上作出的。由于不同财务报表使用者对财务信息的需求可能差异很大，因此不考虑错报对个别财务报表使用者可能产生的影响。

二、重要性水平的确定

（一）财务报表整体的重要性

由于财务报表审计的目标是注册会计师通过执行审计工作对财务报表发表审计意见，因此，注册会计师应当考虑财务报表整体的重要性。只有这样，才能得出财务报表是否公允反映的结论。注册会计师在制定总体审计策略时，应当确定财务报表整体的重要性。

确定重要性需要运用职业判断。注册会计师通常先选定一个基准，再乘以某一百分比作为财务报表整体的重要性。

注册会计师在选择基准时，需要考虑的因素包括：

（1）财务报表要素（如资产、负债、所有者权益、收入和费用）；

（2）是否存在特定会计主体的财务报表使用者特别关注的项目（如为了评价财务业绩，使用者可能更关注利润、收入或净资产）；

（3）被审计单位的性质、所处的生命周期阶段以及所处行业和经济环境；

（4）被审计单位的所有权结构和融资方式（例如，如果被审计单位仅通过债务方式而非权益方式进行融资，财务报表使用者可能更关注资产及资产的索偿权，而非被审计单位的收益）；

（5）基准的相对波动性。

适当的基准取决于被审计单位的具体情况，包括各类报告收益（如税前利润、营业收入、毛利和费用总额），以及所有者权益或净资产。一些实务中较为常用的基准见表6-1。

表6-1 常用的基准

被审计单位的具体情况	可能选择的基准
（1）企业的盈利水平保持稳定	经常性业务的税前利润
（2）企业近年来经营状况大幅度波动，盈利和亏损交替发生，或者由正常盈利变为亏损或微利，或者本年度税前利润因情况变化而出现意外增加或减少	过去3~5年经常性业务的平均税前利润或亏损（取绝对值），或其他基准，如营业收入

续表

被审计单位的具体情况	可能选择的基准
（3）企业为新设企业，处于开办期，尚未开始经营，目前正在建造厂房及购买机器设备	总资产
（4）企业处于新兴行业，目前侧重于抢占市场份额、扩大企业知名度和影响力	净资产

为选定的基准确定百分比需要运用职业判断。百分比和选定的基准之间存在一定的联系，如经常性业务的税前利润对应的百分比通常比营业收入对应的百分比要高。例如，对以盈利为目的的制造行业实体，注册会计师可能认为重要性水平为经常性业务的税前利润的5%是适当的；而对非营利组织，注册会计师可能认为重要性水平为总收入或费用总额的1%是适当的。百分比无论是高一些还是低一些，只要符合具体情况，都是适当的。

（二）特定类别的交易、账户余额或披露的重要性水平

根据被审计单位的特定情况，下列因素可能表明存在一个或多个特定类别的交易、账户余额或披露，其发生的错报金额虽然低于财务报表整体的重要性，但合理预期将影响财务报表使用者依据财务报表作出的经济决策：

（1）法律法规或适用的财务报告编制基础是否影响财务报表使用者对特定项目（如关联方交易、管理层和治理层的薪酬）计量或披露的预期；

（2）与被审计单位所处行业相关的关键性披露（如制药企业的研究与开发成本）；

（3）财务报表使用者是否特别关注财务报表中单独披露的业务的特定方面（如新收购的业务）。

在根据被审计单位的特定情况考虑是否存在上述交易、账户余额或披露时，注册会计师可能会发现了解治理层和管理层的看法和预期是有用的。

（三）实际执行的重要性

实际执行的重要性，是指注册会计师确定的低于财务报表整体的重要性的一个或多个金额，旨在将未更正和未发现错报的汇总数超过财务报表整体的重要性的可能性降至适当的低水平。如果适用，实际执行的重要性还指注册会计师确定的低于特定类别的交易、账户余额或披露的重要性水平的一个或多个金额。

确定实际执行的重要性并非简单的计算，需要注册会计师运用职业判断，并考虑下列因素的影响：

（1）对被审计单位的了解（这些了解在实施风险评估程序的过程中得到更新）；

（2）前期审计工作中识别出的错报的性质和范围；

（3）根据前期识别出的错报对本期错报作出的预期。

通常而言，实际执行的重要性为财务报表整体重要性的50%~75%。

如果存在下列情况，注册会计师可能考虑选择较低的百分比来确定实际执行的重要性：

① 首次接受委托的审计项目；

② 连续审计项目，以前年度审计调整较多；

③ 项目总体风险较高，例如，处于高风险行业，管理层能力欠缺，面临较大市场竞争压力或业绩压力等；

④ 存在或预期存在值得关注的内部控制缺陷。

如果存在下列情况，注册会计师可能考虑选择较高的百分比来确定实际执行的重要性：

① 连续审计项目，以前年度审计调整较少；

② 项目总体风险为低到中等，例如，处于非高风险行业，管理层有足够能力，面临较低的业绩压力等；

③ 以前期间的审计经验表明内部控制运行有效。

审计准则要求注册会计师确定低于财务报表整体重要性的一个或多个金额作为实际执行的重要性，注册会计师无须通过将财务报表整体的重要性平均分配或按比例分配至各个报表项目的方法来确定实际执行的重要性，而是根据对报表项目的风险评估结果来确定一个或多个实际执行的重要性。例如，根据以前期间的审计经验和本期审计计划阶段的风险评估结果，注册会计师认为可以以财务报表整体重要性的75%作为大多数报表项目的实际执行的重要性；与营业收入项目相关的内部控制存在控制缺陷，而且以前年度审计中存在审计调整，因此考虑以财务报表整体重要性的50%作为营业收入项目的实际执行的重要性，从而有针对性地对高风险领域执行更多的审计工作。

（四）审计过程中修改重要性

由于存在下列原因，注册会计师可能需要修改财务报表整体的重要性和特定类别的交易、账户余额或披露的重要性水平（如适用）：

（1）审计过程中情况发生重大变化（如决定处置被审计单位的一个重要组成部分）。

（2）获取新信息。

（3）通过实施进一步审计程序，注册会计师对被审计单位及其经营所了解的情况发生变化。例如，注册会计师在审计过程中发现，实际财务成果与最初确定财务报表整体的重要性使用的预期本期财务成果相比存在很大差异，则需要修改重要性。

（五）在审计中运用实际执行的重要性

（1）注册会计师在计划审计工作时可以根据实际执行的重要性确定需要对哪些类型的交易、账户余额和披露实施进一步审计程序，即通常选取金额超过实际执行的重要性的财务报表项目，因为这些财务报表项目有可能导致财务报表出现重大错报。但是，这不代表注册会计师可以对所有金额低于实际执行的重要性的财务报表项目不实施进一步审计程序，这主要出于以下考虑：

① 单个金额低于实际执行的重要性的财务报表项目汇总起来可能金额重大（可能远远超过财务报表整体的重要性），注册会计师需要考虑汇总后的潜在风险；

② 对于存在低估风险的财务报表项目，不能仅仅因为其金额低于实际执行的重要性而不实施进一步审计程序；

③ 对于识别出存在舞弊风险的财务报表项目，不能因为其金额低于实际执行的重要性而不实施进一步审计程序。

（2）运用实际执行的重要性确定进一步审计程序的性质、时间安排和范围。例如，在实施实质性分析程序时，注册会计师确定的已记录金额与预期值之间的可接受差异额通常不超过实际执行的重要性；在运用审计抽样实施细节测试时，注册会计师可以将可容忍错报的金额设定为等于或低于实际执行的重要性。

三、错报

（一）错报的含义

错报，是指某一财务报表项目的金额、分类、列报或披露，与按照适用的财务报告编制基础应当列示的金额、分类、列报或披露之间存在的差异；或根据注册会计师的判断，为使财务报表在所有重大方面实现公允反映，需要对金额、分类、列报或披露作出的必要调整。错报可能是由于错误或舞弊导致的。

错报可能由下列事项导致：

（1）收集或处理用以编制财务报表的数据时出现错误；

（2）遗漏某项金额或披露；

（3）由于疏忽或明显误解有关事实导致作出不正确的会计估计；

（4）注册会计师认为管理层对会计估计作出不合理的判断或对会计政策作出不恰当的选择和运用。

（二）累计识别出的错报

为了帮助注册会计师评价审计过程中累计的错报的影响以及与管理层和治理层沟通错报事项，将错报区分为事实错报、判断错报和推断错报可能是有用的。

1. 事实错报

这类错报产生于被审计单位收集和处理数据的错误，对事实的忽略或误解，或故意舞弊行为。例如，注册会计师在实施细节测试时发现最近购入存货的实际价值为15 000元，但账面记录的金额却为10 000元。因此，存货和应付账款分别被低估了5 000元，这里被低估的5 000元就是已识别的对事实的具体错报。

2. 判断错报

判断错报，是指由于注册会计师认为管理层对会计估计作出不合理的判断或不恰当地选择和运用会计政策而导致的差异。这类错报产生于两种情况：一是管理层和注册会计师对会计估计值的判断差异，例如，由于包含在财务报表中的管理层作出的估计值超出了注册会计师确定的一个合理范畴，导致出现判断差异；二是管理层和注册会计师对选择和运用会计政策的判断差异，例如，注册会计师认为管理层选用会计政策造成错报，管理层却认为选用会计政策适当，从而导致出现判断差异。

3. 推断错报

注册会计师对总体存在的错报作出的最佳估计数，涉及根据在审计样本中识别出的错报来推断总体的错报。推断错报通常是指通过测试样本估计出的总体的错报减去在测试中发现的已经识别的具体错报。例如，应收账款年末余额为2 000万元，注册会计师抽查10%的样本发现金额有100万元的高估，高估部分为账面金额的20%，据此注册会计师推断总体的错报金额为400万元（2 000×20%），那么上述100万元就是已识别的具体错报，其余300万元即推断错报。

（三）对审计过程识别出的错报的考虑

错报可能不会孤立发生，一项错报的发生还可能表明存在其他错报。例如，注册会计师识别出由于内部控制失效而导致的错报，或被审计单位广泛运用不恰当的假设或评估方法而导致的错报。

抽样风险和非抽样风险可能导致某些错报未被发现。审计过程中累计错报的汇总数接近确定的重要性，则表明存在比可接受的低风险水平更大的风险，即可能未被发现的错报连同审计过程中累计错报的汇总数，可能超过重要性。

注册会计师可能要求管理层检查某类交易、账户余额和披露，以使管理层了解注册会计师识别出的错报的产生原因，并要求管理层采取措施以确定这些交易、账户余额和披露实际发生错报的金额，以及对财务报表作出适当的调整。例如，在从审计样本中识别出的错报推断总体错报时，注册会计师可能提出这些要求。

【案例6-1】至真会计师事务所的注册会计师王辉和刘艳接受委派，对盛大有限责任公司2018年度的财务报表进行审计。在计划阶段，初步确定财务报表层次的重要性水平为160万元。在报告阶段，对财务报表层次的重要性水平进行最终评估，确定为180万元。

要求：王辉和刘艳应将重要性水平最终确定为多少？此时，王辉和刘艳是否需要重新评估所执行的审计程序的充分性？为什么？

【分析】根据注册会计师王辉和刘艳分别在计划阶段和报告阶段确定的重要性水平，他们应当将重要性水平最终确定为180万元。因为在报告阶段所了解的被审计单位的情况比计划阶段所了解的情况更多，所确定的重要性水平更准确。此时，注册会计师王辉和刘艳无须重新评估所执行的审计程序的充分性，因为注册会计师王辉和刘艳是按照160万元的重要性水平设定审计程序并进行审计的，而将重要性水平提高为180万元表明他们所实际执行的审计程序比要求的审计程序更为充分。

第二节 审计风险

一、审计风险的含义

审计风险，是指当财务报表存在重大错报时，注册会计师发表不恰当审计意见的可能性。

审计业务提供的是合理保证，合理保证与审计风险互为补数，即合理保证与审计风险之和等于100%。如果注册会计师将审计风险降至可接受的低水平，则对财务报表不存在重大错报获取了合理保证。

二、审计风险模型

审计风险取决于重大错报风险和检查风险。审计风险、重大错报风险和检查风险之间的关系用模型表示为：

$$审计风险 = 重大错报风险 \times 检查风险$$

注册会计师应当实施审计程序，评估重大错报风险，并根据评估结果设计和实施进一步审计程序，以控制检查风险。

（一）重大错报风险

重大错报风险，是指财务报表在审计前存在重大错报的可能性。重大错报风险与被审计单位的风险相关，且独立存在于财务报表的审计中。在设计审计程序以确定财务报表整体是否存在重大错报时，注册会计师应当从财务报表层次和各类交易、账户余额和披露认定层次方面考虑重大错报风险。《中国注册会计师审计准则第1211号——通过了解被审计单位及其环境识别和评估重大错报风险》对注册会计师如何评估财务报表层次和认定层次的重大错报风险提出了详细的要求。

1. 两个层次的重大错报风险

（1）财务报表层次的重大错报风险。财务报表层次重大错报风险与财务报表整体存在广泛联系，它可能影响多项认定。此类风险通常与控制环境有关，如管理层缺乏诚信、治理层形同虚设而不能对管理层进行有效监督等；但也可能与其他因素有关，如经济萧条、企业所处行业处于衰退期。此类风险难以被界定于某类交易、账户余额和披露的具体认定，相反，此类风险增大了一个或多个不同认定发生重大错报的可能性，与由舞弊引起的风险特别相关。

（2）认定层次的重大错报风险。注册会计师同时考虑各类交易、账户余额和披露认定层次的重大错报风险，考虑的结果有助于注册会计师确定认定层次上实施的进一步审计程序的性质、时间安排和范围。注册会计师在各类交易、账户余额和披露认定层次获取审计证据，以便能够在审计工作完成时，以可接受的低审计风险水平对财务报表整体发表审计意见。《中国注册会计师审计准则第1231号——针对评估的重大错报风险采取的应对措施》对注册会计师如何应对评估的两个层次重大错报风险，提出了详细的要求。

2. 固有风险和控制风险

认定层次的重大错报风险又可以进一步细分为固有风险和控制风险。

（1）固有风险，是指在考虑相关的内部控制之前，某类交易、账户余额或披露的某一认定易于发生错报（该错报单独或连同其他错报可能是重大的）的可能性。某些类别的交易、账户余额和披露及其认定的固有风险较高。例如，复杂计算比简单计算更可能出错；受重大计量不确定性影响的会计估计发生错报的可能性较大；技术进步可能导致某些产品陈旧，进而导致存货易于发生高估错报（计价认定）。被审计单位及其环境中的某些因素还可能与多个甚至所有类别的交易、账户余额和披露有关，进而影响多个认定的固有风险。这些因素包括维持经营的流动资金匮乏、被审计单位处于夕阳行业等。

（2）控制风险，是指某类交易、账户余额或披露的某一认定发生错报，该错报单独或连同其他错报可能是重大的，但没有被内部控制及时防止或发现并纠正的可能性。控制风险取决于与财务报表编制有关的内部控制的设计和运行的有效性。由于控制的固有局限性，某种程度的控制风险始终存在。

（二）检查风险

检查风险，是指如果存在某一错报，该错报单独或连同其他错报可能是重大的，注册会计师为将审计风险降至可接受的低水平而实施审计程序后没有发现这种错报的风险。

检查风险取决于审计程序设计的合理性和执行的有效性。由于注册会计师通常并不对所有的交易、账户余额和披露进行检查，以及其他原因，检查风险不可能降为零。其他原因包括注册会计师可能选择了不恰当的审计程序、审计过程执行不当，或者错误解读了审计结论。这些其他因素可以通过适当计划、在项目组成员之间进行恰当的职责分配、保持职业怀疑态度以及监督、指导和复核助理人员所执行的审计工作得以解决。

三、检查风险与重大错报风险的反向关系

在既定的审计风险水平下，可接受的检查风险水平与认定层次重大错报风险的评估结果成反向关系。即：

$$检查风险 = \frac{审计风险}{重大错报风险}$$

评估的重大错报风险越高，可接受的检查风险越低；评估的重大错报风险越低，可接受的检查风险越高。

【案例6-2】至真会计师事务所的注册会计师王辉和刘艳接受委派，对盛大有限责任公司2018年度的财务报表进行审计。在计划阶段，注册会计师王辉和刘艳确定的可接受的审计风险为5%，评估的盛大有限责任公司的固有风险和控制风险分别为60%和40%。

请问：注册会计师可接受的检查风险是多少？

【分析】$检查风险 = \frac{审计风险}{重大错报风险} = \frac{5\%}{60\% \times 40\%} = 20.8\%$

因此，注册会计师王辉和刘艳确定的可接受的检查风险为20.8%。

第三节 总体审计策略和具体审计计划

一、总体审计策略

注册会计师应当为审计工作制定总体审计策略。总体审计策略用以确定审计范围、时间安排和方向，并指导制订具体审计计划。在制定总体审计策略时，应当考虑以下主要事项：

（一）审计范围

在确定审计范围时，注册会计师需要考虑下列主要事项：

（1）编制拟审计的财务信息所依据的财务报告编制基础，包括是否需要将财务信息调整至按照其他财务报告编制基础编制。

（2）特定行业的报告要求，如某些行业监管机构要求提交的报告。

（3）外币折算，包括外币交易的会计处理、外币财务报表的折算和相关信息的披露。

（4）内部审计工作的可获得性及注册会计师拟信赖内部审计工作的程度。

（5）对利用在以前审计工作中获取的审计证据（如获取的与风险评估程序和控制测试相关的审计证据）预期。

（6）信息技术对审计程序的影响，包括数据的可获得性和对使用计算机辅助审计技术的预期。

（7）协调审计工作与中期财务信息审阅的预期涵盖范围和时间安排，以及中期审阅所获取的信息对审计工作的影响。

（8）与被审计单位人员的时间协调和相关数据的可获取性。

（二）报告目标、时间安排及所需沟通的性质

为计划报告目标、时间安排和沟通的性质，注册会计师需要考虑下列事项：

（1）被审计单位对外报告的时间表，包括中间阶段和最终阶段。

（2）与管理层和治理层举行会谈，讨论审计工作的性质、时间安排和范围。

（3）与管理层和治理层讨论注册会计师拟出具报告的类型和时间安排以及沟通的其他事项（口头或书面沟通），包括审计报告、管理建议书和向治理层沟通的其他事项。

（4）与管理层讨论预期就整个审计业务中对审计工作的进展进行的沟通。

（5）项目组成员之间沟通的预期的性质和时间安排，包括项目组会议的性质和时间安排，以及复核已执行工作的时间安排。

（6）预期是否需要与第三方进行其他沟通，包括与审计相关的法定或约定的报告责任。

（三）审计方向

在确定审计方向时，注册会计师需要考虑下列事项：

（1）重要性方面。具体包括：① 为计划目的确定重要性；② 在审计过程中重新考虑重要性。

（2）重大错报风险较高的审计领域。

（3）评估的财务报表层次的重大错报风险对指导、监督和复核的影响。

（4）项目组人员的选择（在必要时包括项目质量控制复核人员）和工作分工，包括向重大错报风险较高的审计领域分派具备适当经验的人员。

（5）项目预算，包括考虑为重大错报风险可能较高的审计领域分配适当的工作时间。

（6）向项目组成员强调在收集和评价审计证据过程中保持职业怀疑的必要性的方式。

（7）以往审计中对内部控制运行有效性评价的结果，包括所识别的控制缺陷的性质及应对措施。

（8）管理层重视设计和实施健全的内部控制的相关证据，包括这些内部控制得以适当记录的证据。

（9）业务交易量规模，以基于效率的考虑确定是否依赖内部控制。

（10）对内部控制重要性的重视程度。

（11）影响被审计单位经营的重大发展变化，包括信息技术和业务流程的变化，关键管理人员的变化。

（12）重大的行业发展情况，如行业法规变化和新的报告规定。

（13）会计准则及会计制度的变化。

（14）其他重大变化，如影响被审计单位的法律环境的变化。

（四）审计资源

注册会计师应当在总体审计策略中清楚地说明审计资源的规划和调配，包括确定执行审计业务所必需的审计资源的性质、时间安排和范围。

（1）向具体审计领域调配的资源，包括向高风险领域分派有相当经验的项目组成员，就复杂的事项利用专家的工作等。

（2）向具体审计领域分配资源的多少，包括分派到重要地点进行存货监盘的项目组成员的人数，在集团审计中复核组成部分注册会计师工作的范围，向高风险领域分配的审计时间预算等。

（3）何时调配这些资源，包括是在期中审计阶段还是在关键的截止日期调配资源等。

（4）如何管理、指导和监督这些资源，包括预期何时召开项目组预备会和总结会，预期项目合伙人和经理如何进行复核（是现场复核还是非现场复核），是否需要实施项目质量控制复核等。

【案例6-3】

总体审计策略

被审计单位：盛大有限责任公司	索引号：BE
项目：总体审计策略	财务报表截止日/期间：2018年12月31日
编制：王辉	复核：张宁
日期：2018年11月1日	日期：2018年11月5日

一、审计范围

报告要求	年度审计报告
适用的会计准则和相关会计制度	新企业会计准则
适用的审计准则	新审计准则
与财务报告相关的行业特别规定	无
需审计的集团内组成部分的数量及所在地点	无
需要阅读的含有已审计财务报表的文件中的其他信息	无
制定审计策略需考虑的其他事项	无

二、审计业务时间安排

（一）对外报告时间安排：2019年1月31日

（二）执行审计时间安排

执行审计时间安排	时间
1. 期中审计	
（1）执行风险评估程序	2018年11月
（2）制定总体审计策略	2018年11月
（3）制订具体审计计划	2018年11月
（4）控制测试	2018年11月
（5）实质性程序	2018年11月
2. 期末审计	
（1）存货监盘	2018年12月31日
（2）实质性程序	2019年1月

（三）沟通的时间安排

所需沟通	时间
与管理层及治理层的沟通	进场前一次，外勤结束后一次，如有必要出具报告前一次
项目组会议（包括预备会和总结会）	根据进度提前通知

三、影响审计业务的重要因素

（一）重要性

确定的重要性水平	索引号
财务报表整体的重要性：305万元（按年度净利润的5%计算）	
实际执行的重要性：210万元（按整体重要性的70%计算）	

（二）可能存在较高重大错报风险的领域

可能存在较高重大错报风险的领域	索引号
实施新企业会计准则相关变化的内容	
销售收入及销售成本	
期间费用	
所得税费用	
存货	

（三）重要的组成部分和账户余额

重要的组成部分和账户余额	索引号
1. 重要的组成部分	
盛大有限责任公司是一个单体公司，没有分公司、子公司	
2. 重要的账户余额	
存货、在建工程、应付账款	
所得税费用、应交税费	
主营业务收入、主营业务成本	

四、人员安排

（一）项目组主要成员的职责

职位	姓名	主要职责
副主任会计师	张 宁	项目总负责人
高级经理	田 园	复核销售与收款循环、生产与存货循环、人力资源与工薪循环
高级经理	王 辉	复核采购与付款循环、投资与筹资循环
项目经理	刘 艳	销售与收款循环
项目经理	李 萍	生产与存货循环
项目经理	赵 芳	采购与付款循环、投资与筹资循环
项目经理	陈 梅	人力资源与工薪循环

（二）与项目质量控制复核人员的沟通

复核的范围：在审计过程中识别的认定层次的重大错报风险及设计和实施的进一步审计程序；审计中识别的已更正的错报的重要程度及处理情况；拟出具的审计报告类型。

沟通内容	负责沟通的项目组成员	计划沟通时间
风险评估、对审计计划的讨论	田 园	2018年11月6日
审计调整事项	田 园	2019年1月28日
审计意见类型	田 园	2019年1月30日

五、对专家的利用

根据我们对盛大有限责任公司工薪与人事循环内部控制的了解,我们将在以下两方面利用计算机专家的工作进行控制测试:

(1)对与工资计算有关的控制活动;

(2)对与工薪数据维护权限设置相关的控制活动。

二、具体审计计划

注册会计师应当为审计工作制订具体审计计划。具体审计计划应当包括风险评估程序、计划实施的进一步审计程序和其他审计程序。

(一)风险评估程序

具体审计计划应当包括按照《中国注册会计师审计准则第1211号——通过了解被审计单位及其环境识别和评估重大错报风险》的规定,为了充分识别和评估财务报表重大错报风险,注册会计师计划实施的风险评估程序的性质、时间安排和范围。

(二)计划实施的进一步审计程序

具体审计计划应当包括按照《中国注册会计师审计准则第1231号——针对评估的重大错报风险采取的应对措施》的规定,针对评估的认定层次的重大错报风险,注册会计师计划实施的进一步审计程序的性质、时间安排和范围。进一步审计程序包括控制测试和实质性程序。

通常,注册会计师计划的进一步审计程序可以分为进一步审计程序的总体方案和拟实施的具体审计程序两个层次。进一步审计程序的总体方案主要是指注册会计师针对各类交易、账户余额和披露决定采用的总体方案(包括实质性方案和综合性方案)。具体审计程序则是对进一步审计程序的总体方案的延伸和细化,它通常包括控制测试和实质性程序的性质、时间安排和范围。在实务中,注册会计师通常单独编制一套包括这些具体程序的"进一步审计程序表",待具体实施审计程序时,注册会计师将基于所计划的具体审计程序,进一步记录所实施的审计程序及结果,并最终形成有关进一步审计程序的审计工作底稿。

(三)计划实施的其他审计程序

具体审计计划应当包括根据中国注册会计师审计准则的规定,注册会计师针对审计业务需要实施的其他审计程序。计划的其他审计程序可以包括上述进一步审计程序的计划中没有涵盖的、根据其他审计准则的要求注册会计师应当执行的既定程序。例如,有些企业可能涉及环境事项、电子商务,在实务中注册会计师应根据被审计单位的具体情况确定特定项目并执行相应的审计程序。

【案例6-4】

具体审计计划

被审计单位：盛大有限责任公司	索引号：BE
项目：具体审计计划	财务报表截止日/期间：2018年12月31日
编制：陈梅	复核：张宁
日期：2018年11月12日	日期：2018年11月5日

目　录

1. 风险评估程序

    1.1　一般风险评估程序

    1.2　针对特别项目的程序

2. 了解被审计单位及其环境（不包括内部控制）

    2.1　行业状况、法律环境与监管环境以及其他外部因素

    2.2　被审计单位的性质

    2.3　会计政策的选择和运用

    2.4　目标、战略及相关经营风险

    2.5　财务业绩的衡量和评价

3. 了解内部控制

    3.1　控制环境

    3.2　被审计单位的风险评估过程

    3.3　信息系统与沟通

    3.4　控制活动

    3.5　对控制的监督

4. 对风险评估及审计计划的讨论

5. 评估的重大错报风险

    5.1　评估的财务报表层次的重大错报风险

    5.2　评估的认定层次的重大错报风险

6. 计划的进一步审计程序

    6.1　重要账户或列报的计划总体方案（计划矩阵）

    6.2　计算机辅助审计技术的应用

7. 其他程序

三、审计过程中对计划的修改

计划审计工作并非审计业务的一个孤立阶段,而是一个持续的、不断修正的过程。注册会计师应当在审计过程中对总体审计策略和具体审计计划作出必要的更新和修改。

审计过程可以分为不同阶段,通常前一阶段的工作结果会对后一阶段的工作计划产生影响,而后一阶段的工作过程中又可能发现需要对已制订的相关计划进行相应的更新和修改。通常,这些更新和修改涉及比较重要的事项。例如,对重要性水平的修改,对某类交易、账户余额和列报的重大错报风险的评估和进一步审计程序的更新和修改等。一旦计划被更新和修改,审计工作也应当进行相应修正。

例如,如果在制订审计计划时,注册会计师基于对材料采购交易的相关控制的设计和执行获取的审计证据,认为相关控制设计合理并得以执行,因此未将其评价为高风险领域并且计划实施控制测试。但是在实施控制测试时获取的审计证据与审计计划阶段获取的审计证据相矛盾,注册会计师认为该类交易的相关控制没有得到有效执行,此时,注册会计师可能需要修正对该类交易的风险评估,并基于修正的风险评估结果修改计划的审计方案,如采用实质性方案。

四、指导、监督与复核

注册会计师应当就对项目组成员工作的指导、监督与复核的性质、时间安排和范围制定计划。项目组成员工作的指导、监督与复核的性质、时间安排和范围主要取决于下列因素:

(1)被审计单位的规模和复杂程度;
(2)审计领域;
(3)评估的重大错报风险;
(4)执行审计工作的项目组成员的素质和专业胜任能力。

注册会计师应当在评估重大错报风险的基础上,计划对项目组成员工作的指导、监督与复核的性质、时间安排和范围。当评估的重大错报风险增加时,注册会计师通常会扩大指导与监督的范围,增强指导与监督的及时性,执行更详细的复核工作。在计划复核的性质、时间安排和范围时,注册会计师还应考虑单个项目组成员的专业素质和胜任能力。

第七章
风险评估

 本章学习目标

知识目标
- 了解风险评估的作用和风险评估程序的内容
- 了解被审计单位及其环境的内容
- 掌握被审计单位内部控制的要素
- 掌握识别和评估重大错报风险的方法

能力目标
- 能了解被审计单位及其环境
- 能了解被审计单位内部控制
- 能评估财务报表层次和认定层次的重大错报风险

第七章　风险评估

本章知识结构

- 风险评估
  - 风险评估程序
    - 风险评估的作用
    - 风险评估程序
  - 了解被审计单位及其环境
    - 了解行业状况、法律环境与监管环境以及其他外部因素
    - 了解被审计单位的性质
    - 了解被审计单位对会计政策的选择和运用
    - 了解被审计单位的目标、战略以及相关经营风险
    - 了解对被审计单位财务业绩的衡量和评价
  - 了解被审计单位的内部控制
    - 内部控制的含义和目标
    - 内部控制的局限性
    - 内部控制的要素
    - 在整体层面了解内部控制
    - 在业务流程层面了解内部控制
  - 评估重大错报风险
    - 评估财务报表层次和认定层次的重大错报风险
    - 仅通过实质性程序无法应对的重大错报风险
    - 对风险评估的修正
  - 风险评估审计工作底稿实例

引导案例

广夏（银川）实业股份有限公司（简称银广夏公司），1994年6月上市，该公司曾因骄人的业绩和诱人的前景而被称为"中国第一蓝筹股"。2001年8月，《财经》杂志发表了题为"银广夏陷阱"的文章，文中认为：天津广夏出口德国诚信贸易公司的为"不可能的产量、不可能的价格、不可能的产品"。以天津广夏萃取设备的产能，即使通宵达旦运作，也生产不出所宣称的数量；天津广夏萃取产品出口价格高到近乎荒谬；对德出口合同中的某些产品，根本不能用二氧化碳超临界萃取设备提取。由此，银广夏虚构财务报表事件被曝光。

2002年5月中国证监会对银广夏的行政处罚决定书认定:"公司自1998年至2001年期间累计虚增利润77 156.70万元,公司伪造了从原料购进到生产、销售、出口等环节的全部单据,包括销售合同和发票、银行票据、海关出口报关单和所得税免税文件。"之后,负责对银广夏财务报表进行审计的深圳中天勤会计师事务所及相关注册会计师,因涉及银广夏利润造假案被追究法律责任。

银广夏审计失败的原因很多,其中一个重要的原因是注册会计师对该公司的经营性质、经营状况、公司治理及管理现状等情况不够了解,没有评估和控制审计风险。按照我国现行注册会计师审计准则要求,注册会计师应当对被审计单位财务报表重大错报风险进行识别、评估,并采取应对措施,以控制审计风险。

第一节 风险评估程序

一、风险评估的作用

《中国注册会计师审计准则第1211号——通过了解被审计单位及其环境识别和评估重大错报风险》规定,注册会计师应当了解被审计单位及其环境,以充分识别和评估财务报表重大错报风险,设计和实施进一步审计程序。

了解被审计单位及其环境是必要程序,特别是为注册会计师在下列关键环节作出职业判断提供重要基础:

(1)确定重要性水平,并随着审计工作的进程评估对重要性水平的判断是否仍然适当。

(2)考虑会计政策的选择和运用是否恰当,以及财务报表的列报是否适当。

(3)识别需要特别考虑的领域,包括关联方交易、管理层运用持续经营假设的合理性,或交易是否具有合理的商业目的等。

(4)确定在实施分析程序时所使用的预期值。

(5)设计和实施进一步审计程序,以将审计风险降至可接受的低水平。

(6)评价所获取审计证据的充分性和适当性。

了解被审计单位及其环境是一个连续和动态地收集、更新与分析信息的过程,贯穿于整个审计过程的始终。评价对被审计单位及其环境了解的程度是否恰当,关键是看注册会计师对被审计单位及其环境的了解是否足以识别和评估财务报表的重大错报风险。如果了解被审计单位及其环境获得的信息足以识别和评估财务报表的重大错报风险,设计和实施进一步审计程序,那么了解的程度就是恰当的。

二、风险评估程序

注册会计师了解被审计单位及其环境,目的是识别和评估财务报表重大错报风险。注册会计师为了解被审计单位及其环境,以识别和评估财务报表层次和认定层次的重大错报风险而实施的程序称为风险评估程序。注册会计师应当依据实施这些程序所获取的信息,评估重大错报风险。

注册会计师应当实施下列风险评估程序,以了解被审计单位及其环境:① 询问被审计单位管理层和内部其他人员;② 实施分析程序;③ 观察和检查。

(一)询问被审计单位管理层和内部其他人员

询问被审计单位管理层和内部其他人员是注册会计师了解被审计单位及其环境的一个重要信息来源。注册会计师可以考虑向管理层和财务负责人询问下列事项:

(1)管理层所关注的主要问题。如新的竞争对手、主要客户和供应商的流失、新的税收法规的实施以及经营目标或战略的变化等。

(2)被审计单位最近的财务状况、经营成果和现金流量。

(3)可能影响财务报告的交易和事项,或者目前发生的重大会计处理问题。如重大的购并事宜等。

(4)被审计单位发生的其他重要变化。如所有权结构、组织结构的变化,以及内部控制的变化等。

注册会计师通过询问获取的大部分信息来自于管理层和负责财务报告的人员。注册会计师也可以通过询问被审计单位内部的其他不同层级的人员(内部审计人员、采购人员、生产人员、销售人员等)获取信息,或为识别重大错报风险提供不同的视角。例如:

(1)直接询问治理层,可能有助于注册会计师了解财务报表编制的环境。

(2)直接询问内部审计人员,可能有助于注册会计师了解其针对被审计单位内部控制设计和运行有效性而实施的内部审计程序,以及管理层对内部审计发现的问题是否采取适当的措施。

(3)直接询问内部法律顾问,有助于注册会计师了解有关法律法规的遵循情况、产品保证和售后责任、与业务合作伙伴的安排(如合营企业)、合同条款的含义以及诉讼情况等。

（二）实施分析程序

分析程序是指注册会计师通过研究不同财务数据之间以及财务数据与非财务数据之间的内在关系，对财务信息作出评价。分析程序还包括调查识别出的、与其他相关信息不一致或与预期数据严重偏离的波动和关系。

分析程序既可用作风险评估程序和实质性程序，也可用于对财务报表的总体复核。这里主要说明在了解被审计单位及其环境并评估重大错报风险时使用的分析程序，即将分析程序用作风险评估程序。

在实施分析程序时，注册会计师应当预期可能存在的合理关系，并与被审计单位记录的金额、依据记录金额计算的比率或趋势相比较；如果发现异常或未预期到的关系，注册会计师应当在识别重大错报风险时考虑这些比较结果。例如，注册会计师通过实施分析程序发现，两个会计期间的毛利率相当。但是，注册会计师通过对被审计单位的了解，获知在生产成本中占较大比例的原材料成本在相关期间内上升，注册会计师预期销售成本也应相应上升，而毛利率应相应下降。上述分析可使注册会计师得出结论：销售成本可能存在重大错报风险，应对其给予足够的重视。

（三）观察和检查

观察和检查程序可以支持对管理层和其他相关人员的询问结果，并可以提供有关被审计单位及其环境的信息。注册会计师应当实施下列观察和检查程序：

1. 观察被审计单位的经营活动

例如，观察被审计单位人员正在从事的生产活动和内部控制活动，增加注册会计师对被审计单位人员如何进行生产经营活动及实施内部控制的了解。

2. 检查文件、记录和内部控制手册

例如，检查被审计单位的经营计划、策略章程，与其他单位签订的合同、协议，各业务流程操作指引和内部控制手册等，了解被审计单位组织结构和内部控制制度的建立健全情况。

3. 阅读由管理层和治理层编制的报告

例如，阅读被审计单位年度和中期财务报告，股东大会、董事会会议、高级管理层会议的会议记录或纪要，管理层的讨论和分析资料，对重要经营环节和外部因素的评价，被审计单位内部管理报告以及其他特殊目的报告（如新投资项目的可行性分析报告）等，了解自上一期审计结束至本期审计期间被审计单位发生的重大事项。

4. 实地察看被审计单位的生产经营场所和厂房设备

通过现场访问和实地察看被审计单位的生产经营场所和厂房设备，可以帮助注册会计师了解被审计单位的性质及其经营活动。在实地察看被审计单位的厂房和办公场所的过程中，注册会计师有机会与被审计单位管理层和担任不同职责的员工进行交流，可以增强注册会计师对被审计单位的经营活动及其重大影响因素的了解。

5. 追踪交易在财务报告信息系统中的处理过程（穿行测试）

这是注册会计师了解被审计单位业务流程及其相关控制时经常使用的审计程序。通过追踪某笔或某几笔交易在业务流程中如何生成、记录、处理和报告，以及相关控制如何执行，注册会计师可以确定被审计单位的交易流程和相关控制是否与之前通过其他程序所获得的了解一致，并确定相关控制是否得到执行。

除了采用上述程序从被审计单位内部获取信息以外，阅读外部信息也可能有助于注册会计师了解被审计单位及其环境。外部信息包括证券分析师、银行、评级机构出具的有关被审计单位及其所处行业的经济或市场环境等状况的报告，贸易与经济方面的期刊，法规或金融出版物，以及政府部门或民间组织发布的行业报告和统计数据等。

第二节　了解被审计单位及其环境

了解被审计单位及其环境是必须要实施的程序而不是可选程序，了解的目的是识别和评估财务报表重大错报风险，设计和实施进一步审计程序。

注册会计师应当从下列方面了解被审计单位及其环境：

（1）行业状况、法律环境与监管环境以及其他外部因素；

（2）被审计单位的性质；

（3）被审计单位对会计政策的选择和运用；

（4）被审计单位的目标、战略以及相关经营风险；

（5）对被审计单位财务业绩的衡量和评价；

（6）被审计单位的内部控制。（在本章第三节中阐述。）

上述第（1）项是被审计单位的外部环境，第（2）项至第（4）项以及第（6）项是被审计单位的内部因素，第（5）项则既有外部因素也有内部因素。值得注意的是，被审计单位及其环境的各个方面可能会互相影响。例如，被审计单位的行业状况、法律环境与监管环境以及其他外部因素可能影响到被审计单位的目标、战略以及相关经营风险，而被审计单位的性质、目标、战略以及相关经营风险可能影响到被审计单位对会计政策的选择和运用，以及内部控制的设计和执行。因此，注册会计师在对被审计单位及其环境的各个方面进行了解和评估时，应当考虑各因素之间的相互关系。

一、了解行业状况、法律环境与监管环境以及其他外部因素

注册会计师应当了解被审计单位的行业状况，主要包括：
（1）所处行业的市场供求与竞争，包括市场需求、生产能力和价格竞争；
（2）生产经营的季节性和周期性；
（3）与被审计单位产品相关的生产技术；
（4）能源供应与成本；
（5）行业的关键指标和统计数据。

注册会计师应当了解被审计单位所处的法律环境及监管环境，主要包括：
（1）适用的会计原则和行业特定惯例；
（2）受管制行业的法规框架；
（3）对被审计单位经营活动产生重大影响的法律法规，包括直接的监管活动；
（4）税收政策；
（5）对被审计单位开展业务产生影响的政府政策，包括货币、财政、税收和贸易等政策；
（6）影响行业和被审计单位经营活动的环保要求。

注册会计师应当了解被审计单位经营的其他外部因素，主要包括：
（1）宏观经济的景气程度；
（2）利率和资金供求状况；
（3）通货膨胀水平及币值变动；
（4）国际经济环境和汇率变动。

二、了解被审计单位的性质

（一）所有权结构

注册会计师应当了解被审计单位所有权结构以及所有者与其他人员或单位之间的关系，考虑关联方关系是否已经得到识别，以及关联方交易是否得到恰当核算。例如，注册会计师应当了解被审计单位是属于国有企业、外商投资企业、民营企业，还是属于其他类型的企业，还应当了解其直接控股母公司、间接控股母公司和其他股东的构成，以及所有者与其他人员或单位之间的关系。

（二）治理结构

注册会计师应当了解被审计单位的治理结构。例如，董事会的构成情况、董事会内部是否有独立董事；治理结构中是否设有审计委员会或监事会及其运作情况。注册会计师应当考虑治理层是否能够在独立于管理层的情况下对被审计单位事务作出客观判断。

（三）组织结构

注册会计师应当了解被审计单位的组织结构，考虑复杂的组织结构可能导致的重大错报风险。例如，对于在多个地区拥有子公司、合营企业、联营企业或其他成员机构，或者存在多个业务分部和地区分部的被审计单位，不仅编制合并财务报表的难度增加，还存在其他可能导致重大错报风险的复杂事项。

此外，注册会计师还应当了解被审计单位的经营活动、投资活动、筹资活动和财务报告，从而对被审计单位的性质进行全面的评价。

三、了解被审计单位对会计政策的选择和运用

（一）重大和异常交易的会计处理方法

某些被审计单位可能存在与其所处行业相关的重大交易。如银行向客户发放贷款、证券公司对外投资等，注册会计师应当考虑对重大的和不经常发生的交易的会计处理方法是否适当。

（二）在缺乏权威性标准或共识、有争议的或新兴领域采用重要会计政策产生的影响

在缺乏权威性标准或共识的领域，注册会计师应当关注被审计单位选用了哪些会计政策、为什么选用这些会计政策以及选用这些会计政策产生的影响。

（三）会计政策的变更

如果被审计单位变更了重要的会计政策，注册会计师应当考虑变更的原因及其适当性，即考虑：① 会计政策变更是否为法律、行政法规或者适用的会计准则和相关会计制度要求的变更；② 会计政策变更是否能够提供更可靠、更相关的信息；③ 会计政策变更是否得到充分披露；④ 新颁布的财务报告准则、法律法规，以及被审计单位何时采用、如何采用这些规定。

四、了解被审计单位的目标、战略以及相关经营风险

注册会计师应当了解被审计单位是否存在与下列方面有关的目标和战略，并考虑相应的经营风险：

（1）行业发展；

(2）开发新产品或提供新服务；
(3）业务扩张；
(4）新的会计要求；
(5）监管要求；
(6）本期及未来的融资条件；
(7）信息技术的应用；
(8）实施战略的影响，特别是由此产生的需要运用新的会计要求的影响。

五、了解对被审计单位财务业绩的衡量和评价

注册会计师应当关注下列财务业绩信息：
(1）关键业绩指标、关键比率、趋势和经营统计数据；
(2）同期财务业绩比较分析；
(3）预算、预测、差异分析，分部信息与分部、部门或其他不同层次的业绩报告；
(4）员工业绩考核与激励性报酬政策；
(5）被审计单位与竞争对手的业绩比较。
了解被审计单位及其环境审计工作底稿见工作底稿实例7-1，索引号：BA。

第三节　了解被审计单位的内部控制

一、内部控制的含义和目标

（一）内部控制的含义

内部控制是指被审计单位为了合理保证财务报告的可靠性、经营的效率和效果以及对法律法规的遵守，由治理层、管理层和其他人员设计与执行的政策及程序。

（二）内部控制的目标

(1）合理保证财务报告的可靠性，这一目标与管理层履行财务报告编制责任密切相关。
(2）合理保证经营的效率和效果，即经济、有效地使用企业资源，以最优方式实现企业

目标。

（3）合理保证在所有经营活动中遵守法律法规的要求，即在法律法规的框架下从事经营活动。

二、内部控制的局限性

（一）内部控制的固有局限性

被审计单位只能设计和实施能为公司财务报表的公允表达提供合理保证的内部控制，而不能提供绝对的保证。注册会计师在对内部控制进行审计时，应当保持应有的职业谨慎，充分关注内部控制的固有局限性：

（1）在决策时人为判断可能出现错误和由于人为失误而导致内部控制失效。

（2）控制可能由于两个或更多的人员串通或管理层不当地凌驾于内部控制之上而被规避。例如，管理层可能与客户签订"背后协议"，修改标准的销售合同条款和条件，从而导致不适当的收入确认。

此外，如果被审计单位内部行使控制职能的人员素质不适应岗位职责的要求，也会影响内部控制职能的正常发挥。被审计单位实施内部控制的成本效益问题也会影响其效能，当实施某项控制成本大于控制效果而发生损失时，就没有必要设置控制环节或控制措施。内部控制一般都是针对经常而重复发生的业务而设置的，如果出现不经常发生或未预计到的业务，原有控制就可能不适用。

（二）对小型被审计单位的考虑

小型被审计单位拥有的员工通常较少，限制了其职责分离的程度。在小型被审计单位，由于内部控制系统较为简单，业主兼经理更有可能凌驾于控制之上，注册会计师在识别由于舞弊导致的重大错报风险时需要考虑这一问题。

三、内部控制的要素

内部控制的要素包括控制环境、风险评估过程、与财务报告相关的信息系统和沟通、控制活动和对控制的监督。

（一）控制环境

控制环境包括治理职能和管理职能，以及治理层和管理层对内部控制及其重要性的态度、认识和措施。控制环境设定了被审计单位的内部控制基调，影响员工对内部控制的认识和态度。良好的控制环境是实施有效内部控制的基础。

1. 对诚信和道德价值观念的沟通与落实

诚信和道德价值观念的沟通与落实是控制环境的重要组成部分，影响到重要业务流程的设计和运行。内部控制的有效性直接依赖于负责创建、管理和监控内部控制的人员的诚信和道德价值观念。被审计单位是否存在道德行为规范，以及这些规范如何在被审计单位内部得到沟通和落实，决定了是否能产生诚信和道德的行为。

注册会计师在了解和评价诚信和道德价值观念的沟通与落实时，考虑的主要因素可能包括：① 被审计单位是否有书面的行为规范并向所有员工传达；② 被审计单位的企业文化是否强调诚信和道德价值观念的重要性；③ 管理层是否身体力行，高级管理人员是否起表率作用；④ 对违反有关政策和行为规范的情况，管理层是否采取适当的惩罚措施。

2. 对胜任能力的重视

胜任能力是指具备完成某一职位的工作所应有的知识和能力。管理层对胜任能力的重视包括对于特定工作所需的胜任能力水平的设定，以及对达到该水平所必需的知识和能力的要求。注册会计师在就被审计单位对胜任能力的重视情况进行了解和评估时，考虑的主要因素可能包括：① 财会人员以及信息管理人员是否具备与被审计单位业务性质和复杂程度相称的足够的胜任能力和培训，在发生错误时，是否通过调整人员或系统来加以处理；② 管理层是否配备足够的财会人员以适应业务发展和有关方面的需要；③ 财会人员是否具备理解和运用会计准则所需的技能。

3. 治理层的参与程度

被审计单位的控制环境在很大程度上受治理层的影响。治理层的职责应在被审计单位的章程和政策中予以规定。治理层（董事会）通常通过其自身的活动，并在审计委员会或类似机构的支持下，监督被审计单位的财务报告政策和程序。注册会计师在对被审计单位治理层的参与程度进行了解和评估时，考虑的主要因素可能包括：① 董事会是否建立了审计委员会或类似机构；② 董事会、审计委员会或类似机构是否与内部审计人员以及注册会计师有联系和沟通，联系和沟通的性质以及频率是否与被审计单位的规模和业务复杂程度相匹配；③ 董事会、审计委员会或类似机构的成员是否具备适当的经验和资历；④ 董事会、审计委员会或类似机构是否独立于管理层；⑤ 审计委员会或类似机构会议的数量和时间是否与被审计单位的规模和业务复杂程度相匹配；⑥ 董事会、审计委员会或类似机构是否充分地参与了监督编制财务报告的过程；⑦ 董事会、审计委员会或类似机构是否对经营风险的监控有足够的关注，进而影响被审计单位和管理层的风险评估过程；⑧ 董事会成员是否保持相对的稳定性。

4. 管理层的理念和经营风格

管理层负责企业的运作以及经营策略和程序的制定、执行和监督。控制环境的每个方面在很大程度上都受管理层采取的措施和作出的决策的影响，或在某些情况下受管理层不采取某些措施或不作出某种决策的影响。在有效的控制环境中，管理层的理念和经营风格可以创造一个积极的氛围，促进业务流程和内部控制的有效运行，同时创造一个减少错报发生可能性的环境。

5. 组织结构及职权与责任的分配

被审计单位的组织结构为计划、运作、控制及监督经营活动提供了一个整体框架，一个通过集权或分权决策、可在不同部门间进行适当的职责划分、建立适当层次的报告体系。组织结构将影响权利、责任和工作任务在组织成员中的分配。被审计单位的组织结构在一定程度上取决于被审计单位的规模和经营活动的性质。

被审计单位组织结构中应采用向个人或小组分配控制职责的方法，应建立执行特定职能（包括交易授权）的授权机制，确保每个人都清楚地了解报告关系和责任。

6. 人力资源政策与实务

政策与程序（包括内部控制）的有效性，通常取决于执行人。因此，被审计单位员工的能力与诚信是控制环境中不可缺少的因素。人力资源政策与实务涉及招聘、培训、考核、咨询、晋升和薪酬等方面。被审计单位是否有能力招聘并保留一定数量既有能力又有责任心的员工，在很大程度上取决于其人事政策与实务。例如，如果招聘录用标准要求录用最合适的员工，包括强调员工的学历、经验、诚信和道德，这表明被审计单位希望录用有能力并值得信赖的人员。

综上所述，注册会计师应当对控制环境的构成要素获取足够的了解，并考虑内部控制的实质及其综合效果，以了解管理层和治理层对内部控制及其重要性的态度、认识以及所采取的措施。

（二）风险评估过程

风险评估过程包括识别与财务报告相关的经营风险，以及针对这些风险所采取的措施。任何经济组织在经营活动中都会面临各种各样的风险，风险对其生存和竞争能力产生影响。很多风险并不为经济组织所控制，但管理层应当确定可以承受的风险水平，识别这些风险并采取一定的应对措施。

可能产生风险的事项和情形包括：

（1）监管及经营环境的变化；

（2）新员工加入；

（3）新信息系统的使用或对原系统进行升级；

（4）业务快速发展；

（5）新技术；

（6）新生产型号、产品和业务活动；

（7）企业重组；

（8）发展海外经营；

（9）新的会计准则。

注册会计师应当了解被审计单位风险评估过程和结果，确定管理层如何识别与财务报告相关的经营风险，如何估计该风险的重要性，如何评估风险发生的可能性，以及如何采取措施管理这些风险。如果被审计单位的风险评估过程符合其具体情况，了解被审计单位的风险评估过程和结果有助于注册会计师识别财务报表的重大错报风险。

注册会计师可以通过了解被审计单位及其环境的其他方面信息，评价被审计单位风险评估过程的有效性。例如，在了解被审计单位的业务情况时，发现了某些经营风险，注册会计师应当了解管理层是否也意识到这些风险以及如何应对。在审计过程中，注册会计师如果识别出管理层未能识别的重大错报风险，应当考虑被审计单位的风险评估过程为何没有识别出这些风险，以及评估过程是否适合于具体环境。

（三）信息系统与沟通

信息系统与沟通是收集与交换被审计单位执行、管理和控制业务活动所需信息的过程，包括收集和提供信息（特别是履行内部控制岗位职责所需的信息）给适当人员，使之能够履行职责。信息系统与沟通的质量直接影响到管理层对经营活动作出正确决策和编制可靠的财务报告的能力。

与财务报告相关的信息系统，包括用以生成、记录、处理和报告交易、事项和情况，对相关资产、负债和所有者权益履行经营管理责任的程序和记录。注册会计师应当了解被审计单位与财务报告相关的信息系统，并应特别关注由于管理层凌驾于控制之上，或规避控制行为而产生的重大错报风险。

与财务报告相关的沟通包括使员工了解各自在与财务报告有关的内部控制方面的角色和职责，员工之间的工作关系，以及向适当级别的管理层报告例外事项的方式。注册会计师应了解被审计单位内部如何对财务报告的岗位职责，以及与财务报告相关的重大事项进行沟通。注册会计师还应当了解管理层与治理层之间的沟通，以及被审计单位与外部的沟通。

（四）控制活动

控制活动是指有助于确保管理层的指令得以执行的政策和程序，包括与授权、业绩评价、信息处理、实物控制和职责分离等相关的活动。

1. 授权

授权包括一般授权和特别授权，授权的目的在于保证交易在管理层授权范围内进行。一般授权是指管理层制定的要求组织内部遵守的普遍适用于某类交易或活动的政策。特别授权是指管理层针对特定类别的交易或活动逐一设置的授权，如重大资本支出和股票发行等。特别授权也可能用于超过一般授权的常规交易，如因某些特别原因，同意对某个不符合信用条件的客户赊销商品。

2. 业绩评价

业绩评价主要包括被审计单位分析评价实际业绩与预算（或预测、前期业绩）的差异，综合分析财务数据与经营数据的内在关系，将内部数据与外部信息来源相比较，评价职能部门、分支机构或项目活动的业绩，以及对发现的异常差异或关系采取必要的调查与纠正措施。

3. 信息处理

信息处理控制分为两类，即信息技术的一般控制和应用控制。信息技术的一般控制是指与多个应用系统有关的政策和程序，有助于保证信息系统持续恰当地运行（包括信息的完整性和数据的安全性），支持应用控制作用的有效发挥，通常包括数据中心和网络运行的控制，系统软件的购置、开发及维护控制。信息技术的应用控制主要是指在业务流程层面运行的人工或自动化程序，与用于生成、记录、处理、报告交易或其他财务数据的程序相关，通常包括检查数据计算的准确性，审核账户和试算平衡表，设置对输入数据和数字序号的自动检查，以及对例外报告进行人工干预。

4. 实物控制

实物控制主要包括了解对资产和记录采取适当的安全保护措施，对访问计算机程序和数据文件设置授权，以及定期盘点并将盘点记录与会计记录相核对。如现金、有价证券和存货的定期盘点控制都是为了保护财产的安全完整。

5. 职责分离

职责分离主要包括了解被审计单位如何将交易授权、交易记录以及资产保管等职责分配给不同员工，以防范同一员工在履行多项职责时可能发生的舞弊和错误。职责划分的内容既包括不相容职务在组织机构之间的分离，如企业的材料收发、产品制造、产品销售等应分别由供应、生产、销售部门分别管理，也包括不相容职务在组织机构内部的分离，如在财会部门内部差旅费的审批与报销职权的分离等。

注册会计师应当了解被审计单位有关的控制活动。在了解控制活动时，注册会计师应当重点考虑一项控制活动单独或连同其他控制活动，是否能够以及如何防止或发现并纠正各类交易、账户余额和披露存在的重大错报。注册会计师的工作重点是识别和了解针对重大错报可能发生的领域的控制活动。

（五）对控制的监督

对控制的监督是指被审计单位评价内部控制在一段时间内运行有效性的过程，对控制的监督涉及及时评估控制的有效性并采取必要的补救措施。例如，管理层对是否定期编制银行存款余额调节表进行复核，内部审计人员评价销售人员是否遵守公司关于销售合同条款的政策等。

注册会计师应当了解被审计单位对控制的持续监督活动和专门的评价活动。持续的监督活动通常贯穿于被审计单位的日常经营活动与常规管理工作中，被审计单位可能使用内部审计人员或具有类似职能的人员对内部控制的设计和执行进行专门的评价。

四、在整体层面了解内部控制

在整体层面对被审计单位内部控制的了解和评估，通常由项目组中对被审计单位情况比较了解且较有经验的成员负责，同时需要项目组其他成员的参与和配合。在了解内部控制的各要素时，注册会计师应当对被审计单位整体层面的内部控制的设计进行评价，并确定其是否得到执行。这一评价过程需要大量的职业判断，注册会计师应当考虑管理层本身的理念和态度、实际设计和执行的控制，以及对经营活动的密切参与是否能够实现控制的目标。

财务报表层次的重大错报风险很可能源于薄弱的控制环境，因此，注册会计师在评估财务报表层次的重大错报风险时，应当将被审计单位整体层面的内部控制状况和了解到的被审计单位及其环境等方面的情况结合起来考虑。

被审计单位整体层面的内部控制是否有效将直接影响重要业务流程层面控制的有效性，进而影响注册会计师拟实施的进一步审计程序的性质、时间和范围。

在被审计单位整体层面了解和评价内部控制审计工作底稿见工作底稿实例7-2，索引号：BB-1。

五、在业务流程层面了解内部控制

（一）确定重要业务流程和重要交易类别

在实务中，将被审计单位的整个经营活动划分为几个重要的业务循环，有助于注册会计师更有效地了解和评估重要业务流程及相关控制。通常，制造业企业的内部控制，可以划分为下列五个循环：

1. 销售与收款循环

本循环包括向顾客收受订购单，核准购货方的信用，装运商品，开具销货发票，记录收益和应收账款，记录现金收入等程序。

2. 采购与付款循环

本循环包括购买存货、其他资产和劳务，发出订货单，检查所收货物和开具验收报告，记录应付销货方债务，核准付款，支付款项和记录现金支出等程序。

3. 生产与存货循环

本循环包括领取各种原材料及其他物料用品，交付生产，分摊费用，计算生产成本，核算销售成本等程序。

4. 人力资源与工薪循环

本循环包括雇佣、辞退职工，制定最低工资标准，核计实际工时，计算应付职工薪酬，计算个人所得税和其他代扣款项，记录工薪卡，发放工资等程序。

5. 筹资与投资循环

本循环包括授权、核准、执行和记录有关银行贷款、融资租赁、应付公司债和股本、交易性金融资产、持有至到期投资、长期股权投资等业务事项。

在被审计单位业务流程层面了解和评价内部控制审计工作底稿见工作底稿实例7-3，索引号：XSL。

（二）了解重要交易流程，并进行记录

在确定重要业务流程和重要交易类别后，注册会计师便可着手了解每一类重要交易的生成、记录、处理及在财务报表中报告的程序，即重要交易流程。

注册会计师可以通过下列方法获得对重要交易流程的了解：① 询问被审计单位的适当人员；② 观察所运用的处理方法和程序；③ 检查被审计单位的手册和其他书面资料；④ 追踪交易在财务报告信息系统中的处理过程（穿行测试）。

注册会计师在了解重要交易流程时，可以采用下列方法对业务流程进行记录：

1. 文字表述法

文字表述法是审计人员用文字叙述的方式描述被审计单位内部控制的方法。

文字表述法形式灵活，可以根据实际情况选择内容，能充分表达内部控制的一切特殊情况。但这种方法也有局限性，表现在调查和叙述内部控制的情况比较耗费时间，对业务环节多的企业，用文字说明难免冗长，容易产生误解，记录时也容易发生遗漏，且不能快速地确定内部控制的薄弱点。因此，文字说明法只适用于业务简单的中小型企业。

文字表述法的参考格式举例如下：

【案例7-1】盛大有限责任公司现金收支内部控制文字表述如下：

盛大有限责任公司收入现金，先由出纳审核有关凭证，并填写收款收据，收妥现金后，编制记账凭证，并登记现金日记账，而后将此凭证交给会计用以登记相关的账目。每日收到的现金于第二天由出纳送存银行。

支出现金，先由出纳审核支出款项的原始凭证（一般为发票），然后填制付款记账凭证，并于款项付出后在原始凭证上加盖"付讫"的戳记。出纳根据付款记账凭证登记现金日记账，而后将记账凭证交会计登记相关的账目。

凭证上的复核印章一般先盖好，因此就不再复核。出纳每隔9天进行一次核对，如有差

异，须报领导审批后处理。月终，由财务负责人进行盘点。

评价：盛大有限责任公司的内部控制较差，尤其是由出纳填制收付款凭证又不经复核的做法，容易出现错弊。

2. 调查表法

调查表法是指审计人员通过事先设计好的有关内部控制的问题式调查表，了解被审计单位内部控制的方法。采用这种方法，可事先进行细致研究，将内部控制的关键控制点和主要控制程序编制成一定格式的调查表。调查表可印发多份，分发给有关被调查人填写，填写后统一收回并将问题归纳整理，以便进行分析研究。如果调查的问题比较单一，涉及面不广，亦可采用当面询问、随问随填的方式。调查表的参考格式举例见表7-1所示。

表7-1 内部控制调查表

被审计单位名称：　　　　　　　　　　　　　　索引号：　　　　　　　页次：
调查内容：销货业务　　　　　　　　　　　　　编制人：　　　　　　　日期：
会计期间：　　　　　　　　　　　　　　　　　复核人：　　　　　　　日期：

调查问题	调查结果						
	是	否	不适用	缺点		未实施	备注
				严重	较轻		
1. 登记入账的销货确系已发运给实有其人的顾客							
2. 销货业务已经过适当的审批							
3. 对顾客赊销是否经负责人批准							
4. 发运单是否由企业采用适当方式予以控制，以保证所有发货都已开票收款							
5. 销货发票是否均预先编号并登记入账							
6. 销货发票和发运单所列的数量是否核对相符							
7. 销货发票是否经过单价检查、乘积复核和加总复核							
8. 是否定期给常年顾客发出对账单							
9. 登记入账的日期与发运单的日期是否经过比较核对							
10. 销货业务在明细账中的记录与总账相符，明细账是否加总复核，是否与总账核对相符							

调查表法的优点，一是调查范围明确，省时省力，可提高工作效率；二是如果调查表设置得当，审计人员很容易抓住企业内部控制的强点和弱点；三是方法简便易行，非审计人员亦可使用。当然调查表法也有其局限性，这种方法缺乏灵活性，所询问和回答的问题只限于表内所提出的问题，如果调查的问题设置不当，就不能全面而正确地反映内部控制的情况，

而且遇到特殊情况时，往往会因为"不适用"一栏填得太多而失去意义。另外，若被调查人不认真填写，调查表法会流于形式，审计人员了解不到真实情况。

3. 流程图法

流程图法是利用图解形式来描述被审计单位的内部控制的方法。流程图一般按主要经营环节绘制，如果将各主要经营环节的流程图合并起来，就构成比较完整的内部控制流程图。流程图的绘制方法有横式和纵式两种，无论采用哪种方式，都必须注意以下几点：① 在绘制流程图前，审计人员必须全面、详细地调查了解被审计单位主要经营业务各环节的相互关系、凭证传递程序、各环节和各程序应负的责任等。② 必须事先确定图形符号，设计好图例说明，在目前尚无统一规定专用符号的情况下，可选用一般通用的符号。③ 流程图的绘制一般有两种形式：一种是纵式流程图，一种是横式流程图。如采用横式，应将业务部门放在上端，业务流程从左上角开始自左至右、从上到下绘制，线条、符号之间的关系要表示清楚，要特别注意业务交叉线的绘制，防止紊乱；另外，还要考虑所有流程图的合并问题，要将业务之间的钩稽关系说明清楚。

流程图的参考格式举例如图7-1所示。

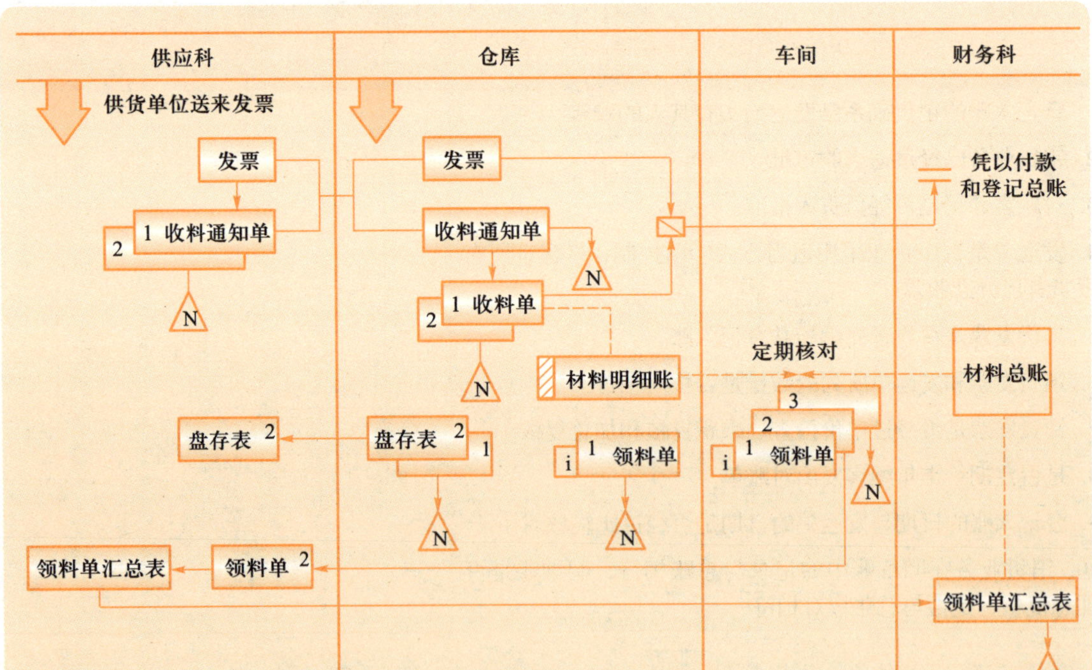

图7-1 材料收发业务流程图

流程图法的优点是形象直观,能够清晰地表示各项经济业务的处理程序和内部控制情况,并展示各步骤之间的关系,便于进行评价;在定期审计的情况下,只要将被审计单位以前的流程图按照业务的变化情况对有关线条或符号稍加修改,就可以得到新的流程图。流程图法的缺点在于绘制流程图需要掌握一定的技术,如果绘图技术不过关,绘出的流程图不能清楚准确地反映被审计单位的内部控制,就会影响审计工作的质量;此外,流程图法也不如调查表法那样容易确定内部控制的薄弱环节。

注册会计师评价被审计单位的内部控制时,上述三种方法可以有针对性地选用,或者将三种方法相互结合运用,以便收到更好的评审效果。

第四节　评估重大错报风险

评估重大错报风险是风险评估阶段的最后一个步骤。评估将作为确定进一步审计程序的性质、范围和时间安排的基础,以应对识别的风险。

一、评估财务报表层次和认定层次的重大错报风险

(一)评估重大错报风险的审计程序

(1)在了解被审计单位及其环境的整个过程中,要结合对财务报表中各类交易、账户余额和披露的考虑,识别风险。如被审计单位因相关环境法规的实施需要更新设备,可能面临原有设备闲置或贬值的风险;宏观经济的低迷可能预示应收账款的回收存在问题。

(2)结合对拟测试的相关控制的考虑,将识别出的风险与认定层次可能发生错报的领域相联系。如销售困难使产品的市场价格下降,可能导致年末存货成本高于其可变现净值而需要计提存货跌价准备,这显示存货的计价认定可能发生错报。

(3)评估识别出的风险,并评价其是否更广泛地与财务报表整体相关,进而潜在地影响多项认定。

(4)考虑发生错报的可能性,以及潜在错报的重大程度是否足以导致重大错报。

注册会计师应当利用实施风险评估程序获取的信息,包括在评价控制设计和确定其是否得到执行时获取的审计证据,作为支持风险评估结果的审计证据。注册会计师应当根据风险

评估结果，确定实施进一步审计程序的性质、时间安排和范围。

（二）识别两个层次的重大错报风险

在对重大错报风险进行识别和评估后，注册会计师应当确定，识别的重大错报风险是与特定的某类交易、账户余额、披露的认定相关，还是与财务报表整体广泛相关，进而影响多项认定。

某些重大错报风险可能与特定的某类交易、账户余额、披露的认定相关。例如，被审计单位存在复杂的联营或合资，表明长期股权投资账户的认定可能存在重大错报风险。某些重大错报风险可能与财务报表整体广泛相关，进而影响多项认定。例如，管理层缺乏诚信或承受异常的压力可能引发舞弊风险，这些风险与财务报表整体相关。

（三）控制环境对评估财务报表层次重大错报风险的影响

财务报表层次的重大错报风险很可能源于薄弱的控制环境。薄弱的控制环境带来的风险可能对财务报表产生广泛的影响，难以限于某类交易、账户余额和披露，注册会计师应当采取总体应对措施。例如被审计单位治理层、管理层对内部控制的重要性缺乏认识，没有建立必要的制度和程序，这样的缺陷源于薄弱的控制环境，可能对财务报表产生广泛影响，需要注册会计师采取总体应对措施。

（四）控制对评估认定层次重大错报风险的影响

在评估重大错报风险时，注册会计师应当将所了解的控制与特定认定相联系。控制可能与某一认定直接相关，也可能与某一认定间接相关。关系越间接，控制在防止或发现并纠正认定中错报的作用越小。注册会计师应当考虑对识别的各类交易、账户余额和披露认定层次的重大错报风险予以汇总和评估，以确定进一步审计程序的性质、时间安排和范围。

二、仅通过实质性程序无法应对的重大错报风险

作为风险评估的一部分，注册会计师如果认为仅通过实质性程序获取的审计证据无法应对认定层次的重大错报风险，就应当评价被审计单位针对这些风险设计的控制，并确定其执行情况。

在被审计单位对日常交易采用高度自动化处理的情况下，审计证据可能仅以电子形式存在，其充分性和适当性通常取决于自动化信息系统相关控制的有效性，注册会计师应当考虑仅通过实施实质性程序不能获取充分、适当审计证据的可能性。

三、对风险评估的修正

注册会计师对认定层次重大错报风险的评估，可能随着审计过程中不断获取审计证据而

作出相应的变化。

例如，注册会计师对重大错报风险的评估可能基于预期控制运行有效这一判断，即相关控制可以防止或发现并纠正认定层次的重大错报。但在测试控制运行的有效性时，注册会计师获取的证据可能表明相关控制在被审计期间并未有效运行。同样，在实施实质性程序后，注册会计师可能发现错报的金额和频率比在风险评估时预计的金额和频率要高。因此，如果通过实施进一步审计程序获取的审计证据与初始评估获取的审计证据相矛盾，注册会计师应当修正风险评估结果，并相应修改原计划实施的进一步审计程序。

【案例7-2】至真会计师事务所的田园和李萍注册会计师接受委派，对盛大有限责任公司2018年度会计报表进行审计。盛大有限责任公司主要从事医疗器械设备的生产和销售。产品分两大类：甲类产品为大中型医疗器械设备，主要销往医院；乙类产品为小型医疗器械设备，主要通过经销商销往药店。

（1）盛大有限责任公司2018年年初，在6个城市增设了销售服务处，使销售服务处的数量由6个增加到12个。注册会计师田园审计销售费用时发现，销售费用中办公室租金只从260万元增加到300万元。

（2）甲类产品销售时，盛大有限责任公司负责把设备运送到医院并安装调试，医院验收合格后签署医疗设备验收单，盛大有限责任公司根据医疗设备验收单确认销售收入。盛大有限责任公司从2018年起向医院提供一个月的免费试用期，医院在试用期结束后签署设备验收单。注册会计师李萍审查盛大有限责任公司2018年发出商品账，发现本年发出商品比上年增多，但由于只能确认11个月的收入，销售收入和成本应该比2017年有所下降，但从盛大有限责任公司财务数据看，甲类产品2018年的收入和成本不降反升。

（3）盛大有限责任公司生产设备使用的备件的购买和领用不频繁，但各类备件的种类繁多。为减轻年末存货盘点的工作量，管理层决定2018年11月30日对备件进行盘点，其余存货在年末进行盘点。

要求：针对上述资料，请逐项指出资料所列事项是否可能表明存在重大错报风险。如果认为存在，请简要说明理由。

【分析】

（1）表明存在重大错报风险。盛大有限责任公司2018年销售服务处的数量从6个增加到12个，但销售费用中办公室租金只从260万元增加到300万元，可能存在少计销售费用的风险。

（2）表明存在重大错报风险。盛大有限责任公司从2018年起甲类产品向医院提供一个月的免费试用期，只能确认11个月的收入，销售收入和成本应该有所下降，但财务数据显示甲类产品的收入和成本不降反升，可能存在提前确认收入的风险。

（3）表明存在重大错报风险。管理层2018年11月30日对备件进行盘点，12月份若备件发生增减变动，年末存货盘点时应当考虑对备件增减变动进行调整确认，可能存在存货金额不正确的风险。

第五节　风险评估审计工作底稿实例

【工作底稿实例7-1】

了解被审计单位及其环境（不包括内部控制）	
被审计单位：沃诺克有限公司	索引号：BA
项目：了解被审计单位及其环境（不包括内部控制）工作底稿	财务报表截止日/期间：2018年12月31日
编制：Li	复核：Wang
日期：2018年11月8日	日期：2018年11月12日

一、审计目标
注册会计师应当从下列方面了解被审计单位及其环境，并评估相应重大错报风险：
（1）行业状况、法律环境与监管环境以及其他外部因素；
（2）被审计单位的性质；
（3）被审计单位对会计政策的选择和运用；
（4）被审计单位的目标、战略以及相关经营风险；
（5）被审计单位财务业绩的衡量和评价。
二、行业状况、法律环境与监管环境以及其他外部因素
（一）行业状况
1. 所在行业的市场供求与竞争

> 主要了解并记录被审计单位的主要产品是什么？所处什么行业？行业的总体发展趋势是什么？产品的市场需求、市场容量和价格等情况。

2. 生产经营的季节性和周期性

> 主要了解并记录被审计单位所处行业是否受经济周期波动影响，以及采取了哪些措施使波动的影响最小化。行业生产经营和销售是否受季节影响。

3. 产品生产技术的变化

　　主要了解并记录本行业的核心技术是什么，行业是否开发了新技术，被审计单位在技术方面是否具有领先地位。

4. 能源供应与成本

　　主要了解并记录能源消耗在成本中所占比重，能源价格变化对成本的影响。

5. 行业的关键指标和统计数据

　　主要了解并记录行业产品平均价格、产量是多少；被审计单位业务的增长率和财务业绩与行业的平均水平及主要竞争者相比如何，存在重大差异的原因是什么。

（二）法律环境及监管环境
1. 适用的会计准则、会计制度和行业特定惯例

　　主要了解并记录被审计单位是外商投资企业还是其他企业，适用的会计准则或会计制度是什么。

2. 对经营活动产生重大影响的法律法规及监管活动

　　主要了解并记录国家对行业是否有特殊监管要求。

3. 对开展业务产生重大影响的政府政策，包括货币、财政、税收和贸易等政策

　　主要了解并记录现行货币政策、财政政策、关税和税法对被审计单位经营活动产生怎样的影响。

4. 与被审计单位所处行业和所从事经营活动相关的环保要求

　　主要了解并记录是否存在新出台的法律法规，对被审计单位有何影响。

（三）其他外部因素（略）
三、被审计单位的性质
（一）所有权结构

　　主要了解并记录所有权性质、所处地区、规模等，与被审计单位之间的关系。

（二）治理结构

　　主要了解并记录董事会的构成和运作情况。

（三）组织结构

　　主要了解并记录组织结构是否复杂，是否可能导致重大错报风险。

（四）经营活动

　　主要了解并记录主营业务的性质、与生产产品或提供劳务相关的市场信息、关键客户、重要供货商及劳动用工情况。

（五）投资活动

主要了解并记录证券投资、委托贷款的发生与处置、资本性投资活动等情况。

（六）筹资活动

主要了解并记录债务结构和相关条款，包括担保情况及表外融资等情况。

四、被审计单位对会计政策的选择和运用

主要了解被审计单位选择和运用的重要会计政策及披露等情况，并评价可能存在的重大错报风险。

五、被审计单位的目标、战略以及相关经营风险

主要了解被审计单位目标、战略、相关经营风险及拟采用的对策等情况，并评价可能存在的重大错报风险。

六、被审计单位财务业绩的衡量和评价

主要了解被审计单位关键业绩指标、业绩趋势、管理层和员工业绩考核与激励性报酬政策等情况，并评价可能存在的重大错报风险。

【工作底稿实例7-2】

在被审计单位整体层面了解和评价内部控制	
被审计单位：沃诺克有限公司	索引号：BB-1
项目：了解和评价整体层面内部控制	财务报表截止日/期间：2018年12月31日
编制：Li	复核：Wang
日期：2018年11月8日	日期：2018年11月12日

1. 整体层面内部控制要素

整体层面内部控制要素	是否进行了解
控制环境	是
被审计单位的风险评估过程	是
与财务报告相关的信息系统与沟通	是
对控制的监督	是

2. 了解整体层面内部控制

根据对整体层面内部控制的了解，记录如下：

（1）是否委托其他服务机构执行主要业务活动？如果被审计单位使用其他服务机构，将对审计计划产生哪些影响？

> 无。

（2）是否制定了相关的政策和程序以保持适当的职责分工？这些政策和程序是否合理？

> 是，较为合理。

（3）自前次审计后，被审计单位的整体层面内部控制是否发生了重大变化？如果已发生变化，将对审计计划产生哪些影响？

> 未发生重大变化。

（4）在了解整体层面内部控制过程中是否进一步识别出其他风险？如果已识别出其他风险，将对审计计划产生哪些影响？

> 否。

3. 信息技术一般控制采用的系统

（1）使用的信息技术系统。

> 略

（2）拟于将来实施的重大修改、开发与维护计划。

> 略

（3）本年度对信息系统进行的重大修改、开发与维护及其影响。

> 略

（4）在整体层面了解内部控制的结论。

控制要素	识别的缺陷	是否属于重大缺陷	索引号	列入与管理层沟通事项	列入与治理层沟通事项
略					

【工作底稿实例7-3】

在被审计单位业务流程层面了解和评价内部控制（以销售与收款循环为例）		
被审计单位：沃诺克有限公司		索引号：XSL
项目：了解内部控制汇总表		财务报表截止日/期间：2018年12月31日
编制：Li		复核：Wang
日期：2018年11月21日		日期：2018年11月28日

1. 受本循环影响的主要交易和账户余额

   应收账款、营业收入、应交税费

2. 主要业务活动

主要业务活动	是否在本循环中进行了解
销售	是
记录应收账款	是
记录税金	是
收款或收到票据	是
维护顾客档案	是

3. 了解交易流程

根据对交易流程的了解，记录如下：

（1）是否委托其他服务机构执行主要业务活动？如果被审计单位使用其他服务机构，将对审计计划产生哪些影响？

　　无。

（2）是否制定了相关的政策和程序以保持适当的职责分工？这些政策和程序是否合理？

　　是，已经制定了合理的政策和程序以保持适当的职责分工。

（3）自前次审计后，被审计单位的业务流程和控制活动是否发生了重大变化？如果发生重大变化，将对审计计划产生哪些影响？

　　未发生重大变化。

（4）是否识别出本期交易过程中发生的控制偏差？如果已识别出控制偏差，产生偏差的原因是什么？将对审计计划产生哪些影响？

　　否。

（5）是否进一步识别出其他风险？如果已识别出其他风险，将对审计计划产生哪些影响？

否。

4. 信息系统
（1）应用软件。

信息系统名称	计算机运作环境	来源	初次安装日期
用友软件	略	购买	略

（2）初次安装后对信息系统进行的任何重大修改、开发与维护。

信息系统名称	重大修改、开发与维护	更新日期
用友软件	略	略

（3）拟于将来实施的重大修改、开发与维护计划。

无。

（4）本年度对信息系统进行的重大修改、开发与维护及其影响。

无。

5. 初步结论

内部控制设计合理，并得到执行。

沟通事项
是否需要就已识别出的内部控制设计和执行方面的重大缺陷，与适当层次的管理层或治理层进行沟通？

没有需要沟通事项。

第八章
风险应对

 本章学习目标

知识目标
- 明确针对财务报表层次重大错报风险的总体应对措施
- 明确进一步审计程序的含义、要求、性质、时间和范围
- 明确控制测试的含义、要求、性质、时间和范围
- 明确实质性程序的含义、要求、性质、时间和范围

能力目标
- 能应对财务报表层次的重大错报风险
- 能实施控制测试
- 能实施实质性程序

第八章 风险应对

本章知识结构

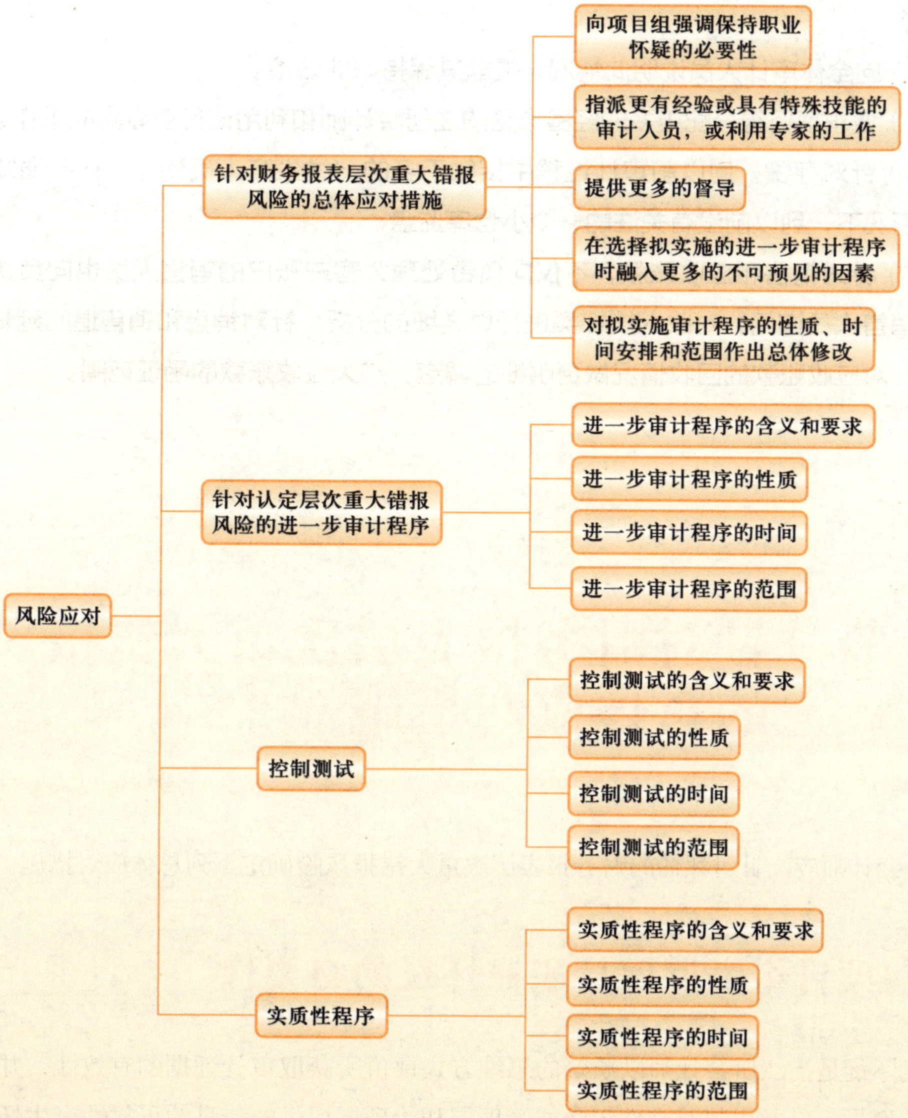

风险应对
- 针对财务报表层次重大错报风险的总体应对措施
  - 向项目组强调保持职业怀疑的必要性
  - 指派更有经验或具有特殊技能的审计人员，或利用专家的工作
  - 提供更多的督导
  - 在选择拟实施的进一步审计程序时融入更多的不可预见的因素
  - 对拟实施审计程序的性质、时间安排和范围作出总体修改
- 针对认定层次重大错报风险的进一步审计程序
  - 进一步审计程序的含义和要求
  - 进一步审计程序的性质
  - 进一步审计程序的时间
  - 进一步审计程序的范围
- 控制测试
  - 控制测试的含义和要求
  - 控制测试的性质
  - 控制测试的时间
  - 控制测试的范围
- 实质性程序
  - 实质性程序的含义和要求
  - 实质性程序的性质
  - 实质性程序的时间
  - 实质性程序的范围

引导案例

2018年1月，中联会计师事务所受鑫源有限责任公司（以下简称"鑫源公司"）的委托，对鑫源公司2017年度财务报表进行审计。注册会计师郑飞在审计鑫源公司的过程中，发现该公司曾因虚增利润、发布虚假信息遭受处罚，同时前任会计师事务所所涉及注册会计师对鑫源公司更换会计师事务所的原因也含糊其辞，不予透露。此外，郑飞还发现鑫源公司的存货和应收账款在市场稳定的情况下与上年相比有大幅度提升。据此，郑飞认为鑫

源公司管理层可能存在诚信问题，由此判定鑫源公司财务报表出现重大错漏报的可能性较大，鑫源公司财务报表可能存在重大舞弊风险。

鉴于此，郑飞决定对在审计计划中既定的审计程序进行修改，并采取下列措施以降低审计风险：

（1）向全体审计人员说明此情况，提醒其保持职业谨慎。

（2）要求项目组分配更多的经验丰富的注册会计师和利用该行业专家的工作。

（3）针对存货，向以前审计过程中接触不多的一线生产人员询问；在不通知被审计单位的情况下，到以前没有关注的一个小仓库监盘。

（4）针对销售和应收账款，不仅向负责处理大客户账户的销售人员也向负责处理小客户的销售人员询问；对收入按细类进行更详细的分析；针对销售和销售退回延长截止测试期间；对应收账款的回收情况做更明细的调查；扩大应收账款的函证范围。

第一节　针对财务报表层次重大错报风险的总体应对措施

注册会计师应当针对评估的财务报表层次重大错报风险确定下列总体应对措施。

一、向项目组强调保持职业怀疑的必要性

职业怀疑是指注册会计师以质疑的思维方式评价所获取审计证据的有效性，并对相互矛盾的审计证据，以及引起对文件记录或管理层和治理层提供的信息的可靠性产生怀疑的审计证据保持警觉。

二、指派更有经验或具有特殊技能的审计人员，或利用专家的工作

由于各行业在经营业务、经营风险、财务报告、法规要求等方面具有特殊性，审计人员

的专业分工细化成为一种趋势。审计项目组成员中应有一定比例的人员曾经参与过被审计单位以前年度的审计，或具有被审计单位所处特定行业的相关审计经验。必要时，要考虑利用信息技术、税务、评估、精算等方面的专家的工作。

三、提供更多的督导

对于财务报表层次重大错报风险较高的审计项目，项目组的高级别成员，如项目合伙人、项目经理等经验较丰富的人员，要对其他成员提供更详细、更经常、更及时的指导和监督并加强项目质量复核。

四、在选择拟实施的进一步审计程序时融入更多的不可预见的因素

被审计单位人员，尤其是管理层，如果熟悉注册会计师的审计套路，就可能采取种种规避手段，掩盖财务报告中的舞弊行为。因此，在设计拟实施审计程序的性质、时间安排和范围时，为了避免既定思维对审计方案的限制，避免对审计效果的人为干涉，从而使得针对重大错报风险的进一步审计程序更加有效，注册会计师要考虑使某些程序不被被审计单位管理层预见或事先了解。

在实务中，注册会计师可以通过以下方式提高审计程序的不可预见性：

（1）对某些未测试过的低于设定的重要性水平或风险较小的账户余额和认定实施实质性程序；

（2）调整实施审计程序的时间，使被审计单位不可预期；

（3）采取不同的审计抽样方法，使当期抽取的测试样本与以前有所不同；

（4）选取不同的地点实施审计程序，或预先不告知被审计单位所选定的测试地点。

五、对拟实施审计程序的性质、时间安排和范围作出总体修改

财务报表层次的重大错报风险很可能源于薄弱的控制环境。薄弱的控制环境带来的风险可能对财务报表产生广泛影响，难以限于某类交易、账户余额、披露，注册会计师应当采取总体应对措施。相应地，注册会计师对控制环境的了解也影响其对财务报表层次重大错报风险的评估。有效的控制环境可以使注册会计师增强对内部控制和被审计单位内部产生的证据

的信赖程度。如果控制环境存在缺陷，注册会计师在对拟实施审计程序的性质、时间安排和范围作出总体修改时应当考虑：

（1）在期末而非期中实施更多的审计程序。控制环境的缺陷通常会削弱期中获得的审计证据的可信赖程度。

（2）主要依赖实质性程序获取审计证据。良好的控制环境是其他控制要素发挥作用的基础。控制环境存在缺陷通常会削弱其他控制要素的作用，导致注册会计师可能无法信赖内部控制，而主要依赖实施实质性程序获取审计证据。

（3）增加拟纳入审计范围的经营地点的数量。

第二节　针对认定层次重大错报风险的进一步审计程序

一、进一步审计程序的含义和要求

（一）进一步审计程序的含义

进一步审计程序相对风险评估程序而言，是指注册会计师针对评估的各类交易、账户余额和披露认定层次重大错报风险实施的审计程序，包括控制测试和实质性程序。

（二）设计进一步审计程序时的考虑因素

在设计进一步审计程序时，注册会计师应当考虑下列因素：

（1）风险的重要性。风险的重要性是指风险造成的后果的严重程度。风险的后果越严重，就越需要注册会计师关注和重视，越需要精心设计有针对性的进一步审计程序。

（2）重大错报发生的可能性。重大错报发生的可能性越大，越需要注册会计师精心设计进一步审计程序。

（3）涉及的各类交易、账户余额和披露的特征。不同的交易、账户余额和披露，产生的认定层次的重大错报风险也会存在差异，适用的审计程序也有差别，需要注册会计师区别对待，并设计有针对性的进一步审计程序予以应对。

（4）被审计单位采用的特定控制的性质。不同性质的控制（尤其应区分是人工控制还是自动化控制）对注册会计师设计进一步的审计程序具有重要影响。

（5）注册会计师是否拟获取审计证据，以确定内部控制在防止或发现并纠正重大错报方面的有效性。如果注册会计师在风险评估时预期内部控制运行有效，随后拟实施的进一步审计程序就必须包括控制测试，且实质性程序自然会受到之前控制测试结果的影响。

二、进一步审计程序的性质

进一步审计程序的性质是指进一步审计程序的目的和类型。其中：进一步审计程序的目的包括通过实施控制测试以确定内部控制运行的有效性，通过实施实质性程序以发现认定层次的重大错报；进一步审计程序的类型包括检查、观察、询问、函证、重新计算、重新执行和分析程序。

在确定进一步审计程序的性质时，注册会计师需要考虑如下因素：

（1）认定层次重大错报风险的评估结果。评估的认定层次重大错报风险越高，对通过实质性程序获取的审计证据的相关性和可靠性的要求越高，从而可能影响进一步审计程序的类型及其综合运用。例如，当注册会计师判断某类交易协议的完整性存在更高的重大错报风险时，除了检查文件以外，注册会计师还可能决定向第三方询问或函证协议的完整性。

（2）评估的认定层次重大错报风险产生的原因。例如，注册会计师可能判断某特定类别的交易即使在不存在相关控制的情况下发生重大错报的风险仍较低，此时注册会计师可能认为仅实施实质性程序就可以获取充分、适当的审计证据。再如，对于经由被审计单位信息系统日常处理和控制的某类交易，如果注册会计师预期此类交易在内部控制运行有效的情况下发生重大错报的风险较低，且拟在控制运行有效的基础上设计实质性程序，注册会计师就会决定先实施控制测试。

三、进一步审计程序的时间

进一步审计程序的时间是指注册会计师何时实施进一步审计程序，或审计证据适用的期间或时点。因此，当提及进一步审计程序的时间时，在某些情况下指的是审计程序的实施时间，在另一些情况下是指需要获取的审计证据适用的期间或时点。

有关进一步审计程序的时间选择问题，第一个层面是注册会计师选择在何时实施进一步审计程序的问题，第二个层面是选择获取什么期间或时点的审计证据的问题。第一个层面的选择问题主要集中在如何权衡期中与期末实施审计程序的关系；第二个层面的选择问题分别集中在如何权衡期中审计证据与期末审计证据的关系、如何权衡以前审计获取的审计证据与本期审计获取的审计证据的关系。这两个层面的最终落脚点都是如何确保获取审计证据的效率和效果。

注册会计师在确定何时实施审计程序时应当考虑下列几项重要因素：

（1）控制环境。良好的控制环境可以抵消在期中实施进一步审计程序的局限性，使注册会计师在确定实施进一步审计程序的时间时有更大的灵活度。

（2）何时能得到相关信息。例如，某些控制活动可能仅在期中（或期中以前）发生，而之后可能难以再被观察到；再如，某些电子化的交易和账户文档如未能及时取得，可能会被覆盖。在这些情况下，注册会计师如果希望获取相关信息，则需要考虑能够获取相关信息的时间。

（3）错报风险的性质。例如，被审计单位可能为了保证盈利目标的实现，在会计期末伪造销售合同以虚增收入。此时注册会计师需要考虑在期末（即资产负债表日）这个特定时点获取被审计单位截至期末所能提供的所有销售合同及相关资料，以防范被审计单位在资产负债表日后伪造销售合同虚增收入的做法。

（4）审计证据适用的期间或时点。注册会计师应当根据需要获取的特定审计证据确定何时实施进一步审计程序。例如，为了获取资产负债表日的存货余额证据，显然不宜在与资产负债表日间隔过长的期中时点或期末以后时点实施存货监盘等相关审计程序。

需要说明的是，虽然注册会计师在很多情况下可以根据具体情况选择实施进一步审计程序的时间，但也存在着一些限制选择的情况，某些审计程序只能在期末或期末以后实施，包括将财务报表与会计记录相核对，检查财务报表编制过程中所作的会计调整等。如果被审计单位在期末或接近期末发生了重大交易，或重大交易在期末尚未完成，则注册会计师应当考虑交易的发生或截止等认定可能存在的重大错报风险，并在期末或期末以后检查此类交易。

四、进一步审计程序的范围

进一步审计程序的范围是指实施进一步审计程序的数量，包括抽取的样本量，对某项控制活动的观察次数等。

在确定进一步审计程序的范围时，注册会计师应当考虑下列因素：

（1）重要性水平。确定的重要性水平越低，注册会计师实施进一步审计程序的范围越广。

（2）重大错报风险。评估的重大错报风险越高，对拟获取审计证据的相关性、可靠性的要求越高，因此注册会计师实施的进一步审计程序的范围也越广。

（3）计划获取的保证程度。计划获取的保证程度，是指注册会计师计划通过所实施的审计程序对测试结果可靠性所获取的信心。计划获取的保证程度越高，对测试结果可靠性要求越高，注册会计师实施的进一步审计程序的范围越广。例如，注册会计师对财务报表是否不存在重大错报的信心可能来自控制测试和实质性程序。如果注册会计师计划从控制测试中获取更高的保证程度，则控制测试的范围就应更广。

【案例8-1】注册会计师张宁是盛大有限责任公司2018年度财务报表审计业务的项目负责人，正在针对评估的重大错报风险设计进一步审计程序。相关情况如下：

（1）为应对应收账款项目计价和分摊认定的重大错报风险，张宁决定全部采用积极的方式进行函证，同时扩大函证程序的范围。

（2）盛大有限责任公司利用高度自动化系统开具销售发票。张宁于2018年7月确认系统的一般控制有效，并确认了该系统正在运行后，得出系统在2018年度有效运行的结论。

（3）虽然应付账款完整性认定的控制有效，但评估的固有风险较高。张宁决定放弃信赖相关内部控制，转而扩大检查等实质性程序的范围。

（4）张宁怀疑盛大有限责任公司可能在会计期末以后伪造销售合同以虚增销售收入，拟在2018年12月31日向盛大有限责任公司索取全部销售合同副本。

（5）盛大有限责任公司2018年度多次向银行和其他企业抵押借款。为应对与财务报表披露的完整性认定相关的重大错报风险，张宁决定扩大对实物资产的检查范围。

（6）张宁评估的存货计价认定相关控制的有效性较高，在设计进一步审计程序时，决定相应缩小控制测试的范围。

要求：注册会计师张宁针对评估的重大错报风险设计进一步审计程序在性质、时间安排或范围方面是否存在不当之处？简要说明理由。

【分析】

事项（1）：审计程序的性质设计存在不当之处。函证通常不能为应收账款的计价和分摊认定提供充分适当的审计证据。针对性的程序是检查应收账款的账龄和期后收款情况，了解欠款客户的信用等。

事项（2）：审计程序的时间安排存在不当之处。7月份获取的一般控制有效证据不能得出全年度一般控制有效运行的结论。张宁至少还应证实剩余期间一般控制有效运行。

事项（3）：审计程序的性质设计存在不当之处。对于完整性认定的重大错报风险，实质性程序不如控制测试有效。张宁不应放弃对内部控制的依赖。

事项（4）：不存在不当之处。在资产负债表日获取所有销售合同及相关资料，对于防范盛大有限责任公司资产负债表日后伪造销售合同具有很强的针对性。

事项（5）：审计程序的性质设计存在不当之处。为应对抵押借款披露的完整性的重大错报风险，应实施对借款协议、契约的检查程序。检查实物资产与审计目标无关。

事项（6）：控制测试范围不当。在风险评估时评估的控制运行有效性越高，控制测试范围应当越大。

第三节 控制测试

一、控制测试的含义和要求

（一）控制测试的含义

控制测试是指用于评价内部控制在防止或发现并纠正认定层次重大错报方面的运行有效性的审计程序。控制测试的目的是测试控制运行的有效性。这一概念不同于"了解内部控制"。"了解内部控制"包含两层含义：一是评价控制的设计；二是确定控制是否得到执行。

了解内部控制时，注册会计师获取的审计证据应当确定某项控制是否存在，被审计单位是否正在使用；在测试控制运行的有效性时，注册会计师应当获取关于控制是否有效运行的审计证据。因此，在了解控制是否得到执行时，注册会计师只需抽取少量的交易进行检查，或观察某几个时点。但在测试控制运行的有效性时，注册会计师需要抽取足够数量的交易进行检查或对多个不同时点进行观察。

在测试控制运行的有效性时，注册会计师应当从下列方面获取关于控制是否有效运行的审计证据：

（1）控制在所审计期间的相关时点是如何运行的；

（2）控制是否得到一贯执行；

（3）控制由谁或以何种方式执行。

（二）控制测试的要求

控制测试并非在任何情况下都需要实施。当存在下列情形之一时，注册会计师应当实施控制测试。

1. 在评估认定层次重大错报风险时，预期控制的运行是有效的

注册会计师通过实施风险评估程序，可能发现某项控制的设计是存在的，也是合理的，同时得到了执行。在这种情况下，出于成本效益的考虑，注册会计师可能预期，如果相关控制在不同时点都得到了一贯执行，与该项控制有关的财务报表认定发生重大错报的可能性就

不会很大，也就不需要实施很多的实质性程序。为此，注册会计师可能会认为值得对相关控制在不同时点是否得到了一贯执行进行测试，即实施控制测试。因此，只有认为控制设计合理、能够防止或发现和纠正认定层次的重大错报，注册会计师才有必要对控制运行的有效性实施测试。

2. 仅实施实质性程序不足以提供认定层次充分、适当的审计证据

如果认为仅实施实质性程序获取的审计证据无法将认定层次重大错报风险降至可接受的低水平，注册会计师应当实施相关的控制测试，以获取控制运行有效性的审计证据。例如，在被审计单位对日常交易或与财务报表相关的其他数据（包括信息的生成、记录、处理、报告）采用高度自动化处理的情况下，审计证据可能仅以电子形式存在，此时审计证据是否充分和适当通常取决于自动化信息系统相关控制的有效性。如果信息的生成、记录、处理和报告均通过电子格式进行而没有适当有效的控制，则生成不了正确信息或信息被不恰当修改的可能性就会大大增加。在认为仅通过实施实质性程序不能获取充分、适当的审计证据的情况下，注册会计师必须实施控制测试，且这种测试已经不再是单纯出于成本效益的考虑，而是必须获取的一类审计证据。

二、控制测试的性质

控制测试的性质是指控制测试所使用的审计程序的类型及其组合。

（一）询问

询问即向被审计单位适当员工询问，获取与内部控制运行情况相关的信息。虽然询问是一种有用的手段，但仅仅通过询问不能为控制运行有效性提供充分的证据，注册会计师应当将询问与其他审计程序结合使用，以获取有关控制运行有效性的审计证据。

（二）观察

观察是测试不留下书面记录的控制（如职责分离）的运行情况的有效方法。通常情况下，注册会计师通过观察直接获取的证据比间接获取的证据更可靠。但是，观察提供的证据仅限于观察发生的时点，本身也不足以测试控制运行的有效性。

（三）检查

对运行情况留有书面证据的控制，检查非常适用。书面说明、复核时留下的记号，或其他记录在偏差报告中的标志，都可以被当做控制运行情况的证据。

（四）重新执行

通常只有当询问、观察和检查程序结合在一起仍无法获得充分的证据时，注册会计师才考虑通过重新执行来证实控制是否有效运行。

将询问与检查或重新执行结合使用，通常能够比仅实施询问和观察获取更高的保证。例如，被审计单位针对处理收到的邮政汇款单设计和执行了相关的内部控制，注册会计师通过询问和观察程序往往不足以测试此类控制的运行有效性，还需要检查能够证明此类控制在所审计期间的其他时段有效运行的文件和凭证，以获取充分、适当的审计证据。

三、控制测试的时间

控制测试的时间包含两层含义：一是何时实施控制测试；二是测试所针对的控制适用的时点或期间。如果测试的是特定时点的控制，注册会计师仅得到该时点控制运行有效性的审计证据；如果测试的是某一期间的控制，注册会计师可以获取控制在该期间有效运行的审计证据。

如果仅需要测试控制在特定时点的运行有效性（如对被审计单位期末存货盘点进行控制测试），注册会计师只需要获取该时点的审计证据。如果需要获取控制在某一期间有效运行的审计证据，仅获取与时点相关的审计证据是不充分的，注册会计师应当辅以其他控制测试，包括测试被审计单位对控制的监督。所谓的"其他控制测试"应当具备的功能是，能提供相关控制在所有相关时点都运行有效的审计证据；被审计单位对控制的监督起到的就是一种检验相关控制在所有相关时点是否都有效运行的作用。

四、控制测试的范围

控制测试的范围是指某项控制活动的测试次数。注册会计师在确定某项控制的测试范围时通常考虑的因素有：

（1）在整个拟信赖的期间，被审计单位执行控制的频率。控制执行的频率越高，控制测试的范围越大。

（2）在所审计期间，注册会计师拟信赖控制运行有效性的时间长度。拟信赖期间越长，控制测试的范围越大。

（3）为证实控制能够防止或发现并纠正认定层次重大错报，所需获取的有关认定层次控制运行有效性的审计证据的相关性和可靠性。对审计证据的相关性和可靠性要求越高，控制测试的范围越大。

（4）通过测试与认定相关的其他控制获取的审计证据的范围。针对同一认定，可能存在不同的控制。当针对其他控制获取的审计证据的充分性和适当性较高时，测试该控制的范围可适当缩小。

（5）控制的预期偏差。预期偏差可以用控制未得到执行的预期次数占控制应当得到执行的次数的比率加以衡量。控制的预期偏差率越高，需要实施控制测试的范围越大。如果控制的预期偏差率过高，注册会计师应当考虑控制可能不足以将认定层次的重大错报风险降至可接受的低水平，从而针对某一认定实施的控制测试可能是无效的。

【案例8-2】注册会计师张宁是盛大有限责任公司（以下简称"盛大公司"）2018年度财务报表审计业务的项目负责人。在制定具体审计计划时，张宁需要了解盛大有限责任公司的内部控制，以评估重大错报风险，进而针对评估结果设计进一步审计程序。相关情况如下：

（1）在了解保护原材料安全完整的内部控制后，没有了解盛大公司管理层重点推荐的防止浪费原材料的内部控制。

（2）了解到盛大公司赊销审批环节的内部控制存在重大的设计缺陷后，决定不对该环节实施穿行测试。

（3）为了解盛大公司业务流程层面的检查性控制，按职员级别从低到高的顺序向若干不同级别的职员进行了询问。

（4）评估采购交易存在由重大非常规交易导致的特别风险后，张宁决定扩大对日常控制的测试。

（5）为证实内部控制的执行效果，实施的控制测试以重新执行程序为主，并辅之以询问、观察和检查程序。

要求：逐一针对上述每种情况，指出注册会计师张宁在了解内部控制、评估重大错报风险、设计进一步审计程序时是否存在不当之处，简要说明理由，并提出改进建议。

【分析】

事项（1）：不存在不当之处。注册会计师只需了解与审计相关的内部控制。在生产中防止材料浪费的控制通常与审计不相关。

事项（2）：放弃穿行测试不当。即使不拟信赖控制，注册会计师仍需执行穿行测试以确认以前对业务流程及可能发生错报环节了解的准确性和完整性。

事项（3）：询问的顺序不当。应当先询问高级别人员，以确定应运行哪些控制是重要的；再询问低级别人员，以确定他们是否与高级别人员的理解相符。

事项（4）：扩大对日常控制的测试不当。测试日常控制与非常规交易无关。注册会计师应了解盛大公司是否针对该特别风险设计和实施了控制。

事项（5）：控制测试的性质不当，只有当询问、观察和检查程序均无法证实内部控制的执行效果时，注册会计师才考虑实施重新执行程序。

第四节 实质性程序

一、实质性程序的含义和要求

实质性程序是指用于发现认定层次重大错报的审计程序,包括对各类交易、账户余额和披露的细节测试以及实质性分析程序。其目的是检查和确定在被审计单位的内部控制下所产生的会计资料的真实性和正确性,为编写审计报告收集更为确切的证据。

由于注册会计师对重大错报风险的评估是一种判断,可能无法充分识别所有的重大错报风险,并且由于内部控制存在固有局限性,无论评估的重大错报风险的结果如何,注册会计师都应当针对所有重大的各类交易、账户余额和披露实施实质性程序。

二、实质性程序的性质

实质性程序的性质是指实质性程序的类型及其组合。实质性程序的两种基本类型包括细节测试和实质性分析程序。

细节测试是对各类交易、账户余额、披露的具体细节进行测试,目的在于直接识别财务报表认定是否存在错报。细节测试被用于获取与某些认定相关的审计证据,如存在或发生、准确性、计价等。

实质性分析程序从技术特征上仍然是分析程序,主要是通过研究数据间关系评价信息,只是将该技术方法用作实质性程序,即用以识别各类交易、账户余额、披露及相关认定是否存在错报。

三、实质性程序的时间

实质性程序的时间可以选择在期末或期中。如果在期中实施了实质性程序,注册会计师应当针对剩余期间实施进一步的实质性程序,或将实质性程序和控制测试结合使用,以将期中测试得出的结论合理延伸至期末。在如何将期中实施的实质性程序得出的结论合理延伸至期末时,注册会计师有两种选择:一是针对剩余期间实施进一步的实质性程序;二是将实质性程序和控制测试结合使用。

如果拟将期中测试得出的结论延伸至期末,注册会计师应当考虑针对剩余期间仅实施实质性程序是否足够。如果认为实施实质性程序本身不充分,注册会计师还应当测试剩余期间相关控制运行的有效性或针对期末实施实质性程序。

四、实质性程序的范围

评估的认定层次重大错报风险和实施控制测试的结果是注册会计师在确定实质性程序的范围时的重要考虑因素。因此，在确定实质性程序的范围时，注册会计师应当考虑评估的认定层次重大错报风险和实施控制测试的结果。注册会计师评估的认定层次的重大错报风险越高，需要实施实质性程序的范围越广。如果对控制测试结果不满意，注册会计师应当考虑扩大实质性程序的范围。

在设计细节测试时，注册会计师除了从样本量的角度考虑测试范围外，还要考虑选样方法的有效性等因素。例如，从总体中选取大额或异常项目，而不是进行代表性抽样或分层抽样。

实质性分析程序的范围有两层含义：第一层含义是对什么层次上的数据进行分析，注册会计师可以选择在高度汇总的财务数据层次进行分析，也可以根据重大错报风险的性质和水平调整分析层次。例如，按照不同产品线、不同季节或月份、不同经营地点或存货存放地点等实施实质性分析程序。第二层含义是需要对什么幅度或性质的偏差展开进一步调查。实施分析性程序可能发现偏差，但并非所有的偏差都值得展开进一步调查。可容忍或可接受的偏差（预期偏差）越大，作为实质性分析程序一部分的进一步调查的范围就越小。于是确定适当的预期偏差幅度同样属于实质性分析程序的范畴。因此，在设计实质性分析程序时，注册会计师应当确定已记录金额与预期值之间可接受的差异额。在确定该差异额时，注册会计师应当主要考虑各类交易、账户余额和披露及相关认定的重要性和计划的保证水平。

【案例8-3】盛大有限责任公司是至真会计师事务所的常年审计客户。注册会计师张宁是盛大有限责任公司2018年度财务报表审计业务的项目负责人。在应对评估的认定层次的重大错报风险时，张宁需要设计和实施有针对性的进一步审计程序，包括确定进一步审计程序的性质、时间安排和范围。相关情况如下：

（1）了解固定资产内部控制后，注册会计师认为相关内部控制设计合理且得以运行。在随后设计进一步审计程序时，相应缩小了控制测试的样本规模。

（2）为应对存货存在认定的重大错报风险，注册会计师拟降低对内部控制的信赖，计划实施的进一步审计程序以检查、重新计算、函证等细节测试为主。

（3）由于成本核算采用了高度自动化的内部控制，且已证实相关的控制正在执行，注册会计师决定不再扩大控制测试的范围。

（4）为应对营业收入发生认定的特别风险，注册会计师不仅放弃依赖上年通过实质性程序获取的证据，而且大幅降低对上期获取的有关控制有效的审计证据的依赖。

（5）考虑赊销审批制度的设计存在重大缺陷，注册会计师决定不测试相关内部控制，直接实施函证程序，并将函证的截止时间提前到财务报表日之前1个月。

（6）由于评估的销售费用重大错报风险较低，拟在2018年7月份对上半年发生的销售费用实施细节测试，次年2月份对下半年的销售费用实施实质性程序，在此基础上合并形成销售费用项目的审计结论。

要求：请分别考虑上述每一种情况，指出注册会计师张宁计划的进一步审计程序的性质、时间安排或范围是否存在不当之处，并简要说明理由。

【分析】

事项（1）：缩小控制测试的样本规模不当。按规定，注册会计师初步评价的控制风险越低，对内部控制的依赖程度越高，进行控制测试的范围应当越大，而不是越小。

事项（2）：拟定的进一步审计程序的性质不当。为证实存货的存在认定，注册会计师应当实施以监盘为主的实质性程序。

事项（3）：控制测试的范围不当。拟信赖高度自动化的内部控制时，除了确定该控制正在执行，还需证实一般控制运行有效。

事项（4）：控制测试的时间安排不当。由于营业收入存在特别风险，仅仅降低对以前控制测试的依赖是不够的。注册会计师不得依赖以前期间获取的有关控制有效的审计证据。

事项（5）：函证程序的时间安排不当。将函证截止时间提前到财务报表日之前的前提是评估的控制风险低，盛大有限责任公司赊销审批制度的设计存在重大缺陷，不满足这一条件。

事项（6）：安排的进一步审计程序不当。应在剩余期间实施补充程序，以证实期中获取的有关上半年销售费用的审计证据到期末依然有效。

【案例8-4】注册会计师张宁担任盛大有限责任公司（以下简称"盛大公司"）2018年度财务报表审计的项目负责人，在了解盛大公司及其环境后，按照2018年度盛大公司经常性业务的税前利润的5%确定了财务报表整体的重要性为300万元。

资料一：注册会计师张宁在审计工作底稿中记录了所了解的盛大公司情况及其环境，部分内容摘录如下：

（1）盛大公司所在的钢材行业受经济形势影响，2018年度产销量下滑明显，整体下滑20%。盛大公司2018年度较2017年度销售收入增长12%，超过了管理层于年初确定的11.5%的增长目标。行业平均毛利率为6%。

（2）盛大公司预计原材料价格将持续上涨，于2017年度12月大量采购，以满足2018年第一季度的生产要求，但相关原材料价格自2018年1月1日后持续下跌。

资料二：注册会计师张宁在审计工作底稿中记录了所获取的盛大公司的财务数据，部分内容摘录如表8-1所示。

表8-1　盛大公司的部分财务数据

项目	2017年（未审数）
营业收入	12 000
营业成本	9 800
资产减值损失	0
存货	—
账面余额	6 700
减：存货跌价准备	0
账面价值	6 700

资料三：注册会计师张宁在审计工作底稿中记录了拟实施的进一步审计程序，部分内容摘录如下：

（1）计算本年度重要产品的毛利率，与同行业进行比较，检查是否存在异常，是否存在较大波动，查明异常波动原因。

（2）抽取本年度营业收入一定数量的记账凭证，检查相应的销售发票、销售合同是否与存货出库日期、品名、数量等一致。

（3）独立测算主要存货项目的年末可变现净值，将测算结果与盛大公司的计算结果进行比较，分析差异原因。

要求：

（1）针对资料一第（1）至（2）项，结合资料二，假定不考虑其他条件，逐项指出资料一所列事项是否可能表明存在重大错报风险。如果认为存在重大错报风险，简要说明理由，并说明该风险主要与哪些财务报表项目（假定仅限于资料二所列报表项目）的哪些认定相关。

（2）结合资料三第（1）至（3）项，假定不考虑其他条件，逐项指出审计程序与资料一（结合资料二）识别的重大错报风险是否直接相关，如果直接相关，指出对应的是识别的哪一项重大错报风险，并简要说明理由。

【分析】

（1）见表8-2。

表8-2 各事项是否存在重大错报风险、理由及影响的报表项目及认定

事项序号	是否可能表明存在重大错报风险（是/否）	理由	财务报表项目名称及其认定
（1）	是	行业整体下滑20%，盛大公司销量增长12%；行业平均毛利率为6%，盛大公司毛利率高达18.33%，可能存在高估收入或低估成本重大错报风险。	营业收入（发生）营业成本（完整性）
（2）	是	盛大公司储存了大量原材料，2017年年初原材料价格持续下跌，可能存在减值风险，但盛大公司存货减值准备金额为0，存在少计提减值准备的风险	资产减值损失（完整性）存货（计价和分摊）

（2）见表8-3。

表8-3 审计程序与重大错报风险的相关性及理由

事项序号	是否与资料一（结合资料二）识别的重大错报风险直接相关（是/否）	与资料一哪一项（结合资料二）识别的重大错报风险直接相关（资料一序号）	理由
（1）	是	（1）	通过估算盛大公司毛利率，与同行业毛利率比较，可以识别高估收入、低估成本问题
（2）	是	（1）	以截止财务报表日已经入账的营业收入记账凭证为起点，追查到相应的销售发票、销售合同是否与存货出库日期、品名、数量等一致，可以获取营业收入提前入账或虚构营业收入的证据
（3）	是	（2）	通过计算期末存货的可变现净值，并与存货账面价值进行比较，可以识别可能存在少计存货跌价准备的问题

第九章
销售与收款循环审计

 本章学习目标

知识目标

- 了解销售与收款循环的主要业务活动
- 掌握销售交易的内部控制并对其进行测试
- 掌握收款交易的内部控制并对其进行测试
- 明确营业收入的审计目标,掌握对其实施的实质性程序
- 明确应收账款的审计目标,掌握应收账款和坏账准备的实质性程序

能力目标

- 能对销售与收款交易的内部控制进行测试
- 会确定营业收入的审计目标,能对营业收入实施实质性程序
- 会确定应收账款的审计目标,能对应收账款和坏账准备实施实质性程序

第九章　销售与收款循环审计

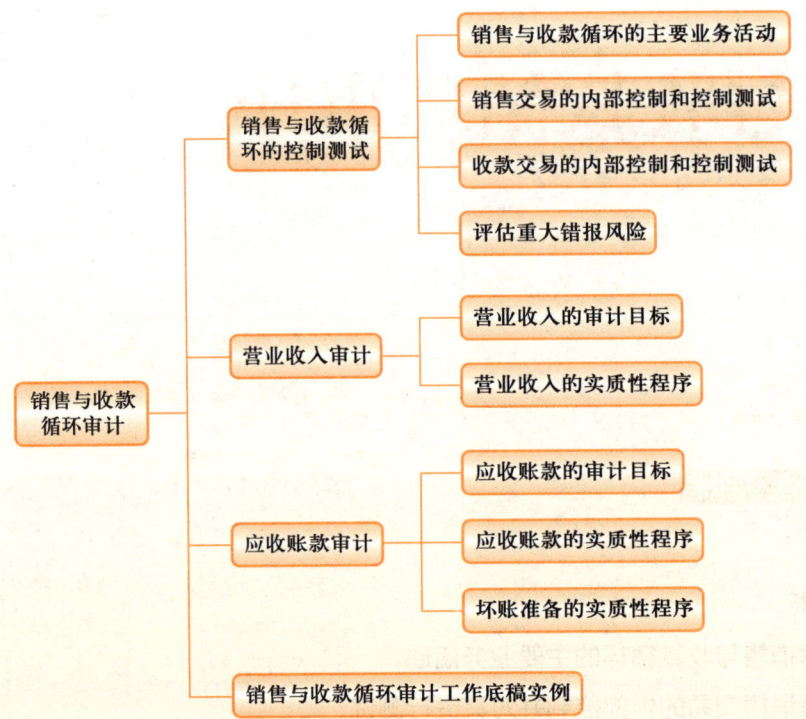

2016年6月25日，A通信公司发表声明，承认自2015年年初到2016年第一季度，通过将大量的费用支出计入资本项目的手法，共虚增收入38亿美元，虚增利润16亿多美元。其中，2015年度虚增收入30.6亿美元，2016年第一季度虚增收入7.4亿美元。该公司原报告的2015年度14亿美元和2016年第一季度1.3亿美元的利润，实际是净亏损。A公司负有300亿美元的巨额债务，已经在7月21日宣布申请破产保护。

A通信公司事件提醒注册会计师，不管是不知名的小公司，还是颇具声望的大公司，都可能因为种种原因加入造假的行列，采用各种方法虚构收入，粉饰企业的财务报表。因此，注册会计师应该在收入审计中更加小心谨慎。

第一节 销售与收款循环的控制测试

一、销售与收款循环的主要业务活动

（一）接受客户订单

客户提出订货要求是整个销售与收款循环的起点。从法律上讲，这是购买某种货物或接受某种劳务的一种申请。

客户的订单只有在符合企业管理层的授权标准时，才能被接受。企业管理层一般都列出了已批准销售的客户名单。销售单管理部门在决定是否接受某客户的订单时，应追查该客户是否被列入这张名单。如果客户未被列入，则通常需要由销售单管理部门的主管来决定是否同意销售。

企业在批准了客户订单之后，通常应编制一式多联的销售单。销售单是证明管理层有关销售交易的"发生"认定的凭据之一，也是此笔销售的交易轨迹的起点。

（二）批准赊销信用

对于赊销业务，赊销批准是由信用管理部门根据管理层的赊销政策在每个客户的已授权的信用额度内进行的。信用管理部门的职员在收到销售单管理部门的销售单后，应将销售单与该客户已被授权的赊销信用额度以及至今尚欠的账款余额加以比较。执行人工赊销信用检查时，应合理划分工作职责，以切实避免销售人员为扩大销售而使企业承受不适当的信用风险。

企业的信用管理部门应对每个新客户进行信用调查，包括获取信用评审机构对客户信用等级的评定报告。无论批准赊销与否，都要求被授权的信用管理部门人员在销售单上签署意见，然后再将签署意见后的销售单返回订单管理部门。

设计信用批准控制的目的是降低坏账风险，因此，这些控制与应收账款账面余额的"计价和分摊"认定有关。

（三）根据销售单编制发运凭证并发货

企业管理层通常要求商品仓库只有在收到经过批准的销售单时才能编制发运凭证并发货。设计这项控制程序的目的是防止仓库在未经授权的情况下擅自发货。因此，已批准销售单的一联通常应送达仓库，作为仓库按销售单供货和发货给装运部门的授权依据。

（四）按销售单装运货物

将按批准的销售单供货与按销售单装运货物职责相分离，有助于避免负责装运货物的职员在未经授权的情况下装运产品。此外，装运部门职员在装运之前，还必须进行独立验证，以确定从仓库提取的商品都附有经批准的销售单,并且,所提取的商品内容与销售单及发运凭证一致。

(五)向客户开具账单

开具账单是指开具并向客户寄送事先连续编号的销售发票。与这项活动相关的问题是:

(1)是否对所装运的货物都开具了账单("完整性");

(2)是否只对实际装运的货物才开具账单,有无重复开具账单或虚构交易("发生");

(3)是否按已授权批准的商品价目表所列价格计价开具账单("准确性")。

为了降低开具账单过程中出现遗漏、重复、错误计价或其他差错的风险,应设立以下的控制程序:

(1)开具账单部门职员在开具每张销售发票之前,独立检查是否存在发运凭证和相应的经批准的销售单;

(2)依据已授权批准的商品价目表开具销售发票;

(3)将发运凭证上的商品总数与相对应的销售发票上的商品总数进行比较。

上述的控制程序有助于确保用于记录销售交易的销售发票的正确性。因此,这些控制与销售交易的"发生""完整性"以及"准确性"认定有关。

(六)记录销售

在手工会计系统中,记录销售的过程包括区分赊销、现销,按销售发票编制转账凭证或现金、银行存款收款凭证,再据以登记销售明细账和应收账款明细账或库存现金、银行存款日记账。

记录销售的控制程序包括以下内容:

(1)依据有效的发运凭证和销售单记录销售。这些发运凭证和销售单应能证明销货交易的发生及其发生的日期。

(2)使用事先连续编号的销售发票并对发票使用情况进行监控。

(3)独立检查已处理销售发票上的销售金额同会计记录金额的一致性。

(4)记录销售的职责应与处理销售交易的其他功能相分离。

(5)对记录过程中所涉及的有关记录的接触予以限制,以减少未经授权批准的记录发生。

(6)定期独立检查应收账款明细账与总账的一致性。

(7)由不负责现金出纳和销售及应收账款记账的人员定期向客户寄送对账单,对不符事项进行调查,必要时调整会计记录,编制对账情况汇总报告并交管理层审核。

上述这些控制与"发生""完整性""准确性"以及"计价和分摊"认定相关。

(七)办理和记录现金、银行存款收入

在办理和记录现金、银行存款收入时,企业最关心的是货币资金的安全。货币资金的失

窃或被侵占可能发生在货币资金收入登记入账之前或入账之后。处理货币资金收入时最重要的是要保证全部货币资金都必须如数、及时地记入库存现金、银行存款日记账或应收账款明细表，并如数、及时地存入银行。企业通过出纳与现金记账的职责分离、现金盘点、编制银行存款余额调节表、定期向客户发送对账单等控制来实现上述目的。

（八）办理和记录销货退回、销货折扣与折让

在办理和记录销货退回、销货折扣与折让业务时，必须经授权批准，并应确保与办理此事有关的部门和职员各司其职，分别控制实物流和会计处理。

（九）提取坏账准备

企业一般定期对应收账款的可收回性进行评估，并基于一定的指标（例如账龄、客户的财务状况等）计提坏账准备。

（十）注销坏账

对企业发生的坏账，正确的处理方法应该是获取货款无法收回的确凿证据，经适当审批后及时作会计调整。

二、销售交易的内部控制和控制测试

程序1：适当的职责分离。

适当的职责分离有助于防止各种有意的或无意的错误。在销售与收款循环中，职责分离控制的基本要求有下列几项：

（1）企业应当将办理销售、发货、收款三项业务的部门（或岗位）分别设立；

（2）企业在销售合同订立前，应当指定专门人员就销售价格、信用政策、发货及收款方式等具体事项与客户进行谈判。谈判人员至少应有两人以上，并与订立合同的人员相分离。

（3）编制销售发票通知单的人员与开具销售发票的人员应相互分离。

（4）销售人员应当避免接触销售现款。

（5）企业应收票据的取得和贴现必须经由保管票据以外的主管人员的书面批准。

对于职责分离，注册会计师通常通过观察被审计单位有关人员的活动，以及与这些人员进行讨论，来实施职责分离的控制测试。

程序2：恰当的授权审批。

注册会计师应当关注以下四个关键点上的审批程序：

（1）在销售发生之前，赊销已经正确审批。

（2）非经正当审批，不得发出货物。

（3）销售价格、销售条件、运费、折扣等必须经过审批。

（4）审批人应当根据销售与收款授权批准制度的规定，在授权范围内进行审批，不得超越审批权限。对于超过企业既定销售政策和信用政策规定范围的特殊销售业务，企业应当进行集体决策。

对于授权审批，注册会计师通过检查凭证在上述四个关键点上是否经过审批，可以很容易地测试出授权审批内部控制的效果。

程序3：充分的凭证和记录。

对内部控制来说，只有具备充分的凭证和记录手续，才有可能实现其他各项控制目标。例如，企业在收到客户订单后，就立即编制一份预先编号的一式多联的销售单，分别用于批准赊销、审批发货、记录发货数量以及向客户开具账单和销售发票等。在这种制度下，只要定期清点销售单和销售发票，漏开账单的情形几乎就不会发生。相反的情况是，有的企业只在发货以后才开具账单，如果没有其他控制措施，漏开账单的情况就很可能会发生。

程序4：凭证的预先编号。

对凭证预先进行编号，旨在防止销售以后遗漏向客户开具账单或登记入账，也可防止重复开具账单或重复记账。当然，如果对凭证的编号不作清点，预先编号就会失去其控制意义。由收款员对每笔销售开具账单后，将发运凭证按顺序归档，而由另一位职员定期检查全部凭证的编号，并调查凭证缺号的原因，就是实施这一控制的一种方法。

对于充分的凭证和记录以及凭证预先编号这两项控制，常用的控制测试程序是清点各种凭证。比如从主营业务收入明细账中选取样本，追查至相应的销售发票存根，看其编号是否连续，有无不正常的缺号发票和重号发票。这种测试程序可同时提供有关真实性和完整性目标的证据。

程序5：按月寄出对账单。

由不负责现金出纳和销货及应收账款记账的人员按月向客户寄发对账单，能促使客户在发现应付账款余额不正确后及时反馈有关信息，因而这是一项有用的控制。为了使这项控制更加有效，最好将账户余额中出现的所有核对不符的账项，指定一位既不掌管货币资金也不记录主营业务收入和应收账款账目的主管人员处理，然后由独立人员按月编制对账情况汇总报告并交管理层审阅。

对于按月寄出对账单这项控制，观察指定人员寄送对账单并检查客户复函档案和管理层的审阅记录，是注册会计师十分有效的一项控制测试。

程序6：内部核查程序。

由内部审计人员或其他独立人员核查销货业务的处理和记录，是实现内部控制目标所不可缺少的一项控制措施。销售与收款内部核查的主要内容包括：

（1）销售与收款交易相关岗位及人员的设置情况。重点检查是否存在销售与收款交易不相容职务混岗的现象。

（2）销售与收款交易授权批准制度的执行情况。重点检查授权批准手续是否健全，是否存在越权审批行为。

（3）销售的管理情况。重点检查信用政策、销售政策的执行是否符合规定。

（4）收款的管理情况。重点检查销售收入是否及时入账，应收账款的催收是否有效，坏账核销和应收票据的管理是否符合规定。

（5）销售退回的管理情况。重点检查销售退回手续是否齐全，退回货物是否及时入库。

对于内部核查程序，注册会计师可以通过检查内部审计人员的报告，或检查其他独立人员在他们核查的内容上的签字等方法实施控制测试。

三、收款交易的内部控制和控制测试

尽管由于每个企业的性质、所处行业、规模以及内部控制健全程度等不同，而使得其与收款交易相关的内部控制内容有所不同，但以下与收款交易相关的内部控制内容是通常应当共同遵循的：

程序1：企业应当按照《现金管理暂行条例》《支付结算办法》等规定，及时办理销售收款业务。

程序2：企业应将销售收入及时入账，不得账外设账，不得擅自坐支现金。销售人员应当避免接触销售现款。

程序3：企业应当建立应收账款账龄分析制度和逾期应收账款催收制度。销售部门应当负责应收账款的催收，财会部门应当督促销售部门加紧催收。对催收无效的逾期应收账款可通过法律程序予以解决。

程序4：企业应当按客户设置应收账款台账，及时登记每一客户应收账款余额增减变动情况和信用额度使用情况。对长期往来客户应当建立起完善的客户资料，并对客户资料实行动态管理，及时更新。

程序5：企业对于可能成为坏账的应收账款应当报告有关决策机构，由其进行审查，确定是否确认为坏账。企业发生的各项坏账，应查明原因，明确责任，并在履行规定的审批程序后做出会计处理。

程序6：企业注销的坏账应当进行备查登记，做到账销案存。已注销的坏账又收回时应当及时入账，防止形成账外账。

程序7：企业应收票据的取得和贴现必须经由保管票据以外的主管人员的书面批准。应有专人保管应收票据，对于即将到期的应收票据，应及时向付款人提示付款；已贴现票据应在备查簿中登记,以便日后追踪管理;并应制定逾期票据的冲销管理程序和逾期票据追踪监控制度。

程序8: 企业应当定期与往来客户通过函证等方式核对应收账款、应收票据、预收账款等往来款项。如有不符,应查明原因,及时处理。

注册会计师应针对每个具体的内部控制目标确定关键的内部控制,并对其实施相应的控制测试。

销售与收款控制测试审计工作底稿见工作底稿实例9-1,索引号XSC。

【**案例9-1**】至真会计师事务所的注册会计师王辉和刘艳接受委派,对盛大有限责任公司(以下简称"盛大公司")2018年度的财务报表进行审计。在对该公司销售与收款循环的内部控制进行了解和测试时,作出了如下记录:

(1)盛大公司产成品发出时,由销售部填制一式四联的出库单。仓库发出产成品后,将第一联出库单留存登记产成品卡片,第二联交销售部留存,第三、四联交会计部人员登记库存商品总账和明细账。

(2)会计人员负责开具销售发票,在开具销售发票之前,先取得仓库的发货记录和销售商品价目表,然后填写发票的数量、单价和金额。

要求:根据上述记录,请代注册会计师指出盛大公司在销售与收款循环内部控制方面存在的缺陷,并提出改进建议。

【**分析**】

(1)会计人员同时登记库存商品总账和明细账,不相容职务未进行分离。应建议盛大公司由不同的会计人员登记库存商品总账和明细账。

(2)会计人员开具销售发票时不能只依据发货单和价目表,因为实际销售的数量和结算价格可能会与发货单数量和价目表上的价格不一致。应建议盛大公司会计人员先核对装运凭证和相应的经批准的销售单,并根据已授权批准的商品价格填写销售发票的价格,根据装运凭证上的数量填写销售发票的数量,再根据数量和价格计算出金额。

四、评估重大错报风险

注册会计师应当考虑影响收入交易的重大错报风险,并对被审计单位经营活动中可能发生的重大错报风险保持警觉。收入交易和余额存在的固有风险可能包括:

(1)收入确认存在的舞弊风险。收入是利润的来源,直接关系到企业的财务状况和经营成果。有些企业往往为了达到粉饰财务报表的目的而采用虚增或隐瞒收入等方式实施舞弊。在财务报表舞弊案例中,涉及收入确认的舞弊占有很大比例,收入确认已成为注册会计师审计的高风险领域。中国注册会计师审计准则要求注册会计师基于收入确认存在舞弊风险的假定，评价哪些类型的收入、收入交易或认定导致舞弊风险。

（2）收入的复杂性可能导致的错误。例如，被审计单位可能针对一些特定的产品或者服务提供一些特殊的交易安排（如特殊的退货约定、特殊的服务期限安排等），但管理层可能对这些不同安排下所涉及的交易风险的判断缺少经验，收入确认就容易发生错误。

（3）期末收入交易和收款交易截止错误。

（4）收款未及时入账或记入不正确的账户。

（5）应收账款坏账准备的计提不正确。

归根结底，与收入交易和余额相关的重大错报风险主要存在于销售交易、现金收款交易的发生、完整性、准确性、截止和分类认定，以及会计期末应收账款、货币资金和应交税费的存在、权利和义务、完整性、计价和分摊认定。

第二节 营业收入审计

一、营业收入的审计目标

营业收入项目核算企业在销售商品、提供劳务等主营业务活动中所产生的收入，以及企业确认的除主营业务活动以外的其他经营活动实现的收入，包括出租固定资产、出租无形资产、出租包装物和商品、销售材料等实现的收入。营业收入的具体审计目标与财务报表认定对应关系如表9-1所示。

表9-1 营业收入审计目标与财务报表认定对应关系表

审计目标	财务报表认定				
	发生	完整性	准确性	截止	列报
A. 利润表中记录的营业收入已发生，且与被审计单位有关	√				
B. 所有应当记录的营业收入均已记录		√			
C. 与营业收入有关的金额及其他数据已恰当记录			√		

续表

审计目标	财务报表认定				
	发生	完整性	准确性	截止	列报
D. 营业收入已记录于正确的会计期间				√	
E. 营业收入已按照企业会计准则的规定在财务报表中作出恰当的列报					√

二、营业收入的实质性程序

（一）主营业务收入的实质性程序

程序1： 获取或编制主营业务收入明细表。

（1）复核加计是否正确，并与总账数和明细账合计数核对是否相符；同时，结合"其他业务收入"科目数额，与报表数核对相符。

（2）检查以非记账本位币结算的主营业务收入的折算汇率及折算是否正确。

【审计程序与具体审计目标对应关系提示】此程序可实现C审计目标。

程序2： 实施实质性分析程序。

（1）针对已识别需要运用分析程序的有关项目，并基于对被审计单位及其环境的了解，通过进行以下比较，同时考虑有关数据间关系的影响，以建立有关数据的期望值：

① 将本期与上期的主营业务收入进行比较，分析产品销售的结构和价格的变动是否正常，并分析异常变动的原因。

② 计算本期重要产品的毛利率，与上期比较，检查是否存在异常，各期之间是否存在重大波动，并查明重大波动产生的原因。

③ 比较本期各月各种主营业务收入的波动情况，分析其变动趋势是否正常，是否符合被审计单位季节性、周期性的经营规律，并查明重大波动和异常情况的原因。

④ 将本期重要产品的毛利率与同行业企业进行对比分析，检查是否存在异常。

（2）确定可接受的差异额。

（3）将实际的情况与期望值相比较，识别需要进一步调查的差异。

（4）如果其差异超过可接受的差异额，调查并获取充分的解释和恰当的佐证审计证据。

（5）评估实质性分析程序的结果。

主营业务收入明细分析表审计工作底稿见工作底稿实例9-3，索引号SA2。

产品年度毛利率变化分析表审计工作底稿见工作底稿实例9-4，索引号SA3。

【审计程序与具体审计目标对应关系提示】此程序可实现ABC审计目标。

程序3： 检查主营业务收入的确认方法是否符合企业会计准则的规定。

根据《企业会计准则第14号——收入》的规定，当企业与客户之间的合同同时满足下列条件时，企业应当在客户取得相关商品控制权时确认收入：

（1）合同各方已批准该合同并承诺将履行各自义务；

（2）该合同明确了合同各方与所转让商品或提供劳务（以下简称"转让商品"）相关的权利和义务；

（3）该合同有明确的与所转让商品相关的支付条款；

（4）该合同具有商业实质，即履行该合同将改变企业未来现金流量的风险、时间分布或金额；

（5）企业因向客户转让商品而有权取得的对价很可能收回。

注册会计师通常对所选取的交易，追查至原始的销售合同，通过了解销售合同中的相关条款来评价收入确认方法是否符合企业会计准则的规定。

（1）对于在某一时段内履行的履约义务，企业应当在该段时间内按照履约进度确认收入，但是，履约进度不能合理确定的除外。注册会计师应注意审查，企业是否在考虑商品性质的基础上，采用产出法或投入法确定恰当的履约进度；对于类似情况下的类似履约义务，企业是否采用相同的方法确定履约进度；当履约进度不能合理确定时，如果企业已经发生的成本预计能够得到补偿的，企业是否按照已经发生的成本金额确认收入，直到履约进度能够合理确定为止。注册会计师应注意查明企业有无随意确认履约进度，从而随意确认收入的现象。

（2）对于在某一时点履行的履约义务，企业应当在客户取得相关商品控制权时点确认收入。注册会计师应注意审查，企业在判断客户是否已取得商品控制权时所考虑的迹象是否符合企业会计准则的规定，有无随意确认收入，虚增或虚减本期收入的现象。

主营业务收入细节测试审计工作底稿见工作底稿实例9-5，索引号SA4。

【审计程序与具体审计目标对应关系提示】此程序可实现ABCD审计目标。

程序4： 核对收入交易的原始凭证与会计记录。

以主营业务收入明细账中的会计分录为起点，检查相关原始凭证如订购单、销售单、发运凭证和销售发票等，以评价已入账的营业收入是否真实发生。检查订购单和销售单，用以确认存在真实的客户购买要求，销售交易已经过适当的授权批准。销售发票存根上所列的单价，通常还要与经过批准的商品价目表进行比较核对，对其金额小计和合计数也要进行复算。发票中列出的商品的规格、数量和客户代码等，则应与发运凭证进行比较核对，尤其是由客户签收商品的一联，确定已按合同约定完成交易，可以确认收入。同时，还要检查原始凭证中的交易日期，以确认收入记入了正确的会计期间。

【审计程序与具体审计目标对应关系提示】此程序可实现ABCD审计目标。

程序5： 函证本期销售额。

结合对应收账款实施的函证程序，选择主要客户函证本期销售额。

【审计程序与具体审计目标对应关系提示】此程序可实现AC审计目标。

程序6： 实施销售截止测试。

（1）选取资产负债表日前后若干天一定金额以上的发运凭证，与应收账款和收入明细账进行核对；同时，从应收账款和收入明细账选取在资产负债表日前后若干天一定金额以上的凭证，与发运凭证核对，以确定销售是否存在跨期现象。

（2）复核资产负债表日前后销售和发货水平，确定业务活动水平是否异常，并考虑是否有必要追加实施截止测试程序。

（3）取得资产负债表日后所有的销售退回记录，检查是否存在提前确认收入的情况。

（4）结合对资产负债表日应收账款的函证程序，检查有无未取得对方认可的大额销售。

实施销售截止测试的前提是注册会计师充分了解被审计单位的收入确认会计实务，并能识别出证明某笔销售符合收入确认条件的关键单据。假定某制造企业在货物送达客户并由客户签收时确认收入，注册会计师可以考虑选择两条审计路径实施主营业务收入的截止测试：

一是以账簿记录为起点。从报表日前后若干天的账簿记录追查至记账凭证和客户签收的发运凭证，目的是证实已入账收入是否在同一期间已发货并由客户签收，有无多记收入。这种方法的优点是比较直观，容易追查至相关凭证记录，以确定是否应在本期确认收入，特别是在连续审计两个以上会计期间时，检查跨期收入十分便捷，可以提高审计效率。缺点是缺乏全面性和连续性，只能查多记，无法查漏记，尤其是当本期漏记收入延至下期而审计时被审计单位尚未及时登账时，不易发现应记入而未记入报告期收入的情况。因此，使用这种方法主要是为了防止多记收入。

二是以发运凭证为起点。从报表日前后若干天的已经客户签收的发运凭证追查至账簿记录，确定主营业务收入是否已记入恰当的会计期间。

上述两条审计路径在实务中均被广泛采用，它们并不是孤立的，注册会计师可以考虑在同一主营业务收入项目审计中并用。

主营业务收入截止测试审计工作底稿见工作底稿实例9-6，索引号SA5。

【审计程序与具体审计目标对应关系提示】此程序可实现D审计目标。

程序7： 检查销售退回。

如果被审计单位存在销售退回，注册会计师应检查相关手续是否符合规定；结合原始凭证检查其会计处理是否正确；结合存货项目审计检查其是否真实。

【审计程序与具体审计目标对应关系提示】此程序可实现A审计目标。

程序8：检查销售折扣与折让。

（1）获取或编制折扣与折让明细表，复核加计正确，并与明细账合计数核对相符。

（2）取得被审计单位有关折扣与折让的具体规定和其他文件资料，并抽查较大的折扣与折让发生额的授权批准情况，与实际执行情况进行核对，检查其是否经过授权批准，是否合法、真实。

（3）检查销售折扣与折让是否及时足额提交对方，有无虚设中介、转移收入、私设账外"小金库"的情况。

（4）检查折扣与折让的会计处理是否正确。

【审计程序与具体审计目标对应关系提示】此程序可实现C审计目标。

程序9：审查主营业务收入的列报。

确定主营业务收入的列报是否恰当。

【审计程序与具体审计目标对应关系提示】此程序可实现E审计目标。

【**案例9-2**】至真会计师事务所的注册会计师王辉和刘艳接受委派，对盛大有限责任公司2018年度的财务报表进行审计。在审查该公司产品销售业务时发现，该公司于12月30日通过快递公司售给外地某公司甲产品350件，每件售价800元。外地某公司于12月31日收到了甲产品，并于次年1月3日通过网银付款。盛大有限责任公司本年度未作为主营业务收入和应收账款入账。该产品的单位成本为650元，该公司适用的增值税税率为16%。

要求：指出盛大有限责任公司账务处理中存在的问题，并编制审计调整分录。

【分析】

根据《企业会计准则第14号——收入》的规定，对于在某一时点履行的履约义务，企业应当在客户取得相关商品控制权时点确认收入。

借：应收账款　　　　　　　　　　　　　　　　　　　　324 800
　　贷：主营业务收入　　　　　　　　　　　　　　　　280 000
　　　　应交税费——应交增值税——销项税额　　　　　44 800
借：主营业务成本　　　　　　　　　　　　　　　　　　227 500
　　贷：库存商品　　　　　　　　　　　　　　　　　　227 500

（二）其他业务收入的实质性程序

程序1：获取或编制其他业务收入明细表，复核加计是否正确，并与总账数和明细账合计数核对是否相符，结合"主营业务收入"科目与营业收入报表数核对是否相符。

程序2：计算本期其他业务收入与其他业务成本的比率，并与上期该比率比较，检查是否有重大波动；如有，应查明原因。

程序3：检查其他业务收入的内容是否真实、合法，收入确认原则及会计处理是否符合规定，按重要性水平抽查原始凭证进行核实。

程序4： 对异常项目，应追查入账依据及有关法律文件是否充分。

程序5： 抽查资产负债表日前后一定数量的记账凭证，实施截止测试，追踪到销售发票、收据等，确定入账时间是否正确，对于重大跨期事项作必要的调整建议。

程序6： 确定其他业务收入的列报是否恰当。

营业收入审定表审计工作底稿见工作底稿实例9-2，索引号SA1。

第三节　应收账款审计

一、应收账款的审计目标

应收账款余额包括应收账款账面余额和相应的坏账准备两部分。应收账款是指企业因销售商品、提供劳务等原因，应向购货客户或接受劳务的客户收取的款项，是企业在信用活动中形成的债权性资产。坏账是指企业无法收回或收回可能性极小的应收款项；由于发生坏账而产生的损失称为坏账损失；企业通常应采用备抵法按期估计坏账损失，形成坏账准备。应收账款的具体审计目标与财务报表认定对应关系如表9-2所示。

表9-2　应收账款审计目标与财务报表认定对应关系表

审计目标	财务报表认定				
	存在	完整性	权利和义务	计价和分摊	列报
A. 资产负债表中记录的应收账款是存在的	√				
B. 所有应当记录的应收账款均已记录		√			
C. 记录的应收账款由被审计单位拥有或控制			√		
D. 应收账款以恰当的金额包括在财务报表中，与之相关的计价调整已恰当记录				√	
E. 应收账款已按照企业会计准则的规定在财务报表中作出恰当的列报					√

二、应收账款的实质性程序

程序1： 获取或编制应收账款明细表。

（1）复核加计正确，并与总账数和明细账合计数核对相符；结合"坏账准备"科目与报表数核对相符。

（2）检查非记账本位币应收账款的折算。对于用非记账本位币（通常为外币）结算的应收账款，注册会计师应检查被审计单位外币应收账款的增减变动是否按业务发生时的市场汇率或期初市场汇率折合为记账本位币金额，所选折合汇率前后各期是否一致；期末外币应收账款余额是否按期末市场汇率折合为记账本位币金额；折算差额的会计处理是否正确。

（3）分析有贷方余额的项目，查明原因，必要时，建议作重分类调整。

（4）结合其他应收款、预收账款等往来项目的明细余额，查明有无同一客户多处挂账、异常余额或与销售无关的其他款项，如有，应作出记录，必要时提出调整建议。

应收账款明细表审计工作底稿见工作底稿实例9-8，索引号ZD2。

【审计程序与具体审计目标对应关系提示】此程序可实现D审计目标。

程序2： 分析与应收账款相关的财务指标。

（1）复核应收账款借方累计发生额与主营业务收入是否配比，并将当期应收账款借方发生额占销售收入净额的百分比与管理层考核指标和被审计单位相关赊销政策比较，如存在差异应查明原因。

（2）计算应收账款周转率、应收账款周转天数等指标，并与被审计单位上年指标、同行业同期相关指标对比分析，检查是否存在重大异常。

【审计程序与具体审计目标对应关系提示】此程序可实现ABD审计目标。

程序3： 检查应收账款账龄分析是否正确。

（1）获取或编制应收账款账龄分析表。

注册会计师可以通过获取或编制应收账款账龄分析表来分析应收账款的账龄，以便了解应收账款的可收回性。应收账款账龄分析表的格式见表9-3。

表9-3 应收账款账龄分析表

年 月 日　　　　　　　　　　　　　　货币单位：

客户名称	期末余额	账龄			
		1年以内	1~2年	2~3年	3年以上
合计					

应收账款的账龄，是指资产负债表中的应收账款从销售实现、产生应收账款之日起，至资产负债表日止所经历的时间。编制应收账款账龄分析表时，可以选择重要的顾客及其余额列示，不重要的或余额较小的，可以汇总列示。

（2）如果应收账款账龄分析表由被审计单位编制，测试其计算的准确性。

（3）将应收账款账龄分析表中的合计数与应收账款总分类账余额相比较，并调查重大调节项目。

（4）检查原始凭证，如销售发票、运输记录等，测试账龄核算的准确性。

【审计程序与具体审计目标对应关系提示】此程序可实现 D 审计目标。

程序4： 向债务人函证应收账款。

函证（外部函证），是指注册会计师直接从第三方（被询证者）获取书面答复作为审计证据的过程，书面答复可以采用纸质、电子或其他介质等形式。

注册会计师可以在考虑被审计单位的经营环境、内部控制的有效性、账户或交易的性质、被询证者处理询证函的习惯做法及回函的可能性等基础上，确定应收账款函证的内容、范围、时间安排和方式。

（1）函证决策。注册会计师应当对应收账款实施函证，除非有充分证据表明应收账款对财务报表不重要，或函证很可能无效。如果认为函证很可能无效，注册会计师应当实施替代审计程序，获取充分、适当的审计证据。如果不对应收账款函证，注册会计师应当在审计工作底稿中说明理由。

（2）函证的范围和对象。函证数量的多少、范围是由诸多因素决定的，主要有：

① 应收账款在全部资产中的重要性。若应收账款在全部资产中所占的比重较大，则函证的范围应相应大一些。

② 被审计单位内部控制的强弱。若内部控制较为健全，则可以相应减少函证数量；反之，则应相应扩大函证范围。

③ 以前期间的函证结果。若以前期间函证中发现过重大差异，或欠款纠纷较多，则函证范围应相应扩大一些。

一般情况下，注册会计师应选择以下项目作为函证对象：

① 金额较大的项目；

② 账龄较长的项目；

③ 交易频繁但期末余额较小的项目；

④ 重大关联方交易；

⑤ 重大或异常交易；

⑥ 可能存在争议、舞弊或错误的交易。

（3）函证的方式。注册会计师可采用积极的或消极的函证方式实施函证，也可将两种方式结合使用。

① 积极式函证，是指要求被询证者直接向注册会计师回复，表明是否同意询证函所列示的信息，或填列所要求的信息的一种询证方式。

积极式函证要求被询证者在所有情况下都必须回函，确认所列示的信息是否正确或填列询证函要求的信息。通常认为，对积极式询证函的回函能够提供可靠的审计证据，但存在被询证者对所列示信息根本不验证就予以回函确认的风险。为了降低这种风险，注册会计师可以采用另外一种形式的询证函，即在询证函中不列明账户余额（或其他信息），而是要求被询证者填列有关信息或进一步提供信息，但是，采用这种空白式询证函要求被询证者做更多工作，可能导致回函率降低。

在采用积极式函证时，只有注册会计师收到回函，才能为财务报表认定提供审计证据。注册会计师没有收到回函，原因可能是：被询证者根本不存在；被询证者没有收到询证函；被询证者没有理会询证函。注册会计师没有收到回函时，无法证明所函证信息是否正确。在这种情况下，注册会计师应当考虑与被询证者联系，要求对方作出回应或再次寄发询证函。如果未能得到被询证者的回应，注册会计师应当实施替代审计程序。

应收账款询证函审计工作底稿见工作底稿实例9-9，索引号ZD3。

② 消极式函证，是指要求被询证者只有在不同意询证函所列示的信息时才直接向注册会计师回复的一种询证方式。

在采用消极式函证方式时，如果收到回函，能够为财务报表认定提供说服力强的审计证据。未收到回函可能是因为被询证者已收到询证函且核对无误，也可能是因为被询证者根本就没有收到询证函。因此，积极式函证通常比消极式函证提供的审计证据可靠。因而在采用消极式函证时，注册会计师通常还需辅之以其他审计程序。

（4）函证时间的选择。

注册会计师通常以资产负债表日为截止日，在资产负债表日后适当时间实施函证。如果重大错报风险评估为低水平，注册会计师可选择资产负债表日前适当日期为截止日实施函证，并对所函证项目自该截止日起至资产负债表日止发生的变动实施实质性程序。

（5）函证的控制。

注册会计师可以采取下列措施对函证实施过程进行控制：

① 将被询证者的姓名、单位名称和地址与被审计单位的有关记录核对；

② 将询证函中列示的账户余额或其他信息与被审计单位有关资料核对；

③ 在询证函中指明直接向接受审计业务委托的会计师事务所回函；

④ 询证函经被审计单位盖章后，由注册会计师直接发出；

⑤ 将发出询证函的情况形成审计工作底稿；

⑥ 将收到的回函形成审计工作底稿，并汇总统计函证结果。

这里需要注意的是如果被询证者以传真、电子邮件等方式回函，注册会计师应当直接接收，并要求被询证者寄回询证函原件。

应收账款函证结果汇总表审计工作底稿见工作底稿实例9-10，索引号ZD4。

（6）对不符事项的处理。

不符事项，是指被询证者提供的信息与询证函要求确认的信息不一致，或与被审计单位记录的信息不一致。不符事项的原因可能是：

① 双方登记入账的时间不同。这主要表现在：一是询证函发出时，债务人已付款，而被审计单位尚未收到货款；二是询证函发出时，被审计单位的货物已经发出并已作销售记录，但货物仍在途中，债务人尚未收到货物；三是债务人由于某种原因将货物退回，而被审计单位尚未收到；四是债务人对收到的货物的数量、质量及价格等方面有异议而全部或部分拒付货款等。

② 一方或双方记账错误。

③ 被审计单位的舞弊行为。

如果函证发现了不符事项，注册会计师应当考虑不符事项是否构成错报及其对财务报表可能产生的影响，并将结果形成审计工作底稿。如果不符事项构成错报，注册会计师应当重新考虑所实施审计程序的性质、时间安排和范围。

（7）对函证结果的总结和评价。

① 重新考虑对内部控制的原有评价是否适当；控制测试的结果是否适当；分析程序的结果是否适当；相关的风险评估是否适当等。

② 如果函证结果表明没有审计差异，则可以合理地推论，全部应收账款总体是正确的。

③ 如果函证结果表明存在审计差异，则应当估算应收账款总额中可能出现的累计差错是多少，估算未被选中进行函证的应收账款的累计差错是多少。为取得对应收账款累计差错更加准确的估计，也可以进一步扩大函证范围。

【审计程序与具体审计目标对应关系提示】此程序可实现D审计目标。

程序5： 确定已收回的应收账款金额。

注册会计师应请被审计单位协助，在应收账款明细账上标出至审计时已收回的应收账款金额。对已收回金额较大的款项进行常规检查，如核对收款凭证、银行对账单、销售发票等，并注意凭证发生日期的合理性，分析收款时间是否与合同相关要素一致。

【审计程序与具体审计目标对应关系提示】此程序可实现D审计目标。

程序6： 对未函证应收账款实施替代审计程序。

通常，注册会计师不可能对所有应收账款进行函证，因此，对未函证的应收账款，注册会计师应当实施下列替代审计程序：

（1）检查资产负债表日后收回的货款，值得注意的是，注册会计师不能仅查看应收账款的贷方发生额，而是要查看相关的收款单据，以证实付款方为该客户且与资产负债表日的应收账款相关。

（2）检查相关的销售合同、销售单、发运凭证等文件。注册会计师需要根据被审计单位的收入确认条件和时点，确定能够证明收入发生的凭证。

（3）检查被审计单位与客户之间的往来邮件，如有关发货、对账、催款等事宜邮件。

应收账款替代测试表审计工作底稿见工作底稿实例9-11，索引号ZD5。

【审计程序与具体审计目标对应关系提示】此程序可实现ACD审计目标。

程序7： 检查坏账的确认和处理。

在检查坏账的确认时，注册会计师应检查有无债务人破产或者死亡的，以及破产或遗产清偿后仍无法收回的，或者债务人长期未履行清偿义务的应收账款；在检查坏账的处理时，注册会计师应检查被审计单位坏账的处理是否经授权批准，有关会计处理是否正确。

【审计程序与具体审计目标对应关系提示】此程序可实现D审计目标。

程序8： 审查应收账款的列报。

确定应收账款的列报是否恰当。

【审计程序与具体审计目标对应关系提示】此程序可实现E审计目标。

【**案例9-3**】至真会计师事务所的注册会计师王辉和刘艳接受委派，对盛大有限责任公司2018年度的财务报表进行审计。该公司2017年12月31日应收账款的部分明细资料见表9-4。

表9-4 应收账款的明细资料（部分）

客户名称	摘要	销售发票号	账龄	金额（元）
A	整机销售	0021322	5个月	1 250 000
B	整机销售	0021418	3个月	180 000
C	部件、加工	0020199	1年	320 000
D	部件销售	0009122	2年零3个月	85 000
E	零件销售	0021176	6个月	580 000
F	整机销售	0010127	2年	100 000
G	整机销售	0021008	9个月	1 480 000

要求：如果注册会计师决定对上述顾客进行函证，准备采用积极式函证和消极式函证两种方式。试说明对上述七个客户哪些应使用积极式函证，哪些应使用消极式函证，并简要说明理由。

【分析】

函证对象的选择如下：A、D、F、G采用积极式函证，理由是这些账户余额较大或账龄较长；B、C、E采用消极式函证，理由是这些账户余额较小或者账龄较短。

三、坏账准备的实质性程序

程序1： 获取或编制坏账准备明细表

注册会计师应获取或编制坏账准备明细表，复核加计正确，与坏账准备总账数、明细账合计数核对相符；将坏账准备本期计提数与资产减值损失相应明细科目的发生额核对相符。

程序2： 检查坏账准备的计提

企业应根据所持应收账款的实际可收回情况，合理计提坏账准备，不得多提或少提，否则应视为滥用会计估计，按照重大会计差错更正的方法进行会计处理。

对于单项金额重大的应收账款，企业应当单独进行减值测试，如有客观证据证明其已发生减值，应当计提坏账准备。对于单项金额不重大的应收账款，可以单独进行减值测试，或包括在具有类似信用风险特征的应收账款组合中（如账龄分析）进行减值测试。此外，单独测试未发生减值的应收账款，应当包括在具有类似信用风险特征的应收账款组合中（如账龄分析），再进行减值测试。

采用账龄分析法时，收到债务单位当期偿还的部分债务后，剩余的应收账款，不应改变其账龄，仍应按原账龄加上本期应增加的账龄确定；在存在多笔应收账款且各笔应收账款账龄不同的情况下，收到债务单位当期偿还的部分债务，应当逐笔认定收到的是哪一笔应收账款；如果确实无法认定的，按照先发生先收回的原则确定，剩余应收账款的账龄按上述同一原则确定。

在确定坏账准备的计提比例时，企业应当根据以往的经验、债务单位的实际财务状况和预计未来现金流量的情况，以及其他相关信息合理地估计。

程序3： 检查实际发生的坏账损失

对于被审计单位在被审计期间内发生的坏账损失，注册会计师应检查其原因是否清楚，是否符合有关规定，有无授权批准，有无已作坏账处理又重新收回的应收账款，相应的会计处理是否正确。

程序4： 确定坏账准备的披露是否恰当

企业应当在财务报表附注中清楚地说明坏账的确认标准、坏账准备的计提方法和计提比例。

应收账款审定表审计工作底稿见工作底稿实例9-7，索引号ZD1。

【案例9-4】 至真会计师事务所的注册会计师王辉和刘艳接受委派，对盛大有限责任公司2018年度的财务报表进行审计。该公司年末应收账款总账的余额为6 000万元，其所属明细账中有借方余额的合计数为6 200万元，有贷方余额的合计数为200万元；其他应收款总账余额为3 000万元。该公司采用余额百分比法计提坏账准备，计提比例为1%，计提金额为36万元。坏账准备账户记录详见表9-5所示。

表9-5 坏账准备明细账（简式）

单位：万元

日期	凭证字号	摘要	借方	贷方	余额
1月1日		上年结转			80（贷方）
5月9日	转字86号	核销坏账	12		68（贷方）
10月15日	转字195	核销坏账	14		54（贷方）
12月31日	转字463	计提本年的坏账准备		36	90（贷方）

要求：根据上述资料，对盛大有限责任公司坏账准备的计提进行审查并提出审计意见。

【分析】

该公司坏账准备的计提金额有误。首先，对于应收账款明细账中的贷方余额不应计提坏账准备，因其性质相当于预收账款，应对其进行重新分类，归入负债方。

年末计提坏账准备的基数＝6 200＋3 000＝9 200（万元）

当年应提取的坏账准备＝9 200×1%－54＝38（万元）

该公司少提坏账准备＝38－36＝2（万元）

注册会计师建议该公司做出调整，调整分录为：

借：资产减值损失　　　　　　　　　　　　　　　　　　　　20 000

　　贷：坏账准备　　　　　　　　　　　　　　　　　　　　　　　20 000

第四节 销售与收款循环审计工作底稿实例

【工作底稿实例9-1】

销售与收款循环控制测试	
被审计单位：沃诺克有限责任公司	索引号：XSC
项目：销售与收款循环控制测试	财务报表截止日/期间：2018年12月31日
编制：张宁	复核：田园
日期：2018年11月8日	日期：2018年11月10日

1. 控制测试——销售
（1）询问程序。
通过实施询问程序，沃诺克有限责任公司已确定下列事项：
① 本年度未发现任何特殊情况、错报和异常项目；
② 财务或销售部门的人员在未得到授权的情况下无法访问或修改系统内数据；
③ 本年度未发现下列控制活动未得到执行；
④ 本年度未发现下列控制活动发生变化。
（2）其他测试程序。

控制目标	沃诺克有限责任公司的控制活动	控制测试程序	执行控制的频率	所测试的项目数量	索引号
不同标的额的销售均由相应级别管理层审批	① 标的额为10万元以下的产品销售由销售部部长王某审批。 ② 标的额为10万元以上40万元以下的产品销售由总经理助理李某审批。 ③ 标的额为40万元以上的产品销售由副总经理张某审批	询问并检查不同额度的产品销售是否经过适当的授权批准	不定期	25	略
管理层核准销售订单的价格、条件	① 根据生产计划制订销售计划，产品供不应求，价格随行就市，每次价格变动由经营部制定沃诺克有限责任公司产品出厂价格调整审批表，并经销售部部长、总经理助理、总会计师、副总经理签字审批。 ② 所有销售合同都由销售部部长、总经理助理、总会计师、副总经理签字审批	询问并检查合同的定价是否经过授权审批	不定期	25	略

续表

控制目标	沃诺克有限责任公司的控制活动	控制测试程序	执行控制的频率	所测试的项目数量	索引号
已记录的销售合同的内容准确	销售业务员负责将销售合同信息输入台账，分品种连续编号；销售业务员定期核对销售合同与台账是否一致	询问并检查是否按照合同及时编制销售台账、检查两者内容是否一致	不定期	25	略
销售合同均已得到处理	销售业务员负责将销售合同信息输入台账，分品种连续编号；销售业务员定期核对销售合同与台账是否一致	询问并检查是否按照合同及时编制销售台账、是否定期核对；随意抽查三笔销售合同看其信息是否已经输入台账	不定期	25	略

2. 控制测试——应收账款

（1）询问程序。

通过实施询问程序，沃诺克有限责任公司已确定下列事项：

① 本年度未发现任何特殊情况、错报和异常项目；

② 财务或销售部门的人员在未得到授权的情况下无法访问或修改系统内数据；

③ 本年度未发现下列控制活动未得到执行；

④ 本年度未发现下列控制活动发生变化。

（2）其他测试程序。

控制目标	沃诺克有限责任公司的控制活动	控制测试程序	执行控制的频率	所测试的项目数量	索引号
已记录的销售均确已发出货物	销售结算员认真核对产品付货通知单及产品出厂票后开具发票并转给财会人员，财会人员审核出厂票单与发票内容是否相符，对价格执行情况及货款的真实性确认无误后，加盖发票专用章，登记发票领用登记簿，财务部依据发票记账联入账	从主营业务收入明细账中抽取若干张记账凭证，检查凭证中所记载的内容与发票、提货单、出厂票、合同内容是否一致	不定期	25	略
已记录的销售交易计价准确	财务人员记账时审核发票单价与商品价格目录表是否一致；财务人员月末根据"应收账款"科目的借方余额情况，编制欠款情况统计表，及时报送公司领导、财务部部长、销售部部长等，督促并配合销售部及时追索欠款，并以电话或传真形式与客户核对往来款项	从主营业务收入明细账中抽取若干张记账凭证，检查价格的执行情况是否与合同、价格审批表一致；对大额应收账款余额予以函证	不定期	25	略

211

续表

控制目标	沃诺克有限责任公司的控制活动	控制测试程序	执行控制的频率	所测试的项目数量	索引号
与销售货物相关的权利均已记录至应收账款	由财务人员审核计量单与发票内容是否相符、价格执行情况及货款的真实性，确认无误后加盖发票专用章，登记发票，由购货方签字领取发货票，而后财务人员据以记账	从计量站抽取12月份最后10笔出厂票，看其是否已经记账；将销售部门记录的销售信息与财务部的信息进行核对；对部分应收账款予以函证	不定期	25	略
销售货物交易均已于适当期间进行记录	以每月最后一天××点以前的出厂量为截止点，结算当月收入，销售部出厂结算完毕并且财务部全部入账后，登记销售系统，与销售部统计数据核对无误	从计量站抽取12月31日××点以前最后10笔出厂票，看其是否已经记账，并关注出厂时间是否超过××点；将销售部门记录的销售信息与财务部的信息进行核对	每月1次	参见主营业务收入的截止测试	略
准确计提坏账准备和核销坏账，并记录于恰当期间	公司董事会制定并批准了应收账款坏账准备计提方法和计提比例；每年末，财务部分析应收账款账龄，并按照相应比例计提坏账准备	获取应收款项账龄分析表，分析账龄划分是否正确；计算坏账准备计提是否正确；询问并检查是否存在呆账情况	一年1次	1	略

3. 控制测试——收款

（1）询问程序。

通过实施询问程序，沃诺克有限责任公司已确定下列事项：

① 本年度未发现任何特殊情况、错报和异常项目；

② 财务或销售部门的人员在未得到授权的情况下无法访问或修改系统内数据；

③ 本年度未发现下列控制活动未得到执行；

④ 本年度未发现下列控制活动发生变化。

（2）其他测试程序。

第四节 销售与收款循环审计工作底稿实例

控制目标	沃诺克有限责任公司的控制活动	控制测试程序	执行控制的频率	所测试的项目数量	索引号
收款是真实发生的	（1）信用证到期或收到支票，由出纳员前往银行办理托收。款项收妥后，应收账款记账员将编制收款凭证，并附相关单证，如银行结汇单、银行到款通知单等，提交会计主管复核。 （2）需要收取银行承兑汇票的，必须经总会计师签字同意。收取后，认真检查汇票的日期、背书、印章是否准确完整，登记台账后交出纳员统一保管。财务部门根据收到的银行承兑汇票的复印件记账	抽取收款凭证，检查其是否附有进账单或承兑汇票，并经会计主管复核；关注进账单中注明的付款人是否为相应的销售客户	不定期	25	略
准确记录收款	（1）应收账款记账员编制收款凭证，并附相关单证，如银行结汇单、进账单、承兑汇票复印件等，提交会计主管复核。 （2）账务系统依据编制好的收款凭证登记库存现金日记账和银行存款日记账	抽取收款凭证，检查其是否附有进账单或承兑汇票，并经会计主管复核；关注进账单中注明的付款人是否为相应的销售客户；关注凭证金额是否与进账单一致	不定期	25	略
收款均已记录	出纳员每月末收到各开户银行对账单，核对是否连续，于次月初核对银行账，查找未达账项，编制银行存款余额调节表，交给会计处主任和财务部部长审核盖章	抽取若干月份未达账项调节表，检查是否有未入账的销售款	每月1次	3	略
收款均已于恰当期间进行记录	出纳员每月末收到各开户银行对账单，核对是否连续，于次月初核对银行账，查找未达账项，编制银行存款余额调节表，交给会计处主任和财务部部长审核盖章	抽取若干月份未达账项调节表，检查是否有未入账的销售款	每月1次	3	略
监督应收账款及时收回	会计人员根据月末"应收账款"科目的借方余额情况，编制欠款情况统计表，及时报送公司领导、财务部部长、销售部部长，监督并配合销售部及时追索欠款，并以电话或传真形式与客户核对往来款项	询问财务人员和销售人员应收账款的回收情况；检查财务人员编制的欠款情况统计表，并与账面核对	每月1次	3	略

【工作底稿实例9-2】

营业收入审定表

被审计单位：沃诺克有限责任公司	索引号：SA1
项目：营业收入	财务报表截止日/期间：2018年12月31日
编制：张宁	复核：田园
日期：2019年1月22日	日期：2019年1月23日

项目类别	本期未审数	账项调整 借方	账项调整 贷方	本期审定数	上期审定数
一、主营业务收入					
A产品	32 771 541.80			32 771 541.80	30 652 129.50
B产品	10 404 361.20			10 404 361.20	8 649 432.30
C产品	3 704 232.40			3 704 232.40	4 659 742.80
D产品	1 304 921.60			1 304 921.60	2 023 941.40
小计	48 185 057.00			48 185 057.00	45 985 246.00
二、其他业务收入					
材料销售	89 642.00			89 642.00	97 653.20
⋮					
小计	98 763.00			98 763.00	105 342.00
营业收入合计	48 283 820.00			48 283 820.00	46 090 588.00

审计说明：

  从审定表中可以看出，沃诺克有限责任公司营业收入包括主营业务收入和其他业务收入，表中所列数据与总账、明细账、报表核对一致。

  主营业务收入确认标志为产品发出、销售部开出提货单并经财务部审核后开具发票。该公司收入确认标志符合准则规定的五个条件，并与上年保持一致。

审计结论：

  报表数经审计后无调整事项，可以确认。

【工作底稿实例9-3】

主营业务收入明细分析表

被审计单位：沃诺克有限责任公司	索引号：SA2
项目：主营业务收入明细分析	财务报表截止日/期间：2018年12月31日
编制：张宁	复核：田园
日期：2019年1月18日	日期：2019年1月19日

类别	2018年度 金额	比重（%）	2017年度 金额	比重（%）	收入变动额	收入变动比例（%）	结构变动比例（%）
A产品	32 771 541.80	68.01	30 652 129.50	66.66	2 119 412.30	6.91	1.35
B产品	10 404 361.20	21.59	8 649 432.30	18.81	1 754 928.90	20.29	2.78
C产品	3 704 232.40	7.69	4 659 742.80	10.13	−955 510.40	−20.51	−2.44
D产品	1 304 921.60	2.71	2 023 941.40	4.40	−719 019.80	−35.53	−1.69
合计	48 185 057.00	100.00	45 985 246.00	100.00	2 199 811.00	4.78	

审计说明：

从上表可以看出：
（1）本明细账所列各品种收入总额48 185 057.00元与报表核对一致。
（2）与去年同期比较：① 沃诺克有限责任公司主营业务收入总额与去年同期比较有所增长，比例为4.78%。② 各品种结构比例与去年同期比较没有较大的变化。
（3）收入总额中，占比重较大的为A产品，其次为B产品。
（4）根据沃诺克有限责任公司增值税纳税申报表估算全年收入，与账面已确认收入一致。

【工作底稿实例9-4】

产品年度毛利率变化分析表

被审计单位：沃诺克有限责任公司	索引号：SA3
项目：产品年度毛利率变化分析	财务报表截止日/期间：2018年12月31日
编制：张宁	复核：田园
日期：2019年1月19日	日期：2019年1月20日

第九章　销售与收款循环审计

项目	2018年			2017年			单价变化（%）	成本变化（%）
	平均单价	平均成本	毛利率（%）	平均单价	平均成本	毛利率（%）		
A产品	5 070.83	4 131.01	18.53	4 543.76	4 128.11	9.15	11.60	0.07
B产品	4 144.97	3 997.14	3.57	3 975.06	3 825.60	3.76	4.27	4.48
C产品	4 414.03	4 387.70	0.60	4 183.00	4 299.68	−2.79	5.52	2.05
D产品	4 789.86	4 802.61	−0.27	4 589.20	4 618.78	−0.64	4.37	3.98

审计说明：

从分析表中可以看出：
（1）A产品的毛利率大幅提高，主要原因是该产品市场价格不断提高，而平均成本几乎没有变化；
（2）B产品的毛利率基本持平；
（3）C产品的毛利率由负变正；
（4）D产品的毛利率由去年的−0.64%降为−0.27%。

【工作底稿实例9-5】

主营业务收入细节测试										
被审计单位：沃诺克有限责任公司					索引号：SA4					
项目：主营业务收入细节测试					财务报表截止日/期间：2018年12月31日					
编制：张宁					复核：田园					
日期：2019年1月18日					日期：2019年1月19日					

日期	凭证号	摘要	金额	对应科目	检查内容				附件
					①	②	③	④	
1月18日	0156#	销售A产品	14 325 786.68	应收账款	√	√	√	√	专用发票、付货通知单、出厂票
3月15日	0357#	销售B产品	6 743 012.46	应收账款	√	√	√	√	专用发票、付货通知单、出厂票
4月28日	0458#	销售A产品	12 785 326.87	应收账款	√	√	√	√	专用发票、付货通知单、出厂票
5月26日	0579#	销售C产品	8 690 456.80	应收账款	√	√	√	√	专用发票、付货通知单、出厂票
7月16日	0723#	销售B产品	23 768 325.69	应收账款	√	√	√	√	专用发票、付货通知单、出厂票

第四节 销售与收款循环审计工作底稿实例

续表

日期	凭证号	摘要	金额	对应科目	检查内容 1	2	3	4	附件
8月23日	0865#	销售D产品	5 320 684.75	应收账款	√	√	√	√	专用发票、付货通知单、出厂票
9月28日	0913#	销售D产品	18 087 564.60	应收账款	√	√	√	√	专用发票、付货通知单、出厂票
⋮									

审计说明：

 1. 细节测试的目的：验证收入发生的真实性、准确性，同时达到双重测试的目的。
 2. 测试方法：采用顺查法，即从明细账中选取若干样本，核对记账凭证内容与所附原始凭证的一致性，并关注附件是否齐全、真实。
 3. 检查内容：① 授权是否合理；② 附件是否齐全；③ 金额是否一致；④ 账务处理是否正确。
 4. 经询问销售部门和财务部门相关人员，检查主营业务收入明细账，没有发现销售退回、折扣与折让情况，也没有特殊销售行为。
 5. 经过测试，确认收入发生额。

【工作底稿实例9-6】

主营业务收入截止测试	
被审计单位：沃诺克有限责任公司	索引号：SA5
项目：主营业务收入截止测试	财务报表截止日/期间：2018年12月31日
编制：张宁	复核：田园
日期：2019年1月19日	日期：2019年1月20日

从明细账到发货单

编号	发货单		发票内容				明细账			是否跨期（√，×）
	日期	号码	日期	客户名称	货物名称	销售额	税额	日期	凭证号	主营业务收入	应交税费	

编号	日期	号码	日期	客户名称	货物名称	销售额	税额	日期	凭证号	主营业务收入	应交税费	是否跨期
1	12月31日	2653#	12月31日	×客户	A产品	2 390 128.23	382 420.52	12月31日	1230#	2 390 128.23	382 420.52	×

续表

编号	发货单		发票内容					明细账			是否跨期(√,×)
	日期	号码	日期	客户名称	货物名称	销售额	税额	日期	凭证号	主营业务收入	应交税费	
2	12月30日	2650#	12月30日	×客户	B产品	2 307 650.12	369 224.02	12月30日	1229#	2 307 650.12	369 224.02	×
⋮												
截止日前												
截止日期：2018年12月31日												
截止日后												
1	1月1日	0001#	12月28日	×客户	C产品	532 764.96	85 242.39	1月1日	0012#	532 764.96	85 242.39	×
2	1月1日	0002#	12月28日	×客户	D产品	820 784.62	131 325.54	1月1日	0013#	820 784.62	131 325.54	×
⋮												

审计说明：

1. 测试目的：检查沃诺克有限责任公司截止日前后发出的产品是否已记录于恰当的会计期间。
2. 经过测试，没有发现跨期事项。

【工作底稿实例9-7】

应收账款审定表	
被审计单位：沃诺克有限责任公司	索引号：ZD1
项目：应收账款审定表	财务报表截止日/期间：2018年12月31日
编制：张宁	复核：田园
日期：2019年1月24日	日期：2019年1月25日

第四节　销售与收款循环审计工作底稿实例

项目名称	期末未审数	账项调整		重分类调整		期末审定数	上期末审定数
		借方	贷方	借方	贷方		
一、账面余额合计	33 729 539.60					33 729 539.60	30 356 585.10
1年以内	33 729 539.60					33 729 539.60	30 356 585.10
1~2年							
2~3年							
3年以上							
二、坏账准备合计							
1年以内							
1~2年							
2~3年							
3年以上							
三、账面价值合计							
1年以内	33 729 539.60					33 729 539.60	30 356 585.10
1~2年	33 729 539.60					33 729 539.60	30 356 585.10
2~3年							
3年以上							

审计说明：

1. 上述明细表所列金额与总账、明细账、报表核对一致，款项内容均为销售货款。
2. 沃诺克有限责任公司收款期为1个月，收款期较短。经分析应收账款各明细项目的期初余额、借贷方发生额，账龄划分无误。
3. 因沃诺克有限责任公司应收账款账龄均为1年之内且未超过3个月，所以根据公司坏账准备计提政策，本期坏账准备余额为0。
4. 该公司平时预收的销售款通过应收账款贷方核算，期末如有余额，形成报表时自动重分类至预收账款。
5. 应收账款在报表及附注中已作出恰当披露。

审计结论：

经审计后，确认报表余额。

【工作底稿实例9-8】

应收账款明细表

被审计单位：沃诺克有限责任公司	索引号：ZD2
项目：应收账款明细表	财务报表截止日/期间：2018年12月31日
编制：张宁	复核：田园
日期：2019年1月19日	日期：2019年1月20日

项目名称	期末未审数					账项调整		重分类调整		期末审定数				
	合计	1年以内	1~2年	2~3年	3年以上	借方	贷方	借方	贷方	合计	1年以内	1~2年	2~3年	3年以上
甲客户	6 329 875.32	6 329 875.32								6 329 875.32	6 329 875.32			
乙客户	9 128 653.75	9 128 653.75								9 128 653.75	9 128 653.75			
丙客户	8 790 320.63	8 790 320.63								8 790 320.63	8 790 320.63			
⋮														
合计	33 729 539.60	33 729 539.60								33 729 539.60	33 729 539.60			

审计说明：

（1）应收账款明细账余额合计与审定数核对一致；

（2）经与其他往来款项核对，没有发现同一客户同时挂账项目；

（3）客户借方发生额与主营业务收入和增值税合计数配比，符合预估数据；

（4）通过核实各客户明细账，没有发现不属于结算业务的债权；

（5）检查银行存款询证函，没有发现应收账款存在质押情况；

（6）通过核实各客户往来期初、本期发生额及期末余额，没有发现异常项目，各客户不存在破产、死亡等情况。

【工作底稿实例9-9】

应收账款询证函

索引号：ZD3

编号：01

甲客户：

本公司聘请的明瑞会计师事务所正在对本公司2018年度财务报表进行审计，按照中国注册会计师审计准则的要求，应当询证本公司与贵公司的往来账项等事项。下列信息出自本公司账簿记录，如与贵公司记录相符，请在本函下端“信息证明无误”处签章证明；如有不符，请在“信息不符”处列明不符项目，如存在与本公司有关的未列入本函的其他项目，也请在“信息不符”处列出这些项目的金额及详细资料。回函请直接寄至明瑞会计师事务所。

回函地址：略

邮编：略　　　电话：略　　　传真：略　　　联系人：略

1. 本公司与贵公司的往来账项列示如下：

单位：元

截止日期	贵公司欠	欠贵公司	备注
2018年12月31日	6 329 875.32		货款

2. 其他事项。

本函仅为复核账目之用，并非催款结算。若款项在上述日期之后已经付清，仍请及时复函为盼。

（沃诺克有限责任公司盖章）

2019年1月10日

结论：1. 信息证明无误。（甲客户盖章）

2019年1月15日
经办人：×××

2. 信息不符，请列明不符的详细情况。（客户盖章）

年　月　日
经办人：

【工作底稿实例9-10】

应收账款函证结果汇总表

被审计单位：沃诺克有限责任公司	索引号：ZD4
项目：应收账款函证结果汇总表	财务报表截止日/期间：2018年12月31日
编制：张宁	复核：田园
日期：2019年1月20日	日期：2019年1月21日

一、应收账款函证情况列表

项目单位名称	询证函编号	函证方式	函证日期		回函日期	账面金额	回函金额	经调节后是否存在差异
			第一次	第二次				
甲客户	01	积极式	2018年1月10日		2018年1月15日	6 329 875.32	6 329 875.32	
乙客户	02	积极式	2018年1月10日		2018年1月15日	9 128 653.75	9 128 653.75	
丙客户	03	积极式	2018年1月10日	2018年1月18日		8 790 320.63	未回函	
⋮								

二、对误差的分析

项目	金额
1. 已识别的误差	42 619.64
2. 推断出的总体误差（扣除已识别的误差）	3 892.36

审计说明：

1. 我们对应收账款余额抽取了80个样本予以函证，回函样本数为64个，回函率为80%；
2. 对未回函的样本实施替代测试，参见底稿ZD5；
3. 回函的样本中只有一个样本回函金额与沃诺克有限责任公司账面余额不符，差异为42 619.64元，推断总体错报金额较小，确认应收账款余额。

【工作底稿实例9-11】

应收账款替代测试表

被审计单位：沃诺克有限责任公司	索引号：ZD5
项目：应收账款替代测试表	财务报表截止日/期间：2018年12月31日
编制：张宁	复核：田园
日期：2019年1月22日	日期：2019年1月23日

一、期初余额				7 989 540.25				
二、借方发生额				13 657 853.54				
入账金额					检查内容（用"√""×"表示）			
序号	日期	业务内容	凭证号	金额	①	②	③	④
1	2.16		1004#	2 358 156.23	√	√	√	√
2	3.23		1138#	1 869 329.56	√	√	√	√
3	4.06		1245#	1 012 430.32	√	√	√	√
⋮								
小计				8 331 290.66				
全年借方发生额合计				13 657 853.54				
测试金额占全年借方发生额的比例				61%				
三、贷方发生额				12 857 073.16				

第四节　销售与收款循环审计工作底稿实例

续表

序号	日期	入账金额			检查内容（用"√""×"表示）			
		业务内容	凭证号	金额	①	②	③	④
1	2.18		1008#	1 436 542.90	√	√	√	√
2	3.14		1125#	2 453 732.56	√	√	√	√
3	4.19		1246#	1 890 795.53	√	√	√	√
⋮								
小计				7 971 385.26				
全年贷方发生额合计				12 857 073.16				
测试金额占全年贷方发生额的比例				62%				
四、期末余额				8 790 320.63				
五、期后收款检查（略）								

检查内容说明：① 原始凭证是否齐全；② 记账凭证与原始凭证是否相符；③ 账务处理是否正确；④ 是否记录于恰当的会计期间。

审计说明：

　1. 测试目的：应收账款余额是否存在；款项回收的真实性。
　2. 经替代测试，未函证和未回函的应收账款可以确认。

第十章 采购与付款循环审计

本章学习目标

知识目标
- 了解采购与付款循环的主要业务活动
- 掌握采购与付款交易的内部控制
- 掌握固定资产的内部控制
- 明确应付账款、固定资产的审计目标
- 掌握采购与付款交易的控制测试
- 掌握固定资产的控制测试
- 掌握应付账款、固定资产的实质性程序

能力目标
- 能对采购与付款交易进行控制测试和对固定资产进行控制测试
- 会确定应付账款的审计目标,能对应付账款实施实质性程序
- 会确定固定资产的审计目标,能对固定资产实施实质性程序

第十章 采购与付款循环审计

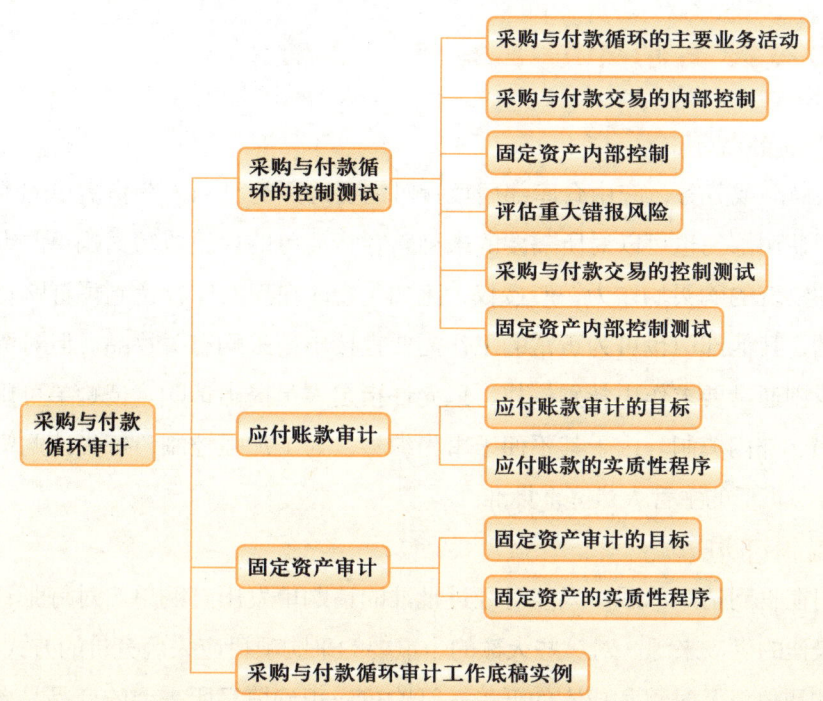

注册会计师张雷审计浩安公司的应付账款项目，由于浩安公司为一化工企业，每年从某固定供应商购入原材料近2 100万吨。截至2018年年底，浩安公司应付该供应商货款为221 388 124.57元。由于该供应商属于长期客户，且应付账款金额巨大，因此审计人员向该供应商进行函证。经函证，该供应商确认浩安公司欠货款为292 287 133.57元。张雷在分析审查产生差异的原因时，发现该公司2018年度通过材料成本差异账户冲2014—2018年度已分摊的材料成本差异共7 000万元，理由是浩安公司认为对方售价太高，自2014年以来公司就没有付过货款，双方一直争执不下。由此，张雷认为浩安公司存在低估负债的可能，且因此影响到该公司利润的真实性。下面分析张雷的认识是否正确：

按照会计制度规定，如果购销双方在价格上没有达成协议，那么公司在核算上只能以计划价暂估入账，而不能不入账或以自己确认的价格入账，待达成协议后再做调整。因此，浩安公司随意冲销应付账款是不妥的。注册会计师应提请其纠正，并调整相应的报表项目。如果被审计单位拒绝，注册会计师要根据其重要性判断如何在审计报告中披露。

第一节 采购与付款循环的控制测试

一、采购与付款循环的主要业务活动

（一）请购商品和劳务

企业购买商品或劳务，应由仓库部门负责对需要购买的已列入存货清单的项目填写请购单，其他资产使用部门也可以对所需要的未列入存货清单的项目填写请购单。大部分企业对正常经营所需物资的购买均作为一般授权，比如，仓库在现有库存达到再订购点时就可直接提出采购申请，其他部门也可为正常的工作需要直接申请采购有关物品。但对资本支出和租赁合同，企业则通常要求作出特别授权，只允许指定人员提出请购。请购单可用手工或计算机由不同人员、部门填制。由于其不便于事先编号，为了加强控制，每张请购单必须经过对这类支出预算负责任的主管人员签字批准。

（二）编制订购单

采购部门在收到请购单后，只能对经过批准的请购单发出订购单。对每张订购单，采购部门应确定最佳的供应来源。对一些大额的、重要的采购项目应采用竞价的方式确定供应商，以保证供货的质量、及时性和成本的低廉。订购单应正确填写所需要的商品品名、数量、价格、厂商名称和地址等，预先予以顺序编号并经过被授权的采购人员签名。其正联应送交供应商，副联则送至企业内部的验收部门、应付凭单部门和编制请购单的部门。随后，应独立检查订购单的处理，以确定是否确实收到商品并正确入账。

（三）验收商品

有效的订购单代表企业已授权验收部门接受供应商发运来的商品。验收部门首先应比较所收商品与订购单上的要求是否相符，如商品的品名、说明、数量、到货时间等，然后再盘点商品并检查商品有无损坏。验收后，验收部门应对已收货的每张订购单编制一式多联、预先按顺序编号的验收单，作为验收和检验商品的依据。验收人员将商品送交仓库或其他请购部门时，应取得经过签字的收据，或要求其在验收单的副联上签收，以确立他们对所采购的资产应负的保管责任。验收单应送交应付凭单、财会等有关部门。

（四）储存已验收的商品存货

将已验收商品的保管与采购的其他职责相分离，可减少未经授权的采购和盗用商品的风险。存放商品的仓储区应相对独立，限制无关人员接近。

（五）编制付款凭单

记录采购交易之前，应付凭单部门应编制付款凭单。付款凭单是采购方企业的应付凭单部门编制的，载明已收到的商品、资产或接受劳务的厂商、应付款金额和付款日期的凭证，是企业内部记录和支付负债的授权证明文件。付款凭单应预先连续编号，并经过适当批准。这项功能的控制包括：

（1）确定供应商发票的内容与相关的验收单、订购单的一致性。

（2）确定供应商发票计算的正确性。

（3）编制有预先顺序编号的付款凭单，并附上支持性凭证（如订购单、验收单和供应商发票等）。这些支持性凭证的种类，因交易对象的不同而不同。

（4）独立检查付款凭单计算的正确性。

（5）在付款凭单上填入应借记的资产或费用账户名称。

（6）由被授权人员在凭单上签字，以示批准照此凭单要求付款。所有未付凭单的副联应保存在未付凭单档案中，以待日后付款。经适当批准和有预先编号的凭单为记录采购交易提供了依据。

（六）确认与记录负债

正确确认已验收货物和已接受劳务的债务，要求准确、及时地记录负债。该记录对企业财务报表和实际现金支出具有重大影响。因此，必须特别注意，按正确的数额记载企业确实已发生的购货和接受劳务事项。与应付账款确认和记录相关的部门一般有责任核查购置的财产，并在应付凭单登记簿或应付账款明细账中加以记录。在收到供应商发票时，应付账款部门应将发票上所记载的品名、规格、价格、数量、条件及运费与订购单上的有关资料核对，如有可能，还应与验收单上的资料进行比较。

应付账款确认与记录的一项重要控制是要求记录现金支出的人员不得经手现金、有价证券和其他资产。恰当的凭证、记录与记账手续，对业绩的独立考核和应付账款职能而言是必不可少的控制。

在手工系统下，应将已批准的未付款凭单送达会计部门，据以编制有关记账凭证和登记有关账簿。会计主管应监督为采购交易而编制的记账凭证中账户分类的适当性；通过定期核对编制记账凭证的日期与凭单副联的日期，监督入账的及时性。而独立检查会计人员则应核对所记录的凭单总数与应付凭单部门送来的每日凭单汇总表是否一致，并定期独立检查应付账款总账余额与应付凭单部门未付款凭单档案中的总金额是否一致。

（七）付款

通常是由应付凭单部门负责确定未付凭单在到期日付款。企业有多种款项结算方式，以支票结算方式为例，编制和签署支票的有关控制包括：

（1）独立检查已签发支票的总额与所处理的付款凭单的总额的一致性。

（2）应由被授权的财务部门的人员负责签署支票。

（3）被授权签署支票的人员应确定每张支票都附有一张已经适当批准的未付款凭单，并确定支票收款人姓名和金额与凭单内容的一致性。

（4）支票一经签署就应在其凭单和支持性凭证上用加盖印戳或打洞等方式将其注销，以免重复付款。

（5）支票签署人不应签发无记名甚至空白的支票。

（6）支票应预先顺序编号，保证支票支出存根的完整性和作废支票处理的恰当性。

（7）应确保只有被授权的人员才能接近未经使用的空白支票。

（八）记录现金、银行存款支出

仍以支票结算方式为例，在手工系统下，会计部门应根据已签发的支票编制付款记账凭证，并据以登记银行存款日记账及其他相关账簿。以记录银行存款支出为例，有关控制包括：

（1）会计主管应独立检查记入银行存款日记账和应付账款明细账的金额的一致性，以及与支票汇总记录的一致性。

（2）通过定期比较银行存款日记账记录的日期与支票副本的日期，独立检查入账的及时性。

（3）独立编制银行存款余额调节表。

二、采购与付款交易的内部控制

（一）适当的职责分离控制

适当的职责分离有助于防止各种有意的或无意的错误。与销售与收款业务一样，采购与付款业务也需要适当的职责分离。企业应当建立采购与付款业务的岗位责任制，明确相关部门和岗位的职责、权限，确保办理采购与付款业务的不相容岗位相互分离、制约和监督。采购与付款交易不相容岗位至少包括：请购与审批；询价与确定供应商；采购合同的订立与审批；采购与验收；采购、验收与相关会计记录；付款审批与付款执行。这些都是对企业提出的有关采购与付款交易相关职责适当分离的基本要求，以确保办理采购与付款交易的不相容岗位相互分离、制约和监督。

（二）请购控制

原材料的购进，一般首先由生产部门根据生产计划填写领料单。仓库部门接到领料单后，应将原材料保管卡上记录的库存数同生产部门需要的数量进行比较。当生产所需的材料和仓库所需的后备数量合计已超过库存数量时，则应提出请购。其他物品的购进，一般由使用部门或需要部门（公用事业、广告、保险等服务）直接提出请购，填制请购单，经过批准后进行。

（三）订货控制

采购部门收到请购单后，在发出订购单之前，应明确订购多少、向谁订购、何时订购等问题。

（1）在订购多少的控制方面，采购部门首先应审查每一份请购单的请购数量是否在控制限额的范围内，其次是检查使用物品和劳务的部门主管是否在请购单上签字同意。对于需大量采购的原材料，必须作各种采购数量对成本的影响分析，其内容是将各种请购项目进行有效的归类，然后利用经济批量法来测算成本。

（2）在向谁订购的控制方面，采购部门在正式填制订单前，必须向不同的供应商索取供应物品的价格、质量指标、折扣和付款条件以及交货时间等资料，比较不同供应商所提供的资料，选择最有利于企业生产和成本最低的供应商，与之签订合同。

（3）在何时订购的控制方面，应由仓库部门运用经济批量法和分析最低存货点来确定订购时间。

在以上三方面决定作出后，采购部门应及时编制一式多联连续编号的订购单；在订购单向供应商发出之前，必须由专人检查该订购单是否得到授权人的签字；订购单副本应交给验收、应付凭单和编制请购单等有关部门。

（四）验收控制

货物的验收应由独立于请购、采购和会计部门的人员来担任，其控制责任是检验收到货物的数量和质量。

（1）对于数量，验收部门在货运单上签字之前，应通过记数、过磅或测量等方法来证明货运单上所列的数量。

（2）对于质量，验收部门应检验有无因运输而导致的货物缺陷。在货物质量检验需要有较高的专业知识或必须经过仪器、实验才能进行的情况下，收货部门应将部分样品送交专家或实验室对其质量进行检验。

（3）每一项收到的货物必须在验收以后填制包括供应商、收货日期、货物名称、数量和质量以及运货人名称、原购货订单编号等内容的收货报告单，并将其及时报告请购、采购和会计部门。

（五）实物控制

采购与付款交易中的实物控制包括两个方面：一方面加强对已验收入库的商品的实物控制，限制非经授权人员接近存货。实物保管应由独立于验收、采购和会计部门的人员来担任，同时加强对退货的实物控制，货物的退回要有经审批的合法手续。另一方面限制非授权人员接近各种记录和文件，防止伪造篡改资料。

（六）应付账款的控制

应付账款的控制包括：应付账款的记录必须由独立于请购、采购、验收、付款的职员来进行；对于有预付货款的交易，在收到供应商发票后，应将预付金额冲抵部分发票金额来记录应付账款；对于享有折扣的交易，应根据供应商发票金额减去折扣金额后的净额登记应付账款；必须分别设置应付账款总账和明细账户；每月应将应付账款明细账定期与客户的对账单进行核对。

（七）内部核查程序控制

企业应当建立对采购与付款交易内部控制的监督检查制度。采购与付款交易内部控制监督检查的主要内容包括：

（1）采购与付款交易相关岗位及人员的设置情况。重点检查是否存在采购与付款交易不相容职务混岗的现象。

（2）采购与付款交易授权批准制度的执行情况。重点检查大宗采购与付款交易的授权批准手续是否健全，是否存在越权审批的行为。

（3）应付账款和预付账款的管理。重点检查应付账款和预付账款支付的正确性、时效性和合法性。

（4）有关单据、凭证和文件的使用和保管情况。重点检查凭证的登记、领用、传递、保管、注销手续是否健全，使用和保管制度是否存在漏洞。

对监督检查过程中发现的购货与付款内部控制中的薄弱环节，企业应当采取措施，及时加以纠正和完善。

（八）采购交易的内部控制目标及关键内部控制

（1）所记录的采购都确已收到商品或劳务。注册会计师应注意请购单、订购单、验收单和卖方发票是否一应俱全并附在付款凭单之后；采购是否经适当级别批准等。

（2）已发生的采购交易均已记录。注册会计师应检查订购单、验收单、应付凭单均经事先连续编号并已登记入账。

（3）所记录的采购交易估价正确。注册会计师应核实相应主管人员对采购价格和折扣的批准，并对计算准确性进行内部核查。

（4）采购交易分类正确。采用了适当的会计科目。

（5）采购交易按正确的日期记录。应注意收到商品或接受劳务后入账的及时性。

（6）采购交易被正确记入应付账款和存货等明细账中，并正确汇总。

三、固定资产内部控制

商品存货与固定资产同属一个交易循环，在内部控制和控制测试问题上固然有许多共性的地方，但固定资产还存在不少特殊性，有必要对其单独加以说明。

就许多从事制造业的被审计单位而言，固定资产在其资产总额中占有很大的比重，大额固定资产的购建会影响其现金流量,而固定资产的折旧、维修等费用则是影响其损益的重要因素。固定资产管理一旦失控,所造成的损失将远远超过一般的商品存货等流动资产。所以,为了确保固定资产的真实、完整、安全和有效利用,被审计单位应当建立和健全固定资产的内部控制。

(一)预算控制

预算控制是固定资产内部控制中最重要的部分。通常,大中型企业应编制旨在预测与控制固定资产增减和合理运用资金的年度预算;小企业即使没有正规的预算,对固定资产的购建也要事先加以计划。

(二)授权批准控制

完善的授权批准控制包括:企业的资本性预算只有经过董事会等高层管理机构批准方可生效;所有固定资产的取得和处置均需经企业管理当局的书面认可。

(三)账簿记录控制

除固定资产总账外,被审计单位还须设置固定资产明细分类账和固定资产登记卡,按固定资产类别、使用部门和每项固定资产进行明细分类核算。固定资产的增减变化均应有充分的原始凭证。一套设置完善的固定资产明细分类账和登记卡,将为注册会计师分析固定资产的取得和处置、复核折旧费用和修理支出的列支带来帮助。

(四)职责分工控制

对固定资产的取得、记录、保管、使用、维修、处置等,均应明确划分责任,由专门部门和专人负责。

(五)资本性支出和收益性支出的区分制度

企业应制定区分资本性支出和收益性支出的书面标准。通常须明确资本性支出的范围和最低金额,凡不属于资本性支出的范围、金额低于下限的任何支出,均应列作费用并抵减当期收益。

(六)处置控制

固定资产的处置,包括投资转出、报废、出售等,均要有一定的申请报批程序。

(七)定期盘点控制

对固定资产的定期盘点,是验证账面各项固定资产是否真实存在、了解固定资产放置地点和使用状况以及发现是否存在未入账固定资产的必要手段。

(八)维护保养控制

固定资产应有严密的维护保养制度,以防止其因各种自然和人为的因素而遭受损失,并应建立日常维护和定期检修制度,以延长其使用寿命。

严格地讲,固定资产的保险不属于企业固定资产的内部控制范围,但它对企业非常重要。因此，注册会计师在检查、评价企业的内部控制时，应当了解企业对固定资产的保险情况。

四、评估重大错报风险

在实施控制测试和实质性程序之前，注册会计师需要了解被审计单位采购与付款交易和相关余额的内部控制的设计、执行情况，评估认定层次的财务报表重大错报风险，并对被审计单位特殊的交易活动和可能影响财务报表真实反映的事项保持职业怀疑态度。这将影响到注册会计师决定采取何种适当的审计方法。

影响采购与付款交易和余额的重大错报风险可能包括：

（1）管理层错报费用支出的偏好和动因。被审计单位管理层可能为了完成预算，满足业绩考核要求，保证从银行获得额外的资金，吸引潜在投资者，误导股东，影响公司股价，或通过把私人费用计入公司进行个人盈利而错报支出。

（2）费用支出的复杂性。例如，被审计单位开始在国外开展销售交易，管理层对于可能遭遇的问题解决经验有限，甚至不具备进行正确交易的能力。这可能导致费用支出分配的错误、外币换算错误和准备计提的错误。

（3）管理层凌驾于控制之上和员工舞弊的风险。例如，通过与第三方串通，把私人费用计入企业费用支出，或有意无意地重复付款。

（4）采用不正确的费用支出截止期。将本期采购并收到的商品计入下一会计期间；或者将下一会计期间采购的商品提前计入本期。例如，被审计单位采用离岸价结算方式进口的商品期末尚在途中，由于商品的所有权已经转移，就可能存在低估在途商品的风险。

（5）低估。在承受反映较高盈利水平和营运资本的压力下，被审计单位管理层可能试图低估应付账款和准备，包括对存货和应收账款应计提的减值以及对已售商品提供的担保应计提的准备。

（6）不正确地记录外币交易。当被审计单位进口用于出售的商品时，可能由于采用不恰当的外币汇率而导致该项采购的记录出现差错。在存在诸如远期外汇担保或套期保值交易的情形下，外汇交易记录的复杂性也会导致在记录汇兑损益和套期保值损益时出错，从而使进口存货成本的核算产生错误。此外，还存在未能将诸如运费、保险费和关税等与存货相关的进口费用进行正确分摊的风险。

（7）舞弊和盗窃的固有风险。如果被审计单位经营大型零售业务，由于所采购商品和固定资产的数量及支付的款项庞大，交易复杂，容易造成商品发运错误，员工和客户发生舞弊和盗窃的风险较高。如果那些负责付款的会计人员有权接触应付账款主文档，并能够通过在应付账款主文档中擅自添加新的账户来虚构采购交易，风险也会增加。

（8）存货的采购成本没有按照适当的计量属性确认，结果可能导致存货成本和销售成本的核算不正确。

（9）存在未记录的权利和义务，这可能导致资产负债表分类错误以及财务报表附注不正确或披露不充分。

总之，当被审计单位管理层具有高估利润的动机时，注册会计师应当主要关注费用支出和应付账款的低估。重大错报风险集中体现在遗漏交易，采用不正确的费用支出截止期，以及错误划分资本性支出和费用性支出。这些将对完整性、截止、发生、存在、准确性和分类认定产生关系。

五、采购与付款交易的控制测试

程序1：对请购商品或劳务内部控制测试。

抽取若干张请购单，检查其摘要、数量及日期等项目是否齐全，同相应订购单、合同等文件是否一致，有无批准手续。

程序2：对订购商品或劳务内部控制测试。

抽取若干张订购单，检查其摘要、数量、价格、规格及日期等项目是否齐全，是否批准，是否有请购单、合同等支持性凭证。

程序3：对验收商品内部控制测试。

通过观察、询问，确定验收部门是否独立行使职责，是否根据货物的检查情况准确编制验收单。验收单是否连续编号，填写内容是否完整，同发票及实物是否一致。

程序4：对实物内部控制测试。

通过观察、询问，查看职员在执行授权，实物收发、保管、记录方面是否认真履行职责，是否存在弊端。

程序5：对应付账款内部控制测试。

（1）从应付账款明细账中抽取一定记录，审查其对应的记账凭证，检查其是否经由会计主管复核和审批，并检查款项支付是否得到适当人员的复核和审批，并确定记账凭证是否附有购货发票、订购单、合同、验收单等原始凭证，并与原始凭证上所载明的品名、规格、数量、价格核对是否一致，原始凭证手续是否齐全。

（2）检查一定数量的购货发票、订购单、验收单，核对其有无对应的应付账款记录，时间、金额是否一致。

（3）检查应付账款明细账，存货、固定资产明细账以及总账是否平行登记，金额是否一致。

采购与付款循环控制测试审计工作底稿见工作底稿实例10-1，索引号：CGC。

【案例10-1】注册会计师于2019年1月10日至15日对盛大有限责任公司采购与付款交易的内部控制进行了了解和测试，并在相关的审计工作底稿中作了记录，现摘录如下：

盛大有限责任公司的材料采购需要经授权批准后方可进行，采购部根据经批准的请购单编制、发出订购单，订购单没有编号。货物运达后，由隶属于采购部门的验收人员根据订购单的要求验收货物，并编制一式多联的未连续编号的验收单。仓库根据验收单验收货物，在验收单上签字后，将货物移送仓库加以保管。验收单上有数量、品名、单价等内容。验收单一联交采购部门登记采购明细账和编制付款凭单，付款凭单经批准后，月末交会计部门；一联交会计部门登记材料明细账。会计部门根据只附有验收单的付款凭单登记有关账簿。

要求：请根据上述情况，指出盛大有限责任公司采购与付款交易内部控制方面存在的缺陷，作出简单评价，并提出相应的改进建议。

【分析】

（1）订购单没有编号和验收单未连续编号，不能保证所有的购货业务都已记录或不被重复记录。建议盛大有限责任公司应对其订购单和验收单连续编号。

（2）验收人员隶属于采购部门，会影响其独立行使职责，不能保证验收货物的数量和质量。建议盛大有限责任公司应将验收部门从采购部门独立出来。

（3）付款凭单未附订购单及供应商发票，会计部门无法核对采购事项是否真实，登记有关账簿时金额和数量可能就会出现差错。建议盛大有限责任公司应将订购单和购货发票等与付款凭单一起交会计部门。

评价：盛大有限责任公司采购与付款循环的内部控制存在严重缺陷，设计不合理，执行效果较差，不能防止或发现和纠正采购与付款循环过程中的错误与舞弊，控制风险为高水平，应扩大实质性程序的范围。

六、固定资产内部控制测试

结合前面固定资产内部控制的内容和顺序，注册会计师在对被审计单位的固定资产实施控制测试时应从以下方面进行：

程序1： 对固定资产预算控制测试。

对于固定资产的预算控制，注册会计师选取固定资产投资预算和投资可行性项目论证报告，检查是否编制预算并进行论证，以及是否经适当层次审批；对实际支出与预算之间的差异以及未列入预算的特殊事项，应检查其是否履行特别的审批手续。如果固定资产增减均能处于良好的经批准的预算控制之下，注册会计师即可适当减少对固定资产增加、减少审计中的实质性程序样本量。

程序2： 对固定资产授权批准控制测试。

对于固定资产的授权批准控制，注册会计师不仅应检查被审计单位固定资产授权批准制度本身是否完善，还应选取固定资产请购单及相关采购合同，检查是否得到适当的审批和签署，关注授权批准制度是否得到切实执行。

程序3： 对固定资产账簿记录控制测试。

对于固定资产的账簿记录控制，注册会计师应当认识到，一套设置完善的固定资产明细分类账和登记卡，将为注册会计师分析固定资产的取得和处置；复核折旧费用和修理支出的列支带来帮助。

程序4： 对固定资产职责分工控制测试。

对于固定资产的职责分工控制，注册会计师应当认识到，明确的职责分工制度，有利于防止舞弊，降低注册会计师的审计风险，因此，应通过对前面所讲关键环节有无明确职责划分进行测试，了解职责分工情况。

程序5： 对资本性支出和收益性支出区分控制测试。

对于资本性支出和收益性支出的区分控制，注册会计师应当检查该项制度是否遵循企业会计准则的要求，是否适应被审计单位的行业特点和经营规模，并抽查实际发生与固定资产相关的支出时是否按照该制度进行恰当的会计处理。

程序6： 对固定资产处置控制测试。

对于固定资产的处置控制，注册会计师应当关注被审计单位是否建立了有关固定资产处置的分级申请报批程序；抽取固定资产盘点明细表，检查账实之间的差异是否经审批后及时处理；抽取固定资产报废单，检查报废是否经适当批准和处理；抽取固定资产内部调拨单，检查调入、调出是否已进行适当处理；抽取固定资产增减变动情况分析报告，检查是否经复核。

程序7： 对固定资产定期盘点控制测试。

对于固定资产的定期盘点控制，注册会计师应了解和评价企业固定资产盘点制度，并应注意查询盘盈、盘亏固定资产的处理情况。

程序8： 对固定资产保险情况测试。

对于固定资产的保险情况，注册会计师应抽取固定资产保险单盘点表，检查是否已办理商业保险。

第二节 应付账款审计

一、应付账款审计的目标

应付账款是企业在正常经营过程中，因购买材料、商品和接受劳务供应等经营活动而应付给供应单位的款项。可以看出，应付账款业务是随着企业赊购交易活动的发生而形成的业务，因此，对应付账款的审计应结合购货业务来进行。应付账款常见的情况，对于一般以营利为导向的企业而言，是通过低估费用和应付账款，来达到高估利润、粉饰财务状况的目的。但也有某些企业在经营情况和预算完成情况较好的年度，高估费用和应付账款，以实现其平滑各年度利润之目的。应付账款的具体审计目标与财务报表认定对应关系如表10-1所示。

表10-1 应付账款审计目标与财务报表认定对应关系表

审计目标	财务报表认定				
	存在	完整性	权利和义务	计价和分摊	列报
A. 资产负债表中记录的应付账款是存在的	√				
B. 所有应当记录的应付账款均已记录		√			
C. 资产负债表中记录的应付账款是被审计单位应当履行的现时义务			√		
D. 应付账款以恰当的金额包括在财务报表中，与之相关的计价调整已恰当记录				√	
E. 应付账款已按照企业会计准则的规定在财务报表中作出恰当的列报					√

二、应付账款的实质性程序

程序1： 获取或编制应付账款明细表。

（1）复核加计是否正确，并与报表数、总账数和明细账合计数核对是否相符；

（2）检查非记账本位币应付账款的折算汇率及折算是否正确；

（3）分析出现借款余额的项目，查明原因，必要时，建议作重分类调整；

（4）结合预付账款、其他应付款等往来项目的明细余额，调查有无同挂的项目、异常余额或与购货无关的其他款项，如有，应做出记录，必要时建议作调整。

应付账款明细表审计工作底稿见工作底稿实例10-2，索引号：FD2。

【审计程序与具体审计目标对应关系提示】此程序可实现D审计目标。

程序2：根据被审计单位实际情况，选择以下方法对应付账款执行实质性分析性程序。

（1）对期末应付账款余额与期初余额进行比较，分析其波动原因；

（2）分析长期挂账的应付账款，要求被审计单位做出解释，判断被审计单位是否缺乏偿还能力或利用应付账款隐瞒利润，并注意其是否可能无须支付；对确实无须支付的应付款的会计处理是否正确，依据是否充分；关注账龄超过3年的大额应付账款在资产负债表日后是否偿付；检查偿付记录、单据及披露情况；

（3）计算应付账款与存货的比率，应付账款与流动负债的比率，并与以前年度相关比率对比分析，评价应付账款整体的合理性；

（4）分析存货和营业成本等项目的增减变动，判断应付账款增减变动的合理性。

【审计程序与具体审计目标对应关系提示】此程序可实现AC审计目标。

程序3：函证应付账款。

一般情况下，应付账款并非必须函证，这是因为函证不能保证查出未记录的应付账款，况且注册会计师能够取得采购发票等外部凭证来证实应付账款的余额。但如果控制风险较高，某应付账款明细账户余额较大或被审计单位处于财务困难阶段，则应进行应付账款的函证。

进行函证时，注册会计师应选择较大金额的债权人，以及那些在资产负债表日金额不大甚至为零，但为企业重要供货商的债权人，作为函证对象。函证最好采用积极形式，并具体说明应付金额。同应收账款的函证一样，注册会计师必须对函证过程进行控制，要求债权人直接回函，并根据回函情况编制与分析函证结果汇总表，对未回函的，应考虑是否再次函证。

如果存在未回函的重大项目，注册会计师应采用替代审计程序。比如，可以检查决算日后应付账款明细账及现金和银行存款日记账，核实其是否已支付，同时检查该笔债务的相关凭证资料，如合同、发票、验收单，核实应付账款的真实性。

应付账款函证控制表审计工作底稿见工作底稿实例10-3，索引号：FD3。

【审计程序与具体审计目标对应关系提示】此程序可实现AC审计目标。

程序4：检查应付账款是否记入了正确的会计期间，是否存在未入账的应付账款。

（1）检查债务形成的相关原始凭证，如供应商发票、验收报告或入库单等，查找有无未及时入账的应付账款，确认应付账款期末余额的完整性。

（2）检查资产负债表日后应付账款明细账贷方发生额的相应凭证，关注其购货发票的日期，确认其入账时间是否合理。

（3）获取被审计单位与其供应商之间的对账单（应从非财务部门，如采购部门获取），并将对账单和被审计单位财务记录之间的差异进行调节（如在途款项、在途商品、付款折扣、未记录的负债等），查找有无未入账的应付账款，确定应付账款金额的准确性。

（4）针对资产负债表日后付款项目，检查银行对账单及有关付款凭证（如银行汇款通知、供应商收据等），询问被审计单位内部或外部知情人员，查找有无未及时入账的应付账款。

（5）结合存货监盘程序，检查被审计单位在资产负债表日前后的存货入库资料（验收报告或入库单），检查是否有大额货到单未到达情况，确认相关负债是否记入了正确的会计期间。

如果注册会计师通过这些审计程序发现某些未入账的应付账款，应将有关情况详细记入审计工作底稿，并根据其重要性确定是否需建议被审计单位进行相应的调整。

应付账款日后付款测试表审计工作底稿见工作底稿实例10-4，索引号：FD4。

【审计程序与具体审计目标对应关系提示】此程序可实现ABD审计目标。

程序5： 针对已偿付的应付账款。

针对已偿付的应付账款，追查至银行对账单、银行付款单据和其他原始凭证，检查其是否在资产负债表日前真实偿付。

应付账款日后付款测试表审计工作底稿见工作底稿实例10-4，索引号：FD4。

【审计程序与具体审计目标对应关系提示】此程序可实现B审计目标。

程序6： 针对异常或大额交易及重大调整事项。

针对异常或大额交易及重大调整事项（如大额的购货折扣或退回，会计处理异常的交易，未经授权的交易，或缺乏支持性凭证的交易等），检查相关原始凭证和会计记录，以分析交易的真实性、合理性。

【审计程序与具体审计目标对应关系提示】此程序可实现AB审计目标。

程序7： 检查带有现金折扣的应付账款。

检查带有现金折扣的应付账款是否按发票上记载的全部应付金额入账，在实际获得现金折扣时再冲减财务费用。

【审计程序与具体审计目标对应关系提示】此程序可实现D审计目标。

程序8： 被审计单位与债权人进行债务重组的，检查不同债务重组方式下的会计处理是否正确。

【审计程序与具体审计目标对应关系提示】此程序可实现ABCD审计目标。

程序9： 标明应付关联方的款项。

标明应付关联方［包括持5%以上。（含5%）表决权股份的股东］的款项，执行关联方及其交易审计程序，并标明合并报表时应予抵消的金额。

【审计程序与具体审计目标对应关系提示】此程序可实现ABCD审计目标。

程序10： 检查应付账款是否已按照企业会计准则的规定在财务报表中作出恰当列报。

一般来说，"应付账款"项目应根据"应付账款"和"预付账款"科目所属明细科目的期末贷方余额的合计数填列。

【审计程序与具体审计目标对应关系提示】此程序可实现 E 审计目标。

第三节 固定资产审计

一、固定资产审计的目标

固定资产是指企业为生产商品、提供劳务、出租或经营管理而持有的，使用年限超过一年以及单位价值较高的有形资产。固定资产审计的范围一方面包括固定资产的原价、累计折旧和固定资产减值准备项目的审计；另一方面还包括与固定资产增减和计提折旧有关项目的审计。固定资产的具体审计目标与财务报表认定对应关系如表 10-2 所示。

表 10-2　固定资产审计目标与财务报表认定对应关系表

审计目标	财务报表认定				
	存在	完整性	权利和义务	计价和分摊	列报
A. 资产负债表中记录的固定资产是存在的	√				
B. 所有应当记录的固定资产均已记录		√			
C. 资产负债表中记录的固定资产由被审计单位拥有或控制			√		
D. 固定资产以恰当的金额包括在财务报表中，与之相关的计价或分摊已恰当记录				√	
E. 固定资产已按照企业会计准则的规定在财务报表中作出恰当的列报					√

二、固定资产——账面余额实质性程序

程序1： 获取或编制固定资产及累计折旧分类汇总表。

获取或编制固定资产及累计折旧分类汇总表，检查固定资产的分类是否正确，并与总账

数和明细账合计数核对是否相符,结合固定资产累计折旧、固定资产减值准备科目与报表数核对是否相符。

固定资产、累计折旧及减值准备明细表审计工作底稿见工作底稿实例10-5,索引号:ZO2。

【审计程序与具体审计目标对应关系提示】此程序可实现D审计目标。

程序2: 对固定资产实施实质性分析程序。

(1)基于对被审计单位及环境的了解,通过进行以下比较,并考虑有关数据间关系的影响,建立有关数据的期望值。

① 分类计算本期计提折旧额与固定资产原值的比率,并与上期比较;

② 计算固定资产修理及维护费用占固定资产原值的比率,并进行本期各月、本期与以前各期的比较。

(2)确定可接受的差异额。

(3)将实际情况与期望值比较,识别需要进一步调查的差异。

(4)如果其差额超过可接受的差异额,调查并获取充分的解释和恰当的佐证审计证据,如检查相关的凭证。

(5)评估实质性分析程序的测试结果。

【审计程序与具体审计目标对应关系提示】此程序可实现ABD审计目标。

程序3: 实地检查重要固定资产。

实地检查重要固定资产,确定其是否存在,关注是否存在已报废但仍未核销的固定资产。

实施实地检查审计程序时,注册会计师可以以固定资产明细分类账为起点,进行实地追查,以证明明细分类账中所列固定资产确实存在,并了解其目前的使用状况;也可以以实地为起点,追查至固定资产明细分类账,以获取实际存在的固定资产均已入账的证据。重点检查的应是本期新增的重要固定资产,有时检查的范围也会扩展到以前期间增加的重要固定资产。检查范围可根据内部控制强弱、固定资产的重要性和注册会计师的经验来判断。如为首次接受审计,则应适当扩大检查范围。

固定资产盘点检查情况表审计工作底稿见工作底稿实例10-6,索引号:ZO3。

【审计程序与具体审计目标对应关系提示】此程序可实现A审计目标。

程序4: 检查固定资产的所有权或控制权。

对各类固定资产,注册会计师应获取、收集不同的证据以确定其是否确归被审计单位所有;对外购的机器设备等固定资产,通常经审核采购发票、采购合同等予以确定;对房地产类固定资产,尚需查阅有关的合同、产权证明、财产税单、抵押借款的还款凭据、保险单等书面文件；对融资租入的固定资产，应验证有关融资租赁合同；对汽车等运输设备，应验证有关运营证件等；对受留置权限制的固定资产，通常还应审核被审计单位的有关负债项目予以证实。

【审计程序与具体审计目标对应关系提示】此程序可实现C审计目标。

程序5： 检查本期固定资产的增加。

被审计单位如果不正确核算固定资产的增加，将对资产负债表和利润表产生长期的影响。因此，审计固定资产的增加是固定资产实质性程序中的重要内容。固定资产的增加有多种途径，审计中应注意：

（1）询问管理层当年固定资产的增加情况，并与获取或编制的固定资产明细表进行核对。

（2）检查本年度增加固定资产的计价是否正确，手续是否齐备，会计处理是否正确。

① 对于外购固定资产，通过核对采购合同、发票、保险单、发运凭证等文件，抽查测试其入账价值是否正确，授权批准手续是否齐备，会计处理是否正确。如果购买的是房屋建筑物，还应检查契税的会计处理是否正确；检查分期付款购买固定资产的入账价值及会计处理是否正确。

② 对于在建工程转入的固定资产，应检查固定资产确认时点是否符合会计准则的规定，入账价值与在建工程的相关记录是否核对相符，是否与竣工决算、验收和移交报告等一致；对已经达到预定可使用状态但尚未办理竣工决算手续的固定资产，检查其是否已按估计价值入账，相关估价是否合理，并按规定计提折旧，竣工决算完成后，是否及时调整。

③ 对于投资者投入的固定资产，检查投资者投入的固定资产是否按投资各方确认的价值入账，并检查确认价值是否公允，交接手续是否齐全；涉及国有资产的，是否有评估报告并经国有资产管理部门评审备案或核准确认。

④ 对于更新改造增加的固定资产，检查通过更新改造而增加的固定资产，增加的原值是否符合资本化条件，是否真实，会计处理是否正确；重新确定的剩余折旧年限是否恰当。

⑤ 对于融资租赁增加的固定资产，获取融资租入固定资产的相关证明文件，检查融资租赁合同的主要内容，并结合长期应付款、未确认融资费用科目，检查相关的会计处理是否正确。

⑥ 对于企业合并、债务重组和非货币性资产交换增加的固定资产，检查产权过户手续是否齐备，检查固定资产入账价值及确认的损益和负债是否符合规定。

⑦ 如果被审计单位为外商投资企业，检查其采购国产设备退还增值税的会计处理是否正确。

⑧ 对于通过其他途径增加的固定资产，应检查相关的原始凭证，核对其计价及会计处理

是否正确，法律手续是否齐全。

固定资产增加检查情况表审计工作底稿见工作底稿实例10-7，索引号：ZO4。

【审计程序与具体审计目标对应关系提示】此程序可实现ABCD审计目标。

【案例10-2】审计人员对盛大有限责任公司2018年度财务决算进行审计，发现一台生产设备于2018年4月到6月进行了改良，改良后该设备的使用寿命延长了3年。改良过程中发生料、工、费共计200 000元，已全部计入产品成本。该设备已于2018年6月30日改良完成投入使用。

要求：请根据上述资料，指出盛大有限责任公司存在的问题，提出账务调整意见。

【分析】

根据上述资料，审计人员认为该公司在改良支出方面存在的问题是混淆了收益性支出和资本性支出的界线，虚增生产成本，少计固定资产价值。为此，审计人员建议该企业进行账务调整。调整分录为：

借：固定资产   200 000

　　贷：生产成本   200 000

并补提2018年7—12月应计提的折旧。

（3）检查固定资产是否存在弃置费用，如果存在弃置费用，检查弃置费用的估计方法和弃置费用现值的计算是否合理，会计处理是否正确。

程序6：检查固定资产的减少。

固定资产的减少主要包括出售、向其他单位投资转出、向债权人抵债转出、报废、毁损、盘亏等。有的被审计单位在全面清查固定资产时，常常会出现固定资产账存实亡现象，这可能是由于固定资产管理或使用部门不了解报废固定资产与会计核算两者间的关系，擅自报废固定资产而未及时通知财务部门在会计账户上作相应的核算所致，这样势必造成财务报表反映失真。审计固定资产减少的主要目的就在于查明业已减少的固定资产是否已做适当的会计处理。其审计要点如下：

（1）结合固定资产清理科目，抽查固定资产账面转销额是否正确。

（2）检查出售、转让、报废、毁损、盘亏等减少固定资产是否经授权批准，会计处理是否正确。

（3）检查因修理、更新改造而停止使用的固定资产的会计处理是否正确。

（4）检查投资转出的固定资产会计处理是否正确。

（5）检查债务重组或非货币性资产交换转出的固定资产会计处理是否正确。

（6）检查转出的投资性房地产账面价值及会计处理是否正确。

（7）检查其他减少固定资产的会计处理是否正确。

固定资产减少检查情况表审计工作底稿见工作底稿实例10-8，索引号：ZO5。

【审计程序与具体审计目标对应关系提示】此程序可实现ABD审计目标。

程序7： 检查固定资产的后续支出。

确定固定资产有关的后续支出是否满足资产确认条件；如不满足，该支出是否在该后续支出发生时计入当期损益。

【审计程序与具体审计目标对应关系提示】此程序可实现AB审计目标。

程序8： 检查固定资产的租赁。

企业在生产经营过程中，有时可能有闲置的固定资产供其他单位租用；有时由于生产经营的需要，又需租用固定资产。租赁一般分为经营租赁和融资租赁两种。

在经营租赁中，租入固定资产的企业按合同规定的时间，交付一定的租金，享有固定资产的使用权，而固定资产的所有权仍属出租单位。因此，租入固定资产企业的固定资产价值并未因此而增加，企业对经营租入的固定资产，不在"固定资产"账户内核算，只是另设备查簿进行登记。而租出固定资产的企业，仍继续提取折旧，同时取得租金收入。检查经营性租赁时，应查明：

（1）固定资产的租赁是否签订了合同、租约，手续是否完备，合同内容是否符合国家规定，是否经相关管理部门的审批。

（2）租入的固定资产是否确属企业必需，或出租的固定资产是否确属企业多余、闲置不用的，双方是否认真履行合同，其中是否存在不正当交易。

（3）租金收取是否签有合同，有无多收、少收现象。

（4）租入固定资产有无久占不用、浪费损坏的现象；租出的固定资产有无长期不收租金、无人过问，是否有变相馈送、转让等情况。

（5）租入固定资产是否已登入备查簿。

（6）必要时，向出租人函证租赁合同及执行情况。

（7）租入固定资产改良支出的核算是否符合规定。

按规定，企业对以经营租赁方式租入的固定资产发生的改良支出，应单设"经营租入固定资产改良"账户核算。

在融资租赁中，租入单位向租赁公司借款购买固定资产，分期归还本息，全部付清本息后，就取得了固定资产的所有权。因此，融资租赁支付的租金，包括了固定资产的价值和利息，并且这种租赁的结果通常是固定资产所有权最终归属租入单位。故租入企业在租赁期间，对融资租入的固定资产应按企业的固定资产一样管理，并计提折旧、进行维修。在检查融资租赁固定资产时，除可参照经营租赁固定资产检查要点以外，还应注意融资偿付的利息，其利率的计算是否与市场利率相当；融资租入固定资产的计价是否正确，并结合长期应付单、未确认融资费用等科目检查相关的会计处理是否正确。

【审计程序与具体审计目标对应关系提示】此程序可实现ABCD审计目标。

程序9：获取暂时闲置固定资产的相关证明文件，并观察其实际状况，检查是否已按规定计提折旧，相关的会计处理是否正确。

【审计程序与具体审计目标对应关系提示】此程序可实现D审计目标。

程序10：获取已提足折旧仍继续使用固定资产的相关证明文件，并作相应记录。

【审计程序与具体审计目标对应关系提示】此程序可实现D审计目标。

程序11：获取持有待售固定资产的相关证明文件，并作相应记录，检查对其预计净残值调整是否正确、会计处理是否正确。

【审计程序与具体审计目标对应关系提示】此程序可实现A审计目标。

程序12：检查固定资产保险情况，复核保险范围是否足够。

【审计程序与具体审计目标对应关系提示】此程序可实现B审计目标。

程序13：检查有无与关联方的固定资产购售活动，是否经适当授权，交易价格是否公允。对于合并范围内的购售活动，记录应予合并抵消的金额。

【审计程序与具体审计目标对应关系提示】此程序可实现ABD审计目标。

程序14：对应计入固定资产的借款费用，检查其资本化的计算方法和资本化金额，以及会计处理是否正确。

【审计程序与具体审计目标对应关系提示】此程序可实现D审计目标。

程序15：检查购置固定资产时是否存在与资本性支出有关的财务承诺。

【审计程序与具体审计目标对应关系提示】此程序可实现DE审计目标。

程序16：检查固定资产的抵押、担保情况。

结合对银行借款等的检查，了解固定资产是否存在重大的抵押、担保情况。如存在，应取证、记录，并作相应的记录，同时提请被审计单位作恰当披露。

【审计程序与具体审计目标对应关系提示】此程序可实现CE审计目标。

程序17：确定固定资产是否已按照企业会计准则的规定在财务报表中作出恰当的列报。

【审计程序与具体审计目标对应关系提示】此程序可实现E审计目标。

财务报表附注通常应说明固定资产的标准、分类、计价方法和折旧方法；融资租入固定资产的计价方法；固定资产的预计使用年限和预计净残值；对固定资产所有权的限制及其金额；已承诺将为购买固定资产支付的金额；暂时闲置的固定资产账面价值；已提足折旧仍继续使用的固定资产账面价值；已报废和准备处置的固定资产账面价值。固定资产因使用磨损或其他原因而需报废时，企业应及时对其处置，如果其已处于处置状态而尚未转销时，企业应披露这些固定资产的账面价值。

三、固定资产——累计折旧的实质性程序

累计折旧的实质性程序通常包括：

程序1： 获取或编制固定资产及累计折旧分类汇总表，复核加计正确，并与报表数、总账数和明细账合计数核对相符。

程序2： 检查被审计单位制定的折旧政策和方法是否符合企业会计准则的规定，确定其所采用的折旧方法能否在固定资产使用寿命内合理分摊其成本，前后期是否一致，预计使用寿命和预计净残值是否合理。

《企业会计准则第4号——固定资产》明确规定：企业应当根据固定资产有关的经济利益的预期实现方式，合理选择固定资产折旧方法，可选用的折旧方法包括年限平均法、工作量法、双倍余额递减法和年数总和法等；除非由于固定资产有关的经济利益的预期实现方式有重大改变，应当相应改变固定资产折旧方法，否则折旧方法一经选定，不得随意调整；企业至少应当于每年年度终了对固定资产的使用寿命、预计净残值和折旧方法进行复核，如果固定资产使用寿命预计数和净残值预计数与原先估计数有重大差异，则应当作相应调整。

程序3： 复核本期折旧费用的计提和分配。

① 了解被审计单位的折旧政策是否符合规定，计提折旧范围是否正确，确定的使用寿命、预计净残值和折旧方法是否合理；如采用加速折旧法，是否取得批准文件。

② 检查被审计单位折旧政策前后期是否一致。

③ 复核本期折旧费用的计提是否正确：

已计提部分减值准备的固定资产，计提的折旧是否正确；已全额计提减值准备的固定资产，是否已停止计提折旧；因更新改造而停止使用的固定资产是否已停止计提折旧，因大修理而停止使用的固定资产是否照提折旧；对采用经营租赁方式租入的固定资产发生的改良支出，是否在剩余租赁期与租赁资产尚可使用年限两者中较短的期间内，采用合理的方法单独计提折旧；未使用、不需用和暂时闲置的固定资产是否按规定计提折旧；持有代售的固定资产折旧计提是否符合规定等。

④ 检查折旧费用的分配方法是否合理，是否与上期一致；分配计入各项目的金额占本期全部折旧计提额的比例与上期比较是否有重大差异。

⑤ 注意固定资产增减变动时，有关折旧的会计处理是否符合规定，查明通过更新改造、接受捐赠或融资租入而增加的固定资产的折旧费用计算是否正确。

程序4： 将"累计折旧"账户贷方的本期计提折旧额与相应的成本费用中的折旧费用明细账户的借方相比较，以查明所计提折旧金额是否已全部摊入本期产品成本或费用。一旦发现

差异，应及时追查原因，并考虑是否应建议作适当调整。

程序5： 检查累计折旧的减少是否合理、会计处理是否正确。

程序6： 确定累计折旧的披露是否恰当。

【案例10-3】至真会计师事务所于2019年1月接受盛大有限责任公司委托对该公司2018年度财务报表进行审计。在审查固定资产折旧时，注册会计师发现盛大有限责任公司有一幢办公大楼于2016年1月开始已经计提折旧，原值2 000万元，预计使用年限为10年，预计净残值为200万元。由于自2018年1月起该项固定资产因装修质量问题暂停使用，盛大有限责任公司因此未计提2018年度该项固定资产的折旧。

要求：请根据上述资料，指出被审计单位存在的问题，提出账务调整意见。

【分析】

该单位存在的问题是：虚增资产，虚增利润。

根据资料，该公司2018年应计提的折旧额为180万元 [(2 000－200)÷10]。

调整分录为：

（1）冲减少提折旧虚增的利润：

借：以前年度损益调整　　　　　　　　　　　　1 800 000
　　　贷：累计折旧　　　　　　　　　　　　　　　　1 800 000

（2）冲减多计的所得税：

借：应交税费——应交所得税　　　　　　　　　　450 000
　　　贷：以前年度损益调整　　　　　　　　　　　　　450 000

（3）将"以前年度损益调整"科目余额转入利润分配：

借：利润分配——未分配利润　　　　　　　　　　1 350 000
　　　贷：以前年度损益调整　　　　　　　　　　　　　1 350 000

（4）调整利润分配：

借：盈余公积——法定盈余公积　　　　　　　　　135 000
　　　贷：利润分配——未分配利润　　　　　　　　　　135 000

四、固定资产——减值准备的实质性程序

固定资产减值准备的实质性程序一般包括：

程序1： 获取或编制固定资产减值准备明细表，复核加计正确，并与总账数和明细账合计数核对相符。

程序2： 检查被审计单位计提固定资产减值准备的依据是否充分，会计处理是否正确。

程序3： 获取闲置的固定资产清单，并观察其实际状况，识别是否存在减值迹象。

程序4： 检查资产组的认定是否恰当，计提固定资产减值准备的依据是否充分，会计处理是否正确。

程序5： 计算期末固定资产减值准备占期末固定资产原值的比率，并与期初该比率比较，分析固定资产的质量状况。

程序6： 检查被审计单位处置固定资产时原计提的减值准备是否同时结转，会计处理是否正确。

程序7： 检查是否存在转回固定资产减值准备的情况。按照企业会计准则规定，固定资产减值损失一经确认，在以后会计期间不得转回。

程序8： 确定固定资产减值准备的披露是否恰当。

第四节 采购与付款循环审计工作底稿实例

【工作底稿实例10-1】

采购与付款循环控制测试	
被审计单位：沃诺克有限责任公司	索引号：CGC
项目：采购与付款循环控制测试	财务报表截止日/期间：2018年12月31日
编制：张宁	复核：田园
日期：2018年11月5日	日期：2018年11月7日

1. 控制测试——材料采购
（1）询问程序。
通过实施询问程序，沃诺克有限责任公司已确定下列事项：
① 本年度未发现任何特殊情况、错报和异常项目；
② 财务或采购部门的人员在未得到授权的情况下无法访问或修改系统内数据；
③ 本年度未发现下列控制活动未得到执行；
④ 本年度未发现下列控制活动发生变化。
（2）其他测试程序。

控制目标	沃诺克有限责任公司的控制活动	控制测试程序	执行控制的频率	所测试的项目数量	索引号
只有经过核准的采购订单才能发给供应商	（1）材料采购由经营部编制采购计划，经部长确认，公司领导审批，才能对外签约。 （2）金额为10万元以下的请购单由采购部部长审批；金额为10万元至100万元的请购单由主管副总经理审批；金额为100万元以上的请购单由总经理张某审批	抽取请购单并检查是否得到适当审批	每周1次	5	略
已记录的采购订单内容准确	（1）采购管理员根据有关采购信息编制连续编号的采购订单。 （2）每周末财务部门应付账款记账员汇总本周内生成的所有采购订单并与请购单核对，编制采购报告。如采购订单与请购单相符，记账员在报告上签字；如不符，通知采购员并调查该事项	检查应付账款记账员是否已核对采购订单和复核采购报告	每周1次	5	略
采购订单均已得到处理	采购订单为连续编号。每周应付账款记账员在编制采购报告时，采购管理员亦会核对这些采购订单，对任何不符合连续编号的情况进行调查，检查销售合同与台账是否一致	检查应付账款记账员是否已复核采购报告。同时，检查报告单上的采购订单是否按顺序编号以及有无出现任何不符合连续编号的情况	每周1次	5	略

2. 控制测试——记录应付账款

（1）询问程序。

通过实施询问程序，沃诺克有限责任公司已确定下列事项：

① 本年度未发现任何特殊情况、错报和异常项目；
② 财务或采购部门的人员在未得到授权的情况下无法访问或修改系统内数据；
③ 本年度未发现下列控制活动未得到执行；
④ 本年度未发现下列控制活动发生变化。

（2）其他测试程序。

控制目标	沃诺克有限责任公司的控制活动	控制测试程序	执行控制的频率	所测试的项目数量	索引号
已记录的采购均确已收到物品	收到采购发票后，由采购部门经理签字确认并交至财务人员。应付账款记账员将发票所载信息和验收单、采购订单进行核对。如相符，应付账款记账员在发票上加盖"相符"印戳，并将信息输入系统，由系统自动生成记账凭证，过至明细账和总账；如不符，通知经营部，以实施经营部调查	抽取采购订单、验收单和采购发票检查所载内容是否核对一致，检查发票上是否盖有"相符"印戳	每周1次	5	略

续表

控制目标	沃诺克有限责任公司的控制活动	控制测试程序	执行控制的频率	所测试的项目数量	索引号
已记录的采购均已接受劳务	（1）发生销售（管理）费用的部门收到费用发票后，由其部门经理签字确认并交至应付账款记账员。（2）应付账款记账员对收到的费用发票、费用申请单和其他单据进行核对，如所有单据核对一致，应付账款记账员在发票上加盖"相符"印戳，并将信息输入系统，此时系统自动生成记账凭证过至明细账和总账	抽取费用发票，检查发票是否得到适当审批，并加盖"相符"印戳	每周1次	5	略
已记录的采购计价正确	每月末，应付账款主管编制应付账款账龄分析报告，其内容还应包括应付账款总额与应付账款明细账合计数，以及应付账款明细账与供应商对账单核对情况。如有差异，应付账款主管立即调查，编制应付账款调节表，将调节表和分析报告交会计主管复核，财务部长批准后作出处理	抽取应付账款调节表，检查调节项目与有效的支持性凭证是否相符，以及是否与应付账款明细账相符	每月1次	3	略
所有与采购物品相关的义务均已确认并记录至应付账款	每月末，应付账款主管编制应付账款账龄分析报告，其内容还应包括应付账款总额与应付账款明细账，以及应付账款明细账与供应商对账单核对情况。如有差异，应付账款主管立即调查，编制应付账款调节表，将调节表和分析报告交会计主管复核，财务部长批准后作出处理	抽取应付账款调节表，检查调节项目与有效的支持性凭证是否相符，以及是否与应付账款明细账相符	每月1次	3	略
所有采购物品交易均于适当期间进行确认并记录	每月末，应付账款主管编制应付账款账龄分析报告，其内容还应包括应付账款总额与应付账款明细账以及应付账款明细账与供应商对账单核对情况。如有差异，应付账款主管立即调查，编制应付账款调节表，将调节表和分析报告交会计主管复核，财务部长批准后作出处理	抽取应付账款调节表，检查调节项目与有效的支持性凭证是否相符，以及是否与应付账款明细账相符	每月1次	3	略

3. 控制测试——付款

（1）询问程序。

通过实施询问程序，沃诺克有限责任公司已确定下列事项：

① 本年度未发现任何特殊情况、错报和异常项目；

② 财务或采购部门的人员在未得到授权的情况下无法访问或修改系统内数据；

③ 本年度未发现下列控制活动未得到执行；

④ 本年度未发现下列控制活动发生变化。

（2）其他测试程序。

控制目标	沃诺克有限责任公司的控制活动	控制测试程序	执行控制的频率	所测试的项目数量	索引号
仅对已记录的应付账款办理支付	① 应付账款记账员编制付款凭证，并附相关单证，如费用申请单、费用发票及付款申请单等，提交会计处主任审批。② 在完成对付款凭证及相关单证的复核后，会计处主任在付款凭证上签字，作为复核证据，在所有单证上加盖"核销"印戳	抽取付款凭证，检查其是否经由会计主管复核和审批；同时检查有关支票和信用证授权表是否得到适当人员复核和审批	每周1次	5	略
准确记录付款	① 应付账款记账员编制付款凭证，并附相关单证，如费用申请单、费用发票及付款申请单等，提交会计处主任审批。② 在完成对付款凭证及相关单证的复核后，会计处主任在付款凭证上签字，作为复核证据，在所有单证上加盖"核销"印戳	抽取付款凭证，检查其是否经由会计主管复核和审批；同时检查有关支票和信用证授权表是否得到适当人员复核和审批	每周1次	5	略

【工作底稿实例10-2】

应付账款明细表		
被审计单位：沃诺克有限责任公司		索引号：FD2
项目：应付账款明细表		财务报表截止日/期间：2018年12月31日
编制：张宁		复核：田园
日期：2019年1月17日		日期：2019年1月18日

单位名称	借方余额			贷方余额			合计			核算内容
	原币	汇率	折合本位币	原币	汇率	折合本位币	原币	汇率	折合本位币	
一、关联方										

续表

单位名称	借方余额			贷方余额			合计			核算内容
	原币	汇率	折合本位币	原币	汇率	折合本位币	原币	汇率	折合本位币	
代理商丙公司				3 357 551.97		3 357 551.97	3 357 551.97		3 357 551.97	进口原油代理商
代理商丁公司				6 298 149.09		6 298 149.09	6 298 149.09		6 298 149.09	代理商
小计										
二、非关联方										
其他单位等				12 603 202.34		12 603 202.34	12 603 202.34		12 603 202.34	
××港务局				465 000.00		465 000.00	465 000.00		465 000.00	罐租费
2007WPCO19				382 747.16		382 747.16	382 747.16		382 747.16	质保金
11130-P06FC-006-0203				185 199.37		185 199.37	185 199.37		185 199.37	质保金
⋮										
在途物资（美元）				95 651 940.00		95 651 940.00	95 651 940.00		698 699 160.92	估价材料款
估价入库（美元）				7 632 317.74		7 632 317.74	7 632 317.74		55 751 028.14	材料暂估入库
小计						767 053 391.40			767 053 391.40	
合计						776 709 092.45			776 709 092.45	

审计说明：

1. 应账账款的账龄全部为1年以内；

2. 应付账款余额较上年增长约2亿元，主要因本年暂估在途原油的金额增长约2亿元所致，而在途原油增长的原因为原油单价上涨；

3. 我们结合沃诺克有限责任公司采购部门或经营部原油处提供的与供应商之间的对账单，自供应商明细表中选取会计年度内历次对账情况良好的三户非关联供应商进行了函证，回函情况证实了沃诺克有限责任公司应付账款的真实性；

4. 我们结合沃诺克有限责任公司资产负债表日后付款项目，对7户应付账款客户检查了银行对账单及有关付款凭证，证实了应付账款在资产负债表日的真实性；

5. 我们针对在途物资698 699 160.92元，估价入库55 751 028.14元，实施应付账款替代测试，检查原始凭单，如合同、发票、验收单，核实了应付账款的真实性。

【工作底稿实例10-3】

应付账款函证控制表	
被审计单位：沃诺克有限责任公司	索引号：FD3
项目：应付账款函证控制表	财务报表截止日/期间：2018年12月31日
编制：张宁	复核：田园
日期：2019年1月17日	日期：2019年1月18日

序号	单位名称	贷方发生	期末余额	邮政编码	通信地址	联系电话	联系人	索引	询证函 是否回函	回函差异金额	是否再次发函	替代测试
1	××区自来水公司	8 932 788.28	701 892.94	略	略	略	略	略	√	0.00	否	否
2	××恒基新润水务公司	38 962 716.60	305 195.55	略	略	略	略	略	√	0.00	否	否
3	××港务局	25 300 000.00	2 325 000.00	略	略	略	略	略	√	0.00	否	否
4	2006WPCO23	41 538 461.54		略	略	略	略	略	√	0.00	否	否
5	111030-P06KC-051-0203	4 632 000.00		略	略	略	略	略	√	0.00	否	否
6	2007WPC001	44 307 692.31		略	略	略	略	略	√	0.00	否	否
			3 332 088.49									

审计说明：

  1. 函证抽样方法：我们结合沃诺克有限责任公司采购部门或经营部原油处提供的与供应商之间的对账单，自供应商明细表中选取会计年度内历次对账情况良好的如下非关联方供应商进行函证3户；余额为零的项目选取3户。

  2. 应付账款余额：发函比例0.4%；回函金额3 332 088.49；回函率100%。

审计结论：

回函情况证实了沃诺克有限责任公司应付账款的真实性。

【工作底稿实例10-4】

应付账款日后付款测试表	
被审计单位：沃诺克有限责任公司	索引号：FD4
项目：应付账款日后付款测试表	财务报表截止日/期间：2018年12月31日
编制：张宁	复核：田园
日期：2019年1月16日	日期：2019年1月16日

从资产负债表日后付款凭证中抽取若干张。

序号	金额	银行对账单日期	支票		明细账凭证		说明	截止是否适当
			编号	日期	编号	日期		
1	6 298 149.09	1月16日	电汇08109732	1月8日	972	1月8日	电汇进口原油代理费	适当
2	40 000 000.00	1月15日	4110R07006010	1月8日	976	1月8日	还国内信用证款	适当
3	50 170 014.74	1月15日	4110R07005020	1月11日	1072	1月11日	还第四船海洋原油信用证款	适当

审计说明：

　　针对资产负债表日后付款项目，以付款金额超过重要性水平420万元以上作为样本，检查银行对账单及有关付款凭证（如银行划款通知、供应商收据等），询问被审计单位内部或外部的知情人员，查找有无未及时入账的应付账款。

【工作底稿实例10-5】

固定资产、累计折旧及减值准备明细表	
被审计单位：沃诺克有限责任公司	索引号：ZO2
项目：固定资产、累计折旧及减值准备明细表	财务报表截止日/期间：2018年12月31日
编制：张宁	复核：田园
日期：2019年1月19日	日期：2019年1月20日

项目名称	期初余额	本期增加	本期减少	期末余额	备注
一、固定资产原值合计	1 511 482 923.65	277 049 723.69	9 247 675.77	1 779 284 971.57	
其中：房屋及建筑物	115 903 085.44	3 380 583.36	37 724.48	119 245 944.32	使用年限30年，残值率10%
包装及仓库	10 097 800.95			10 097 800.95	
海水隔油池	7 932 634.09			7 932 634.09	
成型厂房及库房	5 610 243.91			5 610 243.91	
海水池	3 743 786.77			3 743 786.77	
调节池	2 995 928.48			2 995 928.48	
曝光池	2 820 845.48			2 820 845.48	
综合办公楼	1 898 329.29			1 898 329.29	
⋮					
机器设备	1 296 873 260.17	266 527 669.75	8 324 473.56	1 555 076 456.36	使用年限15年，残值率10%
新制氢设备	54 123 791.55			54 123 791.55	
储运系统改造	33 033 692.06			33 033 692.06	
厂外供电线路	18 755 964.04			18 755 964.04	
全厂供电线路	17 415 811.79			17 415 811.79	
⋮					
二、累计折旧合计	712 647 499.99	99 183 310.83	5 931 291.11	805 899 519.71	
其中：房屋及建筑物	30 297 811.12	3 509 607.38	2 263.49	33 805 155.01	剩余年限
包装及仓库	3 256 540.81	302 934.02		3 559 474.83	18.25
海水隔油池	3 768 001.19	237 979.03		4 005 980.22	13.17
成型厂房及库房	1 739 175.61	168 307.32		1 907 482.93	18.67
海水池	1 778 298.72	112 313.60		1 890 612.32	13.17
调节池	1 423 066.03	89 877.85		1 512 943.88	13.17
曝光池	1 339 901.60	84 625.37		1 424 526.97	13.17
综合办公楼	607 405.37	56 949.88	60	664 415.25	18.33

续表

项目名称	期初余额	本期增加	本期减少	期末余额	备注
⋮					
机器设备	619 100 232.80	87 686 829.45	5 159 776.03	701 627 286.21	剩余年限
新制氢设备		3 247 427.49		3 247 427.49	14.00
⋮					
三、减值准备合计	8 511 606.31	2 342 366.26	4 351 482.92	6 502 489.65	
机器设备	8 511 606.31	2 342 366.26	4 351 482.92	6 502 489.65	
⋮					
四、账面价值合计	790 323 817.35	175 524 046.60	（1 035 098.26）	966 882 962.21	
其中：房屋及建筑物	85 605 274.32	（129 024.02）	35 460.99	85 440 789.31	
机器设备	669 261 421.06	176 498 474.04	（1 186 785.39）	846 946 680.49	
⋮					

审计说明：

1. 沃诺克有限责任公司折旧政策前后期一致，没有加速折旧。2017年度计提折旧99 183 310.83元，其中，计入管理费用为2 483 927.93元；计入制造费用为96 699 382.90元。

2. 本年度计提减值准备2 342 366.26元，是固定资产——烷基化装置落后，达不到生产标准或由于技术原因无法对原有生产线进行改造的机械设备。

3. 本年度减值准备减少额，是因报废资产而予以终止确认时，一并将原计提的减值准备转出4 351 482.92元。

【工作底稿实例10-6】

固定资产盘点检查情况表	
被审计单位：沃诺克有限责任公司	索引号：ZO3
项目：固定资产盘点检查情况表	财务报表截止日/期间：2018年12月31日
编制：张宁	复核：田园
日期：2019年1月19日	日期：2019年1月20日

第十章 采购与付款循环审计

序号	名称	规格型号	计量单位	单价	账面结存		被审计单位盘点			实际检查			备注
					数量	金额	数量	金额	盈亏(+、-)	数量	金额	盈亏(+、-)	
1	综合楼	砖混结构	平方米	2 377.60	457.60	1 087 989.50	457.60	1 087 989.50		457.60	1 087 989.50	0	
⋮													
239	斗提机		台	3 526 551.32	1	3 526 551.32	1	3 526 551.32		1	3 526 551.32	0	
240	输送机		台	454 045.73	1	454 045.73	1	454 045.73		1	454 045.73	0	
⋮													
288	柴油加氢项目			70 066 055.61	1	70 066 055.61	1	70 066 055.61		1	70 066 055.61	0	
289	加氢裂化			165 930 039.08	1	165 930 039.08	1	165 930 039.08		1	165 930 039.08	0	
⋮													

检查时间：2018年12月30日　　检查地点：沃诺克有限责任公司
检查人：固定资产使用部门、设备管理员、财务人员　　盘点检查比例：15%
审计说明：

我们依据对沃诺克有限责任公司连续审计获取的审计情况，2018年度主要针对本年度新增部分的重要固定资产进行实地检查程序，不存在已报废但仍未核销的固定资产。

【工作底稿实例10-7】

固定资产增加检查情况表

被审计单位：沃诺克有限责任公司	索引号：ZO4
项目：固定资产增加检查情况表	财务报表截止日/期间：2018年12月31日
编制：张宁	复核：田园
日期：2019年1月19日	日期：2019年1月20日

固定资产名称	取得日期	取得方式	固定资产类别	增加情况		凭证号	核对内容（用"√""×"表示）						
				数量	原价		①	②	③	④	⑤	⑥	⑦
奥迪轿车	2018年3月	外购	运输设备	1	571 825.00	28#	√	√	√	√	√	√	√

第四节 采购与付款循环审计工作底稿实例

续表

固定资产名称	取得日期	取得方式	固定资产类别	增加情况 数量	增加情况 原价	凭证号	核对内容（用"√""×"表示） ①	②	③	④	⑤	⑥	⑦
柴油加氢项目	2018年12月	自建	机械设备	1	70 066 055.61	62#	√	√	√	√	√	√	√
加氢裂化	2018年12月	自建	机械设备	1	165 930 039.08	42#	√	√	√	√	√	√	√
⋮													
合计					277 049 723.70								

核对内容说明：① 与发票是否一致；② 与付款单据是否一致；③ 与购买/建造合同是否一致；④ 与验收报告或评估报告是否一致；⑤ 审批手续是否齐全；⑥ 与在建工程转出数核对是否一致；⑦ 会计处理是否正确。

审计说明：

沃诺克有限责任公司2018年度新增的固定资产主要是自建的机械设备。结合固定资产、在建工程实地检查程序，未发现有已经达到预定可使用状态，但尚未办理竣工决算手续的固定资产。

【工作底稿实例10-8】

固定资产减少检查情况表

被审计单位：沃诺克有限责任公司	索引号：ZO5
项目：固定资产减少检查情况表	财务报表截止日/期间：2018年12月31日
编制：张宁	复核：田园
日期：2019年1月19日	日期：2019年1月20日

固定资产名称	取得日期	处置方式	处置日期	固定资产原价	累计折旧	减值准备	账面价值	处置收入	净损益	索引号	核对内容（用"√""×"表示） ①	②	③	④
外取热器	2005年5月	报废	2018年3月	646 323.54	368 016.91	109 875.00	168 431.63	69 576.66	−98 854.97		√	√	√	√

257

续表

固定资产名称	取得日期	处置方式	处置日期	固定资产原价	累计折旧	减值准备	账面价值	处置收入	净损益	索引号	核对内容（用"√""×"表示）			
											①	②	③	④
离心式压缩机	2002年8月	报废	2018年3月	894 241.61	636 282.78	223 560.00	34 398.83	64 489.71	30 090.88		√	√	√	√
高压柜	2008年10月	报废	2018年3月	133 306.48	46 607.49	15 990.00	70 708.99		−70 708.99		√	√	√	√
水封罐	2005年5月	报废	2018年3月	150 836.64	85 886.46	25 600.00	39 350.18	9 742.53	−29 607.65		√	√	√	√
⋮														
合计				9 247 675.77	5 931 291.10	1 705 713.42	1 610 671.25	449 387.04	−1 161 284.21					

核对内容说明：① 与收款单据是否一致；② 与合同是否一致；③ 审批手续是否完整；④ 会计处理是否正确。

审计说明：

　　随着产业结构的升级以及国家环保标准的逐步提高，我国环境保护政策日趋严格。沃诺克有限责任公司从事原油加工，属于资金和技术密集型、石化行业。由于其本身特性决定了对环保政策的敏感度较高。截至2018年12月31日，公司拥有12套先进的生产装置及完善的公用工程系统、辅助生产设施，生产技术居国内同行业领先地位。公司装置布局合理，加工手段齐全，可以全部加工高硫原油，生产全部加氢精制。另外，公司工艺技术先进，自动化控制水平较高，1 000万吨/年重油催化裂化、200万吨/年重油加氢脱硫、10万吨/年硫磺回收等都是目前国内单体加工能力最大的生产装置之一。本年度固定资产的减少，主要是沃诺克有限责任公司管理层决定关闭、报废、处置达不到生产标准，由于技术原因无法对原有生产线进行改造的机械设备等生产线。

第十一章
生产与存货循环审计

知识目标
- 了解生产与存货循环的主要业务活动
- 了解生产与存货循环的内部控制
- 理解生产与存货循环控制测试
- 掌握生产与存货循环的实质性程序
- 掌握存货监盘程序

能力目标
- 能对生产与存货循环进行控制测试
- 会确定存货的审计目标,能对生产与存货循环实施实质性程序
- 能对存货实施监盘程序

第十一章 生产与存货循环审计

本章知识结构

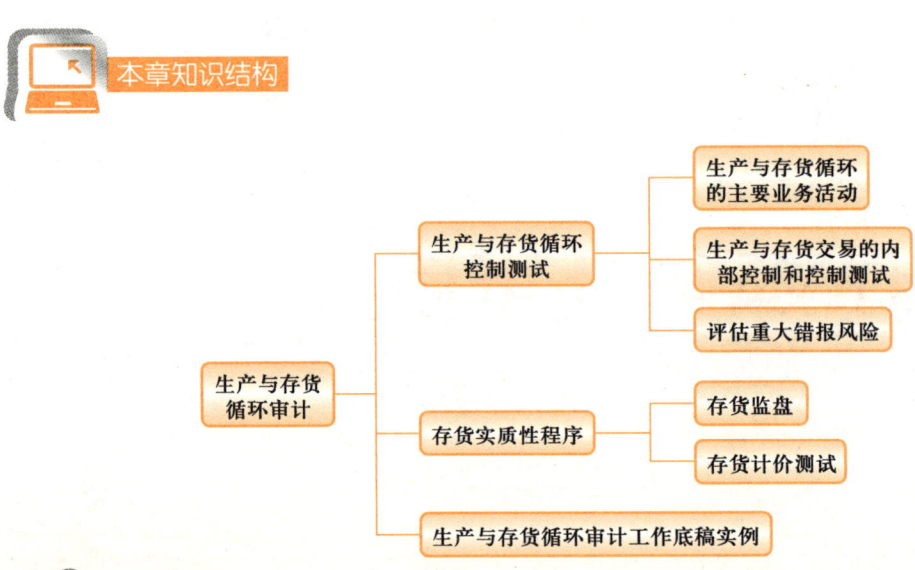

引导案例

在形形色色的利润操纵手法中，资产造假占据了主要地位。而存货因其种类繁多并且具有流动性强、计价方法多样的特点，又成为资产造假的主要部分。美国法尔莫公司案件就是一个典型的例子。法尔莫公司的老板莫纳斯自从获得第一家药店开始，就梦想着把他的小店发展成一个庞大的药品帝国。他所实施的策略就是所谓的"强力购买"，即通过提供大比例折扣来销售商品。莫纳斯首先做的就是把实际上并不盈利且未经审计的药店报表拿来，用自己的笔为其加上并不存在的存货和利润。然后凭着自己空谈的天分及一套夸大了的报表，在一年之内骗得了足够的投资收购了8家药店，奠定了他的小型药品帝国的基础。这个帝国后来发展到了拥有300家连锁店的规模。当时法尔莫公司的财务总监认为因公司以低于成本出售商品而招致了严重的损失，但是莫纳斯认为通过"强力购买"，公司完全可以发展得足够大以使得它能顺利地坚持它的销售方式。最终在莫纳斯的强大压力下，这位财务总监卷入了这起舞弊案件。在随后的数年之中，他和他的几位下属保持了两套账簿，一套用以应付注册会计师的审计，一套反映糟糕的现实。这个精心设计的、至少引起5亿美元损失的财务舞弊事件浮出水面之时，莫纳斯和他的公司炮制虚假利润已达十年之久。

负责对这家药店进行审计的会计师事务所在存货审计中只对300家药店中的4家药店实施存货监盘，而且会提前数月通知法尔莫公司他们将检查哪些药店，药店管理人员将那4家药店堆满实物存货，而把那些虚增的部分分配到其余的296家药店，隐瞒存货短缺。

这项审计失败使会计师事务所在民事诉讼中损失了3亿美元。法尔莫公司的财务总监被判33个月的监禁，莫纳斯本人则被判入狱5年。

第一节　生产与存货循环的控制测试

一、生产与存货循环的主要业务活动

（一）计划和安排生产

生产计划部门根据顾客订单或者对销售预测和存货需求的分析来决定生产授权。如果决定授权生产就签发预先顺序编号的生产通知单。生产通知单是企业下达制造产品等生产任务的书面文件，是通知生产车间组织产品制造，供应部门组织材料发放，会计部门组织成本计算的依据。生产计划部门通常应将发出的所有生产通知单顺序编号并进行记录控制。此外，还需要编制一份材料需求报告，列示所需要的材料和零件及其库存情况。

（二）发出原材料

仓库部门根据从生产部门收到的领料单发出原材料。领料单上必须列示所需的材料数量和种类，以及领料部门的名称。领料单可以一料一单，也可以多料一单，通常需一式三联。仓库发料后，以其中一联连同材料交给领料部门，一联留在仓库登记材料明细账，一联送会计部门进行材料收发核算和成本核算。

（三）生产产品

生产部门在收到生产通知单及领取原材料后，便将生产任务分解到每一个生产工人，并将所领取的原材料交给生产工人，据以执行生产任务。生产工人在完成生产任务后，将完成的产品交生产部门查点，然后转交检验员验收并办理入库手续；或是将所完成的产品移交下一个部门，以进一步加工。生产部门应将生产情况进行记录，形成产量和工时记录。产量和工时记录是登记工人或生产班组在出勤期间内完成产品数量、质量和生产这些产品所耗费工时数量的原始记录。产量和工时记录的内容与格式是多种多样的，在不同的生产企业中，甚至在同一企业的不同生产车间中，由于生产类型不同而采用不同格式的产量和工时记录。常见的产量和工时记录主要有工作通知单、工序进程单、工作班产量报告、产量通知单、产量明细表、废品通知单等。

（四）核算产品成本

为了正确地核算产品成本，对在产品和产成品进行有效控制，必须建立健全成本会计制度，将生产控制和成本核算有机结合在一起。一方面，生产过程中的各种记录、生产通知单、领料单、计工单、入库单等文件资料都要汇集到会计部门，由会计部门对其进行检查和核对，了解和控制生产过程中存货的实物流转。另一方面，会计部门要设置相应的会计账户，会同有关部门对生产过程中的成本进行核算和控制。成本会计制度可以非常简单，只是在期末记录存货余额；也可以是完善的标准成本制度，它持续地记录所有材料处理、在产品和产成品，并产生对成本差异的分析报告。完善的成本会计制度应该提供原材料转为在产品，在产品转为产成品，以及按成本中心、分批次生产任务通知单或生产周期所消耗的材料、人工和间接费用的分配与归集的详细资料。主要资料有工资汇总表、人工费用分配表、材料费用分配表、制造费用分配汇总表、成本计算单、存货明细账等。

（五）储存产成品

产成品入库，须由仓库部门先行点验和检查，然后签收。签收后填制产成品入库单。产成品入库单至少一式三联，一联交生产部门，一联交会计部门，一联仓库部门留存。仓库部门在检查、验收工作中应对验收部门的工作进行验证。除此之外，仓库部门还应根据产成品的品质特征分类存放，填制产成品标签，并定期进行盘点核对。

（六）发出产成品

产成品的发出须由独立的发运部门进行。装运产成品时必须持有经有关部门核准的发运通知单，并据此编制出库单。产成品出库单至少一式四联，一联交仓库部门，一联发运部门留存，一联送交顾客，一联作为给顾客开发票的依据。

二、生产与存货交易的内部控制和控制测试

生产与存货循环的内部控制主要包括存货的内部控制和成本会计制度的内部控制两项内容。

关于存货的内部控制，需要作以下两个方面的说明：一方面，由于生产与存货循环与其他业务循环的内在联系，生产与存货循环中某些审计测试，特别是对存货的审计测试，与其他相关业务循环的审计测试同时进行将更为有效。例如企业装运产成品和记录营业收入与成本是作为销售与收款循环审计的一部分进行测试的，而原材料的取得和记录是作为采购与付款循环的一部分进行测试的。这些内容在前面的章节中已经作了介绍，不再赘述。另一方面，尽管不同的企业对其存货可能采取不同的内部控制，但从根本上说，均可概括为存货的数量和计价两个关键因素的控制，这将在本章第二节中分别予以阐述。由于以上两个方面的原因，本节对生产与存货循环内部控制和控制测试的讨论，主要关注成本会计制度和控制测试。

（一）成本会计制度

（1）企业的生产业务应根据管理层的一般授权或特别授权进行，应通过恰当手续，经过特别审批或一般审批，凭证中应包括三个关键点的审批：生产通知单的授权批准；领料单的授权批准；工资的授权批准。

（2）企业应建立以经过审核的生产通知单、领发料凭证、产量和工时记录、人工费用分配表、材料费用分配表、制造费用分配表为依据的成本核算制度。记录实际发生的成本，把所有耗费和物化劳动均反映在生产成本中。

（3）企业采用的成本核算方法应前后各期一致；采用的费用分配方法应前后各期一致；应进行成本核算和账务处理的内部核查，检查成本计算是否正确。

（4）企业应对存货实施保护措施，保管人员与记录、批准人员应相互独立。

（5）企业应定期进行存货盘点以使账面存货与实际存货核对相符。

（二）成本会计制度的控制测试

成本会计制度的测试，包括直接材料成本控制测试、直接人工成本控制测试、制造费用控制测试和生产成本在当期完工产品与在产品之间分配的控制测试四项内容。

程序1： 直接材料成本控制测试。

对采用定额单耗的企业，可选择并获取某一成本报告期若干种具有代表性的产品成本计算单，获取样本的生产指令或产量统计记录及其直接材料单位消耗定额，根据材料明细账或采购业务测试工作底稿中各该直接材料的单位实际成本，计算直接材料的总消耗量和总成本，与该样本成本计算单中的直接材料成本核对，并注意下列事项：生产指令是否经过授权批准；单位消耗定额和材料成本计价方法是否适当，在当年度有无重大变更。

对非采用定额单耗的企业，可获取材料费用分配汇总表、材料发出汇总表（或领料单）、材料明细账中各该直接材料的单位成本，作如下检查：成本计算单中直接材料成本与材料费用分配汇总表中该产品负担的直接材料费用是否相符，分配标准是否合理；将抽取的材料发出汇总表或领料单中若干种直接材料的发出总量和各该种材料的实际单位成本之积，与材料费用分配汇总表中各该种材料费用进行比较，并注意领料单的签发是否经过授权批准，材料发出汇总表是否经过适当的人员复核，材料单位成本计价方法是否适当，在当年度有无重大变更。

程序2： 直接人工成本控制测试。

对采用计时工资制的企业，获取样本的实际工时统计记录、职员分类表和职员工薪手册及人工费用分配汇总表，作如下检查：成本计算单中直接人工成本与人工费用分配汇总表中该样本的实际工时核对是否相符；抽取生产部门若干天的工时台账与实际工时统计记录核对是否相符。

对采用计件工资制的企业，获取样本的产量统计报告、个人产量记录和经批准的单位工薪标准或计件工资制度，检查下列事项：根据样本的统计产量和单位工薪标准计算的人工费用与成本计算单中直接人工成本核对是否相符；抽取若干个直接人工的产量记录，检查是否被汇总计入产量统计报告。

程序3：制造费用控制测试。

获取样本的制造费用分配汇总表、按项目分列的制造费用明细账、与制造费用分配标准有关的统计报告及其相关原始记录，作如下检查：制造费用分配汇总表中，样本分担的制造费用与成本计算单中的制造费用核对是否相符；制造费用分配汇总表中的合计数与样本所属成本报告期的制造费用明细账总计数核对是否相符；制造费用分配汇总表选择的分配标准与相关的统计报告或原始记录核对是否相符，并对费用分配标准的合理性做出评估。

程序4：生产成本在当期完工产品与在产品之间分配的控制测试。

检查成本计算单中在产品数量与生产统计报告或在产品盘存表中的数量是否一致；检查在产品的约当产量计算或其他分配标准是否合理；计算复核样本的总成本和单位成本，最终对当年采用的成本会计制度做出评价。

生产与存货循环控制测试审计工作底稿见工作底稿实例11-1，索引号SCC。

三、评估重大错报风险

前面有关采购与付款交易的重大错报风险的讨论，对生产与存货交易基本上是适用的，不再赘述。当然，生产与存货交易也有其自身的特点，以制造类企业为例，影响生产与存货交易和余额的重大错报风险还可能包括：

（一）交易的数量和复杂性

制造业企业交易的数量庞大，业务复杂，这就增加了错误和舞弊的风险。

（二）成本基础的复杂性

制造类企业的成本基础是复杂的。虽然原材料和直接人工等直接费用的分配比较简单，但间接费用的分配就可能较为复杂，并且，同一行业中的不同企业也可能采用不同的认定和计量基础。

（三）产品的多元化

产品的多元化可能要求聘请专家来验证产品的质量、状况或价值。另外，计算库存存货数量的方法也可能是不同的。例如，计量煤堆、筒仓里的谷物、钻石或者其他化工品和药剂产品的存储量的方法都可能不一样。这并不是要求注册会计师每次清点存货都需要专家配合，如果存货容易辨认、存货数量容易清点，就无须专家帮助。

（四）某些存货项目的可变现净值难以确定

例如价格受全球经济供求关系影响的存货，由于其可变现净值难以确定，会影响存货采购价格和销售价格的确定，并将影响注册会计师对与存货的计价认定有关的风险进行评估。

（五）将存货存放在很多地点

大型企业可能将存货存放在很多地点，并且可以在不同的地点之间配送存货，这将增加商品途中毁损或遗失的风险，或者导致存货在两个地点被重复列示，也可能产生转移定价的错误或舞弊。

（六）寄存的存货

有时候存货虽然还存放在企业，但可能已经不归企业所有。同理，企业的存货也可能被寄存在其他企业。

注册会计师应当了解被审计单位对生产与存货的管理程序。如果注册会计师认为被审计单位可能存在销售成本和存货的重大错报风险，通常需要考虑对已选取的控制活动的运行有效性进行测试。

【案例11-1】注册会计师对盛大有限责任公司生产与存货循环内部控制进行审计时发现下列事项：材料由采购部负责采购，材料进厂后由隶属于采购部的验收部门负责验收。验收合格的材料在采购单上盖"货已验讫"印章，然后即交会计部门付款，如不合格直接退给供应商，验收部不负责开验收报告单。验收后的材料直接堆放在机器旁准备加工。生产完工的产成品交给制造部门的储藏室保管。

要求：根据上述资料，请代注册会计师指出盛大有限责任公司在生产与存货循环内部控制方面的缺陷。

【分析】

盛大有限责任公司在生产与存货循环内部控制方面的缺陷主要有：

（1）企业没有设立完善的请购单系统，应设立采购的申请审批制度。

（2）采购部与验收部职能未分开。

（3）验收部门未编制验收报告单。

（4）验收部门不应在采购单加盖"货已验讫"印章，应另在单独的验收报告单中预留空格，以注明完全合格或有拒收数量及拒收原因。

（5）不应由会计部门付款，应由会计部门编制付款凭单通知财务部门开票付款。

（6）不合格货品退给供应商过程太草率，应在验收报告单中注明退回数量，并请供应商签名认可后方可退货。

（7）验收后的材料不得堆放至机器旁，应置于原材料仓库，再凭完善的领用单控制系统，办理领料手续。

（8）产成品应由完善的产成品仓库控制，不能交给制造部门的储藏室保管。

第二节 存货审计

一、存货的审计目标

一般制造业企业的存货包括原材料、低值易耗品、生产的半成品和产成品等。在审计中许多复杂和重大的问题（如流动资产、营运资本、销售成本等）都与存货有关。注册会计师对存货项目的审计要花费较多的审计工时，运用多种有针对性的审计程序收集审计证据。存货的具体审计目标与财务报表认定对应关系如表11-1所示。

表11-1　存货审计目标与财务报表认定对应关系表

审计目标	财务报表认定				
	存在	完整性	权利和义务	计价和分摊	列报
A. 资产负债表中记录的存货是存在的	√				
B. 所有应当记录的存货均已记录		√			
C. 记录的存货由被审计单位拥有或控制			√		
D. 存货以恰当的金额包括在财务报表中，与之相关的计价调整已恰当记录				√	
E. 存货已按照企业会计准则的规定在财务报表中作出恰当列报					√

二、存货监盘

（一）存货监盘的作用

如果存货对财务报表是重要的，注册会计师应当实施下列审计程序，对存货的存在和状况获取充分、适当的审计证据：

（1）在存货盘点现场实施监盘；

（2）对期末存货记录实施审计程序，以确定其是否准确反映实际的存货盘点结果。

具体说，存货监盘涉及：

（1）检查存货以确定其是否存在，评价存货状况，并对存货盘点结果进行测试；

（2）观察管理层指令的遵守情况，以及用于记录和控制存货盘点结果的程序的实施情况；

（3）获取有关管理层存货盘点程序可靠性的审计证据。

这些程序是用作控制测试还是实质性程序，取决于注册会计师的风险评估结果、审计方案和实施的特定程序。

实施存货监盘，获取有关期末存货数量和状况的充分、适当的审计证据是注册会计师的责任，但这并不能取代被审计单位管理层定期盘点存货、合理确定存货的数量和状况的责任。被审计单位管理层通常对存货每年至少进行一次实物盘点，以作为编制财务报表的基础，并用以确定被审计单位永续盘存制的可靠性。

【审计程序与具体审计目标对应关系提示】此程序可实现 ABCD 审计目标。

（二）存货监盘计划

1. 制定存货监盘计划的基本要求

注册会计师应当根据被审计单位存货的特点、盘存制度和存货内部控制的有效性等情况，在评价被审计单位制定的存货盘点程序的基础上，编制存货监盘计划，对存货监盘做出合理安排。

2. 制定存货监盘计划应考虑的相关事项

（1）与存货相关的重大错报风险。存货通常具有较高水平的重大错报风险，影响重大错报风险的因素包括：存货的数量和种类；成本归集的难易程度；陈旧过时的速度或易损坏程度；遭受失窃的难易程度。由于制造过程和成本归集制度的差异，制造企业的存货与其他企业（如批发企业）的存货相比，往往具有更高的重大错报风险，对于注册会计师的审计工作而言则更具复杂性。此外，外部因素也会对存货的重大错报风险产生影响。例如，技术上的进步可能导致某些产品过时，从而导致存货价值更容易发生高估。以下类别的存货就可能增加审计的复杂性与风险：

① 制造过程漫长的存货。对制造过程漫长的企业（如飞机制造和酒类产品酿造企业）进行审计时，应当重点关注递延成本、预期发生成本以及未来市场波动可能对当期损益的影响等事项。

② 鲜活、易腐商品存货。因为物质特性和保质期短暂，此类存货变质的风险很高。

③ 具有高科技含量的存货。由于技术进步，此类存货易于过时。

④ 单位价值高昂、容易被盗窃的存货。例如，珠宝存货的错报风险通常高于铁制纽扣之类存货的错报风险。

⑤ 具有固定价格合约的存货。预期发生成本的不确定性是其重大审计问题。

⑥ 与时装相关的服装行业。该行业存货是否过时是重要的审计事项。

（2）与存货相关的内部控制的性质。注册会计师应当了解与存货相关的内部控制，并根据内部控制的完善程度确定进一步审计程序的性质、时间安排和范围。存货的内部控制涉及被审计单位供、产、销各个环节，包括采购、存货验收、仓储、领用、加工、装运出库等方面。

（3）对存货盘点是否制定了适当的程序，并下达了正确的指令。注册会计师在复核或与管理层讨论其存货盘点程序时，应当考虑下列主要因素，以评价其能否合理地确定存货的数量和状况：盘点的时间安排；存货盘点范围和场所的确定；盘点人员的分工及胜任能力；盘点前的会议及任务布置；存货的整理和排列，对毁损、陈旧、过时、残次及所有权不属于被审计单位的存货的区分；存货的计量工具和计量方法；在产品完工程度的确定方法；存放在外单位的存货的盘点安排；存货收发截止的控制；盘点期间存货移动的控制；盘点表单的设计、使用与控制；盘点结果的汇总以及盘盈或盘亏的分析、调查与处理。

注册会计师如果认为被审计单位的存货盘点程序存在缺陷，应当提请被审计单位调整。

（4）存货盘点的时间安排。如果存货盘点在财务报表日以外的其他日期进行，注册会计师除实施存货监盘的相关审计程序外，还应当实施其他审计程序，以获取审计证据，确定存货盘点日与财务报表日之间的存货变动是否已得到恰当的记录。

（5）被审计单位是否一贯采用永续盘存制。若被审计单位采用永续盘存制，注册会计师应在年度中一次或多次参加盘点。

（6）存货的存放地点（包括不同存放地点的存货的重要性和重大错报风险），以确定适当的监盘地点。

注册会计师应了解所有的存货存放地点，既可以防止被审计单位或自己发生任何遗漏，也有助于恰当地分配审计资源。注册会计师通常应当重点考虑被审计单位的重要存货存放地点，特别是金额较大或可能存在重大错报风险的存货地点，将这些存货列入监盘地点。对于无法实施存货现场监盘的存货，注册会计师应当实施替代审计程序，以获取有关存货的存在和状况的充分、适当的审计证据。

（7）是否需要专家协助。注册会计师可能不具备其他专业领域的专长与技能。在确定资产数量或资产实物状况时（如矿石堆），或在收集特殊类别存货（如艺术品、稀有玉石、房地产、电子器件、工程设计等）的审计证据时，注册会计师可以考虑利用专家的工作。

当在产品存货金额重大时，注册会计师可能面临如何评估完工程度的问题。注册会计师可以了解被审计单位的盘点程序，如果有关在产品的完工程度未被明确列出，注册会计师应当考虑采用其他有助于确定完工程度的措施，如获取零部件明细清单、标准成本表以及作业成本表，与工厂的有关人员进行讨论等，并运用职业判断。注册会计师也可根据存货生产过程的复杂程度考虑利用专家的工作。

3. 存货监盘计划的主要内容

（1）存货监盘的目标、范围及时间安排。存货监盘的主要目标包括获取被审计单位资产负债表日有关存货数量和状况以及管理层存货盘点程序可靠性的审计证据，检查存货的数量是否完整，是否归属被审计单位，存货有无毁损、陈旧、过时，残次和短缺等状况。

存货监盘的范围大小取决于存货的内容、性质以及与存货相关的内部控制的完善程度和重大错报风险的评估结果。对存放于外单位的存货，应当考虑实施适当的替代程序，以获取充分、适当的审计证据。

存货监盘的时间，包括实地察看盘点现场的时间、观察存货盘点的时间和对已盘点存货实施检查的时间等，应当与被审计单位实施存货盘点的时间相协调。

（2）存货监盘的要点及关注事项。存货监盘的要点包括注册会计师实施存货监盘程序的方法、步骤，各个环节应注意的问题以及所要解决的问题。注册会计师需要重点关注的事项包括盘点期间的存货移动、存货的状况、存货的截止确认、存货的各个存放地点及金额。

（3）参加存货监盘人员的分工。注册会计师应当根据对被审计单位存货盘点人员分工、分组情况、存货监盘工作量的大小和人员素质情况，确定参加存货监盘的人员组成，各组成人员的职责和具体的分工情况，并加强督导。

（4）检查存货的范围。注册会计师应当根据对被审计单位存货盘点和对被审计单位内部控制的评价结果确定检查存货的范围。注册会计师在实施观察程序后，如果认为被审计单位内部控制设计良好且得到有效实施、存货盘点组织良好，可以相应缩小实施检查程序的范围。

存货监盘计划审计工作底稿见工作底稿实例11-4，索引号ZI9-1。

（三）存货监盘程序

程序1： 评价管理层用以记录和控制存货盘点结果的指令和程序

注册会计师需要考虑这些指令和程序是否包括：

（1）适当控制活动的运用，例如，收集已使用的存货盘点记录，清点未使用的存货盘点表单，实施盘点和复核程序。

（2）准确认定在产品的完工程度、流动缓慢、过时或毁损的存货项目，以及第三方拥有的存货。

（3）在适用的情况下用于估计存货数量的方法，如可能需要估计煤堆的重量。

（4）对存货在不同存放地点之间的移动以及截止日前后期间出入库的控制。

程序2： 观察管理层制定的盘点程序的执行情况

尽管盘点存货时最好能保持存货不发生移动，但在某些情况下，存货的移动是难以避免的。如果在盘点过程中被审计单位的生产经营仍将继续进行，注册会计师应通过实施必要的检查程序，确定被审计单位是否已经对此设置了相应的控制程序，确保在适当的期间内对存货做出了准确记录。

注册会计师一般应当获取盘点日前后的存货收发及移动的凭证，检查库存记录与会计记录期末截止是否正确。存货正确截止的关键在于存货实物纳入盘点范围的时间与存货引起的借贷双方会计科目的入账时间都处于同一会计期间。在途存货和被审计单位直接向顾客发运的存货是否均已得到了适当的会计处理。

在存货监盘过程中，注册会计师应当获取存货验收入库、装运出库以及内部转移截止等信息，以便将来追查至被审计单位的会计记录。

注册会计师通常可以观察存货的验收入库地点和装运出库地点以执行截止测试。在存货入库和装运过程中采用连续编号的凭证时，注册会计师应当关注截止日期前的最后编号。

程序3：检查存货

在存货监盘过程中检查存货，有助于确定存货的存在，以及识别过时、毁损或陈旧的存货。

程序4：执行抽盘

注册会计师应当对已盘点的存货进行适当检查，将检查结果与被审计单位盘点记录相核对，并形成相应记录。

（1）抽查的目的。抽查的目的既可以是为了确认被审计单位的盘点计划得到适当的执行，也可以是为了证实被审计单位的存货实物总额。如果观察程序能够表明被审计单位的组织管理得当，并存在充分有效的盘点、监督以及复核程序，那么注册会计师可决定减少所需抽查的存货项目。

（2）抽查范围。抽查的范围通常包括所有盘点工作小组的盘点内容以及难以盘点或隐蔽性较强的存货。需要特别说明的是，注册会计师应避免被审计单位了解自己将抽取测试的存货项目。

（3）抽查方向。抽查时，注册会计师可以从存货盘点记录中选取项目追查至存货实物以测试盘点记录的准确性；注册会计师还可以从存货实物中选取项目追查至存货盘点记录，以测试存货盘点记录的完整性。

（4）抽查中发现问题的处理方式。如果注册会计师在实施抽查程序中发现了差异，很可能表明被审计单位的存货盘点记录在准确性或完整性方面存在错误。由于抽查的内容通常仅仅是存货盘点中的一小部分，所以在抽查中发现的错误很可能意味着在被审计单位的存货盘点中还存在着其他错误。一方面，注册会计师应当查明原因，并及时提请被审计单位更正；另一方面，注册会计师应当考虑错误的潜在范围和重大程度，在可能的情况下，扩大抽查的范围以减少错误的发生。注册会计师还可要求被审计单位重新进行盘点。重新盘点的范围可限制在某一特殊领域或特定盘点小组的存货。

程序5：需要特别关注的情况

（1）存货盘点范围。被审计单位盘点存货前，注册会计师应当观察盘点现场，确定应纳入盘点范围的存货是否已经适当整理和排列，并附有盘点标识，防止遗漏或重复盘点。对未纳入盘点范围的存货，注册会计师应当查明未纳入的原因。

（2）对特殊类型存货的监盘。对某些特殊类型的存货，被审计单位通常使用的盘点方法和控制程序并不完全适用。这些存货通常没有盘点标签或者其数量或质量难以确定，注册会计师需要运用职业判断，根据存货的实际情况，设计恰当的审计程序，对存货的数量和状况获取审计证据。

程序6： 存货监盘结束时的工作

在被审计单位存货盘点结束前，注册会计师应当实施下列审计程序：

（1）再次观察盘点现场，以确定所有应纳入盘点范围的存货是否均已盘点；

（2）取得并检查已填用、作废及未使用盘点表单的号码记录，确定其是否连续编号，查明已发放的表单是否均已收回，并与存货盘点的汇总记录进行核对。

注册会计师应当复核盘点结果汇总记录，评估其是否正确地反映了实际盘点结果。

如果存货盘点日不是资产负债表日，注册会计师应当实施适当的审计程序，确定盘点日与资产负债表日之间存货的变动是否已作出正确的记录。

存货监盘报告审计工作底稿见工作底稿实例11-5，索引号Z19-2。

（四）特殊情况的处理

1. 在存货盘点现场实施存货监盘不可行

在某些情况下，实施存货监盘可能是不可行的（如由于被审计单位存货的性质或位置等原因导致无法实施存货监盘）。注册会计师应当考虑能否实施替代审计程序（如检查盘点日后出售盘点日之前取得或购买的特定存货的文件记录），以获取有关存货存在和状况的充分、适当的审计证据。如果不能实施替代审计程序，或者实施替代审计程序可能无法获取有关存货的存在和状况的充分、适当的审计证据，注册会计师需要按照审计准则的规定发表非无保留意见。然而，对注册会计师带来不便的一般因素不足以支持注册会计师作出实施存货监盘不可行的决定。审计中的困难、时间或成本等事项本身，不能作为注册会计师省略不可替代的审计程序或满足于说服力不足的审计证据的正当理由。

2. 因不可预见的情况导致无法在存货盘点现场实施监盘

如果因不可预见的因素导致无法在预定日期实施存货监盘，注册会计师应当另择日期实施监盘，并对间隔期内发生的交易实施审计程序。两种比较典型的情况包括：一是注册会计师无法亲临现场，即由于不可抗力导致其无法到达存货存放地实施存货监盘；二是气候因素，即由于恶劣的天气导致注册会计师无法实施存货监盘程序，或由于恶劣的天气无法观察存货，如木材被积雪覆盖。

3. 委托其他单位保管或控制的存货

如果被审计单位委托其他单位保管或控制的存货对财务报表是重要的，注册会计师应当实施下列审计程序，以获取有关该存货存在和状况的充分、适当的审计证据：

（1）向保管或控制存货的单位函证存货的数量和状况。

（2）实施检查或其他适合具体情况的审计程序。如果获取的信息使注册会计师对保管或控制存货的单位产生怀疑，注册会计师可以认为实施其他审计程序是适当的。其他审计程序可以作为函证的替代程序，也可以作为追加的审计程序。

其他审计程序包括：实施或安排其他注册会计师实施对保管或控制存货的单位的存货监盘；检查与保管或控制存货的单位持有的存货相关的文件记录；当存货被作为抵押品时，要求其他机构或人员进行确认等。

【案例11-2】注册会计师对盛大有限责任公司2018年度财务报表进行审计。盛大有限责任公司为玻璃制造企业，2018年年末存货余额占资产总额比重较大。存货包括玻璃、煤炭、烧碱、石英砂，其中60%的玻璃存放在外地公用仓库。盛大有限责任公司对存货核算采用永续盘存制，与存货相关的内部控制比较薄弱。盛大有限责任公司存货盘点计划的部分内容摘录如下：

（1）对于烧碱、煤炭和石英砂等堆积型存货，采用观察以及检查相关的收、发、存凭证和记录的方法，确定存货数量。

（2）对存放在公司仓库玻璃的盘点，设计预先编号的一式两联的盘点标签。使用时，由负责盘点存货的人员将一联粘贴在已盘点的存货上，另一联由其留存；盘点结束后，连同存货盘点表交存财务部门。

（3）盘点结束后，对出现盘盈或盘亏的存货，由仓库保管员将存货实物数量和仓库存货记录调节相符。

要求：针对上述存货盘点计划第（1）至第（3）项，逐项判断上述存货盘点计划是否存在缺陷。如果存在缺陷，提出改进建议。

【分析】

盛大有限责任公司存货盘点计划缺陷主要有：

（1）存在缺陷。盘点方式不恰当，对于烧碱、煤炭和石英砂等堆积型存货，应该选择的盘点方式通常为运用工程估测、几何计算、高空勘测，并依赖详细的存货记录；如果堆场中存货堆不高，可进行实地监盘，或通过旋转存货堆加以估计。

（2）不存在缺陷。

（3）存在缺陷。盘点结束后，对于盘盈或盘亏的存货，不应由仓库保管人员对于存货实物数量和仓库存货记录进行调节。应该安排与仓库保管有关的主管人员负责调节。

三、存货计价测试

（一）存货计价测试的一般要求

存货监盘程序主要是对存货的结存数量予以确认。为验证财务报表上存货余额的真实性，还必须对存货的计价进行审计，即确定存货实物数量和永续盘存记录中的数量是否经过正确地计价和汇总。存货计价测试主要是针对被审计单位所使用的存货单位成本是否正确所做的测试。

1. 样本的选择

计价审计的样本，应从存货数量已经盘点、单价和总金额已经记入存货汇总表的结存存货中选择。选择样本时应着重选择结存余额较大且价格变化比较频繁的项目，同时考虑所选样本的代表性。抽样方法一般采用分层抽样法，抽样规模应足以推断总体的情况。

2. 计价方法的确认

存货的计价方法多种多样，企业可结合国家法规要求选择符合自身特点的方法，注册会计师除应了解掌握企业的存货计价方法外，还应对这种计价方法的合理性与一贯性予以关注，没有足够理由，计价方法在同一会计年度内不得变动。

3. 计价测试

进行计价测试时，注册会计师首先应对存货价格的组成内容予以审核，然后按照所了解的计价方法对所选择的存货样本进行计价测试。测试时，应排除企业已有计算程序和结果的影响，进行独立测试。待测试结果出来后，应与企业账面记录对比，编制对比分析表，分析形成差异的原因。如果差异过大，应扩大测试范围，并根据审计结果考虑是否应提出审计调整建议。

在存货计价审计中，由于企业对期末存货采用成本与可变现净值孰低的方法计价，所以注册会计师应充分关注企业对存货可变现净值的确定及存货跌价准备的计提是否正确。

（二）存货成本的计价测试

程序1： 直接材料成本审计

直接材料成本审计一般应从审阅材料和生产成本明细账入手，抽查有关的费用凭证，验证企业产品直接耗用材料的数量、计价和材料费用分配是否真实、合理。其主要内容包括：

（1）抽查产品成本计算单，检查直接材料成本的计算是否正确，材料费用的分配标准与计算方法是否合理和适当，是否与材料费用分配汇总表中该产品分摊的直接材料费用相符。

（2）检查直接材料耗用数量的真实性，有无将非生产用材料计入直接材料费用。

（3）分析比较同一产品前后各年度的直接材料成本，如有重大波动应查明原因。

（4）抽查材料发出及领用的原始凭证，检查领料单的签发是否经过授权，材料发出汇总表是否经过适当的人员复核，材料单位成本计价方法是否适当，是否正确及时入账。

（5）对采用定额成本或标准成本的企业，应检查直接材料成本差异的计算、分配与会计处理是否正确，并查明直接材料的定额成本、标准成本在本年度内有无重大变更。

原材料购进测试审计工作底稿见工作底稿实例11-2，索引号ZI2。原材料入库截止测试审计工作底稿见工作底稿实例11-3，索引号ZI3。

程序2： 直接人工成本审计

（1）抽查产品成本计算单，检查直接人工成本的计算是否正确，人工费用的分配标准与计算方法是否合理和适当，是否与人工费用分配汇总表中该产品分摊的直接人工费用相符。

（2）将本年度直接人工成本与前期进行比较，查明其异常波动的原因。

（3）分析比较本年度各个月份的人工费用发生额，如有异常波动，应查明原因。

（4）结合应付职工薪酬的检查，抽查人工费用会计记录及会计处理是否正确。

（5）对采用标准成本法的企业，应抽查直接人工成本差异的计算、分配与会计处理是否正确，并查明直接人工的标准成本在本年度内有无重大变更。

程序3： 制造费用审计

（1）获取或编制制造费用汇总表，并与明细账、总账核对相符，抽查制造费用中的重大数额项目及例外项目是否合理。

（2）审阅制造费用明细账，检查其核算内容及范围是否正确，并应注意是否存在异常会计事项，如有，则应追查至记账凭证及原始凭证，重点查明企业有无将不应列入成本费用的支出（如投资支出、被没收的财物、支付的罚款、违约金、技术改造支出等）计入制造费用。

（3）必要时，对制造费用实施截止测试，即检查资产负债表日前后若干天的制造费用明细账及其凭证，确定有无跨期入账的情况。

（4）检查制造费用的分配是否合理。重点查明制造费用的分配方法是否符合企业自身的生产技术条件，是否体现受益原则，分配方法一经确定，是否在相当时期内保持稳定，有无随意变更的情况；分配率和分配额的计算是否正确，有无以人为估计数代替分配数的情况。对按预定分配率分配费用的企业，还应查明计划与实际差异是否及时调整。

（5）对于采用标准成本法的企业，应抽查标准制造费用的确定是否合理，计入成本计算单的数额是否正确，会计处理是否正确，并查明标准制造费用在本年度内有无重大变动。

【审计程序与具体审计目标对应关系提示】此程序可实现D审计目标。

【案例11-3】注册会计师审查盛大有限责任公司在产品成本，收集到有关资料如下：该企业采用约当产量法计算甲种在产品成本，甲产品本月完工180件，月末在产品90件，甲在产品的投料率为80%，完工率为50%。

生产成本明细账见表11-2所示。

表11-2 生产成本明细账

产品名称：甲产品

2018年		摘要	直接材料	直接人工	制造费用	合计
月	日					
3	1	月初在产品成本	18 000	4 500	6 750	29 250
	31	本月生产费用	82 800	11 250	29 250	123 300
	31	生产费用合计	100 800	15 750	36 000	152 550
	31	结转完工产品成本	57 000	10 500	25 800	93 300
	31	月末在产品成本	43 800	5 250	10 200	59 250

要求：根据上述资料，指出盛大有限责任公司存在的问题并提出改进建议。

【分析】

注册会计师抽查有关会计凭证，并与产品成本明细账核对，账证数额相符，盘点在产品实物数量符合实际，验证投料率和完工率也符合实际情况，根据成本计算单，验证在产品成本为：

直接材料 = 100 800 ÷ (180 + 90 × 80%) × 90 × 80% = 28 800（元）

直接人工 = 15 750 ÷ (180 + 90 × 50%) × 90 × 50% = 3 150（元）

制造费用 = 36 000 ÷ (180 + 90 × 50%) × 90 × 50% = 7 200（元）

在产品成本合计 = 28 800 + 3 150 + 7 200 = 39 150（元）

在产品多留材料费 = 43 800 − 28 800 = 15 000（元）

在产品多留人工费 = 5 250 − 3 150 = 2 100（元）

在产品多留制造费用 = 10 200 − 7 200 = 3 000（元）

多留在产品成本合计 = 15 000 + 2 100 + 3 000 = 20 100（元）

验算结果表明，盛大有限责任公司多留在产品成本，少转完工产品成本20 100元。注册会计师向有关会计人员询问，证实是因计算失误而发生的差错，建议企业补转少转的完工产品成本，并调整有关账簿记录。

第三节　生产与存货循环审计工作底稿实例

【工作底稿实例11-1】

生产与存货循环控制测试	
被审计单位：沃诺克有限责任公司	索引号：SCC
项目：生产与存货循环控制测试	财务报表截止日/期间：2018年12月31日
编制：Wang	复核：Li
日期：2018年11月20日	日期：2018年11月21日

1. 控制测试——和材料验收与仓储有关的业务活动的控制
（1）询问程序。
通过实施询问程序，沃诺克有限责任公司已确定下列事项：
① 本年度未发现任何特殊情况、错报和异常项目；
② 财务或生产部门的人员在未得到授权的情况下无法访问或修改系统内数据；
③ 本年度未发现下列控制活动未得到执行；
④ 本年度未发现下列控制活动发生变化。
（2）其他测试程序。

控制目标	沃诺克有限责任公司的控制活动	控制测试程序	执行控制的频率	所测试的项目数量	索引号
已验收材料均附有有效采购订单	保管员接收到厂的物资时，应根据计划员提供的"到货通知单"核对物资名称、件数、重量、规格型号以及相应的证件和资料，确认无误的在送货单上签字，将物资存放在待验收区。质检员根据"到货通知单"验收，并签字确认无误。保管员办理入库手续，签发材料验收单，并由保管员和计划员签字	抽查材料验收单，并与到货通知单核对	每月2~3次	5	略
已验收材料均已准确记录	计划员将已经到达企业并且验收合格的货物信息包括品名、规格型号、单价、数量、金额等输入物资管理信息系统中，生成入库单，流转至财务部，财务部据以记账，形成材料明细账	核对经营部的原材料进厂记录与材料明细账的一致性	每月2~3次	5	略
已验收材料均已记录于适当期间	经营部每月负责将已经到达的材料的品种、数量及到厂时间通知各部门。每月末财务部与经营部核对原材料进厂情况	核对经营部的原材料进厂记录与材料明细账的一致性	每月2~3次	5	略

2. 控制测试——和计划与安排生产有关的业务活动的控制

（1）询问程序。

通过实施询问程序，沃诺克有限责任公司已确定下列事项：

① 本年度未发现任何特殊情况、错报和异常项目；

② 财务或生产部门的人员在未得到授权的情况下无法访问或修改系统内数据；

③ 本年度未发现下列控制活动未得到执行；

④ 本年度未发现下列控制活动发生变化。

（2）其他测试程序。

控制目标	沃诺克有限责任公司的控制活动	控制测试程序	执行控制的频率	所测试的项目数量	索引号
管理层授权进行生产	沃诺克有限责任公司利用生产调度软件控制生产的计划安排。经营部根据月生产经营计划、周生产经营计划负责对日生产作业计划编制、检查、修改、监督。日生产作业计划编制完，经主管部长审核后签发执行。安全运行部负责组织执行经营部日作业计划，并监督日计划完成情况	抽查月生产经营计划、周生产经营计划、日生产作业计划是否经过审批，检查实际原材料加工量与生产计划是否一致	每月1次	4	略

3. 控制测试——与生产有关的业务活动的控制

（1）询问程序。

通过实施询问程序，沃诺克有限责任公司已确定下列事项：

① 本年度未发现任何特殊情况、错报和异常项目；

② 财务或生产部门的人员在未得到授权的情况下无法访问或修改系统内数据；

③ 本年度未发现下列控制活动未得到执行；

④ 本年度未发现下列控制活动发生变化。

（2）其他测试程序。

控制目标	沃诺克有限责任公司的控制活动	控制测试程序	执行控制的频率	所测试的项目数量	索引号
发出材料均已准确记录	仓库保管员将原材料领用单编号、领用数量、规格等信息输入物资管理系统，经仓储部经理复核并以电子签名方式确认后，物资管理系统自动更新材料明细台账	将生产统计表与材料明细账核对是否一致；将仓库物资台账记录与材料明细账核对是否一致	每月1次	4	略

第十一章 生产与存货循环审计

续表

控制目标	沃诺克有限责任公司的控制活动	控制测试程序	执行控制的频率	所测试的项目数量	索引号
发出材料均记录于适当期间	仓库保管员每年进行两次库存物资盘点（半年和年末），盘点要认真清点实物，核对账目，作出盘点清单，形成书面记录，编写存货盘点明细表，发现差异及时处理，经仓储部经理、财务部部长、生产部经理复核后调整入账。平日对库存物资实行永续盘点，主管计划员要对分管物资库存进行不定期抽查	仓库物资台账记录与材料明细账核对是否一致	每半年1次	1	略
已记录的生产成本均真实发生且与实际成本一致	（1）财务部成本会计根据生产统计表等有关记录核算产品成本 （2）财务部出库核算会计根据出库单，把各单位所领用的材料费用分别记入相应的会计科目。对应成本费用的科目为"生产成本""制造费用"和"管理费用"等。 （3）期末各装置半成品出入数量通过公司网站进行操作，半成品交库（出库）时形成半成品收付动态表，财务部据此核算产品成本	抽查成本计算单，检查所采用的数据与生产部门、经营部提供的原始单据是否一致	每月1次	3	略
产成品发运均已正确记录	每月成本核算员根据经营部统计的当月产品生产、销售、库存情况表结转当期已销售产成品成本	检查财务部库存商品明细账结转的已销产品数量与经营部编制的产、销、存明细表是否一致	每月1次	3	略
已发运产品均附有有效销售订单	销售的产品在离厂时必须附有提货通知单	抽查已离厂产品是否附有提货通知单	每月2~3次	5	略

【工作底稿实例11-2】

原材料购进测试	
被审计单位：沃诺克有限责任公司	索引号：ZI2
项目：原材料购进测试	财务报表截止日/期间：2018年12月31日
编制：Li	复核：Wang
日期：2019年1月18日	日期：2019年1月19日

第三节 生产与存货循环审计工作底稿实例

日期	凭证号	摘要	金额	对应科目	单价	核对 ①	核对 ②	核对 ③	附件
1月8日	015#	购进甲材料	84 716 532.61	应付账款	3 856.82	√	√	√	发票、提单
2月15日	037#	购进甲材料	158 347 021.34	应付账款	3 887.53	√	√	√	发票、提单
3月18日	048#	购进乙材料	89 568 766.26	应付账款	3 587.53	√	√	√	发票、提单
4月3日	059#	购进丙材料	122 943 635.20	应付账款	5 325.24	√	√	√	发票、提单
5月26日	072#	购进甲材料	78 856 429.68	应付账款	3 927.45	√	√	√	发票、提单
6月23日	086#	购进乙材料	75 675 438.43	应付账款	3 587.53	√	√	√	发票、提单
7月28日	091#	购进丙材料	65 768 564.60	应付账款	5 368.57	√	√	√	发票、提单
⋮									

审计说明：

1. 测试目的：验证原材料的发生、准确性、完整性、截止。
2. 测试方法：从原材料明细账中抽取单笔发生额大于重要性水平的抽样单元。
3. 核对内容：① 附件是否齐全；② 是否经适当授权；③ 金额、账务处理是否正确。
4. 原材料入账基础无误，成本包括买价、运费等，增值税进项税额单独核算；符合企业会计准则的核算政策。
5. 经过测试，确认原材料购进发生额。

【工作底稿实例11-3】

原材料入库截止测试	
被审计单位：沃诺克有限责任公司	索引号：ZI3
项目：原材料入库截止测试	财务报表截止日/期间：2017年12月31日
编制：Li	复核：Wang
日期：2018年1月19日	日期：2018年1月20日

一、从原材料明细账的借方发生额中抽取样本与入库记录核对，以确定存货入库被记录在正确的会计期间

序号	摘要	材料名称	明细账凭证			提单、原材料台账			是否跨期（√，×）
			编号	日期	金额	编号	日期	金额	
1	购进甲材料	甲材料	186#	12月31日	3 532 748.52		12月20日	3 532 748.52	×
2	购进甲材料	甲材料	197#	12月30日	1 920 675.82		12月27日	1 920 675.82	×
⋮									
					截止日前				
					截止日后				
1	购进甲材料	甲材料	200#	1月5日	1 643 528.35		1月2日	1 643 528.35	×
2	购进甲材料	甲材料	201#	1月6日	1 678 337.76		1月3日	1 678 337.76	×

二、从原材料入库记录中抽取样本与明细账的借方发生额核对，以确定存货入库被记录在正确的会计期间

序号	摘要	材料名称	提单、原材料台账			明细账凭证			是否跨期（√，×）
			编号	日期	金额	编号	日期	金额	
1	购进甲材料	甲材料		12月26日	2 543 329.63	182#	12月27日	2 543 329.63	×
2	购进甲材料	甲材料		12月28日	2 543 329.63	198#	12月29日	2 543 329.63	×
⋮									
					截止日前				
					截止日后				
1	购进甲材料	甲材料	200#	1月1日	2 876 320.43		1月2日	2 876 320.43	×
2	购进甲材料	甲材料	201#	1月3日	1 437 286.54		1月4日	1 437 286.54	×

【工作底稿实例11-4】

<table>
<tr><td colspan="2" align="center">存货监盘计划</td></tr>
<tr><td>被审计单位：沃诺克有限责任公司</td><td>索引号：ZI9-1</td></tr>
<tr><td>项目：存货监盘计划</td><td>财务报表截止日/期间：2018年12月31日</td></tr>
<tr><td>编制：Li</td><td>复核：Wang</td></tr>
<tr><td>日期：2019年1月19日</td><td>日期：2019年1月21日</td></tr>
</table>

一、存货监盘目标、范围及时间安排

存货监盘目标是：获取沃诺克有限责任公司资产负债表日（2018年12月31日）有关存货数量和状况的审计证据，检查存货数量是否真实完整，是否归属于沃诺克有限责任公司，存货有无毁损、陈旧、过时、残次和短缺等状况。

存货监盘范围：沃诺克有限责任公司2018年12月31日存货未审余额为1 441 004 475.71元，其中：库存原材料320 859 149.16元，比重为22.3%；在途物资568 404 876.20元，比重为39.4%；库存商品182 998 014.25元，比重为12.7%；自制半成品368 742 436.10元，比重为25.6%。

从存货组成来看，沃诺克有限责任公司存货中原材料、在途物资、自制半成品所占比重较大，库存商品比重较小。另外，根据我们对沃诺克有限责任公司内部控制的了解和测试，认为沃诺克有限责任公司存货内控设计合理并得到执行，所以我们认为沃诺克有限责任公司存货重大错报风险为中等水平，重点对原材料、自制半成品、库存商品实施监盘。由于在途物资正在运输过程中，无法实施监盘，我们将实施替代审计程序，获取期末在途物资数量和状况的充分适当审计证据。

二、存货监盘要点及关注事项

在监盘过程中，各监盘小组实施观察、检查等程序，确定应纳入盘点的存货是否存放在指定地点并排列规则，检查各种测量仪器是否能正常使用，仔细观察沃诺克有限责任公司盘点人员的测量方法是否与该公司规定的测量方法一致。监盘过程中，注册会计师要详细记录每一个仓库储存存货的数量，并将其与经营部记录的台账核对。

三、参加存货监盘人员分工

根据沃诺克有限责任公司的存货盘点计划，该公司将组织三组人员分别同时对原材料、库存商品、自制半成品进行盘点。我们将分派三组人员参与监盘，每组三人。第一组为宋某、李某、田某；第二组为徐某、贺某、王某；第三组为朱某、唐某、邓某。

四、检查存货范围

沃诺克有限责任公司存货内部控制设计良好并得到实施。根据以往存货监盘得知，该公司存货盘点组织良好，每个盘点小组在观察的基础上抽取40%的存货进行检查。

【工作底稿实例11-5】

<table>
<tr><td colspan="2" align="center">存货监盘报告</td></tr>
<tr><td>被审计单位：沃诺克有限责任公司</td><td>索引号：ZI9-2</td></tr>
<tr><td>项目：存货监盘报告</td><td>财务报表截止日/期间：2018年12月31日</td></tr>
<tr><td>编制：Li</td><td>复核：Wang</td></tr>
<tr><td>日期：2019年1月19日</td><td>日期：2019年1月22日</td></tr>
</table>

一、盘点日期：2018年12月31日
二、盘点仓库名称：原材料仓库、库存商品仓库、自制半成品仓库
仓库负责人：苏某
仓库记账员：贺某　　　仓库保管员：郝某、齐某
仓库概况：沃诺克有限责任公司拥有原材料仓库、库存商品仓库、自制半成品仓库，分别储存各种存货，仓库的日常管理工作较好。
三、监盘参加人员
监盘人员（明瑞会计师事务所）：宋某、李某、田某
监盘人员（明瑞会计师事务所）：徐某、贺某、王某
监盘人员（明瑞会计师事务所）：朱某、唐某、邓某
沃诺克有限责任公司盘点负责人：苏某
沃诺克有限责任公司盘点人员：郝某、齐某、贺某、黄某等
四、监盘开始前的工作

项　目	是或否	工作底稿编号
1. 索取"期末存货盘点计划"	是	略
2. 索取仓库"存货收发存月报表"	是	略
3. 索取存货的"盘点清单"	是	略
4. 索取盘点前仓库收料、发料的最后一张单证	是	略
5. 存货是否已停止流动	是	略
6. 废品、毁损品是否已分开堆放	不适用	略
7. 货到单未到存货是否已暂估入账	是	略
8. 存货是否已按存货的型号、规格排放整齐	是	略
9. 其他非本公司的存货是否已分开堆放	不适用	略
10. 最近一次盘点存货的日期	11.30	略
11. 最近一次对计量工具的校对	11.30	略
12. 是否有存货的记录位置或存放图	是	略

五、监盘进行中的工作
1. 监盘从8点开始，共分三个监盘小组，每个小组三人。
2. 核对仓库报表结存数量与仓库存货账结存数量是否相符；仓库存货结账数量与仓库存货卡数量是否相符；填制"存货表、账、卡核对记录表"。
3. 盘点结束，索取"盘点清单"及"存货盘盈、盘亏汇总表"。
六、复盘
1. 盘点结束后，选择数额较大、收发频繁的存货项目进行复盘。
2. 复盘人员为：宋某、徐某、朱某。
3. 复盘记录详见"存货监盘结果汇总表"。
4. 复盘统计：
品种、型号共20种，复盘10种，占50%；
金额共计872 599 599.51元，复盘达305 409 859.83元，占35%。

5. 计算复盘正确率：

复盘共 10 种，其中，复盘正确的有 10 种，占 100%；

复盘金额 305 409 859.83 元，其中，复盘正确的有 305 409 859.83 元，占 100%。

6. 盘点中的存货不存在残次、毁损、滞销积压的情况。

七、盘点结束后的工作

1. 再次观察现场并检查盘点表单；

2. 复核盘点结果汇总表；

3. 关注被审计单位盘点方式及其结果无效时的处理，如果认为被审计单位的盘点方式及结果无效，注册会计师应当提请被审计单位重新盘点；

4. 请参加复盘人员在"存货监盘结果汇总表"上签字；

5. 索取由仓库人员填写的"复盘差异说明"。

八、对盘点及复盘的评价

1. 仓库管理人员对存货很熟悉。

2. 盘点工作及复盘工作很认真。

3. 对注册会计师需要的资料很配合。

4. 监盘结果总体评价：沃诺克有限责任公司存货监盘计划执行较好。存货实地盘点数量与账面数一致，存货不存在残次、毁损、滞销等情况。

监盘人员签名：宋某、李某、田某

徐某、贺某、王某

朱某、唐某、邓某

第十二章
人力资源与工薪循环审计

 本章学习目标

知识目标
- 了解人力资源与工薪循环中的主要业务活动
- 了解人力资源与工薪循环的内部控制
- 理解人力资源与工薪循环的控制测试
- 掌握应付职工薪酬的实质性程序

能力目标
- 能对人力资源与工薪循环进行控制测试
- 会确定应付职工薪酬的审计目标，能对应付职工薪酬实施实质性程序

第十二章 人力资源与工薪循环审计

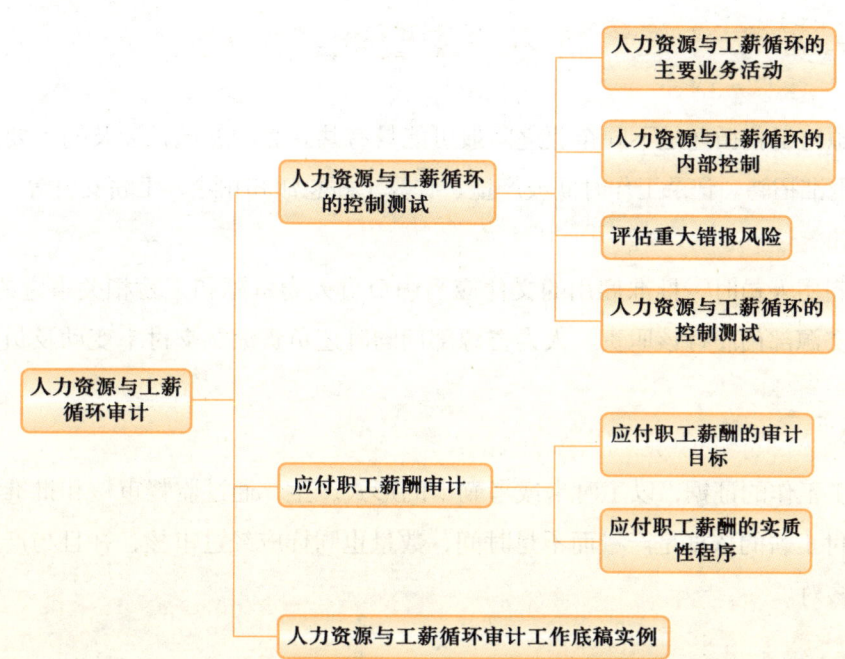

美国一家大型的计算机软件公司与一家企业签订合同,提供系统工程师设计的一个复杂的新系统。双方协商以工时和材料为计价基础。合同价格根据参与设计的不同技术水平的计算机工程师的实际工时和按照协商好的小时工资率确定。高级工程师的小时工资率是150美元/小时,中级工程师是100美元/小时,初级工程师是70美元/小时。注册会计师检查计算机公司的记录时,通过计算核实了工资费用,大部分工程师的工资是按照他们的技术级别与合同规定的小时工资率计算的,但也有一些计算不一致的,比如,杰瑞和普罗都是初级工程师,但他们的工资都是按照中级工程师的小时工资率计算的,这样就使合同工资费用大大增加,总计增加工资费用20万美元。

这个事件使注册会计师认识到,企业会采用各种方法,使工资费用核算不实,在工资审计中注册会计师应该更加认真细心。

第一节 人力资源与工薪循环的控制测试

一、人力资源与工薪循环的主要业务活动

人力资源与工薪循环是不同企业之间最可能具有共同性的领域，涉及的主要业务活动通常包括员工批准招聘、记录工作时间或产量、计算工薪总额和扣除、工薪支付等。

（一）批准招聘

企业在雇用人员时，批准雇用的文件应当由负责人力资源和工薪相关事宜的人员编制，最好由人力资源部门履行该职责。人力资源部门同时还负责编制支付率变动及员工合同期满的通知。

（二）记录工作时间或产量

企业员工工作的证据，以工时卡或考勤卡的形式产生，通过监督审核和批准程序予以控制。如果支付工薪的依据是产量而不是时间，数量也同样应经过审核，并且与产量记录或销售数据进行核对。

（三）计算工薪总额和扣除

企业需要将每一名员工的交易数据，即本工薪期间的工作时间或产量记录，与基准数据进行匹配。在确定相关控制活动已经执行后，应当由一名适当的人员批准工薪的支付。同时由一名适当人员审核工薪总额和扣除的合理性，并批准该金额。

（四）支付工薪净额

利用现金支出方式或电子货币转账系统，将工薪支付给员工。批准工薪支票，通常是工薪计算中不可分割的一部分，包括比较支票总额和工薪总额。

二、人力资源与工薪循环的内部控制

（一）适当的职责分离

人力资源部门应独立于工薪职能，负责确定员工的雇用、解雇及其支付率和扣减额的变化。防止企业向员工过量支付工薪，或向不存在的员工虚假支付工薪。

（二）适当的授权

人力资源部门应当对员工的雇用与解雇负责。支付率和扣减额也应当进行适当授权。每一个员工的工作时间，特别是加班时间，都应经过主管人员的授权。所有工时卡都应表明核准情况，例外的加班时间也应当经过核准。

（三）适当的凭证和记录

适当的凭证和记录依赖于工薪系统的特性。例如，工时卡或工时记录只针对计时工薪，有些员工的工薪以计件工薪为基础。

（四）资产和记录的实物控制

应当限制接触未签字的工薪支票。支票应由有关专职人员签字，工薪应当由独立于工薪和考勤职能之外的人员发放。

（五）工薪的独立检查

工薪的计算应当独立验证，包括将审批工薪总额与汇总报告进行比较。管理层成员或其他负责人应当复核工薪金额，以避免明显的错报和异常的金额。

三、评估重大错报风险

由于工薪费用可能具有较高的舞弊固有风险，企业常常广泛采取预防性的控制活动，因此，工薪费用重大错报风险会降低。在这种情况下，注册会计师应当确定控制设计和实施的适当性，以支持评估为中或低的认定层次重大错报风险。注册会计师拟依赖的特别重要的控制，是管理层在实施监控程序时实施的高层次控制。

工薪交易和余额的重大错报风险主要是由于以下原因产生的：

（1）在工薪单上虚构员工；

（2）由一位可以更改员工数据主文档的员工在没有授权的情况下更改总工薪的付费标准；

（3）为员工并未工作的工时支付工薪；

（4）在进行工薪处理过程中出错；

（5）工薪扣款可能是不正确的，或未经员工个人授权，导致应付工薪扣款的返还和支付不正确；

（6）由于工薪长期未支付造成挪用现象；

（7）支付应付工薪扣款的金额不正确；

（8）电子货币转账系统的银行账户不正确；

（9）将工薪支付给错误的员工。

四、人力资源与工薪循环的控制测试

在测试工薪内部控制时，应从以下两方面进行：

程序1： 选择若干月份的工薪汇总表进行检查。

（1）计算并复核每一份工薪汇总表；

（2）检查每一份工薪汇总表是否已经授权批准；

（3）检查应付工薪总额与人工费用分配汇总表中的合计数是否相符；

（4）检查其代扣款项的账务处理是否正确；

（5）检查实发工薪总额与银行付款凭单及银行存款对账单是否相符，并正确过入相关账户。

程序2： 从工薪单中选取若干个样本进行检查。

（1）检查员工工薪卡或人事档案，确保工薪发放有依据；

（2）检查员工工薪率及实发工薪额的计算；

（3）检查实际工时统计记录与员工工资卡是否相符；

（4）检查员工加班记录与主管人员签名的月度加班费汇总表是否相符；

（5）检查员工扣款依据是否正确；

（6）检查员工的工薪签收证明；

（7）实地抽查部分员工，证明其确实在本公司工作，如已离开本企业，需获得管理层的证实。

人力资源与工薪循环控制测试审计工作底稿见工作底稿实例12-1，索引号：GXC。

第二节　应付职工薪酬审计

一、应付职工薪酬的审计目标

应付职工薪酬项目核算企业为获得职工提供的服务或解除劳动关系而应给予职工的各种形式的报酬或补偿，包括短期薪酬、离职后福利、辞退福利和其他长期职工福利。应付职工薪酬业务具有项目较多、增减变动较多的特点，审计人员在审计时需要耐心细致地进行审计。应付职工薪酬的具体审计目标与财务报表认定对应关系如表12-1所示。

表12-1 应付职工薪酬审计目标与财务报表认定对应关系表

审计目标	财务报表认定				
	存在	完整性	权利和义务	计价和分摊	列报
A. 资产负债表中记录的应付职工薪酬是存在的	√				
B. 所有应当记录的应付职工薪酬均已记录		√			
C. 记录的应付职工薪酬是被审计单位应当履行的现时义务			√		
D. 应付职工薪酬以恰当的金额包括在财务报表中，与之相关的计价调整已恰当记录				√	
E. 应付职工薪酬已按照企业会计准则的规定在财务报表中作出恰当的列报					√

二、应付职工薪酬的实质性程序

程序1： 获取或编制应付职工薪酬明细表。

获取或编制应付职工薪酬明细表，复核加计是否正确，并与报表数、总账数和明细账合计数核对是否相符。

【审计程序与具体审计目标对应关系提示】此程序可实现D审计目标。

程序2： 实施实质性分析程序。

（1）针对已识别需要运用分析程序的有关项目，并基于对被审计单位及其环境的了解，通过进行以下比较，同时考虑有关数据间关系的影响，以建立有关数据的期望值。

① 比较被审计单位员工人数的变动情况，检查被审计单位各部门各月工薪费用的发生额是否有异常波动，若有，则查明波动原因是否合理；

② 将本期工薪费用总额与上期工薪费用总额以及预期的工薪费用总额进行比较，要求被审计单位解释其增减变动原因，或取得公司管理当局关于员工工薪标准的决议；

③ 比较社会保险费、住房公积金、工会经费、职工教育经费和辞退福利等项目的本期实际计提数与按照相关规定独立计算的预期计提数，要求被审计单位解释其增减变动或差异原因；

④ 核对下列相互独立部门的相关数据：工薪部门记录的工薪支出与出纳记录的工薪支付数，工薪部门记录的工时与生产部门记录的工时；

⑤ 比较本期应付职工薪酬余额与上期应付职工薪酬余额，是否有异常变动。

（2）确定可接受的差异额。

（3）将实际的情况与期望值相比较，识别需要进一步调查的差异。

（4）如果其差额超过可接受的差异额，调查并获取充分的解释和恰当的佐证审计证据。

（5）评估实质性分析程序的测试结果。

应付职工薪酬明细表审计工作底稿见工作底稿实例12-2，索引号：FF1。

【审计程序与具体审计目标对应关系提示】此程序可实现ABD审计目标。

程序3： 检查工薪、奖金、津贴和补贴。

（1）计提是否正确，依据是否充分。

① 将执行的工薪标准与有关规定核对，并对工薪总额进行测试；

② 如果被审计单位实行工效挂钩的，应取得有关主管部门确认的效益工薪发放额的认定证明，结合有关合同文件和实际完成的指标，检查其计提额是否正确，是否应作纳税调整。

（2）检查分配方法与上年是否一致，并将应付职工薪酬计提数与相关的成本、费用项目核对一致。检查被审计单位是否根据职工提供服务的受益对象，分别视情况进行处理。

（3）检查发放金额是否正确，代扣款项及其金额是否正确。

（4）检查是否存在拖欠性质的职工薪酬，并了解拖欠的原因。

应付职工薪酬计提情况检查表审计工作底稿见工作底稿实例12-3，索引号：FF2。

【审计程序与具体审计目标对应关系提示】此程序可实现ABD审计目标。

程序4： 检查社会保险费。

检查社会保险费（包括医疗保险、养老保险、失业保险、工伤保险和生育保险）、住房公积金、工会经费和职工教育经费等的计提和支付的会计处理是否正确，依据是否充分。

【审计程序与具体审计目标对应关系提示】此程序可实现ABD审计目标。

程序5： 检查辞退福利。

（1）对于职工没有选择权的辞退计划，检查按辞退职工数量、辞退补偿标准计提辞退福利负债金额是否正确。

（2）对于自愿接受裁减的建议，检查按接受裁减建议的预计职工数量、辞退补偿标准等计提辞退福利负债金额是否正确。

（3）检查实质性辞退工作在一年内完成，但付款时间超过一年的辞退福利，是否按折现后的金额计量，折现率的选择是否合理。

（4）检查计提辞退福利负债的会计处理是否正确，是否将计提金额计入当期管理费用。

（5）检查辞退福利支付凭证是否真实正确。

【审计程序与具体审计目标对应关系提示】此程序可实现ABD审计目标。

程序6： 检查非货币性福利。

（1）被审计单位以其自产产品作为非货币性福利发给职工的，是否根据受益对象，按照该产品的公允价值，计入相关的资产成本或当期损益，同时确认应付职工薪酬；对于难以认定受益对象的非货币性福利，是否直接计入当期损益和应付职工薪酬。

（2）被审计单位将其拥有住房无偿提供给职工使用的，是否根据受益对象，将该住房每期应计提的折旧计入相关资产成本或当期损益，同时确认应付职工薪酬。对于难以认定受益对象的非货币性福利，是否直接计入当期损益和应付职工薪酬。

（3）被审计单位将其租赁住房等资产无偿提供给职工使用的，是否根据收受对象，将每期应付的租金计入相关资产成本或当期损益，同时确认应付职工薪酬。对于难以认定受益对象的非货币性福利，是否直接计入当期损益和应付职工薪酬。

【审计程序与具体审计目标对应关系提示】此程序可实现ABD审计目标。

程序7： 检查以现金与职工结算的股份支付。

（1）检查授予后立即可行权的以现金结算的股份支付，是否在授予日以企业承担负债的公允价值计入相关成本或费用。

（2）检查在行权日，实际以现金结算的股份支付金额是否正确，会计处理是否恰当。

【审计程序与具体审计目标对应关系提示】此程序可实现ABD审计目标。

程序8： 检查应付职工薪酬的期后付款情况。

检查应付职工薪酬的期后付款情况，并关注在资产负债表日至财务报表批准报出日之间，是否有确凿证据表明需要调整资产负债表日原确认的应付职工薪酬事项。

应付职工薪酬（支付）检查情况表审计工作底稿见工作底稿实例12-4，索引号：FF3。

【审计程序与具体审计目标对应关系提示】此程序可实现BAC审计目标。

程序9： 检查应付职工薪酬是否已按照企业会计准则的规定在财务报表中作出恰当的列报。

（1）检查是否在附注中披露与职工薪酬有关的下列信息：

① 应当支付给职工的工薪、奖金、津贴和补贴，及其期末应付未付金额；

② 应当为职工缴纳的医疗、养老、失业、工伤和生育等社会保险费，及其期末应付未付金额；

③ 应当为职工缴存的住房公积金，及其期末应付未付金额；

④ 为职工提供的非货币性福利，及其计算依据；

⑤ 其他职工薪酬。

（2）检查因自愿接受裁减建议的职工数量、补偿标准等不确定而产生的预计负债（应付职工薪酬），是否按照企业会计准则进行披露。

【审计程序与具体审计目标对应关系提示】此程序可实现E审计目标。

【案例12-1】注册会计师在审查盛大有限责任公司上年"应付职工薪酬"账户的工资明细账时,发现12月比11月多40 000元,怀疑其中有虚列工资或其他问题,决定作进一步审查。

注册会计师调阅了12月份工资的原始凭证,发现在"工资结算单"中,有第一生产车间工资40 000元,附车间负责人收据一张,未具体列明发放工资人员名单。查问车间负责人时,他承认因本企业业务招待费超支,财务科长让他领取,并提供了原始凭证。财务科长对此供认不讳。该企业的所得税税率为25%。

【要求】

指出盛大有限责任公司存在的问题,并提出处理意见。

【分析】

注册会计师认为该企业利用"应付职工薪酬"账户,隐瞒超支的业务招待费,偷漏所得税款。应作调整分录如下:

借:以前年度损益调整　　　　　　　　　　　　　　10 000
　　贷:应交税费——应交所得税　　　　　　　　　　　　10 000

第三节　人力资源与工薪循环审计工作底稿实例

【工作底稿实例12-1】

人力资源与工薪循环控制测试

被审计单位:沃诺克有限责任公司	索引号:GXC
项目:人力资源与工薪循环控制测试	财务报表截止日/期间:2018年12月31日
编制:Zhang	复核:Wu
日期:2018年11月7日	日期:2018年11月9日

第三节 人力资源与工薪循环审计工作底稿实例

1. 控制测试——员工聘用与离职
（1）询问程序。
通过实施询问程序，沃诺克有限责任公司已确定下列事项：
① 本年度未发现任何特殊情况、错报和异常项目；
② 财务或人力资源部门的人员在未得到授权的情况下无法访问或修改系统内数据；
③ 本年度未发现下列控制活动未得到执行；
④ 本年度未发现下列控制活动发生变化。
（2）其他测试程序。

控制目标	沃诺克有限责任公司的控制活动	控制测试程序	执行控制的频率	所测试的项目数量	索引号
员工名册新增项目均为真实有效的	人力资源管理部管理员将新员工的信息输入系统的员工档案，系统自动生成连续编号的新入职人员通知单，由用人部门复核后交财务部，作为发放员工工资的依据	抽取公司员工聘用资料，检查员工信息变更是否真实	不定期	3	略
新增员工均已记入员工名册	人力资源管理部管理员将新员工的信息输入系统的员工档案，系统自动生成连续编号的新入职人员通知单，由用人部门复核后交财务部，作为发放员工工资的依据	抽取公司员工聘用资料，检查员工信息是否已被记录	不定期	3	略
离职员工均确已从员工名册中删除	人力资源管理部管理员根据经适当审批的解除、终止劳动合同审批表，将离职员工的信息输入系统员工档案，并生成连续编号的离职人员通知单，由用人部门复核后交财务部，作为停止发放工资的依据	抽取公司员工离职资料，检查员工信息是否已删除，删除记录是否真实有效	不定期	3	略

2. 控制测试——工作时间记录
（1）询问程序。
通过实施询问程序，沃诺克有限责任公司已确定下列事项：
① 本年度未发现任何特殊情况、错报和异常项目；
② 财务或人力资源部门的人员在未得到授权的情况下无法访问或修改系统内数据；
③ 本年度未发现下列控制活动未得到执行；
④ 本年度未发现下列控制活动发生变化。
（2）其他测试程序。

第十二章 人力资源与工薪循环审计

控制目标	沃诺克有限责任公司的控制活动	控制测试程序	执行控制的频率	所测试的项目数量	索引号
用以计算工资的工作时间数据均为实际工时	生产工人每天进出厂区时必须将自己的考勤卡插入打卡机以便记录工作时间。人力资源管理部管理员将打卡机每天记载的每个工人的工时按照标准工时和加班工时记录在工时记录单，月末交给生产经理复核批准后输入系统，生成"工时统计表"	抽取生产工人考勤卡，检查其工时是否已计入工时统计表内	每日多次	20	略
用以计算工资的工作时间数据均为实际工时	管理人员每月填写当月工作时间表（包括出勤、休假等具体情况），由所在部门经理审批签字后，在次月第七个工作日结束之前交给人力资源管理部管理员。如果当月管理人员加班，需填写加班申请表并由部门经理审核批准，与当月的工作时间表一并交给人力资源管理部管理员。由其负责输入系统，生成"出勤统计表"	抽取管理人员工作时间表，检查其工时是否已计入出勤统计表内	每月1次	2	略
员工工作时间均确已完整记录和输入	系统自动将已录入当月工作时间的员工名单和系统内员工档案名册自动核对。如有遗漏或不符，系统将进行提示。人力资源管理处管理员将解决该问题	抽取生产工人和管理人员，检查是否在系统员工档案内	每月1次	2	略
输入系统的时间记录均为准确的	人力资源管理部管理员将经生产经理签字的工时记录单以及经所在部门经理签字的管理人员工作时间表交给薪资主管，薪资主管检查输入系统的工作时间是否与"工时统计表"和"出勤统计表"一致	抽取工时记录单与工时统计表，检查记录是否一致，抽取工作时间表与输入系统的工作时间是否与出勤统计表一致	每月1次	2	略

3. 控制测试——工资计算与记录

（1）询问程序。

通过实施询问程序，沃诺克有限责任公司已确定下列事项：

① 本年度未发现任何特殊情况、错报和异常项目；

② 财务或人力资源部门的人员在未得到授权的情况下无法访问或修改系统内数据；

③ 本年度未发现下列控制活动未得到执行；

④ 本年度未发现下列控制活动发生变化。

（2）其他测试程序。

第三节 人力资源与工薪循环审计工作底稿实例

控制目标	沃诺克有限责任公司的控制活动	控制测试程序	执行控制的频率	所测试的项目数量	索引号
准确计算和记录工资费用	（1）公司系统的工资模块根据已核对无误的工时和出勤记录，计算所有员工的当月工资金额（包括工资、加班费、奖金、各项补贴、社会保险费扣除金额、个人所得税扣除金额等），并汇总各部门员工的各项工资费用总额，自动生成"员工工资明细表"和"员工工资汇总表"。经人力资源管理部部长签字批准后，薪资主管填写"工资支付申请表"。（2）公司系统还将自动计算当月应缴纳的各项社会保险费（包括个人缴纳部分和企业缴纳部分），人力资源部部长审核签字后交财务部部长，安排办理缴纳	利用计算机专家的工作	不适用	不适用	略
准确计算和正确分配工资费用	应付职工薪酬记账员根据"员工工资汇总表"编制工资费用分录，经会计处主任复核后，将工资费用分别记入"生产成本""制造费用""管理费用"等科目	选取员工工资汇总表和记账凭证，检查是否经适当审批	每月1次	2	略
工资费用记录于适当的会计期间	每月末，薪资主管编写员工变动及工资费用分析报告，经人力资源部部长、财务部部长复核后，上报总经理审阅	选取员工变动及工资费用分析报告，检查是否编制并经适当层次管理层复核	每月1次	3	略

【工作底稿实例12-2】

应付职工薪酬明细表	
被审计单位：沃诺克有限公司	索引号：FF1
项目：应付职工薪酬明细表	财务报表截止日/期间：2018年12月31日
编制：Zhang	复核：Wu
日期：2019年1月22日	日期：2019年1月24日

295

项目名称	期初数	本期增加	本期减少	期末数	备注
1. 工资		34 854 265.26	34 854 265.26		
2. 奖金		276 165.76	276 165.76		
3. 津贴		125 674.47	125 674.47		
4. 补贴		432 379.52	432 379.52		
5. 职工福利		4 879 597.14	4 879 597.14		
6. 社会保险费		7 634 371.36	7 634 371.36		
（1）医疗保险费		724 414.36	724 414.36		
（2）养老保险费		5 754 637.48	5 754 637.48		
（3）失业保险费		655 849.51	655 849.51		
（4）工伤保险费		237 130.21	237 130.21		
（5）生育保险费		262 339.80	262 339.80		
7. 住房公积金		6 273 767.75	6 273 767.75		
8. 工会经费		697 085.31	697 085.31		
9. 职工教育经费		522 813.98	522 813.98		
10. 非货币性福利		49 768.55	49 768.55		
合计		55 745 889.10	55 745 889.10		

审计说明：

1. 取得应付职工薪酬表并与总账、明细账、报表数核对一致。
2. 应付职工薪酬核算内容符合企业会计准则的规定，并在附注中恰当披露。
3. 本期计提的各项职工薪酬金额全部支付完毕。
4. 计提的各项职工薪酬根据受益对象分别计入：生产成本、制造费用、管理费用、销售费用。
5. 我们抽查了6个月的职工薪酬分配情况，结果分配合理。

【工作底稿实例12-3】

应付职工薪酬计提情况检查表	
被审计单位：沃诺克有限公司	索引号：FF2
项目：应付职工薪酬计提情况检查表	财务报表截止日/期间：2018年12月31日
编制：Zhang	复核：Wu
日期：2019年1月21日	日期：2019年1月23日

第三节 人力资源与工薪循环审计工作底稿实例

项目名称	已计提金额	应计提基数	计提比率	应计提金额	应提与已提的差异	备注
社会保险费	7 634 371.36			7 634 371.36		
（1）医疗保险费	724 414.36	28 976 574.32	2.5%	724 414.36		
（2）养老保险费	5 754 637.48	30 287 565.68	19%	5 754 637.48		
（3）失业保险费	655 849.51	32 792 475.39	2%	655 849.51		
（4）工伤保险费	237 130.21	33 875 743.81	0.7%	237 130.21		
（5）生育保险费	262 339.80	32 792 475.39	0.8%	262 339.80		
住房公积金	6 273 767.75	34 854 265.26	18%	6 273 767.75		
工会经费	697 085.31	34 854 265.26	2%	697 085.31		
职工教育经费	522 813.98	34 854 265.26	1.5%	522 813.98		
合计	15 128 038.40			15 128 038.40		

审计说明：

1. 住房公积金、工会经费、职工教育经费均按照当月工资总额计提，应提数与实际计提数差异较小，可以确认。
2. 其他各项附加费均由人力资源部按照当地劳动局的规定比例计提，每月计提基数有所变化，不便于测算。鉴于职工薪酬内部控制设计合理并得到执行，所以确认其计提金额。

【工作底稿实例12-4】

应付职工薪酬（支付）检查情况表

被审计单位：沃诺克有限责任公司	索引号：FF3
项目：应付职工薪酬（支付）检查情况表	财务报表截止日/期间：2018年12月31日
编制：Zhang	复核：Wu
日期：2019年1月18日	日期：2019年1月19日

| 记账日期 | 凭证编号 | 业务内容 | 对应科目 | 金额 | 核对内容（用"√""×"表示） | | | | | 备注 |
					①	②	③	④	⑤	
1.12	0050#	发放工资	银行存款	860 735.36	√	√	√	√	√	
2.19	0109#	发放奖金	银行存款	657 886.45	√	√	√	√	√	

续表

记账日期	凭证编号	业务内容	对应科目	金额	核对内容（用"√""×"表示）					备注
					①	②	③	④	⑤	
3.12	0230#	发放工资	银行存款	861 954.28	√	√	√	√	√	
⋮										
2.10	0097#	食堂购料	银行存款	17 569.33	√	√	√	√	√	
4.25	0361#	支付职工误餐补贴	银行存款	38 264.86	√	√	√	√	√	
5.21	0475#	支付房屋租赁费	银行存款	61 987.46	√	√	√	√	√	
⋮										
11.7	1223#	缴付住房公积金	银行存款	238 565.32	√	√	√	√	√	
12.9	1543#	缴付住房公积金	银行存款	211 786.37	√	√	√	√	√	
⋮										
8.20	0785#	缴纳医疗保险	银行存款	26 345.65	√	√	√	√	√	
8.20	0785#	缴纳养老保险	银行存款	301 216.76	√	√	√	√	√	
8.20	0785#	缴纳失业保险	银行存款	24 976.34	√	√	√	√	√	
8.20	0785#	缴纳工伤保险	银行存款	8 921.86	√	√	√	√	√	
8.20	0785#	缴纳生育保险	银行存款	11 389.71	√	√	√	√	√	
⋮										

审计说明：

1. 测试目的：检查职工薪酬支付的发生。
2. 样本选择：每项职工薪酬每月选择一个样本。
3. 检查内容：① 原始凭证是否齐全；② 记账凭证与原始凭证是否相符；③ 账务处理是否正确；④ 是否记录于恰当的会计期间；⑤ 是否经过适当授权。
4. 截至审计外勤结束日，应付职工薪酬没有款项支付情况。
5. 经过测试，确认应付职工薪酬发生额。

第十三章
筹资与投资循环审计

 本章学习目标

知识目标

- 了解筹资与投资循环中的主要业务活动
- 掌握筹资与投资循环的内部控制
- 掌握筹资与投资循环的控制测试
- 明确短期借款、长期借款、实收资本（股本）和长期股权投资的审计目标
- 掌握短期借款、长期借款、实收资本（股本）和长期股权投资实质性程序

能力目标

- 能对筹资与循环投资进行控制测试
- 会确定短期借款的审计目标，能对短期借款实施实质性程序
- 会确定长期借款的审计目标，能对长期借款实施实质性程序
- 会确定实收资本（股本）的审计目标，能对实收资本（股本）实施实质性程序
- 会确定长期股权投资的审计目标，能对长期股权投资实施实质性程序

第十三章 筹资与投资循环审计

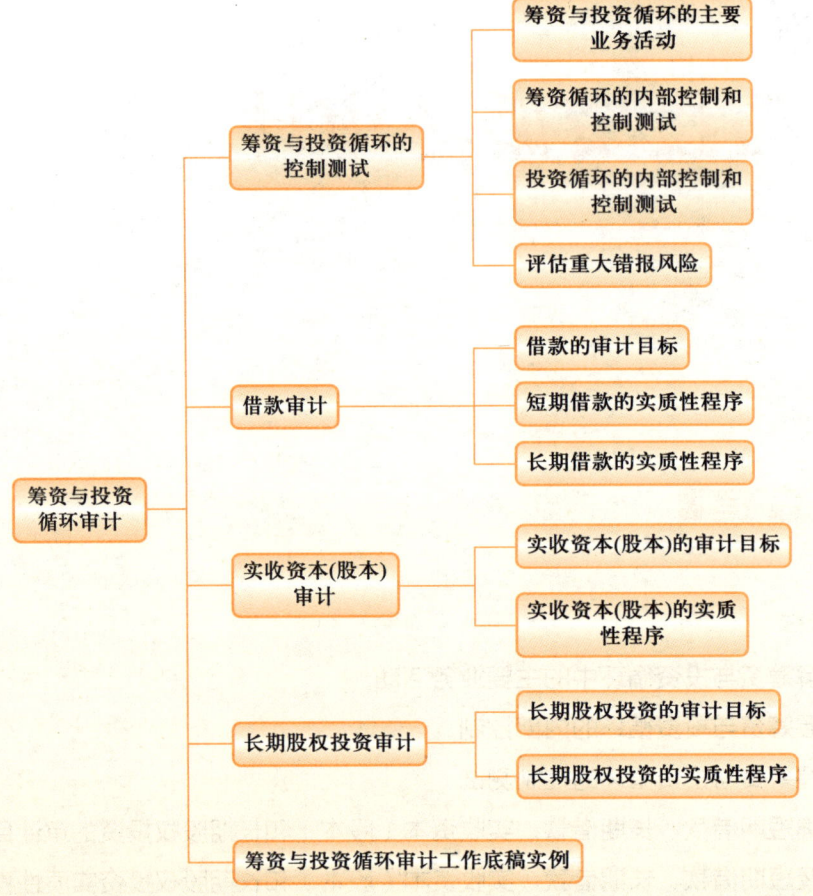

2008年10月，上证指数跌到了1 664点，国际股市也是哀鸿遍野。这轮由国际地产泡沫引发的次贷危机席卷了全球。中国也不例外。首当其冲的是地产和金融业。××地产上市失败后，能否缓解其资金链的压力，避免破产清算，全要靠其贱卖房产。其房价会进一步下跌。××地产的IPO上市时间表一改再改，目前仍无定期。9月初，知情人士还告诉记者，"企业10月份在香港完成上市没有任何问题"。之后该人士表示，"谁也没想到，国际金融市场的变化如此之快"。

在市场相对低迷、市况不明确的情况下，房企为避免资产贱卖，延期上市相对合理。无法在预期内完成上市筹资，××地产迅速采取了"促销计划"。近日，××地产在北京、成都等地的楼盘大举降价促销，××地产对此解释为，这次特价推广行为是对刚性需求的测试。而市场人士指出，这是企业上市停止后采取的本能"市场策略"。

此前，外界多次猜测企业的资金问题是否已经极为严重。另外，据记者了解，2008年企业有6个房地产项目在重庆面世，还有16个项目分布在北京、上海、成都、西安等地，10月份企业依然面临很大的销售压力。而据了解，企业在北京已拥有8个储备项目等待开发。

房地产公司一般采用高杠杆负债的方式。它有一部分资金是自有资金，另一部分资金是向银行贷款得来的。中国人民银行、国家统计局数据显示，从2003年以来，我国房地产企业的平均负债率一直高于70%。因此，很多房地产公司寄希望于再融资来缓解资金压力。

从本案例可以看出，企业在设计筹资方案时，需要结合自身的经营特点充分考虑筹资方案的合理性和科学性，否则就会出现企业筹资策略与企业战略和经营相脱节的现象。本案例反映了该企业在筹资方面存在以下问题：

（1）首先由于在设计企业的筹资方案时未能充分考虑以下因素：通过股市IPO进行筹资的方案相对于银行借款而言，具有融资时间长、融资成本高和不确定性高的特点；房地产行业容易受到经济周期的影响，从而容易影响企业IPO的顺利进行。从这点上来说，企业对重大筹资方案未能进行充分的风险评估。

（2）该企业也未能拟定多于一个的筹资方案，作为备选方案，一旦估计主方案不成功，能够提前实施备选方案，也不至于出现"远水难解近渴"的局面。

第一节　筹资与投资循环的控制测试

一、筹资循环的内部控制和控制测试

（一）筹资循环的经济业务

1. 审批授权

企业通过借款筹集资金需经管理当局的审批，其中债券的发行每次均要由董事会授权；企业发行股票必须依据国家有关法规或企业章程的规定，报经企业最高权力机构（如董事会）及国家有关管理部门批准。

2. 签订合同或协议

向银行或其他金融机构融资须签订借款合同，发行债券须签订债券契约和债券承销或包销合同。

3. 取得资金

企业实际取得银行或金融机构划入的款项或债券、股票的融入资金。

4. 计算利息或股利

企业应按有关合同或协议的规定，及时计算利息或股利。

5. 偿还本息或发放股利

银行借款或发行债券应按有关合同或协议的规定偿还本息，对融入的股本根据股东大会的决定发放股利。

（二）筹资循环的内部控制

1. 适当的授权审批

企业的借款、发行债券业务必须建立授权审批制度，明确审批的管理权限。一般都是由董事会根据企业生产经营的需要，在充分论证的基础上，对有关筹资方案进行立项，并授权财务经理提交筹资计划，再由董事会审批。需要向银行或其他金融机构借入款项的，董事会应授权财会部门向银行提出借款申请，说明借款原因、借款用途、使用时间、使用计划、归还期限和归还计划等。申请发行债券时，应严格执行国家的有关法规制度，有关部门按规定备齐各种申请文件，报国家证券管理部门审批。严禁擅自集资或非法集资。债券的回购要有正式的授权程序。适当授权及审批可明显地提高借款活动效率，降低借款风险。

2. 职责分工

借款业务中职务应分离的有：① 筹资计划编制人与审批人适当分离；② 筹资业务的经办人与会计记录人员分离，通常由独立的机构代理发行债券；③ 会计记录人员与负责收、付款的人员分离；④ 证券保管人员与会计记录人员分离；⑤ 借款业务的明细账和总账的登记分离。合理的职责分工有利于避免或减少借款业务中发生的错误或舞弊现象。

3. 签订合同或协议

企业向银行或其他金融机构借款必须签订借款合同或协议。财会部门接受董事会授权后，应与银行或其他金融机构的代表具体商讨有关借款细节，达成意向后提交有关担保、抵押的文件，协商一致后签订借款合同。企业发行债券必须签订债券契约。其内容包括：债券发行标准；债券的确切表述；利息或利息率；受托管理人证书；登记和背书；所担保的财产；债券发生拖欠情况的处理；对偿债基金、利息支付、本金返还等的处理。

企业向社会发行债券时，应当聘请独立的证券经营机构承销或包销，且必须与其签订承销或包销协议，上述合同或协议应由专人保管。债券的发行，要由受托管理人来行使保护发行人和持有人合法权益的权利。记录应付债券业务的会计人员不得参与债券发行。

4. 完善的实物保管控制

对于已发行的债券，企业应设置债券持有人明细账（债券存根簿），由专人负责详细记载以下内容：债券持有人的姓名或名称及住所；债券持有人取得债券的日期及债券的编号；债券的总额、票面金额、利率、还本付息的期限和方式；债券的发行日期。应由独立人员定期核对债券持有人明细账和总分类账的正确性和完整性。若这些记录由外部机构保存，则定期同外部机构核对。对未发行的债券必须预先顺序编号，由专人保管或委托外部独立机构代为保管。同时，应设立债券库存登记簿，详细记录未发行债券的动用情况。独立检查人员必须定期检查未发行债券的数量和保管情况。已收回的债券要及时注销或盖章作废，以防被不合法使用。

5. 取得资金

企业向银行或其他金融机构借入的款项、企业通过发行债券所得款项应及时如数存入其开户银行。

6. 监督借款使用

取得借款后，财会部门应监督借款按规定的用途使用，不得挪作他用或不合理占用。

7. 偿还本息

财会部门应合理调度资金，保证企业能够按期还本付息。对于银行借款或债券，应按有关合同、协议或债券契约的规定支付利息，到期偿还本金。债券利息通常委托外部独立机构代理发放，以便加强管理。

8. 完善的会计核算制度

企业对借款业务活动应按会计准则和会计制度的规定进行会计核算和披露。保证及时地按正确的金额、合理的方法，在适当的账户和合理的会计期间予以正确记录。企业还应按有关合同、协议或债券契约的规定及时计算借款或债券利息。对债券的溢价、折价，应当选用适当的摊销方法；利息的支付必须计算正确后记入对应账户。

（三）筹资循环的控制测试

这里以应付债券为例，说明筹资活动的控制测试。其控制测试的要点如下：

程序1： 初步了解应付债券内部控制的建立情况。

对企业应付债券内部控制的初步了解，一般可以通过编制流程图、撰写内部控制说明、设计问答式调查表等方式进行。在了解时通常应注意以下问题：① 企业债券发行是否根据董事会授权和有关法律的规定，是否履行了适当的审批手续；② 企业债券的发行收入是否立即足额存入银行；③ 企业能否根据契约的规定及时支付利息；④ 企业能否将应付债券记入恰当的账户，并定期将明细账和总分类账进行核对；⑤ 企业债券持有人明细账（债券存根簿）是否指定专人妥善保管；⑥ 企业债券的偿还和回购是否按董事会的授权办理。

程序2： 测试应付债券内部控制。

审计人员初步了解了企业债券的内部控制后，应运用一定的方法进一步测试其健全有效程度。通常测试内容包括：

（1）通过索取债券发行的有关授权批准文件、借款合同或协议、债券契约、承销或包销协议等资料。检查债券发行业务的审批权限是否适当、手续是否齐全。

（2）通过实地调查和跟踪业务的方法，检查债券业务的职责分工是否合理。

（3）通过了解债券持有人明细资料的保管制度，检查被审计单位是否将有关账目与总账或外部机构核对，是否有完善的保管制度。

（4）通过抽查债券业务的会计记录，从明细账中抽取部分会计记录，按照从原始凭证到明细分类账、总账的顺序，核对有关数据的情况，以查明企业发行债券的收入是否立即足额存入银行；债券入账的会计处理是否正确；债券溢（折）价的会计处理是否正确；企业是否根据债券契约的规定支付利息。

（5）取得债券偿还和回购时的董事会决议，查明债券的偿还和回购是否按董事会的授权进行。

程序3： 分析评价应付债券内部控制。

审计人员在完成上述程序后，应对企业应付债券的内部控制进行分析、评价，以确定其在实质性程序工作中的影响，并针对薄弱环节提出改进建议。

筹资与投资循环控制测试审计工作底稿见工作底稿实例13-1，索引号CZC。

二、投资循环的内部控制和控制测试

（一）投资循环的经济业务

1. 审批授权

企业投资业务应由企业的高层管理机构进行审批。

2. 取得证券或其他投资

企业可以通过购买股票或债券进行投资，也可以通过与其他单位联营形成投资。

3. 取得投资收益

企业可以取得股权投资的股利收入、债券投资的利息收入和其他投资收益。

4. 转让证券或收回其他投资

企业可以通过转让证券实现投资的收回；其他投资一经投出，除联营合同期满，或由于其他特殊原因联营企业解散外，一般不得抽回投资。

（二）投资循环的内部控制

1. 合理的职责分工

这是指合法的投资业务，应在业务的授权、业务的执行、业务的会计记录以及投资资产的保管等方面都有明确的分工，不得由一人同时负责上述任何两项工作。比如，投资业务在企业高层管理机构核准后，可由高层负责人员授权签批，由财务经理办理具体的股票或债券的买卖业务，由会计部门负责进行会计记录和财务处理，并由专人保管股票或债券。这种合理的分工所形成的相互牵制机制有利于避免或减少投资业务中发生错误或舞弊的可能性。

2. 健全的资产保管制度

企业对投资资产（指股票和债券资产）一般有两种保管方式：一种是由独立的专门机构保管，如在企业拥有较大的投资资产的情况下，委托银行、证券公司、信托投资公司等机构进行保管。这些机构拥有专门的保存和防护措施，可以防止各种证券及单据的失窃或毁损，并且由于它与投资业务的会计记录工作完全分离，可以大大降低舞弊的可能性。另一种方式是由企业自行保管。在这种方式下，必须建立严格的内部控制制度，即至少要由两名以上人员共同控制，不得一人单独接触证券。对于任何证券的存入或取出，都要将债券名称、数量、价值及存取的日期、数量等详细记录于证券登记簿内，并由所有在场的经手人员签名。

3. 详尽的会计核算制度

企业的投资资产无论是自行保管还是由他人保管，都要进行完整的会计记录，并对其增减变动及投资收益进行相关会计核算。具体而言，应对每一种股票或债券分别设立明细分类账，并详细记录其名称、面值、证书编号、数量、取得日期、经纪人（证券商）名称、购入成本、收取的股息或利息等；对于联营投资类的其他投资，也应设置明细分类账，核算其他投资的投出及其投资收益和投资收回等业务，并对投资的形式（如流动资产、固定资产、无形资产等）、投向（即接受投资单位）、投资的计价以及投资收益等作出详细的记录。

4. 严格的记名登记制度

除无记名证券外，企业在购入股票或债券时应在购入的当日尽快登记于企业名下，切忌登记于经办人员名下。

5. 完善的定期盘点制度

对于企业所拥有的投资资产，应由内部审计人员或不参与投资业务的其他人员进行定期盘点，检查是否确为企业所拥有或控制，并将盘点记录与账面记录相互核对以确认账实的一致。

（三）投资循环的控制测试

程序1： 初步了解投资活动内部控制的建立情况。

审计人员一般可采用问卷调查形式，了解企业是否存在投资内部控制，弄清其内容，并作出适当记录，以便进行正常测试。一般而言，应了解的内容包括：① 投资项目是否经授权批准，投资金额是否及时入账；② 企业是否与被投资单位签订投资合同、协议，是否获得被投资单位出具的投资证明；③ 企业投资的核算方法是否符合有关财务会计制度的规定，相关的投资收益会计处理是否正确，手续是否齐全；④ 企业有价证券的买卖是否经恰当授权，是否妥善保管并定期盘点核对。

程序2： 检查控制执行留下的轨迹。

审计人员可以从各类投资业务的明细账中抽取部分会计分录，按原始凭证到明细账、总账的顺序核对有关数据和相关资料，判断其会计处理过程是否合规完整，并据以核实上述了解到的有关内部控制是否得到了有效执行。具体包括以下几点：

（1）记录的投资交易是否均为真实发生的交易。常用的控制测试是索取投资授权批准文件，检查审批手续是否齐全。

（2）所有应记录的投资交易均已记录。常用的控制测试是询问投资业务的职责分工情况及内部对账情况；检查被审计单位是否定期与交易对方或被投资方核对账目。

（3）所有投资交易均以恰当金额记入恰当的期间。常用的控制测试是检查被审计单位是否定期与被投资方核对账目；检查会计主管复核印记。

（4）所有投资交易均已记入恰当的账户。常用的控制测试是询问会计科目表的使用情况；检查会计主管复核印记。

程序3： 审阅内部盘点报告。

注册会计师应审阅内部审计人员或其他授权人员提交的对投资资产的定期盘核的报告。注意其盘点方法是否恰当，账实不符的差异处理是否合规。如果各期盘核报告的结果未发现账实之间存在差异或差异不大，说明企业投资资产的内部控制得到了有效执行。

程序4： 认真分析企业投资业务管理报告。

对于企业的长期投资，审计人员应对照有关投资方面的文件和凭据，分析企业的投资业务管理报告。在做出长期投资决策之前，企业最高管理阶层（如董事会）需要对投资进行可行性研究和论证，并形成一定的纪要。投资业务一经执行，又会形成一系列的投资凭据或文件，如证券投资的各类证券，联营投资中的投资协议、合同及章程等。负责投资业务的财务经理须定期向企业最高管理层报告有关投资业务的开展情况（包括投资业务内容和投资收益实现情况及未来发展预测），即提交投资业务管理报告书，供最高管理层投资决策和控制。审计人员应认真分析这些投资管理报告的具体内容，并对照前述的有关文件和凭据资料，判断企业长期投资业务的管理情况。

【案例13-1】 至真会计师事务所的王辉和刘艳注册会计师接受委派，对盛大有限责任公司2018年度会计报表进行审计。盛大有限责任公司尚未采用计算机记账。王辉和刘艳注册会计师于2018年11月1日至7日对盛大有限责任公司的内部控制制度进行了了解和测试，并在相关审计工作底稿中记录了对投资循环内部控制制度了解和测试的事项，摘录如下：

（1）盛大有限责任公司股东大会批准董事会的投资权限为1亿元以下。董事会决定由总经理负责实施。总经理决定由证券部负责总额在1亿元以下的股票买卖。盛大有限责任公司规定：公司划入营业部的款项由证券部申请，由会计部审核，总经理批准后划转入公司在营业部开立的资金账户。经总经理批准，证券部直接从营业部资金账户支取款项。证券买卖、资金存取的会计记录由会计部处理。王辉和刘艳注册会计师了解和测试投资的内部控制制度后发现：证券部在某营业部开户的有关协议及补充协议未经会计部或其他部门审核。根据总经理的批准，会计部已将8 000万元汇入该户。证券部处理证券买卖的会计记录，月底将证券买卖清单交给会计部，会计部据以汇总登记。

（2）为保证公司投资业务的不相容岗位相互分离、制约和监督，投资业务分由不同部门或不同职员负责。其中：投资部的乙职员负责对外投资预算的编制；投资部门的丙职员负责对外投资项目的分析论证及评估；财务部负责对外投资业务的相关会计记录。

要求：请分析盛大有限责任公司投资循环内部控制存在的问题。

【分析】

王辉和刘艳注册会计师分析认为：

针对如（1）所述，由证券部直接支取款项使授权与执行职务未得到分离，不易保证款项安全。建议盛大有限责任公司从资金账户支取款项时，由会计部审核和记录，由证券部办理。

与证券投资有关的活动要由两个部门控制。有关的协议未经独立的部门审查，会使有关的条款未全部在协议中载明，可能存在协议外的约定。建议盛大有限责任公司与营业部的协议应经会计部或法律部审查。

证券部自己处理证券买卖的会计处理，业务的执行与记录的不相容职务未分离，并且未得到适当的授权和批准。

月末会计部汇总登记证券投资记录，未及时按每一种证券分别设立明细账，详细核算。建议盛大有限责任公司由会计部负责对投资进行核算，及时分类设立明细账详细核算。

针对如（2）所述，"投资部门的丙职员负责对外投资项目的分析论证及评估"不恰当，对外投资项目的分析论证及评估属于两个不相容岗位，不应由同一职员负责。

三、评估重大错报风险

（一）评估筹资交易的重大错报风险

注册会计师应当在了解被审计单位的基础上考虑影响筹资交易的重大错报风险，并对被审计单位可能发生的特定风险保持警惕。考虑到严格的监管环境和董事会针对筹资活动设计的严格控制，除非注册会计师对管理层的诚信产生疑虑，否则重大错报风险一般应当评估为低水平。有一点应当引起注册会计师的注意，这就是企业会计准则以及监管法规对借款和权益的披露要求，可能引起完整性、计价和分摊、列报认定的潜在重大错报风险。尽管账户余额发生错报的可能性不大，仍然可能存在权利和义务被忽略或发生错报的可能。例如，如果一个集团公司用资产为另一集团公司做抵押或担保的情况。

（二）评估投资交易的重大错报风险

注册会计师应当考虑重大错报风险对投资交易的影响，并对被审计单位可能发生的特定风险保持警惕。投资交易和余额存在的固有风险可能包括：

（1）管理层错误表述投资业务的偏见和动机。包括为了满足预算、提高绩效奖金、影响财务报表上的报告收益、吸引潜在投资购买者或影响股价以误导投资者。

（2）所取得资产的性质和复杂程度可能导致确认和计量的错误。多数被审计单位可能只拥有少量的投资，并且买入和卖出的业务不频繁，交易的非经常性可能导致作出会计处理时出现错误。尤其是会计人员没有意识到不同类型投资计量或计价的复杂性。

（3）所持有投资的公允价值可能难以计量。

（4）管理层凌驾于控制之上，可能导致投资交易未经授权。

（5）如果对有价证券的控制不充分，权益性有价证券的舞弊和盗窃风险可能很高，从而影响投资的存在性。

（6）关于资产的所有权以及相关权利与义务的审计证据可能难以获得。获取的权益可能很复杂。例如在企业集团中包含有跨国公司的情形。

（7）如果每年发生的交易数量有限，并且会计人员不能确定在相关的购置或处置业务以及损益调整中的分配时，固定资产交易的记录可能会发生错误。

（8）如果负责记录投资处置业务的人员没有意识到某项投资已经出售，则对投资的处置业务可能未经记录。这种处置业务只能在期末通过进行实物检查来发现。

第二节　借款审计

一、借款的审计目标

借款包括短期借款、长期借款和应付债券。在一般情况下，被审计单位不会高估负债，因为这样于自身不利，且难以与债权人的会计记录相互印证。注册会计师对于负债项目的审计，主要是防止企业低估债务。低估债务经常伴随着低估成本费用，从而达到高估利润的目的。所以，注册会计师在执行借款业务审计时，应将被审计单位是否低估借款作为一个关注的要点。借款的具体审计目标与财务报表认定对应关系如表13-1所示。

表13-1 借款审计目标与财务报表认定对应关系表

审计目标	财务报表认定				
	存在	完整性	权利和义务	计价和分摊	列报
A. 资产负债表中记录的借款是存在的	√				
B. 所有应当记录的借款均已记录		√			
C. 记录的借款是被审计单位应当履行的现时义务			√		
D. 借款以恰当的金额包括在财务报表中，与之相关的计价调整已恰当记录				√	
E. 借款已按照企业会计准则的规定在财务报表中作出了恰当列报					√

二、短期借款的实质性程序

短期借款的实质性程序，审计人员应根据被审计单位年末短期借款余额的大小、占负债总额的比重、以前年度发现问题的多少以及相关内部控制制度的强弱，确定短期借款审计的实质性程序和方法。一般而言，主要包括以下内容：

程序1： 获取或编制短期借款明细表。

审计人员应首先获取或编制短期借款明细表，复核其加计数是否正确，并与明细账和总账核对是否相符。

实施短期借款实质性程序应以获取或编制短期借款明细表为起点，进行一系列短期借款账账、账表核对和分析，这对查明短期借款有无记录错误，有无虚增、隐瞒等异常情况有重要意义。

短期借款明细表审计工作底稿见工作底稿实例13-2，索引号FA2。

【审计程序与具体审计目标对应关系提示】此程序可实现D审计目标。

程序2： 函证短期借款。

审计人员应在期末短期借款余额较大或认为必要时向银行或其他债权人函证，以证实借款的存在性和条件，以及有无抵押等情况。函证结果应与账面记录相一致，如有差异，应进一步调查其原因。

【审计程序与具体审计目标对应关系提示】此程序可实现ACD审计目标。

程序3：审查短期借款的增加。

企业的借款必须经主管部门和有关人员的授权才可以执行，同时应当与银行签订借款协议或合同。对年度内增加的短期借款，应检查借款合同和授权批准情况，了解借款数额、借款条件、借款日期、还款期限、借款利率，并与相关原始凭证和会计记录进行核对。审计人员主要查明被审计单位借款的目的是否正当、借款的理由是否充分、借款是否为生产经营所必需、是否有科学合理的借款计划、是否签订借款合同并出具借款物资保证书、有关借款手续是否齐备、入账是否及时等。

短期借款检查情况审计工作底稿见工作底稿实例13-4，索引号FA4。

【审计程序与具体审计目标对应关系提示】此程序可实现AD审计目标。

程序4：审查短期借款的使用。

审计人员通过对照检查借款合同、短期借款明细账等资料，主要查明被审计单位短期借款是否按规定用途使用，用于弥补流动资金的不足、临时采购或结算，不得用于购置固定资产、弥补亏损等。

【审计程序与具体审计目标对应关系提示】此程序可实现ABD审计目标。

程序5：审查短期借款的减少。

对年度内减少的短期借款，审计人员可根据短期借款有关明细账记录的还款时间与借款计划和银行规定的还款时间进行核对，核实被审计单位能否在规定的偿还期限及时偿还短期借款，偿还的本金和利息计算是否真实正确。

短期借款检查情况审计工作底稿见工作底稿实例13-4，索引号FA4。

【审计程序与具体审计目标对应关系提示】此程序可实现BD审计目标。

程序6：检查有无到期未偿还的短期借款。

审计人员应审查相关记录和原始凭证，检查被审计单位年末有无到期未偿还的短期借款，如果有，应查明原因，同时了解逾期借款是否已向银行提出申请并经同意后办理了延期手续，并做适当记录。

短期借款检查情况审计工作底稿见工作底稿实例13-4，索引号FA4。

【审计程序与具体审计目标对应关系提示】此程序可实现ABD审计目标。

程序7：复核短期借款利息。

资产负债表日，审计人员应根据短期借款的利率和期限，验算被审计单位短期借款的利息，检查会计处理是否正确，有无多计或少计，从而调节当期利润的情况，如有，应做出记录，必要时提请被审计单位进行调整。

利息分配检查审计工作底稿见工作底稿实例13-3，索引号FA3。

【审计程序与具体审计目标对应关系提示】此程序可实现D审计目标。

程序8： 确定短期借款在资产负债表上的披露是否恰当

企业的短期借款在资产负债表上通常设"短期借款"项目单独列示。因抵押而取得的短期借款，应在资产负债表附注中揭示，审计人员应关注被审计单位对短期借款项目的反映是否充分。

【审计程序与具体审计目标对应关系提示】此程序可实现E审计目标。

【**案例13-2**】审计人员在审查盛大有限责任公司"短期借款——生产周转借款"使用情况时发现，该公司2018年6月至12月平均贷款为85万元，存货合计为24万元，其他应收款为40万元。审计人员分析：该公司其他应收款占用比重过大，可能有非法使用或占用短期借款的行为。

【**分析**】

首先审计人员调阅了6月1日借入"短期借款"的78#凭证，其记录为：

借：银行存款　　　　　　　　　　　　　　　　　　　　390 000
　　贷：短期借款——生产周转借款　　　　　　　　　　　　390 000

78#凭证附"入账通知"和"借款契约"两张凭证，借款期限为6个月。审计人员追踪调查存款的去向，在审阅银行存款日记账时，发现6月25日银付字206#凭证，减少银行存款38万元。调阅该凭证时，其记账凭证分录为：

借：其他应收款——张利　　　　　　　　　　　　　　　380 000
　　贷：银行存款　　　　　　　　　　　　　　　　　　　380 000

其摘要为"汇给×公司货款"。经核实，以上凭证所记汇出款项，是该公司为职工垫付的购买空调50台的款项，赵军是负责向职工收回垫付款的负责人，全部货款于本年7月至12月陆续收回。

审计人员认为，该公司为职工垫付的空调款，实际上是占用短期借款，不按借款用途使用借款，同时增加了公司的财务费用。审计人员向该公司提出上述问题，该公司供认不讳。

上述问题查实后，审计人员提出处理意见：公司收回的垫付款应归还借款，已入账的借款利息费用由职工承担。按借款占用时间计算，应负担利息1.9万元，该公司应调整有关账簿记录，会计分录如下：

（1）按规定记录应向职工收回的利息时：

借：其他应收款　　　　　　　　　　　　　　　　　　　19 000
　　贷：财务费用　　　　　　　　　　　　　　　　　　　19 000

（2）归还借款时：

```
借：短期借款——生产周转借款          380 000
    财务费用                          19 000
  贷：银行存款                                399 000
```

三、长期借款的实质性程序

程序1： 获取或编制长期借款明细表。

审计人员首选获取或编制长期借款明细表，复核其加计数是否正确，并与明细账和总账核对是否相符。

【审计程序与具体审计目标对应关系提示】此程序可实现D审计目标。

程序2： 审查长期借款条件。

借款企业必须符合以下条件才可申请贷款：① 借款企业必须实行独立核算，自负盈亏，具有法人资格，有健全的管理机构和相应的企业管理和技术人才；② 借款企业的经营方向和业务范围符合国家政策，借款用途属于银行贷款管理规定的范围，并能够提供有关借款的可行性报告和相关文件；③ 借款企业具有一定的物资保证，担保单位具有相应的经济实力；④ 借款企业具有偿还贷款本息的能力；⑤ 借款企业具有良好的财务管理和会计核算制度，资金使用效益好；⑥借款企业在贷款单位开立账户，办理结算。同时，审计人员还应了解金融机构对被审计单位的授信情况和对被审计单位的信用等级评估情况，以及被审计单位获得长期借款的抵押和担保情况，评估被审计单位的信誉和融资能力。

【审计程序与具体审计目标对应关系提示】此程序可实现AD审计目标。

程序3： 审查长期借款的抵押和担保。

审计人员应查明抵押资产的所有权是否属于被审计单位，其价值和现实状况是否与抵押契约中的规定相一致。如果企业的长期借款是由其他单位进行担保，担保单位是否具备担保条件，担保契约是否完善，内容是否合规合理。

【审计程序与具体审计目标对应关系提示】此程序可实现C审计目标。

程序4： 审查长期借款的增加。

审计人员应检查借款合同和授权批准，了解借款数额、借款条件、借款日期、还款期限、借款利率，并与相关会计记录相核对。

【审计程序与具体审计目标对应关系提示】此程序可实现AD审计目标。

程序5： 函证重大的长期借款。

审计人员应向银行或其他债权人函证重大的长期借款。

【审计程序与具体审计目标对应关系提示】此程序可实现ACD审计目标。

程序6：审查长期借款使用的合理性。

审计人员应查明被审计单位长期借款的使用是否符合借款合同的规定，是否为扩大生产经营规模所必需，是否真正用于购建固定资产或无形资产等，有无用长期借款发放工资、奖金和福利等。

【审计程序与具体审计目标对应关系提示】此程序可实现ABD审计目标。

程序7：检查长期借款的减少。

对年度内减少的长期借款，审计人员应检查相关记录和原始凭证，核实还款数额。存在利息调整余额的，是否已作调整，相关账务处理是否正确。

【审计程序与具体审计目标对应关系提示】此程序可实现BD审计目标。

程序8：检查年末有无到期未偿还的借款。

逾期借款是否办理了延期手续，分析计算逾期贷款的金额、比率和期限，判断被审计单位的资信程度和偿债能力。

【审计程序与具体审计目标对应关系提示】此程序可实现ABD审计目标。

程序9：复核长期借款利息。

计算短期借款、长期借款在各个月份的平均余额，选取适用的利率匡算利息支出总额，并与财务费用的相关记录核对，判断被审计单位是否高估或低估利息支出，必要时进行适当调整。

【审计程序与具体审计目标对应关系提示】此程序可实现D审计目标。

程序10：审查借款费用的会计处理是否正确。

借款费用，指企业因借款而发生的利息及其他相关成本，包括：借款利息、折价或溢价的摊销和辅助费用，以及因外币借款而发生的汇兑差额等。

按照《企业会计准则第17号——借款费用》的规定，企业发生的借款费用，可直接归属于符合资本化条件的资产的购建或者生产，应当予以资本化，计入相关资产成本；其他借款费用，应当在发生时根据其发生额确认费用，计入当期损益。

借款费用应予以资本化的借款范围既包括专门借款，也包括一般借款。其中，对于一般借款，只有在购建或者生产符合资本化条件的资产占用了一般借款时，才应将与该部分一般借款相关的借款费用资本化；否则，所发生的借款费用应当计入当期损益。借款费用的具体确认如下：

① 对购建或生产符合资本化条件的资产而借入的款项（专门借款和一般借款），所发生的利息、溢价或折价的摊销和汇兑差额，在所购建或生产的资产达到预定可使用状态或可销售状态前发生的，应当予以资本化，计入该项资产的成本；在所购建或生产的资产达到预定可使用状态或可销售状态后发生的，于发生当期直接计入财务费用。

② 对专门借款而发生的辅助费用，在所购建或生产的符合资本化条件的资产达到预定可使用状态或者可销售状态前发生的，应当在发生时根据其发生额予以资本化，直接计入所购建或生产的资产成本；在所购建或生产的符合资本化条件的资产达到预定可使用状态或者可销售状态后发生的，应当在发生时根据其发生额确认为费用，计入当期损益。

一般借款发生的辅助费用，也应当按照上述原则确定其发生额并进行处理。

借款费用同时满足下列条件时，才能开始资本化：① 资产支出已经发生；② 借款费用已经发生；③ 为使资产达到预定可使用状态所必要的购建活动已经开始。审计人员应关注以上资本化的条件，同时，还应关注利息的资本化金额的计算是否正确，资本化的暂停和停止是否正确，借款费用的披露是否包括以下与借款费用有关的信息：① 当期资本化的借款费用金额；② 当期用于计算确定借款费用资本化金额的资本化率。

【审计程序与具体审计目标对应关系提示】此程序可实现 D 审计目标。

程序11： 审查长期借款是否已在资产负债表上充分披露。

长期借款在资产负债表上列示于非流动负债类下，该项目应根据"长期借款"科目的期末余额扣减将于一年内到期的长期借款后的数额填列，该项扣除数应当填列在流动负债类下的"一年内到期的非流动负债"项目单独反映。审计人员应根据审计结果，确定被审计单位长期借款在资产负债表上的列示是否充分，并注意长期借款的抵押和担保是否已在会计报表注释中作了充分的说明。

【审计程序与具体审计目标对应关系提示】此程序可实现 E 审计目标。

【**案例13-3**】审计人员刘艳审计盛大有限责任公司"长期借款"项目。当审查盛大有限责任公司向某工商银行举借长期借款130万元的合同时，发现合同规定：① 长期借款以公司的商品为担保；② 该公司债务与所有者权益之比应经常保持低于5∶3；③ 分发股利须经银行同意；④ 自2016年9月12日起分期归还借款。

要求：请问审计人员刘艳应对盛大有限责任公司长期借款实施哪些审计程序。

【分析】

审计人员刘艳应实施的审计程序：① 审查盛大有限责任公司长期借款是否经董事会批准，有无会议记录；② 查明长期借款合同中的所有限制条件；③ 验证长期借款利息费用和应计利息的计算是否正确，复核相关会计记录是否健全、完整；④ 计算公司债务和所有者权益之比，核实是否低于5∶3的比例；⑤ 检查商品明细账记录中有无"充分担保"的记录；⑥ 计算并重新分类长期借款中一年内到期的部分，查实资产负债表对负债反映的适当性；⑦ 审阅资产负债表附注，查实对借款限制条款的披露。

第三节 实收资本（股本）审计

一、实收资本（股本）的审计目标

权益性筹资是企业通过发行股票、直接吸收投资等方式从企业所有者中筹集生产经营所需资金。权益性筹资一般不用还本，企业采用吸收自有资金的方式筹集资金，承担的财务风险小，但付出的资金成本相对较高。实收资本（股本）业务具有增减变动较少、金额较大的特点，审计人员在审计时需要重点针对国家法律、法规遵守性进行审计。实收资本（股本）的具体审计目标与财务报表认定对应关系如表13-2所示。

表13-2 实收资本（股本）审计目标与财务报表认定对应关系表

审计目标	财务报表认定				
	存在	完整性	权利和义务	计价和分摊	列报
A. 资产负债表中记录的实收资本（股本）是存在的	√				
B. 所有应当记录的实收资本（股本）均已记录，实收资本（股本）的增减变动符合法律、法规和合同章程的规定		√			
C. 实收资本（股本）以恰当的金额包括在财务报表中				√	
D. 实收资本（股本）已按照企业会计准则的规定在财务报表上作出了恰当列报					√

二、实收资本（股本）的实质性程序

（一）实收资本实质性程序

程序1： 索取被审计单位合同、章程、营业执照及有关董事会会议记录。

审计人员应向被审计单位索取合同、章程、营业执照及有关董事会会议记录。在企业合同、章程中，对投资各方的出资方式、出资期限及其他要求作了详细规定，并经过国家审批部门批准，具有法律效力。投资各方不得随意更改合同、章程所规定的出资义务。国家授权有关部门的批准证书是批准企业成立的法律性文件，投资各方应遵照执行。营业执照是由国家工商行政管理机关批准发给企业的合法经营的许可证，它规定企业成立和终止的日期。

【审计程序与具体审计目标对应关系提示】此程序可实现ABC审计目标。

程序2： 索取或编制实收资本明细表。

审计人员应向被审计单位索取或自行编制实收资本明细表。实收资本明细表包括投入资本变动的详细记载及有关的分析评价。编制时需将每次变动情况逐一记载并与有关的原始凭证和会计记录进行核对。

【审计程序与具体审计目标对应关系提示】此程序可实现C审计目标。

程序3： 检查投入资本的真实存在。

审计人员应通过对有关原始凭证、会计记录的审阅和核对，向投资者函证实缴资本额，对有关财产和实物的价值进行鉴定，确定投入资本的真实存在。检查时，审计人员应注意投入的现金是否已确实存入企业的开户银行，收到银行的收款通知；投入的实物资产是否已办理了验收手续并列具登记清单，对房地产类固定资产应检查其所有权或使用权证明文件，对设备类固定资产应检查采购发票，对融资租入固定资产应检查其租赁合同；投入的无形资产应检查是否已办理了法律手续，接收了有关技术资料。

【审计程序与具体审计目标对应关系提示】此程序可实现AC审计目标。

程序4： 检查实收资本的增减变动。

对于实收资本的增减变动，审计人员应查明原因，查阅其是否与董事会纪要、补充合同、协议及有关法律文件的规定一致。一般而言，企业的实收资本，如有必要增减变动，必须具备一定条件。例如：企业减资，需要满足三个条件：第一，应事先通知所有债权人，债权人无异议；第二，经股东大会决议同意，并修改公司章程；第三，减资后的注册资本不得低于法定注册资本的最低限额。

【审计程序与具体审计目标对应关系提示】此程序可实现C审计目标。

程序5： 检查实收资本是否已在资产负债表上恰当披露。

实收资本审定表审计工作底稿见工作底稿实例13-5，索引号：QA1。

【审计程序与具体审计目标对应关系提示】此程序可实现D审计目标。

（二）股本实质性程序

程序1： 审阅公司章程、实施细则和股东大会、董事会会议记录。

审计人员应向被审计单位索取公司章程、实施细则和股东大会、董事会会议记录的副本，认真审阅其中有关股本的条款。被审计单位每次发行股票、收回股票或从事其他类型的股票交易，均须经过股东大会或董事会的授权批准。审计人员应了解的内容包括：核定股份和已发行股份的份数、股票面值、股票收回及认股权证等。通过这些资料，审计人员进一步确定被审计单位股本的交易是否符合有关的法规规定及股东大会或董事会的决议。

【审计程序与具体审计目标对应关系提示】此程序可实现ABC审计目标。

程序2： 检查股东是否按照公司章程、合同、协议规定的出资方式出资，各种出资方式的比例是否符合规定。

我国法律规定股份有限公司的出资可以采取货币资金、实物、无形资产方式，但以无形资产出资的金额不得超过股份有限公司注册资本的20%。同时，规定采用募集式设立的股份有限公司，发起人认购的股份不得少于公司股份的35%。审计人员审计时，应当先了解企业章程、合同、协议中出资方式、出资比例，确定其内容的合法性。再具体分析企业实际募股时，是否存在与公司章程、合同、协议内容存在差异的情况，并了解形成差异的原因。

【审计程序与具体审计目标对应关系提示】此程序可实现ABC审计目标。

程序3： 索取或自己编制股本明细表。

审计人员应向被审计单位索取或自己编制股本明细表。股本明细表的内容应包括各类股本变动的详细记录及有关的分析评价。审计人员编制时应将每次变动的情况一一记录并与有关原始凭证和会计账目进行核对。

【审计程序与具体审计目标对应关系提示】此程序可实现C审计目标。

程序4： 检查股票的发行、回购等交易活动。

检查与股票的发行、回购有关的原始凭证和会计记录。应检查的原始凭证包括：已发行股票的登记簿、向外界回购的股票、募股清单、银行对账单等。会计记录包括：银行存款日记账和总账、股本明细账和总账等。

【审计程序与具体审计目标对应关系提示】此程序可实现C审计目标。

程序5： 函证发行在外的股票。

审计人员应检查已发行的股票数量是否真实，是否已收到股款或资产。对于企业委托证券交易所和金融机构发行和转让的股票，因这些机构了解公司发行股票的总数，掌握公司股东的个人记录以及股票转让情况，审计人员审计时可采取与证券交易所和金融机构函证及查阅的方法来验证发行股份的数量，并与股本账面数额进行核对，确定是否相符。对个别自己发行股票、自己对有关股票发行数量、金额及股东情况登记的企业，审计人员审计时，可在检查企业股票登记簿和股东名单记录的基础上，抽查其记录是否真实有据，核对发行的股票存根，看其数额是否与股本账上数额相符。

【审计程序与具体审计目标对应关系提示】此程序可实现ABC审计目标。

程序6： 检查股票发行费用的会计处理。

如果是平价发行股票，股份有限公司发行股票时发生的股票印刷费和委托其他单位发行股票时的手续费、佣金等发行费用，减去发行股票冻结期间产生的利息收入后的余额，依次冲减盈余公积和未分配利润。如果是溢价发行股票，减去发行股票冻结期间产生的利息收入后的余额，首先从溢价中抵销；溢价不足抵扣的部分，冲减盈余公积和未分配利润。审计人员应检查相关会计记录和原始凭证，确定被审计单位对股票发行费用的会计处理是否正确。

【审计程序与具体审计目标对应关系提示】此程序可实现C审计目标。

程序7： 检查股本是否已在资产负债表上恰当披露。

股本应在资产负债表中单项列示，审计人员还应检查是否在会计报表附注中披露与股本有关的重要事项，如股本的种类、各类股本金额及股票发行的数额、每股股票的面值、本会计期间发行的股票等。

【审计程序与具体审计目标对应关系提示】此程序可实现D审计目标。

第四节 长期股权投资审计

一、长期股权投资的审计目标

长期股权投资核算企业持有的采用权益法或成本法核算的长期股权投资。具体包括：① 投资方能够对被投资单位实施控制的权益性投资，即对子公司的投资。② 投资方与其他合营方一同对被投资单位实施共同控制且对被投资单位净资产享有权利的权益性投资，即对合营企业的投资。③ 投资方对被投资单位具有重大影响的权益性投资，即对联营企业的投资。审计人员审计时对长期股权投资的存在、完整、计价、所有权和列报都应重点关注。长期股权投资的具体审计目标与财务报表认定对应关系如表13-3所示。

表13-3 长期股权投资审计目标与财务报表认定对应关系表

审计目标	财务报表认定				
	存在	完整性	权利和义务	计价和分摊	列报
A. 资产负债表中记录的长期股权投资是存在的	√				
B. 所有应当记录的长期股权投资均已记录		√			
C. 记录的长期股权投资由被审计单位拥有			√		
D. 长期股权投资以恰当的金额包括在财务报表中，与之相关的计价调整已恰当记录				√	
E. 长期股权投资已按照企业会计准则的规定在财务报表中作出了恰当列报					√

二、长期股权投资的实质性程序

程序1： 获取或编制长期股权投资明细表。

审计人员首先获取或编制长期股权投资明细表，加计复核后，与总账数和明细账合计数核对相符，并结合长期股权投资减值准备科目与报表数核对相符。

【审计程序与具体审计目标对应关系提示】此程序可实现D审计目标。

程序2： 确定长期股权投资是否存在，并归被审计单位所有，分类是否正确、是否符合管理层的意图和能力，各分类计价方法、期末余额是否正确。

① 取得被投资单位的章程、营业执照、组织机构代码证等资料，并根据有关合同和文件，确认长期股权投资的股权比例和时间，检查长期股权投资核算方法是否正确。

② 分析被审计单位管理层的意图和能力，检查有关原始凭证，验证长期股权投资分类的正确性（分为对子公司、联营企业、合营企业的投资三类），是否不包括应由金融工具确认和计量准则核算的长期股权投资。

③ 对于重大的投资，向被投资单位函证被审计单位的投资额、持股比例及被投资单位发放股利等情况。

④ 对于采用权益法核算的长期股权投资，获取被投资单位经注册会计师审计的年度财务报表（如果未经注册会计师审计，则应考虑对被投资单位的财务报表实施适当的审计或审阅程序），检查复核有关投资损益及其其他变动情况，包括：a. 复核投资损益，以取得投资时被投资单位各项可辨认资产的公允价值为基础，对被投资单位的净损益进行调整后加以确认；被投资单位采用的会计政策及会计期间与被审计单位不一致的，按照被审计单位的会计政策及会计期间对被投资单位的财务报表进行调整，据以确认投资损益，并作出详细记录。b. 将重新计算的投资损益与被审计单位计算的投资损益相核对，如有重大差异，查明原因，并做适当调整。c. 检查被审计单位按权益法核算长期股权投资，关注被审计单位在其被投资单位发生净亏损或以后期间实现盈利时的会计处理是否正确。d. 检查除净损益以外被投资单位所有者权益的其他变动，是否调整计入所有者权益；

⑤ 对于采用成本法核算的长期股权投资，检查股利分配的原始凭证及分配决议等资料，确定会计处理是否正确；对被审计单位实施控制而采用成本法核算的长期股权投资，比照权益法编制变动明细表，以备合并报表使用。

⑥ 对于成本法和权益法相互转换的，检查其投资成本的确定是否正确。

【审计程序与具体审计目标对应关系提示】此程序可实现ACD审计目标。

程序3： 确定长期股权投资的增减变动的记录是否完整。

① 检查本期增加的长期股权投资，追查至原始凭证及相关的文件或决议及被投资单位验

资报告或财务资料等，确认长期股权投资是否符合投资合同、协议的规定，并已确实投资，会计处理是否正确。

② 检查本期减少的长期股权投资，追查至原始凭证，确认长期股权投资的收回有合理的理由及授权批准手续，并已确实收回投资，会计处理是否正确。

【审计程序与具体审计目标对应关系提示】此程序可实现B审计目标。

程序4： 逐项检查期末长期股权投资，以确定长期股权投资是否已经发生减值。

① 核对长期股权投资减值准备本期与以前年度计提方法是否一致；如有差异，查明政策调整的原因，并确定政策改变对本期损益的影响，提请被审计单位做适当披露。

② 对长期股权投资逐项进行检查，根据被投资单位经营政策的变化、法律环境的变化、市场需求的变化、行业的变化、盈利能力的变化等各种情形判断长期股权投资是否存在减值迹象。确有出现导致长期股权投资可收回金额低于账面价值的，将可收回金额低于账面价值的差额作为长期股权投资减值准备予以计提。并与被审计单位已计提数相核对，如有差异，查明原因。

③ 将本期减值准备计提金额与利润表资产减值损失中的相应数字核对无误。

④ 长期股权投资减值准备按单项资产计提，计提依据充分，得到适当批准。减值损失一经确认，在以后会计期间不得转回。

【审计程序与具体审计目标对应关系提示】此程序可实现D审计目标。

程序5： 结合银行借款等的检查，了解长期股权投资是否存在质押、担保情况。

如果发现长期股权投资存在质押、担保情况，则应详细记录，并提请被审计单位进行充分披露。

【审计程序与具体审计目标对应关系提示】此程序可实现CE审计目标。

程序6： 确定长期股权投资在资产负债表上已恰当列报。

具体包括：

① 子公司、合营企业和联营企业清单，包括企业名称、注册地、业务性质、投资企业的持股比例和表决权比例；

② 合营企业和联营企业当期的主要财务信息，包括资产、负债、收入、费用等的合计金额；

③ 被投资单位向投资企业转移资金的能力受到严格限制的情况；

④ 当期及累计未确认的投资损失金额；

⑤ 与对子公司、合营企业及联营企业投资相关的或有负债。

【审计程序与具体审计目标对应关系提示】此程序可实现E审计目标。

第五节 筹资与投资循环审计工作底稿实例

【工作底稿实例13-1】

筹资与投资循环控制测试	
被审计单位：沃诺克有限责任公司	索引号：CZC
项目：筹资与投资循环控制测试	财务报表截止日／期间：2018年12月31日
编制：Wang	复核：Li
日期：2018年11月22日	日期：2018年11月23日

1. 控制测试——筹资
(1) 询问程序。
通过实施询问程序，沃诺克有限责任公司已确定下列事项：
① 本年度未发现任何特殊情况、错报和异常项目；
② 财务部门的人员在未得到授权的情况下无法访问或修改系统内数据；
③ 本年度未发现下列控制活动未得到执行；
④ 本年度未发现下列控制活动发生变化。
(2) 其他测试程序。

控制目标	沃诺克有限责任公司的控制活动	控制测试程序	执行控制的频率	所测试的项目数量	索引号
已记录的借款均确为公司的负债	① 公司建立了筹资预算管理制度。每年年初，预算经理编制年度筹资预算，经财务部部长复核并签署意见后上报公司总经理和董事会审批。财务部在批准的预算限额内开展筹资活动。 ② 预计流动资金可能不足时，信贷管理将填写借款申请表，其中：金额在人民币20万元以下的申请应经财务部部长和总经理审批；金额超过人民币20万元的申请应经董事会审批。董事会授权总经理签订借款合同。 ③ 财务部部长依据审批后的借款申请表，与银行洽谈综合授信协议或借款合同主要条款，报总经理审核并签订协议或合同。 ④ 如签订综合授信协议，信贷管理员根据月度用款计划，在综合授信额度内申请使用款项，并填写综合授信申请，经财务部部长审批后办理借款手续	选取借款申请表或综合授信申请，检查其是否得到适当审批	1次／季度	2	略

续表

控制目标	沃诺克有限责任公司的控制活动	控制测试程序	执行控制的频率	所测试的项目数量	索引号
借款均已准确记录	信贷记账员编制记账凭证，后附综合授信使用申请或借款合同、银行回单等单证交企业会计处主任复核，依据复核无误的记账凭证登记短期借款明细账	选取借款合同，并检查其是否与账务记录一致	1次/季度	2	略
借款均已记录	① 信贷管理员根据综合授信协议或借款合同，逐笔登记借款备查账。② 信贷管理员保管综合授信协议或借款合同，逐笔登记借款备查账。③ 每月末，信贷管理员与信贷记账员核对借款备查账与借款明细账，编制核对表报企业会计处主任复核。如有任何差异，立即调查原因	选取借款合同，并检查其是否与账务记录一致	1次/月度	3	略
借款均已于适当期间进行记录	信贷管理员按月汇总编制信贷情况表，内容包括授信额度总额、已使用额度、累计贷款金额、本月新增贷款总额以及预计下月到期贷款总额等，交财务部长审核后上报总经理和董事会	选取信贷情况表，并检查其是否得到复核	1次/月度	2	略
财务费用均已准确计算并于适当期间进行记录	① 每季末，信贷记账员根据银行借款利息回单编制付款凭证，并附相关单证，提交企业会计处主任审批。在完成对付款凭证及相关单证的复核后，企业会计处主任在付款凭证上签字，以作为复核证据，并在所有单证上加盖"核销"印戳。② 如未能及时取得银行借款利息回单，信贷管理员根据借款利率估算应付利息，经企业会计处主任复核后，由信贷记账员进行账务处理。同时，该金额还将与当月编制的银行存款余额调节表中体现的银行已划转的利息金额相核对	选取银行借款利息回单，并检查其是否已准确、及时记录	1次/季度	2	略
已记录的偿还借款均为真实发生的	信贷管理员按月汇总编制信贷情况表，内容包括授信额度总额、已使用额度、累计贷款金额、本月新增贷款总额以及预计下月到期贷款总额等，交财务部长审核后上报总经理和董事会	选取信贷情况表，并检查其是否得到复核	1次/月	3	略

续表

控制目标	沃诺克有限责任公司的控制活动	控制测试程序	执行控制的频率	所测试的项目数量	索引号
偿还借款均已准确记录	① 信贷管理员根据综合授信协议或借款合同，逐笔登记借款备查账。 ② 信贷管理员保管综合授信协议或借款合同，逐笔登记借款备查账。 ③ 每月末，信贷管理员与信贷记账员核对借款备查账与借款明细账，编制核对表，报企业会计处主任复核。如有任何差异，立即调查原因	选取借款备查账记录，检查其是否与财务记录一致	1次/月	3	略
偿还借款均已记录	① 信贷记账员编制记账凭证，后附银行还款本息回单等单证，交企业会计处主任复核，经复核无误后登记短期借款明细账。 ② 信贷管理员在借款备查账中记录借款归还情况。 ③ 每月末，信贷管理员与信贷记账员核对借款备查账与借款明细账，编制核对表，报企业会计处主任复核。如有任何差异，立即调查原因	选取借款备查账记录，检查其是否与财务记录一致	1次/月	3	略
偿还借款均已于适当期间进行记录	每月末，信贷管理员与信贷记账员核对借款备查账与借款明细账，编制核对表，报企业会计处主任复核。如有任何差异，立即调查原因。若出现需要进行调整的情况，企业会计处主任将编写调整建议，连同有关支持文件一并提交给财务部长，经复核和审批后进行账务处理	选取借款备查账记录，检查其是否与财务记录一致	1次/月	3	略

2. 结论

沃诺克有限责任公司自成立以来没有长期投资业务，所以我们不进行投资业务循环内部控制的了解和评价，也不进行投资业务循环控制测试。

【工作底稿实例13-2】

短期借款明细表	
被审计单位：沃诺克有限责任公司	索引号：FA2
项目：短期借款明细表	财务报表截止日/期间：2018年12月31日
编制：Jia	复核：Hu
日期：2019年1月22日	日期：2019年1月23日

贷款银行	借款期限		期初余额		本期增加			本期归还		期末余额		本期应计利息	本期实计利息	差异	贷款条件	贷款用途
	借款日	约定还款日	利率	本金	利率	本金	提前归还日期	本金	本金	本金						
华夏银行河西支行	2017-02-16	2018-02-16	4.743 00%	40 000 000.00					40 000 000.00			15 810.00	15 810.00		信用借款	流动资金使用
	2017-04-20	2018-04-20	4.743 00%	20 000 000.00					20 000 000.00			355 725.00	355 725.00			
	2018-01-04	2019-01-04			5.202 00%	40 000 000.00				40 000 000.00		2 086 580.00	2 086 580.00			
	2018-01-11	2019-01-11			5.508 00%	40 000 000.00	2018-02-27	40 000 000.00				287 640.00	287 640.00			
	2018-06-27	2018-12-27			5.265 00%	100 000 000.00	2018-10-15	100 000 000.00				1 608 750.00	1 608 750.00			
	…	…		…								…	…			
小计				140 000 000.00		320 000 000		320 000 000		140 000 000.00		10 614 691.25	10 614 691.25			
建设银行柳巷支行	2018-05-15	2018-02-16	5.265 00%	30 000 000.00								500 175.00	500 175.00		信用借款	流动资金使用与固定资金使用
	2018-02-01	2018-07-31			5.022 00%	30 000 000.00	2018-07-30	30 000 000.00				736 762.5	736 762.5			
	2018-06-27	2018-12-26			5.265 00%	100 000 000.00	2018-10-15	100 000 000.00				1 608 750.00	1 608 750.00			
	2018-06-28	2018-09-28			5.265 00%	20 000 000.00	2018-08-04	20 000 000.00				108 225.00	108 225.00			
	2018-12-12	2019-06-11			5.832 00%	20 000 000.00			20 000 000.00			77 760.00	1 608 750.00			
	…	…		…								…	…			
小计				80 000 000.00		400 000 000		360 000 000		120 000 000.00		7 646 152.50	7 646 152.50			

第五节　筹资与投资循环审计工作底稿实例

续表

贷款银行	借款日	借款期限 约定还款日	期初余额 利率	期初余额 本金	本期增加 利率	本期增加 本金	本期归还 提前还款日期	本期归还 本金	期末余额 本金	本期应计利息	本期实计利息	差异	贷款条件	贷款用途
晋商银行并州支行	2017-09-15	2018-03-15	5.022 00%	20 000 000.00			2018-03-11	20 000 000.00		186 930.00	186 930.00		信用借款	流动资金使用
	2018-06-16	2018-12-16			5.103 00%	35 020 000.00	2018-09-08	35 020 000.00		416 983.14	416 983.14			
	2018-12-13	2019-11-27			6.561 00%	20 000 000.00			20 000 000.00	65 610.00	65 610.00			
	...	...		...		...		...	...	...	...			
小计				20 000 000.00		95 020 000.00		55 020 000.00	60 000 000.00	1 706 413.14	1 706 413.14			
合计				616 520 000.00		157 088 066.84		1 407 208 066.84	780 000 000.00	38 937 623.04	38 937 623.04			

审计说明：

沃诺克有限责任公司没有已到期未偿还的短期借款。

审计证据：1. 借款合同。

2. 利率调整通知。

3. 对银行进行函证结果：信息无误。

经测算，应计利息与实计利息无差异。

第十三章 筹资与投资循环审计

【工作底稿实例13-3】

利息分配检查表

被审计单位：沃诺克有限责任公司	索引号：FA3
项目：利息分配检查表	财务报表截止日/期间：2018年12月31日
编制：Jia	复核：Hu
日期：2019年1月23日	日期：2019年1月24日

项目名称	实际利息	利息（实际利息）分配数				合计	核对是否正确	差异原因
		财务费用	在建工程	制造费用	研发支出			
光大银行河西支行	10 614 691.25	10 614 691.25				10 614 691.25	是	
建设银行柳巷支行	7 646 152.50	5 968 491.90	1 677 660.60			7 646 152.50	是	
晋商银行并州支行	1 706 413.14	1 706 413.14				1 706 413.14	是	
⋮	⋮	⋮	⋮	⋮	⋮	⋮		
合计	38 937 623.04	34 775 737.44	4 161 885.60			38 937 623.04	是	

审计说明：

　　为建造符合资本化条件的资产而占用了一半借款，沃诺克有限责任公司根据累计资产支出超过专门借款部分的资产支出加权平均数乘以所占用的一半借款的资本化率，计算确定一般借款应予资本化的利息金额。经检查，短期借款利息分配正确。

【工作底稿实例13-4】

短期借款检查情况表

被审计单位：沃诺克有限责任公司	索引号：FA4
项目：短期借款检查情况表	财务报表截止日/期间：2018年12月31日
编制：Jia	复核：Hu
日期：2019年1月23日	日期：2019年1月24日

第五节　筹资与投资循环审计工作底稿实例

记账日期	凭证编号	业务内容	对应科目	金额	核对内容（用"√""×"表示）					备注
					①	②	③	④	⑤	
1月12日	0077#	收光大银行河西支行短期借款	银行存款	40 000 000.00	√	√	√	√	√	借据、进账单、放款通知单
2月5日	0047#	还建设银行柳巷支行短期借款	银行存款	30 000 000.00	√	√	√	√	√	建设银行（贷款）借款凭证
2月27日	1078#	还光大银行河西支行借款	银行存款	40 000 000.00	√	√	√	√	√	委托付款凭证、放款收回凭证
5月8日	0001#	收中国银行广场支行透支借款	银行存款	53 352 513.57	√	√	√	√	√	中国银行法人账户透支业务回单
9月8日	0968#	还晋商银行并州支行法人账户透支款	银行存款	35 020 000.00	√	√	√	√	√	晋商银行转账支票存根、晋商银行客户回单、付款申请单
10月15日	0331#	还建设银行柳巷支行短期借款	银行存款	100 000 000.00	√	√	√	√	√	光大银行（贷款）借款凭证
⋮	⋮	⋮	⋮	⋮						⋮

核对内容说明：① 原始凭证是否齐全；② 记账凭证与原始凭证是否相符；③ 账务处理是否正确；④ 是否记录于恰当的会计期间；⑤ 是否经过授权审批。

审计说明：

　　我们在银行函证回函、短期借款相关信息正确无误的基础上，对沃诺克有限责任公司短期借款明细账随机抽样，检查2018年度新增银行借款以及还款情况相关的原始凭证，并与相关会计记录进行核对。经检查，短期借款可以确认。

第十三章 筹资与投资循环审计

【工作底稿实例13-5】

实收资本（股本）审定表

被审计单位：沃诺克有限责任公司	索引号：QA1
项目：实收资本（股本）审定表	财务报表截止日/期间：2018年12月31日
编制：Jia	复核：Hu
日期：2019年1月25日	日期：2019年1月26日

股东名称	期末未审数	账项调整		重分类调整		期末审定数	上期审定数
		借方	贷方	借方	贷方		
甲公司	43 010 640.00					43 010 640.00	43 010 640.00
乙公司	29 799 990.00					29 799 990.00	29 799 990.00
丙公司	16 170 505.20					16 170 505.20	16 170 505.20
丁公司	54 583 887.36					54 583 887.36	54 583 887.36
戊公司	48 386 977.44					48 386 977.44	48 386 977.44
合计	191 952 000.00					191 952 000.00	191 952 000.00

审计结论：

报表数经审计后无调整事项，可以确认。

第十四章
货币资金审计

 本章学习目标

知识目标
- 明确货币资金审计与交易循环审计的关系
- 了解货币资金的内部控制并对其进行测试
- 明确库存现金的审计目标,掌握对其实施的实质性程序
- 明确银行存款的审计目标,掌握对其实施的实质性程序

能力目标
- 能对货币资金的内部控制进行测试
- 会确定库存现金的审计目标,能对库存现金实施实质性程序
- 会确定银行存款的审计目标,能对银行存款实施实质性程序

第十四章 货币资金审计

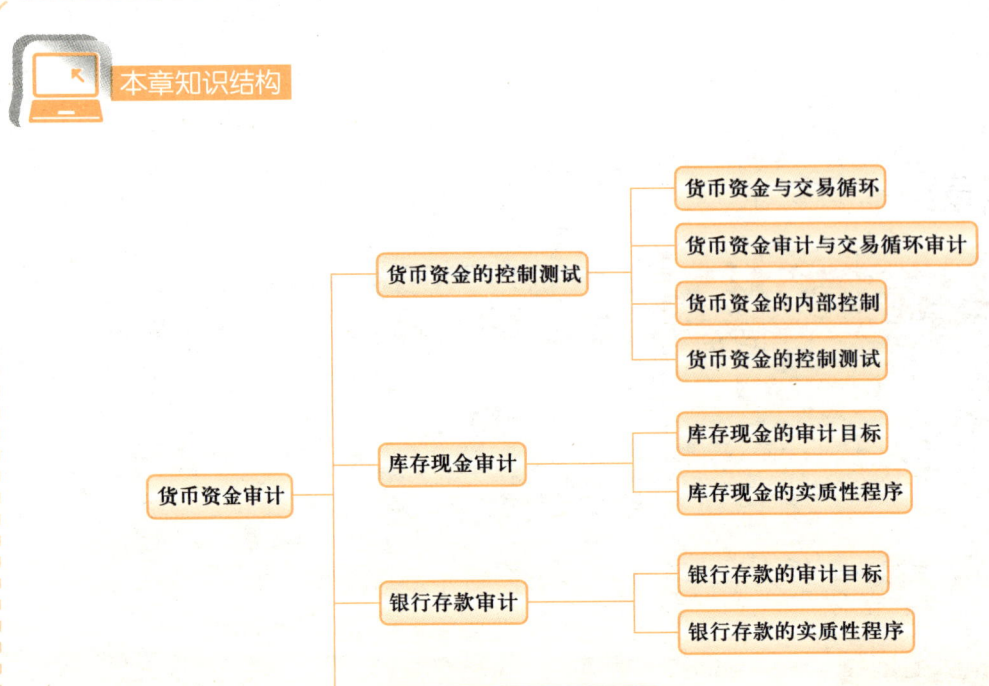

引导案例

市民钱某27岁,检察机关查明:犯罪嫌疑人钱某自担任某市三家电子公司的出纳期间(三家公司合署办公),利用自己掌管该公司财务印章和法人印章的职务之便,私自购买银行支票,从其中一家电子公司的银行账户中转出962 000余元挥霍。后来害怕事情败露,又以公司名义向与公司有业务往来的一银行营业部主任和其他单位借款962 000余元将款还上。他又从担任出纳的另一电子公司银行账户和现金卡转出68万元用于个人挥霍和归还之前欠款,并私吞该电子公司用于归还客户的欠款1万元。他还以公司名义向一银行借款29万元、一食品公司借款10万元,共计108万元,用于购车、旅游、交友、唱歌、洗浴等消费。其中钱某用赃款购买高级商务车一辆,价值22多万元。案发后,该车被追回。检察机关认为,犯罪嫌疑人钱某的行为构成职务侵占罪,数额巨大,应当在5年以上有期徒刑之间量刑。

案例分析: 该公司出现上述重大舞弊案件的主要原因是公司财务印章和法人印章在一人手中保管。按照财务制度规定,财务印章和法人印章要分开保管,一般情况是,财务印章在财务主管处保管,法人印章在出纳或者别的部门处保管,使用的时候要登记,相关领导责任人要签字确认,以达到互相制约监督的目的。

第一节 货币资金的控制测试

一、货币资金与交易循环

货币资金与各交易循环中的业务活动存在着密切的关系：

（1）在销售与收款循环中，企业产品的销售、劳务的提供会导致货币资金的增加。

（2）在采购与付款循环中，企业购买固定资产、无形资产和存货等会导致货币资金的减少。

（3）在生产与存货循环中，企业支付各种费用会导致货币资金的减少。

（4）在人力资源与工薪循环中，企业支付各种人工费用会导致货币资金的减少。

（5）在筹资循环中，企业发行股票、债券、向银行或其他金融机构借款时会导致货币资金的增加，而还本付息、支付股利则会导致货币资金的减少。

（6）在投资循环中，企业购买股票、债券时，会导致货币资金的减少，而收回投资、收取股利、利息时，则会导致货币资金的增加。

二、货币资金审计与交易循环审计

货币资金审计与交易循环审计亦存在着密切的关系。一些最终影响货币资金的错误只有在对销售、采购、筹资和投资的交易循环的审计测试中才会被发现。例如，未给顾客开票、未按销售额开票、两次支付卖方货款或支付未经验收的货物或劳务费用等，在库存现金余额中测试都不会被发现。但是限制货币资金付款和货币资金收款的错误可在货币资金的业务控制测试中发现，或通过对其余额测试程序发现。例如，对已记录的库存现金支出通过缺省支票达到贪污的目的，或现金的截止期错误，均可通过检查库存现金业务发现。

三、货币资金的内部控制

为了确保货币资金的安全完整，保证货币资金的收付符合国家的有关规定，保证货币资金的会计记录正确可靠，被审计单位应当根据国家有关法律法规的规定，结合本部门或系统有关货币资金内部控制的规定，建立适合本单位业务特点和管理要求的货币资金内部控制制度，并组织实施。

货币资金的内部控制一般包括以下内容：

（一）岗位分工及授权批准

（1）企业应当建立货币资金业务的岗位责任制，明确相关部门和岗位的职责权限，确保办理货币资金业务的不相容岗位相互分离、制约和监督。出纳人员不得兼任稽核、会计档案保管和收入、支出、费用、债权债务账目的登记工作。企业不得由一人办理货币资金业务的全过程。

（2）企业应当对货币资金业务建立严格的授权批准制度，明确审批人对货币资金业务的授权批准方式、权限、程序、责任和相关控制措施，规定经办人办理货币资金业务的职责范围和工作要求。审批人应当根据货币资金授权批准制度的规定，在授权范围内进行审批，不得超越审批权限。经办人应当在职责范围内，按照审批人的批准意见办理货币资金业务。对于审批人超越授权范围审批的货币资金业务，经办人员有权拒绝办理，并及时向审批人的上级授权部门报告。

（3）企业应当按照规定的程序办理货币资金支付业务：① 支付申请。企业有关部门或个人用款时，应当提前向审批人提交货币资金支付申请，注明款项的用途、金额、预算、支付方式等内容，并附有效经济合同或相关证明。② 支付审批。审批人根据其职责、权限和相应程序对支付申请进行审批。对不符合规定的货币资金支付申请，审批人应当拒绝批准。③ 支付复核。复核人应当对批准后的货币资金支付申请进行复核，复核货币资金支付申请的批准范围、权限、程序是否正确，手续及相关单证是否齐备，金额计算是否准确，支付方式、支付企业是否妥当等。复核无误后，交由出纳人员办理支付手续。④ 办理支付。出纳人员应当根据复核无误的支付申请，按规定办理货币资金支付手续，及时登记库存现金和银行存款日记账。

（4）企业对于重要货币资金支付业务，应当实行集体决策和审批，并建立责任追究制度，防范贪污、侵占、挪用货币资金等行为。

（5）严禁未经授权的机构或人员办理货币资金业务或直接接触货币资金。

（二）现金和银行存款的管理

（1）企业应当加强现金库存限额的管理，超过库存限额的现金应及时存入银行。

（2）企业必须根据《现金管理暂行条例》的规定，结合本企业的实际情况，确定本企业现金的开支范围。不属于现金开支范围的业务应当通过银行办理转账结算。

（3）企业现金收入应当及时存入银行，不得用于直接支付企业自身的支出。因特殊情况需坐支现金的，应事先报经开户银行审查批准。

企业借出款项必须执行严格的授权批准程序，严禁擅自挪用、借出货币资金。

（4）企业取得的货币资金收入必须及时入账，不得私设"小金库"，不得账外设账，严禁收款不入账。

（5）企业应当严格按照《支付结算办法》等国家有关规定，加强银行账户的管理，严格按照规定开立账户，办理存款、取款和结算。

企业应当定期检查、清理银行账户的开立及使用情况，发现问题，及时处理。同时应当加强对银行结算凭证的填制、传递及保管等环节的管理与控制。

（6）企业应当严格遵守银行结算纪律，不准签发没有资金保证的票据或远期支票，套取银行信用；不准签发、取得和转让没有真实交易和债权债务的票据，套取银行和他人资金；不准无理拒绝付款，任意占用他人资金；不准违反规定开立和使用银行账户。

（7）企业应当指定专人定期核对银行账户，每月至少核对一次，编制银行存款余额调节表，使银行存款账面余额与银行对账单调节相符。如调节不符，应查明原因，及时处理。

出纳人员不得同时从事银行对账单的获取、银行存款余额调节表的编制工作。确需出纳人员办理上述工作的，应当指定其他人员定期进行审核、监督。

实行网上交易、电子支付等方式办理资金支付业务的企业，应当与承办银行签订网上银行操作协议，明确双方在资金使用方面的责任和义务、交易范围等。操作人员应当根据操作授权和密码进行规范操作。使用网上交易、电子支付方式的企业办理资金支付业务，不应因支付方式的改变而随意简化、变更所必需的授权审批程序。企业在严格实行网上交易、电子支付操作人员不相容岗位相互分离控制的同时，应当配备专人加强对交易和支付行为的审核。

（8）企业应当定期和不定期地进行现金盘点，确保现金账面余额与实际库存相符。发现不符，及时查明原因，做出处理。

（三）票据及有关印章的管理

（1）企业应当加强与货币资金相关的票据的管理，明确各种票据的购买、保管、领用、背书转让、注销等环节的职责权限和程序，并专设登记簿进行记录，防止空白票据的遗失和被盗用。

（2）企业应当加强银行预留印鉴的管理。财务专用章应由专人保管，个人名章必须由本人或其授权人员保管。严禁一人保管支付款项所需的全部印章。

按规定需要有关负责人签字或盖章的经济业务，必须严格履行签字或盖章手续。

（四）监督检查

（1）企业应当建立对货币资金业务的监督检查制度，明确监督检查机构或人员的职责权限，定期和不定期地进行检查。

（2）货币资金监督检查的内容主要包括：

① 货币资金业务相关岗位及人员的设置情况。重点检查是否存在货币资金业务不相容职务混岗的现象。

② 货币资金授权批准制度的执行情况。重点检查货币资金支出的授权批准手续是否健全，

是否存在越权审批行为。

③ 支付款项印章的保管情况。重点检查是否存在办理付款业务所需的全部印章交由一人保管的现象。

④ 票据的保管情况。重点检查票据的购买、领用、保管手续是否健全，票据保管是否存在漏洞。

（3）对监督检查过程中发现的货币资金内部控制中的薄弱环节，应当及时采取措施，加以纠正和完善。

四、货币资金的控制测试

（一）库存现金的控制测试

以下举例说明几种常见的库存现金内部控制以及注册会计师相应可能实施的内部控制测试程序：

程序1： 现金付款的审批与复核。

例如，被审计单位针对现金付款审批作出了以下内部控制的要求：部门经理审批本部门的付款申请，审核付款业务是否真实发生，付款金额是否准确，以及后附票据是否齐全，并在复核无误后签字认可。财务部门在安排付款前，财务经理再次复核经审批的付款申请及后附相关凭据或证明，如核对一致，进行签字认可并安排付款。

针对上述内部控制，注册会计师可以在选取适当样本的基础上实施以下控制测试程序：

（1）询问相关业务部门的经理和财务经理其在日常现金付款业务中执行的内部控制，以确定其是否与被审计单位内部控制政策要求保持一致。

（2）观察财务经理复核付款申请的过程，是否核对了付款申请的用途、金额及后附相关凭据，以及在核对无误后是否进行了签字确认。

（3）重新核对经审批及复核的付款申请及其相关凭据，并检查是否经签字确认。

程序2： 现金盘点。

例如，被审计单位针对现金盘点作出了以下内部控制的要求：会计主管指定应付账款会计每月末的最后一天对库存现金进行盘点，根据盘点结果编制库存现金盘点表，将盘点余额与库存现金日记账余额进行核对，并对差异调节项进行说明。会计主管复核库存现金盘点表，如盘点金额与库存现金日记账余额存在差异且差异金额超过2万元，需查明原因并报财务经理批准后进行财务处理。

针对上述内部控制，注册会计师可以在选取适当样本的基础上实施以下控制测试程：

（1）在月末最后一天参与被审计单位的现金盘点，检查是否由应付账款会计进行现金盘点。

（2）观察现金盘点程序是否按照盘点计划的指令和程序执行，是否编制了库存现金盘点表并根据内部控制要求经财务部相关人员签字复核。

（3）检查库存现金盘点表中记录的现金盘点余额是否与实际盘点金额保持一致、库存现金盘点表中记录的库存现金日记账余额是否与被审计单位库存现金日记账的余额保持一致。

（4）针对调节差异金额超过2万元的调节项，检查是否经财务经理批准后进行财务处理。

（二）银行存款的控制测试

以下举例说明几种常见的银行存款内部控制以及注册会计师相应可能实施的内部控制测试程序。

程序1： 银行账户的开立、变更和注销。

例如，被审计单位针对银行账户的开立、变更和注销作出了以下内部控制的要求：会计主管根据被审计单位的实际业务需要就银行账户的开立、变更和注销提出申请，经财务经理审核后报总经理审批。

针对上述内部控制，注册会计师可以实施以下控制测试程序：

（1）询问会计主管被审计单位本年度开户、变更、撤销的整体情况。

（2）取得本年度账户开立、变更、撤销申请项目清单，检查清单的完整性，并在选取适当样本的基础上检查账户的开立、变更、撤销项目是否已经财务经理和总经理审批。

程序2： 银行存款的审批和复核。

例如，被审计单位针对银行存款审批作出了以下内部控制的要求：部门经理审批本部门的付款申请，审核付款业务是否真实发生，付款金额是否准确，以及后附票据是否齐全，并在复核无误后签字认可。财务部门在安排付款前，财务经理再次复核经审批的付款申请及后附相关凭据或证明，如核对一致，进行签字认可并安排付款。

针对上述内部控制，注册会计师可以在选取适当样本的基础上实施以下控制测试程序：

（1）询问相关业务部门的经理和财务经理其在日常银行付款业务中执行的内部控制，以确定其是否与被审计单位内部控制政策要求保持一致。

（2）观察财务经理复核付款申请的过程，是否核对了付款申请的用途、金额及后附相关凭据，以及在核对无误后是否进行了签字确认。

（3）重新核对经审批及复核的付款申请及其相关凭据，并检查是否经签字确认。

程序3： 编制银行存款余额调节表。

例如，被审计单位为保证银行存款余额的存在性、完整性和准确性作出了以下内部控制的要求：每月末，会计主管指定应收账款会计核对银行存款日记账和银行对账单，编制银行存款余额调节表，使银行存款账面余额与银行对账单调节相符。如存在差异项，查明原因并进行差异调节说明。会计主管复核银行存款余额调节表，对需要进行调整的调节项目及时进行处理，并签字认可。

针对上述内部控制，注册会计师可以实施以下控制测试程序：

（1）询问应收账款会计和会计主管，以确定其执行的内部控制是否与被审计单位内部控制政策要求保持一致，特别是针对未达账项的编制及审批流程。

（2）针对选取的样本，检查银行存款余额调节表，查看调节表中记录的企业银行存款日记账余额是否与银行存款日记账余额保持一致，调节表中记录的银行对账单余额是否与被审计单位提供的银行对账单中的余额保持一致。

（3）针对调节项目，检查是否经会计主管的签字复核。

（4）针对大额未达账项进行期后收付款的检查。

【案例14-1】 至真会计师事务所的注册会计师王辉和刘艳接受委派，对盛大有限责任公司2018年度的财务报表进行审计。在对该公司的货币资金内部控制进行了解时，发现以下情况：

（1）公司设立出纳员。出纳员负责办理现金、银行存款收支业务，登记库存现金日记账和银行存款日记账，并兼任会计档案保管职务。月底，出纳员取得银行对账单并编制银行存款余额调节表。

（2）公司对货币资金支付建立了授权批准制度。审批人根据货币资金授权批准制度的规定，一般情况下在授权范围内进行审批，同时也可以超越审批权限审批，事后再按审批程序补办手续。

（3）公司采取分散收款方式。各部门收款员所收现金每隔3天向财务部门出纳员汇总解交一次。

要求：指出盛大有限责任公司公司货币资金内部控制中存在的缺陷并简要说明理由，同时提出改进建议。

【分析】

（1）出纳员兼任会计档案保管职务不符合内部控制的要求，因其是不相容职务，应由出纳员以外的人员担任会计档案保管职务；出纳员取得银行对账单并编制银行存款余额调节表不符合内部控制的要求，因其是不相容职务，应指定专人定期核对银行账户并编制银行存款余额调节表。

（2）审批人超越授权范围审批不符合内部控制的要求，属于无效审批。应严格按照审批权限审批，对越权审批的货币资金支付业务，经办人员应拒绝办理，并及时向审批人的上级授权部门报告。

（3）现金收入每隔3天解交一次不符合规定，因为企业收入的现金应及时存入银行并入账，应于每天营业结束后及时把收入的现金解交财务部门。

第二节 库存现金审计

一、库存现金的审计目标

库存现金包括企业的人民币现金和外币现金。库存现金是企业流动性最强的资产,尽管其在企业资产总额中的比重不大,但企业发生的舞弊大都与库存现金有关。因此,注册会计师应重视库存现金的审计。库存现金的具体审计目标与财务报表认定对应关系如表14-1所示。

表14-1 库存现金审计目标与财务报表认定对应关系表

审计目标	财务报表认定				
	存在	完整性	权利和义务	计价和分摊	列报
A. 资产负债表中记录的库存现金是存在的	√				
B. 所有应当记录的库存现金均已记录		√			
C. 记录的库存现金由被审计单位拥有或控制			√		
D. 库存现金以恰当的金额包括在财务报表中,与之相关的计价调整已恰当记录				√	
E. 库存现金已按照企业会计准则的规定在财务报表中作出恰当列报					√

二、库存现金的实质性程序

程序1: 核对库存现金日记账与总账的余额是否相符。

注册会计师应核对库存现金日记账与总账的余额是否相符,检查非记账本位币库存现金的折算汇率及折算金额是否正确。

注册会计师测试库存现金余额的起点,是核对库存现金日记账与总账的余额是否相符;如果不相符,应查明原因,必要时应建议作出适当调整。

【审计程序与具体审计目标对应关系提示】此程序可实现C审计目标。

程序2: 监盘库存现金。

监盘库存现金是证实资产负债表中"货币资金"项目下所列库存现金是否存在的一项重要审计程序。

企业盘点库存现金,通常包括对已收到但未存入银行的现金、零用金、找换金等的盘点。

盘点库存现金的时间和人员应视被审计单位的具体情况而定，但必须有出纳员和被审计单位会计主管人员参加，并由注册会计师进行监盘。监盘库存现金的步骤和方法主要有：

（1）查看被审计单位制订的盘点计划，以确定监盘时间。对库存现金的监盘最好实施突击性的检查，时间最好选择在上午上班前或下午下班时，监盘的范围一般包括企业各部门存放的现金。如企业现金存放部门有两处或两处以上者，应同时进行监盘。

（2）审阅库存现金日记账并与现金收付凭证相核对。一方面检查日记账的记录与凭证的内容和金额是否相符；另一方面了解凭证日期与日记账日期是否相符或接近。

（3）检查被审计单位现金实有数，并将该监盘金额与库存现金日记账余额进行核对，如有差异，应要求被审计单位查明原因，必要时应提请被审计单位作出调整；如无法查明原因，应要求被审计单位按管理权限批准后作出调整。若有冲抵库存现金的借条、未提现支票、未作报销的原始凭证，应在"库存现金监盘表"中注明，必要时应提请被审计单位作出调整。

（4）在非资产负债表日进行监盘时，应将监盘金额调整至资产负债表日的金额，并对变动情况实施审计程序。

库存现金监盘表审计工作底稿见工作底稿实例14-2，索引号ZA2。

【审计程序与具体审计目标对应关系提示】此程序可实现ABCD审计目标。

程序3： 抽查大额库存现金收支。

注册会计师应检查大额现金收支的原始凭证是否齐全、原始凭证内容是否完整、有无授权批准、记账凭证与原始凭证是否相符、账务处理是否正确、是否记录于恰当的会计期间等项内容。

【审计程序与具体审计目标对应关系提示】此程序可实现ABD审计目标。

程序4： 检查库存现金是否在资产负债表中作出恰当列报。

根据有关规定，企业的库存现金在资产负债表的"货币资金"项目中反映，所以，注册会计师应在实施上述审计程序后，确定"库存现金"账户的期末余额是否恰当，进而确定库存现金是否在资产负债表中恰当披露。

货币资金审定表审计工作底稿见工作底稿实例14-1，索引号ZA1。

【审计程序与具体审计目标对应关系提示】此程序可实现E审计目标。

【**案例14-2**】2019年1月16日，至真会计师事务所在对盛大有限责任公司2018年12月31日资产负债表审计中，注册会计师王辉查得"货币资金"项目中的库存现金为1 440元。1月17日上午8时，注册会计师对该公司出纳员所经管的现金进行了清点。该公司1月16日库存现金日记账余额为1 240元，清点结果如下：

（1）现金实有数1 240元。

（2）银行核定该公司现金限额为1 600元。

（3）经核对1月1日—16日的收付款凭证和库存现金日记账，核实1月1日—16日收入现金数为5 000元、支出现金数为5 200元正确无误。

要求：根据以上资料，核实2018年12月31日资产负债表上的"货币资金"项目中所列现金数是否正确。

【分析】

盛大有限责任公司2018年12月31日现金的实存数为1 440元（1 240＋5 200－5 000），与"货币资金"项目中的库存现金数相符。注册会计师王辉确认"货币资金"项目中的库存现金数基本正确。

第三节　银行存款审计

一、银行存款的审计目标

银行存款是指企业存放在银行或其他金融机构的各种款项。按照国家有关规定，凡是独立核算的企业都必须在当地银行开设账户。企业在银行开设账户以后，除按核定的限额保留库存现金外，超过限额的现金必须存入银行；除了在规定的范围内可以用现金支付款项外，在经营过程中所发生的一切货币收支业务，都必须通过"银行存款"账户进行结算。银行存款的具体审计目标与财务报表认定对应关系如表14-2所示。

表14-2　银行存款审计目标与财务报表认定对应关系表

审计目标	财务报表认定				
	存在	完整性	权利和义务	计价和分摊	列报
A. 资产负债表中记录的银行存款是存在的	√				
B. 所有应当记录的银行存款均已记录		√			
C. 记录的银行存款由被审计单位拥有或控制			√		
D. 银行存款以恰当的金额包括在财务报表中，与之相关的计价调整已恰当记录				√	
E. 银行存款已按照企业会计准则的规定在财务报表中作出恰当列报					√

二、银行存款的实质性程序

程序1: 获取或编制银行存款明细表。

注册会计师应获取或编制银行存款明细表,复核加计是否正确,并与总账数和日记账合计数核对是否相符;检查非记账本位币银行存款的折算汇率及折算金额是否正确。

注册会计师测试银行存款余额的起点,是核对银行存款日记账余额与总账余额是否相符。如果不相符,应查明原因,并考虑是否应建议作出适当调整。

银行存款明细表审计工作底稿见工作底稿实例14-3,索引号ZA3。

【审计程序与具体审计目标对应关系提示】此程序可实现D审计目标。

程序2: 实施实质性分析程序。

计算银行存款累计余额应收利息收入,分析比较被审计单位银行存款应收利息收入与实际利息收入的差异是否恰当,评估利息收入的合理性,检查是否存在高息资金拆借,确认银行存款余额是否存在,利息收入是否已经完整记录。

【审计程序与具体审计目标对应关系提示】此程序可实现D审计目标。

程序3: 检查银行存款账户发生额。

对银行存款账户的发生额进行审计,通常能够有效应对被审计单位编制虚假财务报表、管理层或员工非法侵占货币资金等舞弊风险。除实施其他审计程序外,注册会计师还应对银行存款账户的发生额实施以下程序:

(1)分析发生漏记银行交易的可能性,获取相关期间的全部银行对账单。

(2)如果对被审计单位从银行取得的对账单的真实性存在疑虑,注册会计师可以在被审计单位的协助下亲自到银行获取银行对账单,注册会计师要全程关注银行对账单的打印过程。

(3)选取银行对账单中记录的交易与被审计单位银行存款日记账的记录进行核对;从被审计单位银行存款日记账上选取样本,核对至银行对账单。

(4)浏览银行对账单,选取大额异常交易,如银行对账单上有一收一付相同金额,或分次转出相同金额等,检查被审计单位银行存款日记账上有无该项收付金额记录。

【审计程序与具体审计目标对应关系提示】此程序可实现ABCD审计目标。

程序4: 取得并检查银行对账单和银行存款余额调节表。

检查银行对账单和银行存款余额调节表是证实资产负债表中所列银行存款是否存在的重要程序。

(1)取得并检查银行对账单。

①取得被审计单位加盖银行印章的银行对账单,必要时亲自到银行获取对账单,并对获

取过程保持控制。

② 将获取的银行对账单余额与银行存款日记账余额进行核对，如存在差异，获取银行存款余额调节表。

③ 将被审计单位资产负债表日的银行对账单与银行询证函核对，确认是否一致。

（2）取得并检查银行存款余额调节表。

① 检查调节表中加计数是否正确，调节后银行存款日记账余额与银行对账单余额是否一致。

② 检查调节事项。对于企业已收付银行尚未入账的事项，检查相关收付款凭证，并取得期后银行对账单，确认未达账项是否存在，银行是否已于期后入账；对于银行已收付企业尚未入账的事项，检查期后企业入账的收付款凭证，确认未达账项是否存在，必要时，提请被审计单位进行调整。

③ 关注长期未达账项，查看是否存在挪用资金等事项。

④ 当未经授权或授权不清支付货币资金的现象比较突出时，检查银行存款余额调节表中支付异常的领款，包括没有载明收款人、签字不全、收款地址不清的调整事项，确认是否存在舞弊。

对银行存款余额调节表的检查审计工作底稿见工作底稿实例14-4，索引号ZA4。

【审计程序与具体审计目标对应关系提示】此程序可实现ABD审计目标。

程序5： 函证银行存款余额。

函证银行存款余额是证实银行存款是否存在的重要程序。《中国注册会计师审计准则第1312号——函证》第12条规定："注册会计师应当对银行存款（包括零余额账户和在本期内注销的账户）及与金融机构往来的其他重要信息实施函证程序，除非有充分证据表明某一银行存款、借款及与金融机构往来的其他重要信息对财务报表不重要且与之相关的重大错报风险很低。"

通过向往来银行函证，注册会计师不仅可以了解被审计单位资产的存在情况，而且还可以了解被审计单位所欠银行的债务，发现被审计单位未登记的银行负债，以及被审计单位应披露的或有负债等。

虽然注册会计师可以从被审计单位内部获取银行对账单，了解其银行存款的实有数额，但一般而言，要确定某一特定日期银行存款的金额，注册会计师仍需向被审计单位的开户银行进行函证。对于零余额账户和在本期内注销的账户，注册会计师也应当实施函证，以防止被审计单位隐瞒银行存款或借款。

在实施银行函证时，注册会计师需要以被审计单位的名义向银行发函询证，以验证被审计单位的银行存款是否真实、合法和完整。根据《关于进一步规范银行函证及回函工作的通知》(财会〔2016〕13号)，各银行应对询证函列示的全部项目作出回应，并在收到询证函之日起10个工作日内，将回函直接寄往会计师事务所。

银行询证函审计工作底稿见工作底稿实例14-5，索引号ZA5。

银行存款函证结果汇总表审计工作底稿见工作底稿实例14-6，索引号ZA6。

【审计程序与具体审计目标对应关系提示】此程序可实现AC审计目标。

程序6： 检查银行存款账户存款人是否为被审计单位。

若存款人为非被审计单位，应获取该账户户主和被审计单位的书面声明，确认资产负债表日是否需要提请被审计单位进行调整。

【审计程序与具体审计目标对应关系提示】此程序可实现C审计目标。

程序7： 关注是否存在质押、冻结等对变现有限制或存放在境外的款项。

如果存在，应提请被审计单位作必要的调整和披露。

【审计程序与具体审计目标对应关系提示】此程序可实现CE审计目标。

程序8： 列明不符合现金及现金等价物条件的银行存款。

对不符合现金及现金等价物条件的银行存款在审计工作底稿中予以列明，以考虑对现金流量表的影响。

【审计程序与具体审计目标对应关系提示】此程序可实现E审计目标。

程序9： 抽查大额银行存款收支的原始凭证。

检查原始凭证是否齐全、记账凭证与原始凭证是否相符、账务处理是否正确、是否记录于恰当的会计期间等项内容。检查是否存在非营业目的的大额货币资金转移，并核对相关账户的进账情况；如有与被审计单位生产经营无关的收支事项，应查明原因并作相应的记录。

货币资金收支检查情况表审计工作底稿见工作底稿实例14-7，索引号ZA7。

【审计程序与具体审计目标对应关系提示】此程序可实现ABD审计目标。

程序10： 检查银行存款收支的截止是否正确。

选取资产负债表日前后若干张、一定金额以上的凭证实施截止测试，关注业务内容及对应项目，如有跨期收支事项，应考虑是否提请被审计单位进行调整。

银行存款收支截止测试表审计工作底稿见工作底稿实例14-8，索引号ZA8。

【审计程序与具体审计目标对应关系提示】此程序可实现AB审计目标。

程序11： 检查银行存款是否在资产负债表中作出恰当列报。

根据有关规定，企业的银行存款在资产负债表的"货币资金"项目中反映，所以，注册会计师应在实施上述审计程序后，确定银行存款账户的期末余额是否恰当，进而确定银行存款是否在资产负债表中恰当披露。此外，如果企业的银行存款存在抵押、冻结等使用限制情况或者潜在回收风险，注册会计师应关注企业是否已经恰当披露有关情况。

货币资金审定表审计工作底稿见工作底稿实例14-1，索引号ZA1。

【审计程序与具体审计目标对应关系提示】此程序可实现E审计目标。

【案例14-3】至真会计师事务所的注册会计师王辉对盛大有限责任公司2018年12月31日的资产负债表进行审计。在审查资产负债表"货币资金"项目时，王辉发现该公司2018年12月31日的银行存款账面余额为32 000元，派助理向开户银行取得对账单一张，2018年12月31日的银行对账单余额为41 000元。另外，查有下列未达账款和记账差错：

（1）12月23日公司送存转账支票6 000元，银行尚未入账。

（2）12月24日公司开出转账支票7 200元，持票人尚未到银行办理转账手续。

（3）12月25日委托银行收款10 500元，银行已收妥入账，但收款通知尚未到达该公司。

（4）12月30日银行代付水费3 200元，但银行付款通知单尚未到达该公司。

（5）12月15日收到银行收款通知单金额为4 000元，公司入账时将银行存款增加错记成3 500元。

要求：根据上述资料，编制银行存款余额调节表，核实2018年12月31日资产负债表上"货币资金"项目中银行存款数额的正确性。

【分析】

注册会计师根据收集的资料，编制了银行存款余额调节表，见表14-3。

表14-3 银行存款余额调节表

编制单位：盛大有限责任公司　　　　2018年12月31日　　　　　　　　　　　　单位：元

项目	金额	项目	金额
企业银行存款日记账余额	32 000	开户银行对账单余额	41 000
加：银行已收，企业尚未入账的款项	10 500	加：企业已收，银行尚未入账的款项	6 000
公司记账差错数	500		
减：银行已付，企业尚未入账的款项	3 200	减：企业已付，银行尚未入账的款项	7 200
调节后的银行存款余额	39 800	调节后的银行存款余额	39 800

注册会计师：王辉　　　　　　　　　主管：张冬英　　　　　　　　　　　　会计员：王平

从银行存款余额调节表可以看出，盛大有限责任公司2018年12月31日银行存款的数额经调整后应为39 800元，从而证明公司银行存款账面余额32 000元基本属实。

第四节　货币资金审计工作底稿实例

【工作底稿实例14-1】

货币资金审定表

被审计单位：沃诺克有限责任公司	索引号：ZA1
项目：货币资金审定表	财务报表截止日/期间：2018年12月31日
编制：王辉	复核：李萍
日期：2019年1月17日	日期：2019年1月18日

项目名称	期末未审数	账项调整		重分类调整		期末审定数	上期末审定数
		借方	贷方	借方	贷方		
库存现金	181.57					181.57	196.40
银行存款	8 582 200.80					8 582 200.80	8 360 435.60
其他货币资金							
合计	8 582 382.37					8 582 382.37	8 360 632.00

审计结论：

　　报表数经审计后无调整事项，可以确认。

【工作底稿实例14-2】

库存现金监盘表

被审计单位：沃诺克有限责任公司	索引号：ZA2
项目：库存现金监盘表	财务报表截止日/期间：2018年12月31日
编制：王辉	复核：李萍
日期：2019年1月13日	日期：2019年1月14日

第四节 货币资金审计工作底稿实例

检查盘点记录			实有库存现金盘点记录		
项目	项次	人民币	面额	人民币	
				张	金额
上一日账面库存余额	①	460.20			
盘点日未记账传票收入金额	②		100元	2	200.00
盘点日未记账传票支出金额	③		50元	4	200.00
盘点日账面应有金额	④=①+②-③	460.20	10元	5	50.00
盘点实有库存现金数额	⑤	460.20	5元	2	10.00
盘点日应有与实有差异	⑥=④-⑤		2元		
差异原因分析	白条抵库（张）		1元		
			0.5元		
			0.2元		
			0.1元	2	0.20
			合计		460.20
追溯调整	报表日至审计日库存现金付出总额	2 307.87			
	报表日至审计日库存现金收入总额	2 586.50			
	报表日库存现金应有余额	181.57			
	报表日账面汇率				
	报表日余额折合本位币金额	181.57			
	本位币合计	460.20			

出纳员：略　　　会计主管人员：略　　　监盘人：王群　　　检查日期：2019年1月13日

审计说明：

（1）针对库存现金监盘审计程序的时间，我们使其超出沃诺克有限责任公司的预期；
（2）经检查没有发现：账外资金、充抵库存现金的借条、未提现支票、未作报销的原始凭证；
（3）截至2018年12月31日库存现金账实相符。

【工作底稿实例 14-3】

银行存款明细表	
被审计单位：沃诺克有限责任公司	索引号：ZA3
项目：银行存款明细表	财务报表截止日/期间：2018年12月31日
编制：王辉	复核：李萍
日期：2019年1月10日	日期：2019年1月11日

开户行	账号	是否系质押、冻结等对变现有限制或存在境外的款项	银行日记账余额	银行已收，企业尚未入账金额	银行已付，企业尚未入账金额	调整后银行日记账余额	银行对账单余额（原币）	企业已收，银行尚未入账金额	企业已付，银行尚未入账金额	调整后银行对账单余额	调整后是否相符
			①	②	③	④=①+②-③	⑤	⑥	⑦	⑧=⑤+⑥-⑦	
工行和平路支行	2120600×	否	2 405 950.13			2 405 950.13	2 405 950.13			2 405 950.13	是
建行解放路支行	3400203×	否	1 372 370.25			1 372 370.25	1 372 370.25			1 372 370.25	是
中行江北路支行	6101818×	否	1 967 540.32			1 967 540.32	1 967 540.32			1 967 540.32	是
招行五一路支行	7586019×	否	2 836 340.10			2 836 340.10	2 836 340.10			2 836 340.10	是
⋮											
合计			8 582 200.80			8 582 200.80	8 582 200.80			8 582 200.80	

编制说明：若账面余额（原币数）与银行对账单余额不一致，应另行检查银行存款余额调节表。

【工作底稿实例 14-4】

对银行存款余额调节表的检查	
被审计单位：沃诺克有限责任公司	索引号：ZA4
项目：对银行存款余额调节表的检查	财务报表截止日/期间：2018年12月31日
编制：王辉	复核：李萍
日期：2019年1月11日	日期：2019年1月12日

第四节 货币资金审计工作底稿实例

开户银行：工行和平路支行	银行账号：2120600×		币种：人民币
项目	金额	调节项目说明	是否需要审计调整
银行对账单余额	2 405 950.13		
加：企业已收，银行尚未入账合计金额			
其中：1.			
2.			
减：企业已付，银行尚未入账合计金额			
其中：1.			
2.			
调整后银行对账单余额	2 405 950.13		
企业银行存款日记账余额	2 405 950.13		
加：银行已收，企业尚未入账合计金额			
其中：1.			
2.			
减：银行已付，企业尚未入账合计金额			
其中：1.			
2.			
调整后企业银行存款日记账余额	2 405 950.13		

经办会计人员（签字）：略　　　　　　　　　　　会计主管（签字）：略

审计说明：

　　沃诺克有限责任公司拥有4个银行账户，截至2018年12月31日，各银行账户的银行存款日记账余额与银行对账单余额一致。

【工作底稿实例14-5】

银行询证函

索引号：ZA5　　　　　　　　　　　　　　　　　　　　　　　　　　　　编号：001

工行和平路支行：

　　本公司聘请的明瑞会计师事务所正在对本公司2018年度财务报表进行审计，按照中国注册会计师审计准则的要求，应当询证本公司与贵行相关的信息。下列信息出自本公司记录，如与贵行记录相符，请在本函下端"信息证明无误"处签章证明；如有不符，请在"信息不符"处列明不符项目及具体内容；如存在与本公司有关的未列入本函的其他重要信息，也请在"信息不符"处列出其详细资料。回函请直接寄至明瑞会计师事务所。

回函地址：晋峰市解放路26号
邮编：030028　　　电话：0351-6580448　　　传真：0351-6580448　　　联系人：王辉
截至2018年12月31日止，本公司与贵行相关的信息列示如下：
1. 银行存款单位：元

账户名称	银行账号	币种	利率	余额	起止日期	是否被抵押、用于担保或存在其他使用限制	备注
沃诺克有限责任公司	2120600×	人民币		2 405 950.13		否	

除上述列示的银行存款外，本公司并无在贵行的其他存款。
2. 银行借款
……

（沃诺克有限责任公司盖章）2019年1月10日

------------------------以下仅供被询证银行使用------------------------

结论：

1. 信息证明无误。 （工行和平路支行盖章） 2019年1月15日 经办人：×××	2. 信息不符，请列明不符项目及具体内容 （银行盖章） 年　月　日 经办人：

【工作底稿实例14-6】

银行存款函证结果汇总表

被审计单位：沃诺克有限责任公司	索引号：ZA6
项目：银行存款函证结果汇总表	财务报表截止日/期间：2018年12月31日
编制：王辉	复核：李萍
日期：2019年1月17日	日期：2019年1月18日

开户银行	账号	币种	函证情况				金额差异	冻结、质押等事项说明	备注
			对账单余额	函证日期	回函日期	回函金额			
工行和平路支行	2120600×	人民币	2 405 950.13	2019-01-10	2019-01-16	2 405 950.13		无	
建行解放路支行	3400203×	人民币	1 372 370.25	2019-01-10	2019-01-14	1 372 370.25		无	

续表

开户银行	账号	币种	函证情况					冻结、质押等事项说明	备注
			对账单余额	函证日期	回函日期	回函金额	金额差异		
中行江北路支行	6101818×	人民币	1 967 540.32	2019-01-10	2019-01-16	1 967 540.32		无	
招行五一路支行	7586019×	人民币	2 836 340.10	2018-01-10	2019-01-15	2 836 340.10		无	

审计说明：

略

【工作底稿实例14-7】

货币资金收支检查情况表

被审计单位：沃诺克有限责任公司	索引号：ZA7
项目：货币资金收支情况检查表	财务报表截止日/期间：2018年12月31日
编制：王辉	复核：李萍
日期：2019年1月14日	日期：2019年1月15日

记账日期	凭证编号	业务内容	对应科目	金额	核对内容（用"√""×"表示）				备注
					①	②	③	④	
01	0050#	收货款	应收账款	82 258.56	√	√	√	√	
03	0106#	付2016年3月份电费	应付账款	12 907.45	√	√	√	√	
06	1266#	收工行利息	财务费用	6 278.32	√	√	√	√	
07	1352#	付投资人股利	应付股利	97 506.00	√	√	√	√	
10	1339#	付到期承兑汇票款	应付票据	62 462.90	√	√	√	√	
11	1347#	提备用金	银行存款	13 000.00	√	√	√	√	

核对内容说明：① 原始凭证是否齐全；② 记账凭证与原始凭证是否相符；③ 账务处理是否正确；④ 是否记录于恰当的会计期间。

对不符事项的处理：无。

第十四章 货币资金审计

> **审计说明：**
>
> 我们自库存现金日记账、银行存款日记账中随机选取样本，进行检查。

【工作底稿实例14-8】

银行存款收支截止测试表

被审计单位：沃诺克有限责任公司	索引号：ZA8
项目：银行存款收支截止测试	财务报表截止日/期间：2018年12月31日
编制：王辉	复核：李萍
日期：2019年1月15日	日期：2019年1月16日

项目	序号	日期	凭证号	摘要	借方科目	贷方科目	金额	核对内容			
								①	②	③	④
报表日前	1	12月27日	1359#	收货款	银行存款	应收账款	246 380.69	√	√	√	√
	2	12月31日	2503#	研发费	管理费用	银行存款	308 364.00	√	√	√	√
截止日：2018年12月31日											
报表日后	1	1月2日	0013#	广告费	销售费用	银行存款	16 000.00	√	√	√	√
	2	1月5日	0018#	办公费	管理费用	银行存款	12 365.00	√	√	√	√

核对内容说明：① 原始凭证是否齐全；② 记账凭证与原始凭证是否相符；③ 账务处理是否正确；④ 是否记录于恰当的会计期间。

审计说明及结论：

（1）样本选取方法：在资产负债表日2018年12月31日前3个工作日，以及后至现场审计日，发生银行存款收支金额在10万元以上的交易业务。

（2）实施该审计程序得出结论：关注业务内容及对应科目，没有发现跨期收支事项。

第十五章
审计报告

 本章学习目标

知识目标

- 了解审计报告编制前的工作
- 明确审计报告的作用、种类
- 理解审计报告的基本概念
- 理解无保留意见审计报告的基本内容和符合的条件
- 理解非无保留意见审计报告的内容和符合的条件
- 掌握审计报告的编制方法

能力目标

- 能按照审计报告编制前的工作要求,完成审计报告编制前的各项工作
- 能根据不同情况,按照审计报告的符合条件,形成审计意见,编写审计报告

第十五章　审计报告

本章知识结构

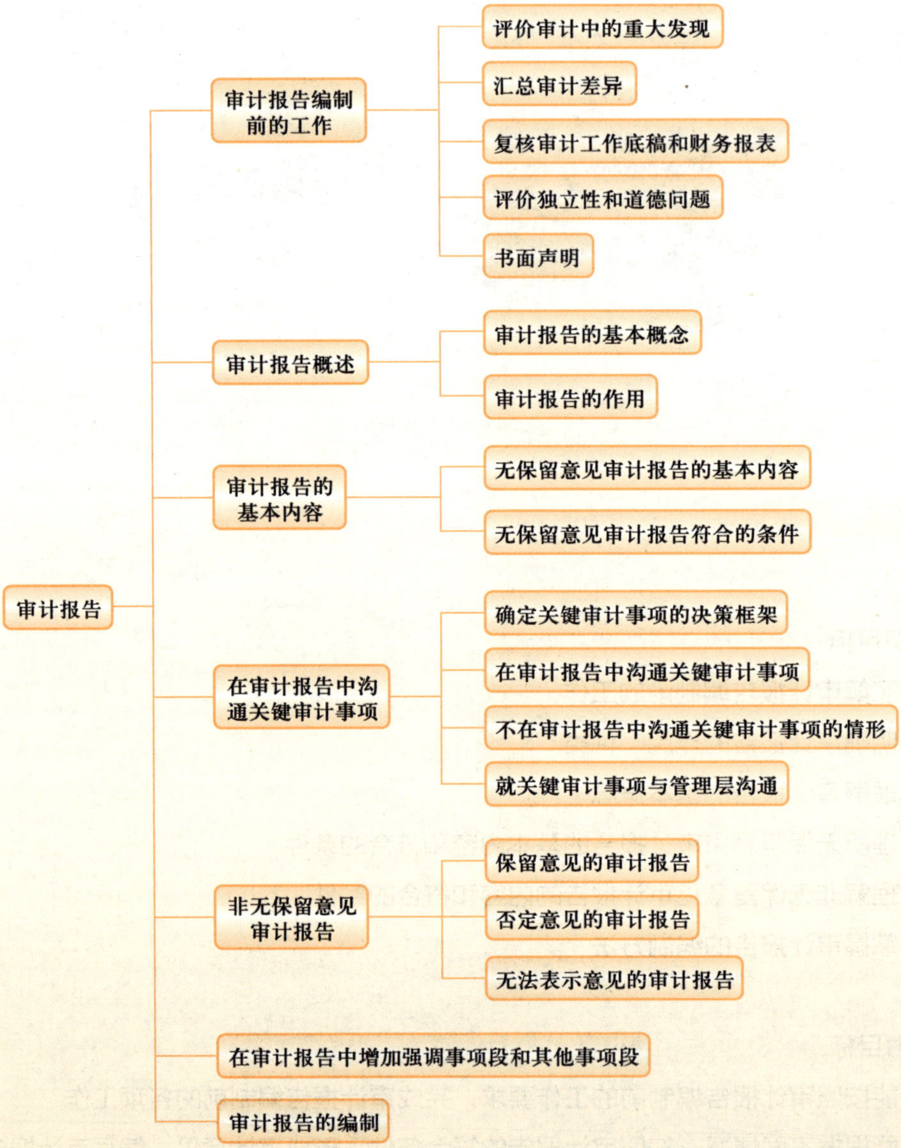

- 审计报告
  - 审计报告编制前的工作
    - 评价审计中的重大发现
    - 汇总审计差异
    - 复核审计工作底稿和财务报表
    - 评价独立性和道德问题
    - 书面声明
  - 审计报告概述
    - 审计报告的基本概念
    - 审计报告的作用
  - 审计报告的基本内容
    - 无保留意见审计报告的基本内容
    - 无保留意见审计报告符合的条件
  - 在审计报告中沟通关键审计事项
    - 确定关键审计事项的决策框架
    - 在审计报告中沟通关键审计事项
    - 不在审计报告中沟通关键审计事项的情形
    - 就关键审计事项与管理层沟通
  - 非无保留意见审计报告
    - 保留意见的审计报告
    - 否定意见的审计报告
    - 无法表示意见的审计报告
  - 在审计报告中增加强调事项段和其他事项段
  - 审计报告的编制

引导案例

华天会计师事务所于2019年1月20日接受兴达公司委托，对其上年度会计报表进行审计。据公司经理介绍，该公司已于上年12月31日对存货进行全面盘点，但因历年来从事公司年度审计工作的长城会计师事务所负责主审的注册会计师离开了会计师事务所，所以12月31日的存货盘点未经注册会计师现场观察，这也是该公司变更委托的原因。公司经理提出，元旦至春节期间生产任务重，需加班加点才能完成客户的订货单，所以要求审计人员不要再度停工盘点，但12月31日盘点时所有资料可提供复核；如果需要了解上一年度的盘点情况，允许后任审计人员与长城会计师事务所取得联系。

根据上述情况，华天会计师事务所审计人员首先深入现场了解生产过程以及存货实物流动的管理控制情况，了解了内部审计工作的独立性以及工作能力。经深入研究存货内部控制制度，确实了控制的健全可信性。另外，审计人员详细复核了该公司提供的由内部审计人员参加的盘点资料，并于1月20日抽点了约占存货价值20%的项目，抽点的项目经追查永续盘存记录，结果也未发现重大差异。同时，与前任审计人员取得联系，验证了期初存货的存在性，12月31日公司总资产900万元中存货达300万元。

假定存货项目其他方面的审查以及财务报表其他项目的审查均为满意，请问华天会计师事务所的主审注册会计师能否签发无保留意见的审计报告？试说明理由。

这种情况下审计人员可以签发无保留意见审计报告。因为该公司的内部控制是比较健全可信的，增强了会计资料的真实、可靠性。虽然审计人员受到限制不能观察存货的实地盘点，但审计人员可以通过实施替代的审计程序获得充分的审计证据。同时存货其他方面，如计价、截止期等以及报表其他项目审查都能使审计人员获得令人满意的足够证据和结果。

第一节　审计报告编制前的工作

注册会计师在按业务循环完成各会计报表项目的审计测试和一些特殊项目的审计工作后，应汇总审计测试结果，进行更具综合性的审计工作，如评价审计中的重大发现，汇总审计差异，评价独立性和道德问题，考虑被审计单位持续经营假设的合理性，关注或有事项和期后事项对财务报表的影响，撰写审计总结，复核审计工作底稿和财务报表等。在此基础上，应评价审计结果，在与客户沟通后，获取管理当局声明书，确定应出具的审计报告意见的类型和措辞，从而编制并致送审计报告，终结审计工作。

需要说明的是，以上只是对审计完成阶段注册会计师主要工作的列举，并不完整。并且，在审计实务中，这些工作有的在审计实施阶段就已经开始，有的即使主要在审计完成阶段执行，也未必机械地按照上述列示顺序依次进行。本节只对主要在审计完成阶段执行的工作进行阐述。

一、评价审计中的重大发现

重大发现涉及会计政策的选择、运用和一贯性的重大事项，包括相关的信息披露。

在审计完成阶段，项目合伙人和审计项目组应考虑的重大发现和事项包括：中期复核中的重大发现及其对审计方法的相关影响；涉及会计政策的选择、运用和一贯性的重大事项，包括相关的信息披露；就特定审计目标识别的重大风险，对审计策略和计划的审计程序所作的重大修正；在与管理层和其他人员讨论重大发现和事项时得到的信息；与注册会计师的最终审计结论相矛盾或不一致的信息等。

对已记录的审计程序进行评估，可能全部或部分地揭示出：为了实现计划的审计目标，是否有必要对重要性进行修订；对审计策略和计划的审计程序的重大修正，包括对审计目标的重大错报风险评估水平的重要变动；对审计方法有重要影响的与财务报告相关的值得关注的内部控制缺陷和其他弱点等事项。

注册会计师在审计计划阶段对重要性的判断，与其在评估审计差异时对重要性的判断是不同的。如果在审计完成阶段确定的修订后的重要性水平远远低于在计划阶段确定的重要性水平，注册会计师应重新评估已经获得的审计证据的充分性和适当性。重要性的任何变化都要求注册会计师重新评估重大错报上限和审计策略。

如果项目组内部、项目组与被咨询者之间以及项目合伙人与项目质量控制复核人员之间存在意见分歧，审计项目组应当遵循事务所的政策和程序予以妥善处理。

二、汇总审计差异

在完成按业务循环进行的控制测试、交易与财务报表项目的实质性测试和特殊项目的审计后，对审计项目组成员在审计中发现的被审计单位的会计处理方法与企业会计准则的不一致，即审计差异，审计项目经理应根据重要性原则予以初步确定并汇总，并建议被审计单位调整，使经审计的财务报表所记载信息能够真实反映被审计单位的财务状况、经营成果和现金流量。这一对审计差异内容的"初步确定并汇总"直至形成"经审计的财务报表"的过程，主要是通过编制审计差异调整表和试算平衡表得以完成的。

（一）编制审计差异调整表

审计差异按是否需要调整账户记录可分为核算错误和重分类错误。核算错误是因企业对经济业务进行了不正确的会计核算而引起的错误。用审计重要性原则来衡量每一项核算错误，又可把这些核算错误区分为建议调整的不符事项和不建议调整的不符事项（即未调整不符事项）；重分类错误是因企业未按企业会计准则列报财务报表而引起的错误，如企业在应付账款项目中反映的预付账款、应收账款中反映的预收账款等。

无论是建议调整的不符事项、未调整不符事项还是重分类错误，在审计工作底稿中通常都是以会计分录的形式反映的。由于审计中反映的错误往往不止一两项，为便于审计项目的各级负责人综合判断、分析和决定，也为了有效编制试算平衡表和代编经审计的财务报表，通常需要将这些建议调整的不符事项、未调整不符事项和重分类错误分别汇总至"账项调整分录汇总表""重分类调整分录汇总表"和"未更正错报汇总表"。三张汇总表的格式分别见表15-1～表15-3所示。

表15-1 账项调整分录汇总表

序号	内容及说明	索引号	调整内容				影响利润表+（-）	影响资产负债表+（-）
			借方项目	借方金额	贷方项目	贷方金额		

与被审计单位的沟通：
参加人员：
被审计单位：＿＿＿＿＿＿＿＿＿＿＿＿＿＿＿＿＿＿＿＿＿＿＿＿
审计项目组：＿＿＿＿＿＿＿＿＿＿＿＿＿＿＿＿＿＿＿＿＿＿＿＿
被审计单位的意见：＿＿
结论：
是否同意上述调整：＿＿＿＿＿＿＿＿
被审计单位授权代表签字：＿＿＿＿＿＿＿＿ 日期 ＿＿＿＿＿＿＿＿

表15-2 重分类调整分录汇总表

序号	内容及说明	索引号	调整内容			
			借方项目	借方金额	贷方项目	贷方金额

```
与被审计单位的沟通：
参加人员：
被审计单位：_____
审计项目组：_____
被审计单位的意见：_____
_____
结论：
是否同意上述调整：_____
被审计单位授权代表签字：_____     日期 _____
```

表15-3　未更正错报汇总表

序号	内容及说明	索引号	调整内容				备注
			借方项目	借方金额	贷方项目	贷方金额	

```
未更正错报的影响：
项目           金额           百分比           计划百分比
1. 总资产      _____        _____          _____
2. 净资产      _____        _____          _____
3. 销售收入    _____        _____          _____
4. 费用总额    _____        _____          _____
5. 毛利        _____        _____          _____
6. 净利润      _____        _____          _____

被审计单位授权代表签字：_____     日期 _____
```

注册会计师确定了建议调整的不符事项和重分类错误后，应以书面方式及时征求被审计单位对需要调整财务报表事项的意见。若被审计单位予以采纳，应取得被审计单位同意调整的书面确认；若不采纳，应分析原因，并根据未调整不符事项的性质和重要程度，确定是否在财务报表中反映以及如何反映。

（二）编制试算平衡表

试算平衡表是注册会计师在被审计单位提供未审计财务报表的基础上，考虑调整分录、重分类分录等内容，以确定已审数与报表披露数的表式。

试算平衡表的格式见表15-4、表15-5所示。

应注意如下几点：

（1）试算平衡表中的"期末未审数"列，应根据被审计单位提供的未审计财务报表填列。

（2）试算平衡表中的"账项调整"列，应根据经被审计单位同意的"账项调整分录汇总表"填列。

（3）试算平衡表中的"重分类调整"列，应根据经被审计单位同意的"重分类调整分录汇总表"填列。

（4）在编制试算平衡表后，应注意核对相应的钩稽关系。如资产负债表试算平衡表左边的"期末未审数"列合计数，应等于右边相应列合计数。左边的"账项调整"列，"重分类调整"列各自的借方与贷方合计之差额应分别等于右边贷方合计与借方合计之差等。

表15-4 资产负债表试算平衡表

项目	期末未审数	账项调整		重分类调整		期末审定数	项目	期末未审数	账项调整		重分类调整		期末审定数
		借方	贷方	借方	贷方				借方	贷方	借方	贷方	
货币资金							短期借款						
略							略						
合计							合计						

表15-5 利润表试算平衡表工作底稿

被审计单位：_____   索引号：_____
项目：_____   财务报表截止日/期间：_____
编制：_____   复核：_____
日期：_____   日期：_____

	项目	审计前金额	调整金额		审定金额
			借方	贷方	
一、	营业收入				
	减：营业成本				
	税金及附加				
	销售费用				
	管理费用				
	研发费用				
	财务费用				
	资产减值损失				

续表

项目		审计前金额	调整金额		审定金额
			借方	贷方	
	加：其他收益				
	投资收益				
	公允价值变动损益				
	资产处置收益				
二、	营业利润				
	加：营业外收入				
	减：营业外支出				
三、	利润总额				
	减：所得税费用				
四、	净利润				
五、	其他综合收益的税后净额				
六、	综合收益总额				
七、	每股收益				

三、复核审计工作底稿和财务报表

（一）对财务报表总体合理性实施分析程序

在审计结束或临近结束时，注册会计师运用分析程序的目的是确定经审计调整后的财务报表整体是否与其对被审计单位的了解一致，是否具有合理性。注册会计师应当围绕这一目的运用分析程序。

在运用分析程序进行总体复核时，如果识别出以前未识别的重大错报风险，注册会计师应当重新考虑对全部或部分各类别交易、账户余额、列报评估的风险是否恰当，并在此基础上重新评价之前计划的审计程序是否充分，是否有必要追加审计程序。

（二）评价审计结果

注册会计师评价审计结果，主要为了确定将要发表的审计意见的类型以及在整个审计工作中是否遵循了审计准则。为此，注册会计师必须完成三项工作：一是对重要性和审计风险最终评价；二是对被审计单位已审计财务报表形成审计意见并草拟审计报告；三是对审计工作底稿进行复核。

1. 对重要性和审计风险进行最终评价

对重要性和审计风险进行最终评价，是注册会计师决定发表何种类型审计意见的必要过程。该过程可以通过以下两个步骤来完成：

（1）确定可能的错报金额。可能的错报金额包括已经识别的具体错报和推断误差。

（2）根据财务报表层次的重要性水平，确定可能的错报金额的汇总数（即可能错报总额）对整个财务报表的影响程度。应当注意的是：一是这里的财务报表层次的重要性水平是指审计计划阶段确定的重要性水平，如果该重要性水平在审计过程中已作过修正，则当然应按修正后的财务报表层次重要性水平进行比较。二是这里的可能错报总额一般是指各财务报表项目可能的错报金额的汇总数，但也可能包括上一期间的任何未更正可能错报对本期财务报表的影响。如果注册会计师将上一期间的未更正可能错报包括进来，可能会导致本期财务报表被严重错报的风险高到无法接受的程度，则注册会计师估计本期的可能错报总和时，就应包括上一期间的未更正可能错报。

注册会计师在审计计划阶段已确定了审计风险的可接受水平。随着可能错报总和的增加，财务报表可能被严重错报的风险也会增加。如果注册会计师得出结论，审计风险处在一个可接受的水平，那么他可以直接提出审计结果所支持的意见；如果注册会计师认为审计风险不能接受，那么他应追加实施额外的实质性测试或者说服被审计单位作必要调整，以便将重大错报的风险降低到一个可接受的水平，否则，注册会计师应慎重考虑该审计风险对审计报告的影响。

2. 对被审计单位已审财务报表形成审计意见并草拟审计报告

在审计过程中，要实施各种测试。这些测试通常是由参与本次工作的审计项目组成员来执行的，而每个成员所执行的测试可能只限于某几个领域或账项。所以，在每个功能领域或报表项目测试都完成之后，审计项目经理应汇总所有成员的审计结果。

在完成审计工作阶段，为了对财务报表整体发表适当的审计意见，必须将这些分散的审计结果加以汇总和评价，综合考虑在审计过程中所收集到的全部证据。负责该审计项目的合伙人对这些工作负有最终的责任。在有些情况下，可以先由项目经理进行初步确定，然后再逐级交给部门经理和项目合伙人认真复核。

在对审计意见形成最后决定之前，会计师事务所通常要与被审计单位召开沟通会。在会议上，注册会计师可口头报告本次审计所发现的问题，并说明建议被审计单位作必要调整或表外披露的理由。当然，管理当局也可以在会上申辩其立场。最后，通常会对需要被审计单位做出的改变达成协议，如果达成了协议，注册会计师一般即可签发无保留意见审计报告；否则，注册会计师则可能不得不发表其他类型的审计意见。注册会计师的审计意见是通过审计报告来反映的。其意见的类型将在后面介绍。

3. 复核审计工作底稿

会计师事务所应当建立完善的审计工作底稿分级复核制度。如前所述，对审计工作底稿的复核可分为两个层次：项目组内部的复核和独立的项目质量控制复核。

项目组内部的复核又分为两个层次，项目负责经理的现场复核和项目合伙人的复核。独立的项目质量控制复核是指在出具审计报告前，对项目组作出的重大判断和在准备报告时形成的结论作出客观评价的过程。项目质量控制复核对保证审计工作结果的质量，确认审计工作已达到会计师事务所的工作标准和消除妨碍注册会计师判断的偏见等方面有重要的意义。

针对项目负责经理和项目合伙人的复核以及项目质量控制复核，很多会计师事务所都备有详细的业务执行复核工作核对表，项目复核可以通过填列业务执行复核工作核对表的方式来进行，这样不仅可对那些经常容易被忽视的审计方面起到提醒作用，还有利于检查审计证据的充分性和适当性。表15-6是业务执行复核工作核对表的一个范例，供参考。

表15-6 业务执行复核工作核对表

一、项目经理负责复核

复核事项	是/否/不适用	备注
1. 是否已复核已完成的审计计划，以及导致对审计计划作出重大修改的事项？ 2. 是否已复核重要的财务报表项目？ 3. 是否已复核特殊交易或事项？ 4. 是否已复核重要会计政策、会计估计的变更？ 5. 是否已复核重大事项概要？ 6. 是否已复核建议调整事项？ 7. 是否已复核管理层声明书，股东大会、董事会相关会议纪要，与客户端沟通记录及重要会谈记录，律师询证函复函？ 8. 是否已复核审计总结？ 9. 是否已复核已审计财务报表和拟出具体的审计报告？ 10. 实施上述复核后，是否可以确定下列事项： （1）审计工作底稿提供了充分、适当的记录，作为审计报告的基础； （2）已按照中国注册会计师审计准则的规定执行了审计工作； （3）对重大错报风险的评估及采取的应对措施是恰当的，针对存在特别风险的审计领域，设计并实施了针对性的审计程序，且得出了恰当的审计结论； （4）作出的重大判断恰当合理； （5）提出的建议调整事项恰当，相关调整分录正确； （6）未更正错报无论是单独还是汇总起来对财务报表整体均不具有重大影响； （7）已审计财务报表的编制符合企业会计准则的规定，在所有重大方面公允反映了被审计单位的财务状况、经营成果和现金流量； （8）拟出具的审计报告措辞恰当，已按照中国注册会计师审计准则的规定发表了恰当的审计意见。		

签字：_____　　　　　日期_____

二、项目合伙人复核

复核事项	是/否/不适用	备注
1. 是否已复核已完成的审计计划，以及导致对审计计划作出重大修改的事项？ 2. 是否已复核重大事项概要？ 3. 是否已复核存在特别风险的审计领域，以及项目组采取的应对措施？ 4. 是否已复核项目组作出的重大判断？ 5. 是否已复核建议调整事项？ 6. 是否已复核管理层声明书，股东大会、董事会相关会议纪要，与客户端沟通记录及重要会谈记录，律师询证函复函？ 7. 是否已复核审计总结？ 8. 是否已复核已审计财务报表和拟出具体的审计报告？ 9. 实施上述复核后，是否可以确定下列事项： （1）对项目负责经理实施的复核结果满意； （2）对重大错报风险的评估及采取的应对措施是恰当的，针对存在特别风险的审计领域，设计并实施了针对性的审计程序，且得出了恰当的审计结论； （3）项目组作出的重大判断恰当合理； （4）提出的建议调整事项恰当合理，未更正错报无论是单独还是汇总起来对财务报表整体均不具有重大影响； （5）已审计财务报表的编制符合企业会计准则的规定，在所有重大方面公允反映了被审计单位的财务状况、经营成果和现金流量； （6）拟出具的审计报告措辞恰当，已按照中国注册会计师审计准则的规定发表了恰当的审计意见。		

签字：_____   日期 _____

三、项目质量控制复核

复核事项	是/否/不适用	备注
1. 项目质量控制复核之前进行的复核是否均已得到满意的执行？ 2. 是否已复核项目组针对本业务对本所独立性作出的评价，并认为该评价是恰当的？ 3. 是否已复核项目组在审计过程中识别的特别风险以及采取的应对措施，包括项目组对舞弊风险的评估及采取的应对措施，认为项目组作出的判断和应对措施是恰当的？ 4. 是否已复核项目组作出的判断，包括关于重要性和特别风险的判断，认为这些判断恰当合理？ 5. 是否确定项目组已就存在的意见分歧、其他疑难问题或争议事项进行适当咨询，且咨询得出的结论是恰当的？ 6. 是否已审核审计过程中识别的已更正和未更正错报的重要程度及处理情况？ 7. 是否已复核项目组与管理层和治理层沟通的记录以及拟与其沟通的事项，对沟通情况表示满意？ 8. 是否认为所复核的审计工作底稿反映了项目组针对重大判断执行的工作能够支持得出的结论？ 9. 是否已复核已审计财务报表和拟出具的审计报告，认为已审计财务报表符合企业会计准则的规定，拟出具的审计报告已按照中国注册会计师审计准则的规定发表了恰当的审计意见？		

签字：_____   日期 _____

四、评价独立性和道德问题

《中国注册会计师审计准则第1121号——对财务报表审计实施的质量控制》要求项目合伙人应当考虑项目组成员是否遵守职业道德规范,在整个审计过程中对项目组成员违反职业道德规范的迹象保持警惕,并就审计业务的独立性是否得到遵守形成结论。为此,项目合伙人应当:

(1)从会计师事务所或网络事务所获取相关信息,以识别、评价对独立性产生不利影响的情形。

(2)评价已识别的违反会计师事务所独立性政策和程序的情况,以确定是否对审计业务的独立性产生不利影响。

(3)采取恰当的防范措施以消除对独立性产生的不利影响,或将其降至可接受的水平。对未能解决的事项,项目合伙人应当立即向事务所报告,以便事务所采取适当的行动。

(4)记录与独立性有关的结论,以及事务所内部支持这一结论的相关讨论情况。

在签署审计报告前,项目合伙人确信,审计过程中产生的所有独立性和道德问题已经得到圆满解决,并与《中国注册会计师审计准则第1121号——对财务报表审计实施的质量控制》和《中国注册会计师职业道德守则》独立性的要求一致。

五、书面声明

书面声明,是指管理层向注册会计师提供的书面陈述,用以确认某些事项或支持其他审计证据。书面声明是注册会计师在财务报表审计中需要获取的必要信息,是审计证据的重要来源。如果管理层修改书面声明的内容或不提供注册会计师要求的书面声明,可能使注册会计师警觉存在重大问题的可能性。而且,在很多情况下,要求管理层提供书面声明而非口头声明,可以促使管理层更加认真地考虑声明所涉及的事项,从而提高声明的质量。

尽管书面声明提供必要的审计证据,但其本身并不为所涉及的任何事项提供充分、适当的审计证据。而且,管理层已提供可靠书面声明的事实,并不影响注册会计师就管理层责任履行情况或具体认定获取的其他审计证据的性质和范围。

(一)针对管理层责任的书面声明

针对财务报表的编制,注册会计师应当要求管理层提供书面声明,确认其根据审计业务约定条款,履行了按照适用的财务报告编制基础编制财务报表并使其实现公允反映(如适用)的责任。

针对提供的信息和交易的完整性,注册会计师应当要求管理层就下列事项提供书面声明:

① 按照审计业务约定条款，已向注册会计师提供所有相关信息，并允许注册会计师不受限制地接触所有相关信息以及被审计单位内部人员和其他相关人员；② 所有交易均已记录并反映在财务报表中。

如果未从管理层获取其确认已履行的责任，注册会计师在审计过程中获取的有关管理层已履行这些责任的其他审计证据是不充分的。

上述书面声明，基于管理层认可并理解在审计业务约定条款中提及的管理层的责任，注册会计师要求管理层通过声明确认其已履行这些责任。注册会计师可能还要求管理层在书面声明中再次确认其对自身责任的认可与理解。当存在下列情况时，这种确认尤为适当：

（1）代表被审计单位签订审计业务约定条款的人员不再承担相关责任；

（2）审计业务约定条款是在以前年度签订的；

（3）有迹象表明管理层误解了其责任；

（4）情况的改变需要管理层再次确认其责任。

当然，再次确认管理层对自身责任的认可与理解，并不限于管理层已知的全部事项。

（二）其他书面声明

除《中国注册会计师审计准则第1341号——书面声明》和其他审计准则要求的书面声明外，如果注册会计师认为有必要获取一项或多项其他书面声明，以支持与财务报表或者一项或多项具体认定相关的其他审计证据，注册会计师应当要求管理层提供这些书面声明。

1. 关于财务报表的额外书面声明

其他书面声明可能是对基本书面声明的补充，但不构成其组成部分。其他书面声明可能包括针对下列事项作出的声明：

（1）会计政策的选择和运用是否适当；

（2）是否按照适用的财务报告编制基础对下列事项（如相关）进行了确认、计量、列报或披露：① 可能影响资产和负债账面价值或分类的计划或意图；② 负债（包括实际负债和或有负债）；③ 资产的所有权或控制权，资产的留置权或其他物权，用于担保的抵押资产；④ 可能影响财务报表的法律法规及合同（包括违反法律法规及合同的行为）。

2. 与向注册会计师提供信息有关的额外书面声明

除了针对管理层提供的信息和交易的完整性的书面声明外，注册会计师可能认为有必要要求管理层提供书面声明，确认其已将注意到的所有内部控制缺陷向注册会计师通报。

3. 关于特定认定的书面声明

在获取有关管理层的判断和意图的证据时，或在对判断和意图进行评价时，注册会计师可能考虑下列一项或多项事项：

（1）被审计单位以前对声明的意图的实际实施情况；

（2）被审计单位选取特定措施的理由；

（3）被审计单位实施特定措施的能力；

（4）是否存在审计过程中已获取的、可能与管理层判断或意图不一致的任何其他信息。

此外，注册会计师可能认为有必要要求管理层提供有关财务报表特定认定的书面声明。例如，如果管理层的意图对投资的计价基础非常重要，但若不能从管理层获取有关该项投资意图的书面声明，注册会计师就不可能获取充分、适当的审计证据。另外，为了获取所要求的书面声明，注册会计师可能需要就有关事项向管理层沟通。例如，注册会计师需要确定错报临界值。

（三）书面声明的日期和涵盖的期间

书面声明的日期应当尽量接近对财务报表出具审计报告的日期，但不得在审计报告日后。书面声明应当涵盖审计报告针对的所有财务报表和期间。

由于书面声明是必要的审计证据，在管理层签署书面声明前，注册会计师不能发表审计意见，也不能签署审计报告。而且，由于注册会计师关注截至审计报告日发生的、可能需要在财务报表中作出相应调整或披露的事项，书面声明的日期应当尽量接近对财务报表出具审计报告的日期，但不得在其之后。

在某些情况下，注册会计师在审计过程中获取有关财务报表特定认定的书面声明可能是适当的。此时，可能有必要要求管理层更新书面声明。管理层有时需要再次确认以前期间作出的书面声明是否依然适当，因此，书面声明需要涵盖审计报告中提及的所有期间。更新后的书面声明需要表明，以前期间所作的声明是否发生了变化，以及发生了什么变化（如有）。

在实务中可能会出现这样的情况，即在审计报告中提及的所有期间内，现任管理层均尚未就任。他们可能由此声称无法就上述期间提供部分或全部书面声明。然而，这一事实并不能减轻现任管理层对财务报表整体的责任。相应地，注册会计师仍然需要向现任管理层获取涵盖整个相关期间的书面声明。

（四）书面声明的形式

书面声明应当以声明书的形式致送注册会计师。在某些国家或地区，法律法规可能要求管理层对自身责任作出公开的书面陈述。这种陈述是向财务报表使用者或相关机构提供的，注册会计师会认为，它是部分或全部书面声明的一种适当形式，相关事项不必包括在声明书中。

参考格式表15-7列示了一种声明书的范例。有必要先介绍一下与该声明书相关的几点背景信息：① 被审计单位按照企业会计准则编制财务报表；②《中国注册会计师审计准则第1324号——持续经营》中有关就被审计单位持续经营能力获取书面声明的要求不相关；③ 所要求的书面声明不存在例外情况。

表15-7　盛大有限责任公司管理层声明书

（致注册会计师）：

本声明书是针对你们审计盛大有限责任公司截至2018年12月31日的年度财务报表而提供的。审计的目的是对财务报表发表意见，以确定财务报表是否在所有重大方面已按照企业会计准则的规定编制，并实现公允反映。

尽我们所知，并在作出了必要的查询和了解后，我们确认：

一、财务报表

1. 我们已履行（插入日期）签署的审计业务约定书中提及的责任，即根据企业会计准则的规定编制财务报表，并对财务报表进行公允反映；
2. 在作出会计估计时使用的重大假设（包括与公允价值计量相关的假设）是合理的；
3. 已按照企业会计准则的规定对关联方关系及其交易作出了恰当的会计处理和披露；
4. 根据企业会计准则的规定，所有需要调整或披露的资产负债表日后事项都已得到调整或披露；
5. 未更正错报，无论是单独还是汇总起来，对财务报表整体的影响均不重大。未更正错报汇总表附在本声明书后；
6. （插入注册会计师可能认为适当的其他任何事项）。

二、提供的信息

7. 我们已向你们提供下列工作条件：
（1）允许接触我们注意到的、与财务报表编制相关的所有信息（如记录、文件和其他事项）。
（2）提供你们基于审计目的要求我们提供的其他信息。
（3）允许在获取审计证据时不受限制地接触你们认为必要的本公司内部人员和其他相关人员。
8. 所有交易均已记录并反映在财务报表中。
9. 我们已向你们披露了由于舞弊可能导致的财务报表重大错报风险的评估结果。
10. 我们已向你们披露了我们注意到的、可能影响本公司的与舞弊或舞弊嫌疑相关的所有信息，这些信息涉及本公司：① 管理层；② 在内部控制中承担重要职责的员工；③ 其他人员（在舞弊行为导致财务报表重大错报的情况下）。
11. 我们已向你们披露了从现任和前任员工、分析师、监管机构等方面获知的、影响财务报表的舞弊指控或舞弊嫌疑的所有信息。
12. 我们已向你们披露了所有已知的、在编制财务报表时应当考虑其影响的违反或涉嫌违反法律法规的行为。
13. 我们已向你们披露了我们注意到的关联方的名称和特征、所有关联方关系及其交易；
14. （插入注册会计师可能认为必要的其他任何事项）。

附：未更正错报汇总表

盛大有限责任公司	盛大有限责任公司管理层
（盖章）	（签名并盖章）
中国××市	二〇一九年×月×日

（五）对书面声明可靠性的疑虑以及管理层不提供要求的书面声明

1. 对书面声明可靠性的疑虑

（1）对管理层的胜任能力、诚信、道德价值观或勤勉尽责存在疑虑。如果对管理层的胜任能力、诚信、道德价值观或勤勉尽责存在疑虑，或者对管理层在这些方面的承诺或贯彻执行存在疑虑，注册会计师应当确定这些疑虑对书面或口头声明和审计证据总体的可靠性可能产生的影响。注册会计师可能认为，管理层在财务报表中作出不实陈述的风险很大，以至于审计工作无法进行。

（2）书面声明与其他审计证据不一致。如果书面声明与其他审计证据不一致，注册会计师应当实施审计程序以设法解决这些问题。注册会计师可能需要考虑风险评估结果是否仍然适当。如果认为不适当，注册会计师需要修正风险评估结果，并确定进一步审计程序的性质、时间安排和范围，以应对评估的风险。如果问题仍未解决，注册会计师应当重新考虑对管理层的胜任能力、诚信、道德价值观或勤勉尽责的评估，或者重新考虑对管理层在这些方面的承诺或贯彻执行的评估，并确定书面声明与其他审计证据的不一致对书面或口头声明和审计证据总体的可靠性可能产生的影响。

2. 管理层不提供要求的书面声明

如果管理层不提供要求的一项或多项书面声明，注册会计师应当：

（1）与管理层讨论该事项；

（2）重新评价管理层的诚信，并评价该事项对书面或口头声明和审计证据总体的可靠性可能产生的影响；

（3）采取适当措施，包括确定该事项对审计意见可能产生的影响。

如果存在下列情形之一，注册会计师应当对财务报表发表无法表示意见：

（1）注册会计师对管理层的诚信产生重大疑虑，以至于认为其作出的书面声明不可靠；

（2）管理层不提供下列书面声明：

① 针对财务报表的编制，管理层确认其根据审计业务约定条款，履行了按照适用的财务报告编制基础编制财务报表并使其实现公允反映（如适用）的责任。

② 针对提供的信息和交易的完整性，管理层就下列事项提供书面声明：

（a）按照审计业务约定条款，已向注册会计师提供所有相关信息，并允许注册会计师不受限制地接触所有相关信息以及被审计单位内部人员和其他相关人员。

（b）所有交易均已记录并反映在财务报表中。

第二节　审计报告概述

注册会计师审计是受托审计，为了解受托责任，审计后应向委托人提供报告结果，表明自己的意见。审计报告意见不仅能为委托人作出决定、被审计单位纠错和改进工作提供依据，而且还能为社会有关人士作出正确决策提供依据。同时它还是明确审计人员责任的重要资料。因此，审计报告具有重要意义。

一、审计报告的基本概念

（一）审计报告的含义

审计报告是指注册会计师根据审计准则的规定，在执行审计工作的基础上，对财务报表发表审计意见的书面文件。

审计报告是注册会计师在完成审计工作后向委托（委派）人递交的最终产品。它具有以下特征：

1. 注册会计师应当按照审计准则的规定执行审计工作

审计准则是用以规范注册会计师执行审计业务的标准，包括一般原则与责任、风险评估与应对、审计证据、利用其他主体的工作、审计结论与报告以及特殊领域审计六个方面的内容，涵盖了注册会计师执行审计业务的整个过程和各个环节。审计报告应当按照审计准则规定的要求，执行工作后完成。

2. 注册会计师在实施审计工作的基础上才能出具审计报告

注册会计师在审计工作中，只有通过实施风险评估、进一步审计等程序，才能获取充分适当的审计证据，得出合理的审计结论，为形成审计意见提供基础，出具审计报告。否则，出具的就可能是不恰当的审计报告。

3. 注册会计师应通过对财务报表发表意见履行业务约定书约定责任

财务报表审计的目标是注册会计师通过执行审计工作，对财务报表是否在所有重大方面按照财务报告编制基础编制并实现公允反映发表审计意见。因此，在实施审计工作的基础上，注册会计师需要对财务报表形成审计意见，向委托（委派）人提交审计报告。形成了审计意见，编制并向委托（委派）人提交了审计报告，才能履行业务约定书约定的责任。

4. 注册会计师应当以书面形式出具审计报告

审计报告具有特定的要素和格式，注册会计师只有以书面形式出具审计报告，才能清楚表达对财务报表发表的审计意见。

（二）注册会计师对审计报告的责任

审计报告是注册会计师在完成审计工作后向委托（委派）人递交的最终产品。为了明确责任，注册会计师应当在审计报告中清楚地表达对财务报表的意见，并对出具的审计报告负责。

注册会计师应当根据由审计证据得出的结论，清楚表达对财务报表的意见。财务报表是指对企业财务状况、经营成果和现金流量的结构化表示，至少应当包括资产负债表、利润表、所有者（股东）权益变动表、现金流量表和附注。无论是出具无保留意见审计报告，还是非无保留意见审计报告，注册会计师一旦在审计报告上签名并盖章，就表明对其出具的审计报告负责。

（三）审计报告与已审计财务报表的关系

审计报告是注册会计师对财务报表是否在所有重大方面按照财务报告编制基础编制并实现公允反映发表审计意见的书面文件，因此，注册会计师应当将已审计财务报表附于审计报告之后，以便于财务报表使用者正确理解和使用审计报告，并防止被审计单位替换、更改已审计的财务报表。

二、审计报告的作用

注册会计师签发的审计报告，主要具有鉴证、保护和证明三方面的作用。

（一）鉴证作用

注册会计师签发的审计报告，不同于政府审计和内部审计的审计报告，它是以超然独立的第三者身份，对被审计单位财务报表合法性、公允性发表意见。这种意见，具有鉴证作用，得到了政府及其各部门和社会各界的普遍认可。政府有关部门，如财政部门、税务部门等了解、掌握企业的财务状况和经营成果的主要依据是企业提供的财务报表。财务报表是否合法公允，主要依据注册会计师的审计报告作出判断。股份制企业的股东，主要依据注册会计师的审计报告来判断被投资企业的财务报表是否公允地反映了其财务状况、经营成果和现金流量，以进行投资决策等。

（二）保护作用

注册会计师通过审计，可以对被审计单位财务报表出具不同类型审计意见的审计报告，以提高或降低财务报表信息使用者对财务报表的信赖程度，能够在一定程度上对被审计单位的财产、债权人和股东的权益及企业利害关系人的利益起到保护作用。如投资者为了减少投资风险，在进行投资之前，必须要查阅被投资企业的财务报表和注册会计师的审计报告，了解被投资企业的经营情况和财务状况。投资者根据注册会计师的审计报告作出投资决策，可以降低其投资风险。

（三）证明作用

审计报告是对注册会计师审计任务完成情况及其结果所做的总结，它可以表明审计工作的质量并明确注册会计师的审计责任。因此，审计报告可以对审计工作质量和注册会计师的审计责任起证明作用。通过审计报告，可以证明注册会计师在审计过程中是否实施了必要的审计程序，是否以审计工作底稿为依据发表审计意见，发表的审计意见是否与被审计单位的实际情况相一致，审计工作的质量是否符合要求。通过审计报告，可以证明注册会计师审计责任的履行情况。

三、审计报告的种类

审计报告可以按照不同的标准进行分类。

（一）按审计报告的使用目的或公开程度分类

审计报告按其使用目的或公开程度不同，可以分为公布的审计报告和非公布的审计报告。公布的审计报告是指公之于世，供社会大众阅读，不具有保密性的审计报告。这种审计报告都附有被审计单位的财务报表，以供企业股东、投资者、债权人等阅读。非公布的审计报告是指为特定目的而撰写的审计报告。这种审计报告一般用于经营管理、合并或业务转让、融通资金等的需要。

（二）按审计报告的性质分类

审计报告按其性质不同，可以分为无保留意见审计报告和非无保留意见审计报告。无保留意见审计报告是指注册会计师认为财务报表在所有重大方面按照适用的财务报告编制基础编制并实现公允反映形成审计意见而编写的报告。非无保留意见审计报告，是指无保留意见审计报告以外的其他审计报告，包括保留意见的审计报告、否定意见的审计报告和无法表示意见的审计报告。

第三节 审计报告的基本内容

一、无保留意见审计报告的基本内容

审计报告的基本内容一般包括审计的内容、审计的责任、管理层的责任、审计的结论和意见、审计报告日期和签发报告单位等内容。但是，不同种类审计报告的具体内容和格式也不完全相同。限于篇幅，这里仅以民间审计组织进行财务报表审计后编写的无保留意见审计报告为例，对审计报告的基本内容作一介绍，以便于掌握审计报告的基本内容和编制方法。

无保留意见审计报告包括的要素如下：

1. 标题

审计报告的标题应当统一规范为"审计报告"。

考虑到这一标题已广为社会公众所接受，因此，我国注册会计师出具的审计报告中标题没有包含"独立"两个字，但注册会计师在执行财务报表审计业务时，应当遵守独立性的要求。

2. 收件人

审计报告的收件人是指注册会计师按照业务约定书的要求致送审计报告的对象，一般是指审计业务的委托人。审计报告应当按照审计业务约定的要求用全称载明收件人。

注册会计师应当与委托人在业务约定书中约定致送审计报告的对象，以防止在此问题上发生分歧或审计报告被委托人滥用。针对整套通用目的的财务报表出具的审计报告，审计报告的致送对象通常为被审计单位的股东或治理层。

3. 审计意见

审计意见部分由两部分构成。第一部分指出已审计财务报表，应当包括下列方面：① 指出被审计单位的名称；② 说明财务报表已经审计；③ 指出构成整套财务报表的每一张报表的名称；④ 提及财务报表附注，包括重大会计政策和会计估计；⑤ 指明构成整套财务报表的每一张报表的日期或涵盖的期间。

第二部分应当说明注册会计师发表的审计意见。如果对财务报表发表无保留意见，除非法律法规另有规定，审计意见应当使用"我们认为，财务报表在所有重大方面按照适用的财务报告编制基础（如企业会计准则等）的规定编制，公允反映了……"的措辞。审计意见应当说明，财务报表在所有重大方面按照适用的财务报告编制基础编制，公允反映了被审计单位的财务状况、经营成果和现金流量。

注册会计师在得出审计结论，形成审计意见时应考虑是否已获取充分、适当的审计证据；未更正错报单独或汇总起来是否构成重大错报；评价财务报表是否在所有重大方面按照适用的财务报告编制基础编制；评价财务报表是否实现公允反映；评价财务报表是否恰当提及或说明适用的财务报告编制基础。

4. 形成审计意见的基础

审计报告应当包含标题为"形成审计意见的基础"的部分。该部分提供关于审计意见的重要背景，应当紧接在审计意见部分之后，并包括下列方面：① 说明注册会计师按照审计准则的规定执行了审计工作；② 提及审计报告中用于描述审计准则规定的注册会计师责任的部分;③声明注册会计师按照与审计相关的职业道德要求独立于被审计单位,并履行了职业道德方面的其他责任。声明中应当指明适用的职业道德要求,如中国注册会计师职业道德守则;④说明注册会计师是否相信获取的审计证据是充分、适当的,为发表审计意见提供了基础。

5. 管理层对财务报表的责任

审计报告应当包含标题为"管理层对财务报表的责任"的部分。管理层对财务报表的责任部分应当说明管理层应对下列方面负责:①按照适用的财务报告编制基础的规定编制财务报表,使其实现公允反映,并设计、执行和维护必要的内部控制,以使财务报表不存在由于舞弊或错误导致的重大错报;②评估被审计单位的持续经营能力和使用持续经营假设是否适当,并披露与持续经营相关的事项(如适用)。对管理层评估责任的说明应当包括描述在何种情况下使用持续经营假设是适当的。

6. 注册会计师对财务报表审计的责任

审计报告应当包含标题为"注册会计师对财务报表审计的责任"的部分。其中应当包括下列内容:

(1)说明注册会计师的目标是对财务报表整体是否不存在由于舞弊或错误导致的重大错报获取合理保证,并出具包含审计意见的审计报告。

(2)说明合理保证是高水平的保证,但按照审计准则执行的审计并不能保证在某一重大错报存在时总能发现。

(3)说明错报可能由于舞弊或错误导致。在说明错报可能由于舞弊或错误导致时,注册会计师应当从下列两种做法中选取一种:①描述如果合理预期错报单独或汇总起来可能影响财务报表使用者依据财务报表作出的经济决策,则通常认为错报是重大的;②根据适用的财务报告编制基础,提供关于重要性的定义或描述。

注册会计师对财务报表审计的责任部分还应当包括下列内容:

(1)说明在按照审计准则执行审计工作的过程中,注册会计师运用职业判断,并保持职业怀疑。

(2)通过说明注册会计师的责任,对审计工作进行描述。这些责任包括:①识别和评估由于舞弊或错误导致的财务报表重大错报风险,设计和实施审计程序以应对这些风险,并获取充分、适当的审计证据,作为发表审计意见的基础。由于舞弊可能涉及串通、伪造、故意遗漏、虚假陈述或凌驾于内部控制之上,未能发现由于舞弊导致的重大错报的风险高于未能发现由于错误导致的重大错报的风险。②了解与审计相关的内部控制,以设计恰当的审计程序,但目的并非对内部控制的有效性发表意见。当注册会计师有责任在财务报表审计的同时对内部控制的有效性发表意见时,应当略去上述"目的并非对内部控制的有效性发表意见"

的表述。③ 评价管理层选用会计政策的恰当性和作出会计估计及相关披露的合理性。④ 对管理层使用持续经营假设的恰当性得出结论。同时，根据获取的审计证据，就可能导致对被审计单位持续经营能力产生重大疑虑的事项或情况是否存在重大不确定性得出结论。如果注册会计师得出结论认为存在重大不确定性，审计准则要求注册会计师在审计报告中提请报表使用者关注财务报表中的相关披露；如果披露不充分，注册会计师应当发表非无保留意见。注册会计师的结论基于截至审计报告日可获得的信息。然而，未来的事项或情况可能导致被审计单位不能持续经营。⑤ 评价财务报表的总体列报、结构和内容（包括披露），并评价财务报表是否公允反映相关交易和事项。

注册会计师对财务报表审计的责任部分还应当涵盖下列内容：

（1）说明注册会计师与治理层就计划的审计范围、时间安排和重大审计发现等事项进行沟通，包括沟通注册会计师在审计中识别的值得关注的内部控制缺陷。

（2）对于上市实体财务报表审计，指出注册会计师就已遵守与独立性相关的职业道德要求向治理层提供声明，并与治理层沟通可能被合理认为影响注册会计师独立性的所有关系和其他事项，以及相关的防范措施（如适用）。

（3）对于上市实体财务报表审计，以及决定按照《中国注册会计师审计准则第1504号——在审计报告中沟通关键审计事项》的规定沟通关键审计事项的其他情况，说明注册会计师从已与治理层沟通的事项中确定哪些事项对本期财务报表审计最为重要，因而构成关键审计事项。注册会计师应当在审计报告中描述这些事项，除非法律法规禁止公开披露这些事项，或在及少数情形下，注册会计师合理预期在审计报告中沟通某事项造成的负面后果超过在公众利益方面产生的益处，我们确定不应在审计报告中沟通该事项。

7. 按照相关法律法规的要求报告的事项（如适用）

除审计准则规定的注册会计师对财务报表出具审计报告的责任外，相关法律法规可能对注册会计师设定其他报告责任。例如，如果注册会计师在财务报表审计中注意到某些事项，可能被要求对这些事项予以报告。此外，注册会计师可能被要求实施额外的规定的程序并予以报告，或对特定事项（会计账簿和记录的适当性）发表意见。这些责任是注册会计师按照审计准则对财务报表出具审计报告的责任的补充。

8. 注册会计师的签名和盖章

审计报告应当由注册会计师签名并盖章。注册会计师在审计报告上签名并盖章，有利于明确法律责任。《财政部关于注册会计师在审计报告上签名盖章有关问题的通知》（财会〔2001〕1035号）明确规定：

"一、会计师事务所应当建立健全全面质量控制政策与程序以及各审计项目的质量控制程序，严格按照有关规定和本通知的要求在审计报告上签名盖章。

二、审计报告应当由两名具备相关业务资格的注册会计师签名盖章并经会计师事务所盖章方为有效。

（一）合伙会计师事务所出具的审计报告，应当由一名对审计项目负最终复核责任的合伙人和一名负责该项目的注册会计师签名盖章。

（二）有限责任会计师事务所出具的审计报告，应当由会计师事务所主任会计师或其授权的副主任会计师和一名负责该项目的注册会计师签名盖章。"

9. 会计师事务所的名称、地址及盖章

审计报告应当载明会计师事务所的名称和地址，并加盖会计师事务所公章。

根据《中华人民共和国注册会计师法》的规定，注册会计师承办业务，由其所在的会计师事务所统一受理并与委托人签订委托合同。因此，审计报告除了应由注册会计师签名并盖章外，还应载明会计师事务所的名称和地址，并加盖会计师事务所公章。

注册会计师在审计报告中载明会计师事务所地址时，标明会计师事务所所在的城市即可。在实务中，审计报告通常载于会计师事务所统一印刷的、标有该所详细通讯地址的信笺上，因此，无须在审计报告中注明详细地址。此外，根据国家工商行政管理部门的有关规定，在主管登记机关管辖区内，已登记注册的企业名称不得相同。因此，在同一地区内不会出现重名的会计师事务所。

10. 报告日期

审计报告应当注明报告日期。审计报告日不应早于注册会计师获取充分、适当的审计证据，并在此基础上对财务报表形成审计意见的日期。

在确定审计报告日时，注册会计师应当确信已获取下列两方面的审计证据：① 构成整套财务报表的所有报表（包括相关附注）已编制完成；② 被审计单位的董事会、管理层或类似机构已经认可其对财务报表负责。

财务报告的日期非常重要。注册会计师对不同时段的资产负债表日后事项有着不同的责任，而审计报告的日期是划分时段的关键点。在实务中，注册会计师在正式签署审计报告前，通常把审计报告草稿和已审计财务报表草稿一同提交管理层。如果管理层批准并签署已审计财务报表，注册会计师即可签署审计报告。注册会计师签署审计报告的日期通常与管理层签署已审计财务报表的日期为同一天，如晚于管理层签署已审计财务报表日期时，注册会计师应当获取自管理层声明书日（已审计财务报表日期）到审计报告日期之间的进一步审计证据，以补充管理层声明书内容。

对按照企业会计准则编制的财务报表出具的无保留意见审计报告格式见表15-8。

表15-8 对盛大股份有限公司财务报表出具的审计报告

背景信息：
1. 对上市实体整套财务报表进行审计。该审计不属于集团审计（即不适用《中国注册会计师审计准则第1401号——对集团财务报表审计的特殊考虑》。
2. 管理层按照企业会计准则编制财务报表。
3. 审计业务约定条款体现了《中国注册会计师审计准则第1111号——就审计业务约定条款达成一致意见》关于管理层对财务报表责任的描述。
4. 基于获取的审计证据，注册会计师认为发表无保留意见是恰当的。
5. 适用的相关职业道德要求为中国注册会计师职业道德守则。
6. 基于获取的审计证据，根据《中国注册会计师审计准则第1324号——持续经营》，注册会计师认为可能导致对被审计单位持续经营能力产生重大疑虑的相关事项或情况不存在重大不确定性。
7. 已按照《中国注册会计师审计准则第1504号——在审计报告中沟通关键审计事项》的规定沟通了关键审计事项。
8. 负责监督财务报表的人员与负责编制财务报表的人员不同。
9. 除财务报表审计外，按照法律法规的要求，注册会计师负有其他报告责任，且注册会计师决定在审计报告中履行其他报告责任。

审 计 报 告

盛大股份有限公司全体股东：

一、对财务报表出具的审计报告

（一）审计意见

我们审计了盛大股份有限公司（以下简称"盛大公司"）的财务报表，包括2018年12月31日的资产负债表、2018年度的利润表、现金流量表、股东权益变动表以及相关的财务报表附注。

我们认为，后附的财务报表在所有重大方面按照企业会计准则的规定编制，公允反映了盛大公司2018年12月31日的财务状况以及2018年度的经营成果和现金流量。

（二）形成审计意见的基础

我们按照中国注册会计师审计准则的规定执行了审计工作。审计报告的"注册会计师对财务报表审计的责任"部分进一步阐述了我们在这些准则下的责任。按照中国注册会计师职业道德守则，我们独立于盛大公司，并履行职业道德方面的其他责任。我们相信，我们获取的审计证据是充分、适当的，为发表审计意见提供了基础。

（三）关键审计事项

关键审计事项是根据我们的职业判断，认为对本期财务报表审计最为重要的事项。这些事项是在对财务报表整体进行审计并形成意见的背景下进行处理的，我们不对这些事项提供单独的意见。

（按照《中国注册会计师审计准则第1504号——在审计报告中沟通关键审计事项》的规定描述每一关键审计事项。）

（四）管理层对财务报表的责任

管理层负责按照企业会计准则的规定编制财务报表，使其实现公允反映，并设计、执行和维护必要的内部控制，以使财务报表不存在由于舞弊或错误导致的重大错报。

在编制财务报表时，管理层负责评估盛大公司的持续经营能力，披露与持续经营相关的事项（如适用），并运用持续经营假设，除非计划清算盛大公司、停止营运或别无其他现实的选择。

治理层负责监督盛大公司的财务报告过程。

（五）注册会计师对财务报表审计的责任

我们的目标是对财务报表整体是否不存在由于舞弊或错误导致的重大错报获取合理保证，并出具包含审计意见的审计报告。合理保证是高水平的保证，但并不能保证按照审计准则执行的审计在某一重大错报存在时总能发现。错报可能由于舞弊或错误导致，如果合理预期错报单独或汇总起来可能影响财务报表使用者依据财务报表作出的经济决策，则通常认为错报是重大的。

在按照审计准则执行审计工作的过程中，我们运用了职业判断，保持职业怀疑。我们同时：

（1）识别和评估由于舞弊或错误导致的财务报表重大错报风险；对这些风险有针对性地设计和实施审计程序；并获取充分、适当的审计证据，作为发表审计意见的基础。由于舞弊可能涉及串通、伪造、故意遗漏、虚假陈述或凌驾于内部控制之上，未能发现由于舞弊导致的重大错报的风险高于未能发现由于错误导致的重大错报的风险。

（2）了解与审计相关的内部控制，以设计恰当的审计程序，但目的并非对内部控制的有效性发表意见。

（3）评价管理层选用会计政策的恰当性和作出会计估计及相关披露的合理性。

（4）对管理层使用持续经营假设的恰当性得出结论。同时，根据获取的审计证据，就可能导致对盛大公司持续经营能力产生重大疑虑的事项或情况是否存在重大不确定性得出结论。如果我们得出结论认为存在重大不确定性，审计准则要求我们在审计报告中提请报表使用者关注财务报表中的相关披露；如果披露不充分，我们应当发表非无保留意见。我们的结论基于截至审计报告日可获得的信息。然而，未来的事项或情况可能导致盛大公司不能持续经营。

（5）评价财务报表的总体列报、结构和内容（包括披露），并评价财务报表是否公允反映相关交易和事项。

我们与治理层就计划的审计范围、时间安排和重大审计发现（包括我们在审计中识别的值得关注的内部控制缺陷）等事项进行沟通。

我们还就遵守关于独立性的相关职业道德要求向治理层提供声明，并就可能被合理认为影响我们独立性的所有关系和其他事项，以及相关的防范措施（如适用）与治理层进行沟通。

从与治理层沟通的事项中，我们确定哪些事项对本期财务报表审计最为重要，因而构成关键审计事项。我们在审计报告中描述这些事项，除非法律法规禁止公开披露这些事项，或在极其罕见的情形下，如果合理预期在审计报告中沟通某事项造成的负面后果超过在公众利益方面产生的益处，我们确定不应在审计报告中沟通该事项。

二、按照相关法律法规的要求报告的事项（如适用）

［本部分的格式和内容，取决于法律法规对其他报告责任的性质的规定。法律法规规范的事项（其他报告责任）应当在本部分处理，除非其他报告责任与审计准则所要求的报告责任涉及相同的主题。如果涉及相同的主题，其他报告责任可以在审计准则所要求的同一报告要素部分中列示。］

至真会计师事务所	中国注册会计师：×××
（盖章）	（签名并盖章）
	中国注册会计师：×××
	（签名并盖章）
中国××市	二〇一九年×月×日

【案例15-1】

重要性对审计意见确定的影响

至真会计师事务所的注册会计师对华中股份有限公司2018年度的财务报表进行审计,确定的财务报表层次重要性水平为60万元。华中股份有限公司2018年度审计前财务报表反映的资产总额为9 000万元,股东权益总额为3 400万元,利润总额为600万元。注册会计师经审计发现:2018年10月公司购买1台生产用设备,价格为240万元,当月已入账并启用,但当年未计提折旧。公司采用平均年限法核算固定资产折旧,该类固定资产预计使用年限为10年,预计净残值率为5%,注册会计师提请华中股份有限公司补提折旧,但该公司拒绝调整。

假定该企业为低风险企业,注册会计师在审计过程中实施了所有认为必要的审计程序,推断的误差是20万元,审计范围没有受到任何限制,请判断能否出具无保留意见审计报告。

【分析】

本案例中对华中股份有限公司拒绝调整固定资产折旧,注册会计师是否能出具无保留意见审计报告。根据《中国注册会计师审计准则第1221号——重要性》,注册会计师在确定审计报告类型时,需要判断错报或审计范围受到的限制是否具有重大影响,此时往往离不开重要性水平。重要性水平构成了注册会计师考虑审计报告类型的重要依据。如果财务报表存在的错报(含推断误差)或审计范围受到的限制超过实际执行的重要性水平,将影响财务报表使用人的判断或决策,这样的错报或审计范围限制就是重要的;否则就是不重要的。当财务报表存在的错报或审计范围受到限制的金额较大,高于实际执行的重要性水平但不至于导致多数财务报表使用人作出错误的决策,注册会计师应当出具保留意见的审计报告。本案例中,华中股份有限公司少提折旧3.8万元(240×95%÷10×2÷12),这是属于会计估计的作出不符合适用的会计准则规定。该事项连同推断误差影响利润总额23.8万元(20+3.8),小于实际执行的重要性水平45万元(60×0.75),并对600万元利润总额影响不大,因此注册会计师可以出具无保留意见审计报告。

对华中公司出具的无保留意见审计报告参考格式见表15-8。

二、无保留意见审计报告符合的条件

无保留意见审计报告是对财务报表在所有重大方面按照适用的财务报告编制基础编制并实现公允反映形成审计意见而编写的报告。编制无保留意见审计报告应符合下列条件:

(1)财务报表已经在所有重大方面按照适用的财务报告编制基础的规定编制,并实现公允反映。

在评价财务报表是否按照适用的财务报告编制基础编制时,注册会计师应当考虑下列内容：

① 财务报表是否充分披露了选择和运用的重要会计政策。

② 选择和运用的会计政策是否符合适用的财务报告编制基础，并适合于被审计单位的具体情况。

③ 管理层作出的会计估计是否合理。

④ 财务报表反映的信息是否具有相关性、可靠性、可比性和可理解性。

⑤ 财务报表是否作出充分披露，使预期使用者能够理解重大交易和事项对财务报表所传递信息的影响。

⑥财务报表使用的术语（包括每一财务报表的标题）是否适当。

在评价财务报表是否实现公允反映时，注册会计师应当考虑下列内容：

① 财务报表的整体列报、结构和内容是否合理。

② 财务报表（包括相关附注）是否公允地反映了相关交易和事项。

（2）注册会计师已经按照中国注册会计师审计准则的规定计划和执行审计工作，取得了充分、适当的审计证据。

（3）不存在应调整或披露而被审计单位未予调整或披露的重要事项。

无保留意见的审计报告意味着，注册会计师通过实施审计工作，认为被审计单位财务报表的编制符合合法性和公允性的要求，合理保证财务报表不存在重大错报。

第四节　在审计报告中沟通关键审计事项

《中国注册会计师审计准则第1504号——在审计报告中沟通关键审计事项》要求注册会计师在上市实体整套通用目的财务报表审计报告中增加关键审计事项部分，用于沟通关键审计事项。关键审计事项，是指注册会计师根据职业判断认为对当期财务报表审计最为重要的事项。在审计报告中沟通关键审计事项，可以提高已执行审计工作的透明度，从而提高审计报告的决策相关性和有用性。沟通关键事项还能够为财务报表使用者提供额外的信息，以帮助其了解被审计单位、已审计财务报表中涉及重大管理层判断的领域，以及注册会计师根据职业判断认为对当期财务报表审计最为重要的事项。沟通关键审计事项，还能够为财务报表预期使用者就与被审计单位、已审计财务报表或已执行审计工作相关的事项进一步与管理层和治理层沟通提供基础。

一、确定关键审计事项的决策框架

根据关键审计事项的定义，注册会计师在确定关键审计事项时，需要遵循以下决策框架

（一）以"与治理层沟通的事项"为起点选择关键审计事项

《中国注册会计师审计准则第1151号——与治理层的沟通》要求注册会计师与被审计单位治理层沟通审计过程中的重大发现，包括注册会计师对被审计单位的重要会计政策、会计估计和财务报表披露等会计实务的看法，审计过程中遇到的重大困难，已与治理层讨论或需要书面沟通的重大事项等，以便治理层履行其监督财务报告过程的职责。对财务报表和审计报告使用者信息需求的调查结果表明，他们对这些事项感兴趣，并且呼吁增加这些沟通的透明度。因此，应从与治理层沟通事项中选取关键审计事项。

（二）从"与治理层沟通的事项"中选出"在执行审计工作时重点关注过的事项"

审计是风险导向的，注重识别和评估财务报表重大错报风险，设计和实施应对这些风险的审计程序，获取充分、适当的审计证据，是形成审计意见的基础。因此，对获取充分、适当的审计证据或对财务报表形成审计意见构成挑战的事项与注册会计师确定关键审计事项尤其相关。

注册会计师重点关注过的领域通常与财务报表中复杂、重大的管理层判断领域相关，因而通常涉及困难或复杂的注册会计师职业判断。相应地，重点关注过的事项通常影响注册会计师的总体审计策略以及对这些事项分配的审计资源和审计工作的力度。

注册会计师在确定哪些事项属于重点关注过的事项时，需要特别考虑下列方面：

（1）评估的重大错报风险较高的领域或识别出的特别风险。

（2）与财务报表中涉及重大管理层判断（包括被认为具有高度估计不确定性的会计估计）的领域相关的重大审计判断。

（3）当期重大交易或事项对审计的影响。

（三）从"在执行审计工作时重点关注过的事项"中选出"最为重要的事项"从而构成关键审计事项

注册会计师可能已就需要重点关注的事项与治理层进行了较多的互动。就这些事项与治理层进行沟通的性质和范围，通常能够表明哪些事项对审计而言最为重要。

在确定某一与治理层沟通过的事项的相对重要程度以及该事项是否构成关键审计事项时，下列考虑也可能是相关的：

（1）该事项对预期使用者理解财务报表整体的重要程度，尤其是对财务报表的重要性。

（2）与该事项相关的会计政策的性质或者与同行业其他实体相比，管理层在选择适当的会计政策时涉及的复杂程度或主观程度。

（3）从定性和定量方面考虑，与该事项相关的由于舞弊或错误导致的已更正错报和累积未更正错报（如有）的性质和重要程度。

（4）为应对该事项所需要付出的审计努力的性质和程度。

（5）在实施审计程序、评价实施审计程序的结果、获取相关和可靠的审计证据以作为发表审计意见的基础时，注册会计师遇到的困难的性质和严重程度，尤其是当注册会计师的判断变的更加主观时。

（6）识别出的与该事项相关的控制缺陷的严重程度。

（7）该事项是否涉及数项可区分但又相互关联的审计考虑。例如，长期合同的收入确认、诉讼或其他或有事项等方面，可能需要重点关注，并且影响其他会计估计。

二、在审计报告中沟通关键审计事项

（一）在审计报告中单设关键审计事项部分

为达到突出关键审计事项的目的，注册会计师应当在审计报告中单设一部分，以"关键审计事项"为标题，并在该部分使用恰当的子标题逐项描述关键审计事项。关键审计事项部分的引言应当同时说明下列事项：

（1）关键审计事项是注册会计师根据职业判断，认为对本期财务报表审计最为重要的事项；

（2）关键审计事项的应对以对财务报表整体进行审计并形成审计意见为背景，注册会计师对财务报表整体形成审计意见，而不对关键审计事项单独发表意见。

（二）描述单一关键审计事项

为帮助财务报表使用者了解注册会计师确定的关键审计事项，注册会计师应当在审计报告中逐项描述每一关键审计事项，并同时说明下列方面：

（1）该事项被认定为审计中最为重要的事项之一，因而被确定为关键审计事项的原因。

（2）该事项在审计中是如何应对的。注册会计师可以描述下列要素：

① 审计应对措施或审计方法中，与该事项最为相关或对评估的重大错报风险最有针对性的方面；

② 对已实施审计程序的简要概述；

③ 实施审计程序的结果；

④ 对该事项作出的主要看法。

在描述时，注册会计师还应当分别索引至财务报表的相关披露（如有），以使预期使用者能够进一步了解管理层在编制财务报表时如何应对这些事项。

三、不在审计报告中沟通关键审计事项的情形

一般而言，在审计报告中沟通关键审计事项，通常有助于提高审计的透明度，是符合公众利益的。然而，在极其罕见的情况下，关键审计事项可能涉及某些"敏感信息"，沟通这些信息可能为被审计单位带来较为严重的负面影响。在某些情况下，法律法规也可能禁止公开披露某事项。例如，公开披露某事项可能妨碍相关机构对某项违法行为或疑似违法行为的调查。

因此，除非法律法规禁止公开披露某事项，或者在极其罕见的情况下，如果合理预期在审计报告中沟通某事项造成的负面后果超过产生的公众利益方面的益处，注册会计师确定不应在审计报告中沟通该事项，则注册会计师应当在审计报告中逐项描述关键审计事项。

四、就关键审计事项与治理层沟通

治理层在监督财务报告过程中担当重要角色。就关键审计事项与治理层沟通，能够使治理层了解注册会计师就关键审计事项作出的审计决策的基础以及这些事项将如何在审计报告作出描述，也能够使治理层考虑鉴于这些事项将在审计报告中沟通，作出新的披露或提高披露质量是否有用。因此，注册会计师就下列方面与治理层沟通：

（1）注册会计师确定的关键审计事项；

（2）根据被审计单位和审计业务的具体情况，注册会计师确定不存在需要在审计报告中沟通的关键审计事项（如适用）。

表15-9列示了审计报告中关键审计事项——商誉的减值测试的参考格式。

表15-9 审计报告中关键审计事项——商誉的减值测试

（一）事项描述

截至2018年12月31日，集团因收购YYY公司而确认了×××万元的商誉。贵公司管理层于每年年末对商誉进行减值测试。本年度，YYY公司产生了经营损失，该商誉出现了减值迹象。

报告期末，集团管理层对YYY公司的商誉进行了减值测试，以评价该项商誉是否存在减值。管理层采用现金流预测模型来计算商誉的可收回金额，并将其与商誉的账面价值相比较。该模型所使用的折现率、预计现金流，特别是未来收入增长率等关键指标需要作出重大的管理层判断。通过测试，管理层得出商誉没有减值的结论。

（二）实施的审计程序
我们针对管理层减值测试所实施的审计程序包括：
1. 对管理层的估值方法予以了评估；
2. 基于我们对相关行业的了解，我们质疑了管理层假设的合理性，如收入增长率、折现率等；
3. 检查录入数据与支持证据的一致性，例如，已批准的预算以及考虑这些预算的合理性。
（三）实施审计程序的结果
我们认为，基于目前所获取的信息，管理层在对商誉减值测试所使用的假设是合理的，相关信息在财务报表附注——××中所作出的披露是适当的。

第五节　非无保留意见审计报告

非无保留意见审计报告是指无保留意见审计报告以外的其他审计报告，包括保留意见的审计报告、否定意见的审计报告和无法表示意见的审计报告。

编制保留意见审计报告的意义是要告诉报表使用人，被审计单位在经营活动和财务报表编制方面还有违法违纪情况或范围受到限制未得到审查情况的存在，但经营活动和财务报表在整体上还是公允的。也就是说，这种意见虽然表明报表整体上是公允的、有效的，可以相信，但要提醒报表使用人，确实还是有一些问题存在的，运用时应加以注意，以免影响判断和决策。

编制否定意见审计报告的意义是要告诉报表使用人，被审计单位在经营活动和财务报表编制方面是不合法、不公允的。被审计单位在经营活动中存在着严重违法乱纪行为或会计处理严重违反会计准则和国家其他有关财务会计法规的情况，提醒报表使用人被审计单位的资料不可信，同其交易要谨慎小心。

编制无法表示意见的审计报告的意义是要告诉报表使用人，由于在审计过程中审计人员未搜集到足够的审计证据，因此无法对被审计单位的财务报表发表确切的审计意见。提醒报表使用人被审计单位也许有问题，也许无问题，其财务报表信息是没有经过证实的信息，作出判断决策要格外小心。如果作出错误决策，审计不负责任。

一、保留意见的审计报告

保留意见是审计人员认为被审计单位的经营活动和财务报表在整体上是公允的，但对某些问题还不能作出肯定或否定，个别方面可能存在的重要错误或问题又不足以使财务报表失效而相应作出保留若干意见的评价。如果认为财务报表整体是公允的，但还存在下列情形之一，注册会计师应当出具保留意见的审计报告：

（1）在获取充分、适当的审计证据后，注册会计师认为错报单独或汇总起来对财务报表影响重大，但不具有广泛性。

注册会计师在获取充分、适当的审计证据后，只有当认为财务报表就整体而言是公允的，但还存在对财务报表产生重大影响的错报时，才能发表保留意见。如果注册会计师认为错报对财务报表产生的影响极为严重且具有广泛性，则应发表否定意见。因此，保留意见被视为注册会计师在不能发表无保留意见情况下最不严厉的审计意见。

（2）注册会计师无法获取充分、适当的审计证据以作为形成审计意见的基础，但认为未发现的错报（如存在）对财务报表可能产生的影响重大，但不具有广泛性。

注册会计师因审计范围受到限制而发表保留意见还是无法表示意见，取决于无法获取的审计证据对形成审计意见的重要性。注册会计师在判断重要性时，应当考虑有关事项潜在影响的性质和范围以及在财务报表中的重要程度。只有当未发现的错报（如存在）对财务报表可能产生的影响重大但不具有广泛性时，才能发表保留意见。

当发表保留意见时，注册会计师应当将"形成审计意见的基础"这一标题修改为恰当的标题，如"形成保留意见的基础"，并修改对形成保留意见的基础的描述，以说明：注册会计师相信，注册会计师已获取的审计证据是充分、适当的，为发表保留意见提供了基础。

当由于财务报表存在重大错报而发表保留意见时，注册会计师应当根据适用的财务报告编制基础在审计意见段中说明：注册会计师认为，除形成保留意见的基础部分所述事项产生的影响外，后附的财务报表在所有重大方面按照适用的财务报告编制基础的规定编制，公允反映了〔……〕。

当无法获取充分、适当的审计证据而导致发表保留意见时，注册会计师应当在审计意见段中使用"除……可能产生的影响外"等措辞。

表15-10列示由于财务报表存在错报而发表保留意见的审计报告的参考格式。

表15-10　由于财务报表存在错报而发表保留意见的审计报告

背景信息：（略）

审 计 报 告

盛大股份有限公司全体股东：
一、对财务报表出具的审计报告
（一）保留意见
我们审计了盛大股份有限公司（以下简称"盛大公司"）的财务报表，包括2018年12月31日的资产负债表、2018年度的利润表、现金流量表、股东权益变动表以及相关的财务报表附注。

我们认为,除"形成保留意见的基础"部分所述事项产生的影响外,后附的财务报表在所有重大方面按照企业会计准则的规定编制,公允反映了盛大公司2018年12月31日的财务状况以及2018年度的经营成果和现金流量。

(二)形成保留意见的基础

盛大公司2018年12月31日资产负债表中存货的列示金额为×元,管理层根据成本对存货进行计量,而没有根据成本与可变现净值孰低的原则进行计量,这不符合企业会计准则的规定。盛大公司的会计记录显示,如果管理层以成本与可变现净值孰低来计量存货,存货列示金额将减少×元。相应地,资产减值损失将增加×元,所得税费用、净利润和股东权益将分别减少×元、×元和×元。

我们按照中国注册会计师审计准则的规定执行了审计工作。审计报告的"注册会计师对财务报表审计的责任"部分进一步阐述了我们在这些准则下的责任。按照中国注册会计师职业道德守则,我们独立于盛大公司,并履行职业道德方面的其他责任。我们相信,我们获取的审计证据是充分、适当的,为发表保留意见提供了基础。

(三)关键审计事项

关键审计事项是根据我们的职业判断,认为对本期财务报表审计最为重要的事项。这些事项是在对财务报表整体进行审计并形成意见的背景下进行处理的,我们不对这些事项提供单独的意见。除"形成保留意见的基础"部分所述事项外,我们确定下列事项是需要在审计报告中沟通的关键审计事项。

(按照《中国注册会计师审计准则第1504号——在审计报告中沟通关键审计事项》的规定描述每一关键审计事项。)

(四)管理层对财务报表的责任

(按照《中国注册会计师审计准则第1501号——对财务报表形成审计意见和出具审计报告》的规定报告,参见参考格式表15-8。)

(五)注册会计师对财务报表审计的责任

(按照《中国注册会计师审计准则第1501号——对财务报表形成审计意见和出具审计报告》的规定报告,参见参考格式表15-8。)

二、按照相关法律法规的要求报告的事项

(按照《中国注册会计师审计准则第1501号——对财务报表形成审计意见和出具审计报告》的规定报告,参见参考格式表15-8。)

至真会计师事务所	中国注册会计师:×××
(盖章)	(签名并盖章)
	中国注册会计师:×××
	(签名并盖章)
中国××市	二〇一九年×月×日

【案例15-2】

审计范围受到限制对审计意见的影响

至真会计师事务所接受华中股份有限公司的委托,对该公司2018年度的财务报表进行审计,发现有两笔应收账款,金额共计50万元,占全部应收账款金额700万元的7.1%。由于华中股份有限公司未能提供债务人地址,注册会计师无法实施函证以及其他审计程序,以获取充分、适当的审计证据。假定财务报表整体是公允的，财务报表层次重要性水平为60万元，该企业为低风险企业，注册会计师应发表何种意见的审计报告？

【分析】

本案例中由于华中股份有限公司未能提供债务人地址，注册会计师无法对这两笔应收账款（金额合计50万元，占全部应收账款金额的7.1%）实施函证以及其他审计程序，以获取充分、适当的审计证据，属于审计范围受到限制的情况。虽然受到限制的两笔应收账款金额超过了实际执行的重要性水平45万元（60×75%），在某些方面会影响财务报表使用者的决策，但财务报表整体仍然是公允的，按照《中国注册会计师审计准则第1221号——重要性》的规定，这种情况应发表保留意见审计报告。

表15-11列示由于注册会计师无法获取充分、适当的审计证据而发表保留意见的审计报告的参考格式。

表15-11　由于注册会计师无法获取充分、适当的审计证据而发表保留意见的审计报告

背景信息：（略）

审 计 报 告

华中股份有限公司全体股东：

一、对财务报表出具的审计报告

（一）保留意见

我们审计了华中股份有限公司（以下简称"华中公司"）的财务报表，包括2018年12月31日的资产负债表，2018年度的利润表、现金流量表、股东权益变动表以及相关的财务报表附注。

我们认为，除"形成保留意见的基础"部分所述事项产生的影响外，后附的财务报表在所有重大方面按照企业会计准则的规定编制，公允反映了华中公司2018年12月31日的财务状况以及2018年度的经营成果和现金流量。

（二）形成保留意见的基础

华中公司有两笔应收账款，金额共计50万元，占全部应收账款金额700万元的7.1%，超过了实际执行的重要性水平45万元（60×75%）额度。由于华中公司未能提供债务人地址，我们无法实施函证以及其他审计程序，以获取充分、适当的审计证据。

我们按照中国注册会计师审计准则的规定执行了审计工作。审计报告的"注册会计师对财务报表审计的责任"部分进一步阐述了我们在这些准则下的责任。按照中国注册会计师职业道德守则，我们独立于华中公司，并履行职业道德方面的其他责任。我们相信，我们获取的审计证据是充分、适当的，为发表保留意见提供了基础。

（三）关键审计事项

关键审计事项是根据我们的职业判断，认为对本期财务报表审计最为重要的事项。这些事项是在对财务报表整体进行审计并形成意见的背景下进行处理的，我们不对这些事项提供单独的意见。除"形成保留意见的基础"部分所述事项外，我们确定下列事项是需要在审计报告中沟通的关键审计事项。

（按照《中国注册会计师审计准则第1504号——在审计报告中沟通关键审计事项》的规定描述每一关键审计事项。）

（四）管理层对财务报表的责任

（按照《中国注册会计师审计准则第1501号——对财务报表形成审计意见和出具审计报告》的规定报告，参见参考格式表15-8。）

（五）注册会计师对财务报表审计的责任

（按照《中国注册会计师审计准则第1501号——对财务报表形成审计意见和出具审计报告》的规定报告，参见参考格式表15-8。）

二、按照相关法律法规的要求报告的事项

按照《中国注册会计师审计准则第1501号——对财务报表形成审计意见和出具审计报告》的规定报告，参见参考格式表15-8。

至真会计师事务所　　　　　　　　　　　　中国注册会计师：×××
　　（盖章）　　　　　　　　　　　　　　　　　　（签名并盖章）
　　　　　　　　　　　　　　　　　　　　中国注册会计师：×××
　　　　　　　　　　　　　　　　　　　　　　　　（签名并盖章）

中国××市　　　　　　　　　　　　　　　二〇一九年×月×日

二、否定意见的审计报告

否定意见是指审计人员认为被审计单位在经营活动中存在严重违法乱纪行为或会计处理严重违反会计准则，以致使财务报表严重歪曲财务状况和经营成果而给予的一种否定的评价。在获取充分、适当的审计证据后，如果认为错报单独或汇总起来对财务报表影响重大，且具有广泛性，注册会计师应当出具否定意见的审计报告。

当发表否定意见时，注册会计师应当将"形成审计意见的基础"这一标题修改为恰当的标题，如"形成否定意见的基础"，并修改对形成否定意见的基础的描述，以说明：注册会计师相信，注册会计师已获取的审计证据是充分、适当的，为发表否定意见提供了基础。还应当根据适用的财务报告编制基础在审计意见段中说明：注册会计师认为，由于形成否定意见的基础段所述事项的重要性，财务报表没有在所有重大方面按照适用的财务报告编制基础编制，未能公允反映……。

表15-12列示了由于财务报表存在重大错报而发表否定意见的审计报告

表15-12　由于财务报表存在重大错报而发表否定意见的审计报告

背景信息：（略）

审 计 报 告

盛大股份有限公司全体股东：
一、对财务报表出具的审计报告
（一）否定意见
我们审计了盛大股份有限公司（以下简称"盛大公司"）的财务报表，包括2018年12月31日的资产负债表，2018年度的利润表、现金流量表、股东权益变动表以及相关的财务报表附注。

我们认为，由于形成否定意见的基础部分所述事项的重要性，盛大公司财务报表没有在所有重大方面按照适用的财务报告编制基础编制，未能公允反映盛大公司2018年12月31日的财务状况以及2018年度的经营成果和现金流量。

（二）形成否定意见的基础

盛大公司2018年12月31日资产负债表中存货的列示金额为×元，管理层根据成本对存货进行计量，而没有根据成本与可变现净值孰低的原则进行计量，这不符合企业会计准则的规定。盛大公司的会计记录显示，如果管理层以成本与可变现净值孰低来计量存货，存货列示金额将减少×元。相应地，资产减值损失将增加×元，所得税费用、净利润和股东权益将分别减少×元、×元和×元。这一事项的存在对财务报表影响重大，且具有广泛性。

我们按照中国注册会计师审计准则的规定执行了审计工作。审计报告的"注册会计师对财务报表审计的责任"部分进一步阐述了我们在这些准则下的责任。按照中国注册会计师职业道德守则，我们独立于盛大公司，并履行职业道德方面的其他责任。我们相信，我们获取的审计证据是充分、适当的，为发表否定意见提供了基础。

（三）关键审计事项

关键审计事项是根据我们的职业判断，认为对本期财务报表审计最为重要的事项。这些事项是在对财务报表整体进行审计并形成意见的背景下进行处理的，我们不对这些事项提供单独的意见。除"形成否定意见的基础"部分所述事项外，我们确定下列事项是需要在审计报告中沟通的关键审计事项。

按照《中国注册会计师审计准则第1504号——在审计报告中沟通关键审计事项》的规定描述每一关键审计事项。

（四）管理层对财务报表的责任

按照《中国注册会计师审计准则第1501号——对财务报表形成审计意见和出具审计报告》的规定报告，参见参考格式表15-8。

（五）注册会计师对财务报表审计的责任

按照《中国注册会计师审计准则第1501号——对财务报表形成审计意见和出具审计报告》的规定报告，参见参考格式表15-8。

二、按照相关法律法规的要求报告的事项

［按照《中国注册会计师审计准则第1501号——对财务报表形成审计意见和出具审计报告》的规定报告，参见参考格式表15-8。］

至真会计师事务所	中国注册会计师：×××
（盖章）	（签名并盖章）
	中国注册会计师：×××
	（签名并盖章）
中国××市	二〇一九年×月×日

三、无法表示意见的审计报告

无法表示意见是指审计人员在审计过程中因未收集到足够的审计证据，无法对被审计单位的财务报表发表确切的审计意见所表示的一种不作评价的意见。

审计人员在审计过程中，由于审计范围受到委托人、被审计单位或客观环境的严重限制，诸如因被审计单位未能提供必要的会计资料使审计工作无法进行，或技术条件限制而难以对多项重要业务进行查证等，不能获取必要的审计证据，以致无法对财务报表整体反映发表审计意见时，应当出具无法表示意见的审计报告。如果无法获取充分、适当的审计证据以作为形成审计意见的基础，但认为未发现的错报（如存在）对财务报表可能产生的影响重大且具有广泛性，注册会计师应当发表无法表示意见。

在极少数情况下，可能存在多个不确定事项。尽管注册会计师对每个单独的不确定事项获取了充分、适当的审计证据，但由于不确定事项之间可能存在相互影响，以及可能对财务报表产生累积影响，注册会计师不可能对财务报表形成审计意见。在这种情况下，注册会计师应当发表无法表示意见。

当由于无法获取充分、适当的审计证据而发表无法表示意见时，注册会计师应当：

（1）说明注册会计师不对后附的财务报表发表审计意见。

（2）说明由于形成无法表示意见的基础部分所述事项的重要性，注册会计师无法获取充分、适当的审计证据以作为对财务报表发表审计意见的基础。

（3）修改《中国注册会计师审计准则第1501号——对财务报表形成审计意见和出具审计报告》中规定的财务报表已经审计的说明，改为注册会计师接受委托审计财务报表。

当注册会计师对财务报表发表无法表示意见时，审计报告中不应当包含描述注册会计师责任的部分和说明注册会计师是否已获取充分、适当的审计证据以作为形成审计意见的基础部分。

当由于无法获取充分、适当的审计证据而发表无法表示意见时，注册会计师应当对按照《中国注册会计师审计准则第1501号——对财务报表形成审计意见和出具审计报告》的规定在审计报告中对注册会计师责任作出的表述进行修改，仅包含下列内容：

（1）注册会计师的责任是按照中国注册会计师审计准则的规定，对被审计单位财务报表执行审计工作，以出具审计报告。

（2）但由于形成无法表示意见的基础部分所述的事项，注册会计师无法获取充分、适当的审计证据以作为发表审计意见的基础。

（3）关于注册会计师在独立性和职业道德方面的其他责任的声明。

表15-13列示由于注册会计师无法针对财务报表多个要素获取充分、适当的审计证据而发表无法表示意见的审计报告的参考格式。

表15-13　由于注册会计师无法针对财务报表多个要素获取充分、适当的审计证据而发表无法表示意见的审计报告

背景信息：（略）

审 计 报 告

盛大股份有限公司全体股东：

一、对财务报表出具的审计报告

（一）无法表示意见

我们接受委托，审计盛大股份有限公司（以下简称"盛大公司"）的财务报表，包括2018年12月31日的资产负债表，2018年度的利润表、现金流量表和股东权益变动表以及相关财务报表附注。

我们不对后附的盛大公司财务报表发表审计意见。由于"形成无法表示意见的基础"部分所述事项的重要性，我们无法获取充分、适当的审计证据以作为发表审计意见的基础。

（二）形成无法表示意见的基础

我们于2019年1月接受盛大公司的审计委托，因而未能对盛大公司2018年年初金额为×元的存货和年末金额为×元的存货实施监盘程序。此外，我们也无法实施替代审计程序获取充分、适当的审计证据。并且，盛大公司于2018年9月采用新的应收账款电算化系统，由于存在系统缺陷导致应收账款出现大量错误。截至审计报告日，管理层仍在纠正系统缺陷并更正错误，我们也无法实施替代审计程序，以对截至2018年12月31日的应收账款总额×元获取充分、适当的审计证据。因此，我们无法确定是否有必要对存货、应收账款以及财务报表其他项目作出调整，也无法确定应调整的金额。

（三）管理层对财务报表的责任

按照《中国注册会计师审计准则第1501号——对财务报表形成审计意见和出具审计报告》的规定报告，参见参考格式表15-8。

（四）注册会计师对财务报表审计的责任

我们的责任是按照中国注册会计师审计准则的规定，对盛大公司的财务报表执行审计工作，以出具审计报告。但由于"形成无法表示意见的基础"部分所述的事项，我们无法获取充分、适当的审计证据以作为发表审计意见的基础。

按照中国注册会计师职业道德守则，我们独立于盛大公司，并履行了职业道德方面的其他责任。

二、对其他法律和监管要求的报告

按照《中国注册会计师审计准则第1501号——对财务报表形成审计意见和出具审计报告》的规定报告，参见参考格式表15-8。

至真会计师事务所	中国注册会计师：×××
（盖章）	（签名并盖章）
	中国注册会计师：×××
	（签名并盖章）
中国××市	二〇一九年×月×日

第六节　在审计报告中增加强调事项段和其他事项段

一、强调事项段

（一）强调事项段的含义

审计报告的强调事项段是指审计报告中含有的一个段落，该段落提及已在财务报表中恰当列报或披露的事项，根据注册会计师的职业判断，该事项对财务报表使用者理解财务报表至关重要。

（二）增加强调事项段的情形

如果认为有必要提醒财务报表使用者关注已在财务报表中列报或披露，且根据职业判断认为对财务报表使用者理解财务报表至关重要的事项，在同时满足下列条件时，注册会计师应当在审计报告中增加强调事项段：

（1）按照《中国注册会计师审计准则第1502号——在审计报告中发表非无保留意见》的规定，该事项不会导致注册会计师发表非无保留意见；

（2）当《中国注册会计师审计准则第1504号——在审计报告中沟通关键审计事项》适用时，该事项未被确定为在审计报告中沟通的关键审计事项。

某些审计准则对特定情况下在审计报告中增加强调事项段提出具体要求。这些情形包括：

（1）法律法规规定的财务报告编制基础不可接受，但其是由法律或法规作出的规定；

（2）提醒财务报表使用者注意财务报表按照特殊目的编制基础编制；

（3）注册会计师在审计报告日后知悉了某些事实（即期后事项），并且出具了新的审计报告或修改了审计报告。

除上述审计准则要求增加强调事项的情形外，注册会计师可能认为需要增加强调事项段的情形举例如下：

（1）常诉讼或监管行动的未来结果存在不确定性。

（2）提前应用（在允许的情况下）对财务报表有广泛影响的新会计准则。

（3）存在已经或持续对被审计单位财务状况产生重大影响的特大灾难。

（三）在审计报告中增加强调事项段时注册会计师采取的措施

（1）将强调事项段作为单独的一部分放于审计报告中，并使用包含"强调事项"这一术语的适当标题。

（2）明确提及被强调事项以及相关披露的位置，以便能够在财务报表中找到对该事项的详细描述。强调事项段应当仅提及已在财务报表中列报或披露的信息。

（3）指出审计意见没有因该强调事项而改变。

由于增加强调事项段是为了提醒财务报表使用者关注某些事项，并不影响注册会计师的审计意见，为了使财务报表使用者明确这一点，注册会计师应当在强调事项段中指明，该段内容仅用于提醒财务报表使用者关注，并不影响已发表的审计意见。

表15-14列示了由于偏离适用的财务报告编制基础的规定导致的带强调事项段的保留意见审计报告的参考格式。

表15-14　由于偏离适用的财务报告编制基础规定导致的带强调事项段的保留意见审计报告

背景信息：（略）

审 计 报 告

盛大股份有限公司全体股东：

一、对财务报表出具的审计报告

（一）保留意见

我们审计了盛大股份有限公司（以下简称"盛大公司"）的财务报表，包括2018年12月31日的资产负债表，2018年度的利润表、现金流量表、股东权益变动表以及相关的财务报表附注。

我们认为，除"形成保留意见的基础"部分所述事项产生的影响外，后附的财务报表在所有重大方面按照企业会计准则的规定编制，公允反映了盛大公司2018年12月31日的财务状况以及2018年度的经营成果和现金流量。

（二）形成保留意见的基础

盛大公司2018年12月31日资产负债表中列示的以公允价值计量且其变动计入当期损益的金融资产为x元，管理层对这些金融资产未按照公允价值进行后续计量，而是按照其历史成本进行计量，这不符合企业会计准则的规定。如果按照公允价值进行后续计量，盛大公司2018年度利润表中公允价值变动损益将减少×元，2018年12月31日资产负债表中以公允价值计量且其变动计入当期损益的金融资产将减少×元。相应地，所得税、净利润和股东权益将分别减少×元、×元和×元。

我们按照中国注册会计师审计准则的规定执行了审计工作。审计报告的"注册会计师对财务报表审计的责任"部分进一步阐述了我们在这些准则下的责任。按照中国注册会计师职业道德守则，我们独立于盛大公司，并履行了职业道德方面的其他责任。我们相信，我们获取的审计证据是充分、适当的，为发表保留意见提供了基础。

（三）强调事项——火灾的影响

我们提醒财务报表使用者关注，财务报表附注x描述了火灾对盛大公司的生产设备造成的影响。本段内容不影响已发表的审计意见。

（四）管理层和治理层对财务报表的责任

按照《中国注册会计师审计准则第1501号——对财务报表形成审计意见和出具审计报告》的规定报告，参见参考格式表15-8。

（五）注册会计师对财务报表审计的责任

按照《中国注册会计师审计准则第1501号——对财务报表形成审计意见和出具审计报告》的规定报告，参见参考格式表15-8。

第六节 在审计报告中增加强调事项段和其他事项段

> 二、按照相关法律法规的要求报告的事项
> 按照《中国注册会计师审计准则第1501号——对财务报表形成审计意见和出具审计报告》的规定报告，参见参考格式表15-8。
>
> 至真会计师事务所　　　　　　　　　　　　中国注册会计师：×××
> 　　（盖章）　　　　　　　　　　　　　　　　　（签名并盖章）
> 　　　　　　　　　　　　　　　　　　　　　中国注册会计师：×××
> 　　　　　　　　　　　　　　　　　　　　　　　（签名并盖章）
> 　　中国××市　　　　　　　　　　　　　　二○一九年×月×日

二、其他事项段

（一）其他事项段的含义

其他事项段，是指审计报告中含有一个段落，该段落提及未在财务报表中列报或披露的事项，根据注册会计师的职业判断，该事项与财务报表使用者理解审计工作、注册会计师的责任或审计报告相关。

（二）需要增加其他事项段的情形

如果认为有必要沟通虽然未在财务报表中列报或披露，但根据职业判断认为与财务报表使用者理解审计工作、注册会计师的责任或审计报告相关的事项，在同时满足下列条件时，注册会计师应当在审计报告中增加其他事项段：

（1）未被法律法规禁止；

（2）当《中国注册会计师审计准则第1504号——在审计报告中沟通关键审计事项》适用时，该事项未被确定为在审计报告中沟通的关键审计事项。

具体来讲，需要在审计报告中增加其他事项段的情形包括：

① 与使用者理解审计报告相关的情形。

② 与使用者理解注册会计师的责任或审计报告相关的情形。

③ 对两套以上财务报表出具审计报告的情形。

④ 限制审计报告分发和使用的情形。

如果在审计报告中包含其他事项段，注册会计师应当将该段落作为单独的一部分，并适用"其他事项"或其他适当标题。

（三）与治理层的沟通

如果拟在审计报告中增加强调事项段或其他事项段，注册会计师应当就该事项和拟使用的措辞与治理层沟通。

与治理层的沟通能使治理层了解注册会计师拟在审计报告中所强调的特定事项的性质，

并在必要时为治理层提供向注册会计师作出进一步澄清的机会。

第七节 审计报告的编制

编制审计报告是一项严格而细致的工作。为确保审计工作的质量，审计人员应掌握编制审计报告的步骤和要求，认真做好审计报告的编制工作。

一、审计报告的编写步骤

编写审计报告是一项细致而慎重的工作，一般要按下列步骤进行：

（一）整理审计工作底稿，分类归纳资料

审计人员在实施审计过程中，对审查出的问题都要随时逐个记入审计工作底稿。编写审计报告并不是把所有的问题都要重复一遍，而是针对审计的目标和范围，按照问题性质、重要程度和金额大小进行筛选，去粗取精，去伪存真，分类归纳整理，汇总金额，确定最本质的资料，以适应编写审计报告的需要。

（二）核实原始资料，分析问题性质

审计工作底稿经分类归纳整理之后，凡确定写入审计报告的资料，必须进一步查对核实。由于审计人员所收集的资料是在审计过程中随查随记的，所以，为了慎重起见，应从写入报告的资料是否齐全、完整，各种问题是否彻底查清，数据是否核实，佐证是否充分可信等方面对资料再次进行复查，对证核实，以保证资料的正确可靠性。

（三）拟定编写提纲，撰写报告初稿

对需要写入审计报告的问题，审计人员应发表的意见，经过进一步分析和考虑之后，便可由主审人拟定报告编写提纲，或由主审人拿出提纲初稿，提交会议讨论确定，在此基础上写出报告初稿。审计报告初稿可由一人执笔，也可由几个人分工撰写，但必须由一人负责统稿。

（四）征求意见，修改定稿

审计报告初稿形成之后，可交由审计组成员传阅，再召开审计组会议，进行充分讨论，认真研究，修改完善。然后，再征求被审计单位的意见。被审计单位应当在收到审计报告后

第七节 审计报告的编制

在规定限期内提出书面意见，若在规定限期内没有提出书面意见，视同无异议。被审计单位对审计报告有异议的，审计组应当进一步核实、研究。如有必要，应当修改审计报告。

二、审计报告的编写要求

审计报告能否充分发挥作用，关键在于审计报告的质量。因此，审计人员必须持客观、认真、慎重的态度，按照下列要求编写审计报告：

（一）格式规范、内容完整

审计报告应按照审计准则规定的格式编制，并且内容要完整，没有遗漏。如国家审计组对审计事项实施审计后，编写的审计报告的格式和内容包括：标题、收件人、企业概况、审计概况、审计结果（存在的问题）、审计意见、审计建议等内容。民间审计组织对被审计单位进行财务报表审计后编写的审计报告的格式和内容包括：标题、收件人、引言段、管理层对财务报表的责任段、注册会计师的责任段、审计意见段、注册会计师的签名和盖章等内容。编写报告时应注意按规定格式和内容要求进行。

（二）文理清晰，措辞得体

审计报告规定了格式和内容，在具体编制时，格式一般不会有多大变化，而在写内容时，有些则是固定的措辞，有些则是根据审查的具体情况来组织编写，因此，在写这部分内容时，应该语句通顺，条理清晰，重点突出，措辞得体。审计报告要使读者能清楚地了解审计概况、审计的结果、说明的事项等情况。

（三）数字准确，证据确凿

查证出的问题如有数字，数字一定要准确，不能估计、推测。审计报告揭示的问题，必须要有充分的审计证据支持。审计人员不能道听途说，把没有事实根据的问题写进审计报告，也不能因为没审查出什么问题，觉得审计工作没什么成绩，便把一些小事夸大，或把一些未经核实的问题写入审计报告。

（四）责任明确，意见恰当

在审计报告中应说明被审计单位对财务报表承担的责任以及审计人员的责任，不能混淆二者。审计人员固然对财务报表承担审计责任，但审计责任不能代替或减轻被审计单位的会计责任。在审计报告中，审计人员必须根据实际情况，对被审计事项明确公允地表示自己的态度或意见，给出恰当的审计评价。审计人员对被审计事项作出的评价，一定要态度明朗，使审计报告读者得到一个明确的概念。作出的评价也要力求切实、公允，给出的每一种评价都要有事实根据，令人信服，意见要力求恰当。

参考文献

[1] 中国注册会计师协会. 中国注册会计师执业准则应用指南 [M]. 北京：中国财政经济出版社，2010.

[2] 中国注册会计师协会. 财务报表审计工作底稿编制指南（上、下册）. 北京：经济科学出版社，2007.

[3] 中国注册会计师协会. 审计 [M]. 北京：中国财政经济科学出版社，2017.

[4] 胡中艾. 审计 [M]. 大连：东北财经大学出版社，2017.

郑重声明

高等教育出版社依法对本书享有专有出版权。任何未经许可的复制、销售行为均违反《中华人民共和国著作权法》，其行为人将承担相应的民事责任和行政责任；构成犯罪的，将被依法追究刑事责任。为了维护市场秩序，保护读者的合法权益，避免读者误用盗版书造成不良后果，我社将配合行政执法部门和司法机关对违法犯罪的单位和个人进行严厉打击。社会各界人士如发现上述侵权行为，希望及时举报，本社将奖励举报有功人员。

反盗版举报电话　（010）58581999　58582371　58582488
反盗版举报传真　（010）82086060
反盗版举报邮箱　dd@hep.com.cn
通信地址　北京市西城区德外大街4号
　　　　　高等教育出版社法律事务与版权管理部
邮政编码　100120

防伪查询说明

用户购书后刮开封底防伪涂层，利用手机微信等软件扫描二维码，会跳转至防伪查询网页，获得所购图书详细信息。也可将防伪二维码下的20位密码按从左到右、从上到下的顺序发送短信至106695881280，免费查询所购图书真伪。

反盗版短信举报

编辑短信"JB，图书名称，出版社，购买地点"发送至10669588128

防伪客服电话

（010）58582300

资源服务提示

授课教师如需获得本书配套教辅资源，请登录"高等教育出版社产品信息检索系统"（http://xuanshu.hep.com.cn/），搜索本书并下载资源。首次使用本系统的用户，请先注册并进行教师资格认证。

资源服务支持电话：010-58581854　邮箱：songchen@hep.com.cn

高教社高职会计教师交流及资源服务QQ群：708994051